SACHENRECHT 2

Grundstücksrecht und negatorischer Eigentumsschutz

2021

Dr. Jan Stefan Lüdde
Rechtsanwalt und Repetitor

ALPMANN UND SCHMIDT Juristische Lehrgänge Verlagsges. mbH & Co. KG
48143 Münster, Alter Fischmarkt 8, 48001 Postfach 1169, Telefon (0251) 98109-0
AS-Online: www.alpmann-schmidt.de

Zitiervorschlag: Lüdde, Sachenrecht 2, Rn.

Dr. Lüdde, Jan Stefan
Sachenrecht 2
Grundstücksrecht und negatorischer Eigentumsschutz
21. Auflage 2021
ISBN: 978-3-86752-764-4

Verlag Alpmann und Schmidt Juristische Lehrgänge
Verlagsgesellschaft mbH & Co. KG, Münster

Unterstützen Sie uns bei der Weiterentwicklung unserer Produkte.
Wir freuen uns über Anregungen, Wünsche, Lob oder Kritik an:
feedback@alpmann-schmidt.de.

INHALTSVERZEICHNIS

Einleitung ... 1
A. Überblick ... 1
B. Grundstücke, Bestandteile und Zubehör ... 1
I. Relevanz (insbesondere) in der Examensklausur ... 2
II. Bestandteile des Grundstücks ... 2
1. Wesentliche Bestandteile gemäß §§ 93, 94 ... 2
Fall 1: Was nicht passt, wird passend gemacht? ... 4
2. Einfache (unwesentliche) Bestandteile ... 6
3. Scheinbestandteile gemäß § 95 ... 6
III. Zubehör gemäß §§ 97, 98 ... 7

1. Teil: Erwerb des Grundeigentums ... 9

1. Abschnitt: Eigentumserwerb durch Rechtsgeschäft ... 9
A. Erwerb des Grundeigentums vom Berechtigten ... 9
I. Auflassung gemäß §§ 873 Abs. 1, 925 Abs. 1 ... 9
1. Bestimmtheit der Einigung ... 9
Fall 2: Übertragung eines Grundstücksteils ... 10
2. Übereinstimmende Falschbezeichnung (falsa demonstratio) ... 11
Fall 3: Zufahrt über das Nachbargrundstück ... 12
3. Form des § 925 ... 14
4. Bedingungsfeindlichkeit, § 925 Abs. 2 ... 15
5. Widerruflichkeit, § 873 Abs. 2 ... 15
II. Eintragung im Grundbuch ... 15
III. Berechtigung des Verfügenden ... 15
B. Anwartschaftsrecht des Auflassungsempfängers ... 16
I. Entstehung (Ersterwerb) des Anwartschaftsrechts ... 16
II. Verfügungen über das Anwartschaftsrecht, insbesondere Übertragung (Zweiterwerb) ... 18
III. Kettenauflassung – Übertragung des Anwartschaftsrechts oder Anwendung des § 185 Abs. 1? ... 19
Fall 4: Kettenauflassung ... 19
C. Richtiges Grundbuch und Berichtigung des falschen Grundbuchs ... 22
I. Abgrenzung der Verfügung zur bloßen Grundbuchberichtigung ... 22
II. Die „Berichtigungsansprüche" des Eigentümers, insbesondere aus § 894 ... 23
III. Alle dinglichen Rechtspositionen / Irrtum in zwei Richtungen ... 24
D. Erwerb des Grundeigentums vom Nichtberechtigten ... 24
I. Genehmigung und Konvaleszenz, § 185 Abs. 2 ... 25
II. Erwerb vom durchs Grundbuch Legitimierten, § 892 ... 25
1. Verkehrsgeschäft als Unterfall des Rechtsgeschäfts ... 25
2. Unrichtigkeit des Grundbuchs ... 26
a) Fehlende Inhaberschaft und lastenfreier Erwerb, § 892 Abs. 1 S. 1 ... 26
b) Relative Verfügungsbeschränkung, § 892 Abs. 1 S. 2 ... 27

3. Legitimation des Verfügenden ... 29
a) Legitimation des Erben oder Scheinerben, § 892 und/oder § 2366 ... 29
Fall 5: Zu Unrecht eingetragener Erblasser ... 29
b) Legitimation bei Einwilligung des Eingetragenen, § 185 Abs. 1 ... 32
Fall 6: Veräußerung durch den nicht eingetragenen Auflassungsempfänger ... 32
c) Keine Legitimation der GbR-Gesellschafter nach § 899 a ... 34
4. Keine Kenntnis des Erwerbers ... 35
a) Maßgeblicher Zeitpunkt für die fehlende Kenntnis, § 892 Abs. 2 ... 36
Fall 7: Fehlende Bodenverkehrsgenehmigung ... 36
b) Kenntnis bei Unrichtigkeit des Grundbuchs nach Antragstellung ... 39
Fall 8: Unrichtigkeit des Grundbuchs nach Antragstellung ... 39
5. Keine Eintragung eines Widerspruchs gegen die Richtigkeit ... 40
6. Exkurs: Rechtshängigkeitsvermerk, § 899 analog ... 41
III. Nachträgliche Verfügungsbeschränkungen, § 878 ... 42
Fall 9: Insolvenzerwerb ... 43

2. Abschnitt: Eigentumserwerb kraft Gesetzes oder Hoheitsakts ... 44

■ Zusammenfassende Übersicht: Übertragung des Grundeigentums durch Rechtsgeschäft ... 45

2. Teil: Vormerkung ... 46
A. Rechtsfolgen und Auswirkung der Vormerkung ... 47
Fall 10: Vorteilhafte Vormerkung ... 48
B. Ersterwerb (Entstehen) ... 51
I. Gesicherter Anspruch ... 51
1. Ansprüche auf Verfügung über ein Recht an einem Grundstück, § 883 Abs. 1 S. 1 ... 51
2. Künftige und bedingte Ansprüche, § 883 Abs. 1 S. 2 ... 52
a) Künftige Ansprüche ... 52
b) Auflösend bedingte Ansprüche ... 53
c) Aufschiebend bedingte Ansprüche ... 53
3. Identitätsgebot und Wechsel der beteiligten Personen ... 54
4. Wiederaufladung der Vormerkung bei Erlöschen oder Änderung des Anspruchs ... 54
II. Bewilligung oder einstweilige Verfügung ... 55
III. Eintragung im Grundbuch ... 55
IV. Berechtigung ... 56
V. Überwindung der fehlenden Berechtigung ... 56
1. § 185 Abs. 2 analog ... 56
2. § 878 analog ... 56
3. §§ 893 Var. 2, 892 analog ... 57
Fall 11: Kenntniserlangung zwischen Vormerkung und Übereignung ... 57
C. Zweiterwerb (Übertragung) ... 59
Fall 12: Der ahnungslose Zweiterwerber ... 59
D. Erlöschen ... 61
Fall 13: Irrtümlich gelöschte Vormerkung ... 61

3. Teil: Grundbuchrecht ... 63
A. Grundbuchblatt als Grundbuch i.S.d. BGB ... 63
B. Eintragungsvoraussetzungen ... 63
I. Eintragung auf Antrag ... 64
1. Rechtsändernde und berichtigende Eintragungen ... 64
2. Eintragungshindernisse ... 65
II. Eintragung und Löschung von Amts wegen ... 65
III. Eintragung und Löschung auf Ersuchen einer Behörde ... 65

4. Teil: Beschränkt dingliche Rechte ... 66

1. Abschnitt: Hypothek ... 66
A. Erwerb des Anspruchs aus der Hypothek ... 67
I. Anspruchserwerb aufgrund Ersterwerbs der Hypothek ... 67
1. Wirksame Bestellung der Hypothek (Ersterwerb) ... 67
a) Einigung ... 67
b) Bestehen der Forderung ... 68
aa) Anspruch auf Zahlung einer bestimmten Geldsumme... ... 68
bb) ... ansonsten: Eigentümergrundschuld ... 68
cc) Konkludente Sicherung von Bereicherungsansprüchen? ... 70
dd) Keine Mehrfachsicherung ... 70
ee) Kein Ersterwerb der Hypothek ohne Forderung ... 71
c) Eintragung der Hypothek im Grundbuch ... 71
d) Briefübergabe gemäß § 1117 ... 71
e) Berechtigung oder Überwindung der fehlenden Berechtigung ... 72
aa) Ersterwerb der Hypothek vom Nichtberechtigten gemäß § 878 ... 72
bb) Ersterwerb der Hypothek vom Nichtberechtigten gemäß § 892 ... 72
Fall 14: Ohne Vertretungsmacht und Eigentum ... 72
2. Kein Verlust der Hypothek ... 74
3. Keine Einreden des Eigentümers ... 74
Fall 15: Kaufpreisforderung aus einem anfechtbaren Kaufvertrag ... 75
II. Anspruchserwerb aufgrund Zweiterwerbs der Hypothek ... 76
1. Übergang der Hypothek gemäß §§ 1153 Abs. 1, 401 (Zweiterwerb) ... 76
a) Abtretung der Forderung unter Wahrung des § 1154 ... 77
b) Berechtigung bezüglich der Forderung ... 77
Fall 16: Die Abtretung der nicht valutierten Hypothek ... 78
c) Berechtigung bezüglich der Hypothek ... 79
aa) Zweiterwerb einer Buchhypothek vom Nichtberechtigten ... 80
Fall 17: Abgepresste Hypothekenbestellung ... 80
bb) Zweiterwerb einer Briefhypothek vom Nichtberechtigten (§ 1140) und Legitimationskette (§ 1155) ... 81
Fall 18: Die Legitimationskette ... 82
cc) Berechtigung weder bezüglich Hypothek noch bezüglich Forderung („Doppelmangel") ... 83
Fall 19: Doppelmangel (Kombination Fall 16 und Fall 17) ... 83

d) Trennung von Forderung und Hypothek bei mehrfachem Zweiterwerb wegen § 1138 Var. 1 entgegen § 1153 Abs. 2? 85
Fall 20: Gespaltene Gläubigerrechte 85
2. Kein Verlust der Hypothek 87
3. Keine Einwendungen und Einreden gegenüber neuem Inhaber 87
a) Einwendung des Nichtbestehens der Forderung 87
b) Fälligkeit 87
c) Einreden 87

■ Zusammenfassende Übersicht: Anspruch aus der Hypothek, § 1147 89

B. Rechtsfolgen der Zahlung 90
I. Schuldner und Eigentümer sind identisch 90
II. Schuldner und Eigentümer sind personenverschieden 90
1. Zahlung des Schuldners 90
2. Zahlung des Eigentümers 91
3. Zahlung des ablösungsberechtigten Dritten 91
4. Zahlung durch einen Gesamtschuldner 92
5. Wettlauf der (akzessorischen) Sicherungsgeber 92
Fall 21: Der Wettlauf der Sicherungsgeber 92
III. Schutz des zahlungswilligen Eigentümers 94
C. Haftungsverband der Hypothek, §§ 1120 ff. 94
I. Vom Haftungsverband erfasste Gegenstände 94
II. Enthaftung der erfassten Gegenstände 95
1. Bis zur Beschlagnahme 95
2. Von der Beschlagnahme bis zum Versteigerungsvermerk 95
3. Ab Eintragung des Versteigerungsvermerks 96
Fall 22: Anwartschaftsrecht im Haftungsverband 96
D. Besondere Formen der Hypothek 99
I. Sicherungshypothek, §§ 1184–1186 99
II. Höchstbetragshypothek, § 1190 100
III. Gesamthypothek, § 1132 100

■ Zusammenfassende Übersicht: Hypothek: Zahlungen und Haftungsverband 101

2. Abschnitt: (Sicherungs-)Grundschuld 102
A. Abstraktheit 102
B. ... aber Verknüpfung über den Sicherungsvertrag 102
I. Parteien 104
II. Schuldrechtliches Grundgeschäft für die Grundschuldbestellung 104
III. Inhalt und daraus folgende Ansprüche und Einreden 105
1. Zweckerklärung über die gesicherte(n) Forderung(en) 105
a) Wechsel im Forderungsbestand (Revalutierung/Neuvalutierung) 106
b) Austausch der Grundschuld 106
2. Abtretbarkeit von Forderung und Grundschuld 107
3. Übertragung der vertraglichen Pflichten bei Inhaberwechsel 108
4. Durchsetzbarkeit erst nach Kündigung und Sicherungsfall 108
5. Nichtentstehung oder Fortfall des Sicherungszwecks 109
a) Ermessensunabhängiger Rückübertragungsanspruch 110

b) Einrede gegen den Anspruch aus der Grundschuld 111
c) Gegebenenfalls: Einrede gegen die gesicherte Forderung 111
IV. Anwendbarkeit der §§ 312 ff. oder der §§ 491 ff.? 112
V. Exkurs: Erklärung der Vollstreckungsunterwerfung 112
C. Anspruch aus der Grundschuld bei deren Bestellung (Ersterwerb) 113
I. Wirksame Bestellung 113
1. Einigung 113
2. Eintragung im Grundbuch 113
3. Briefübergabe 114
4. Berechtigung oder Überwindung der fehlenden Berechtigung 114
II. Kein Verlust der Grundschuld 114
III. Keine Einreden 114
1. Einreden ohne Bezug zum Sicherungsvertrag 114
2. Einreden mit Bezug zum Sicherungsvertrag 115
a) Einrede des Nichtentstehens der Forderung 116
Fall 23: Nicht ausgezahlt 116
b) Einrede des Erlöschens der Forderung, insbesondere Zahlung 117
aa) Eigentümer und Schuldner sind personenidentisch 118
bb) Eigentümer und Schuldner sind personenverschieden 119
cc) Exkurs: Einer von mehreren Sicherungsgebern zahlt – „Stillstand der Sicherungsgeber" 120
Fall 24: Der Stillstand der Sicherungsgeber 121
dd) Exkurs: Zahlung des ablösungsberechtigten Dritten 123
c) Einreden gegen die bestehende Forderung/Gestaltbarkeit 123
D. Anspruch aus der Grundschuld bei Übertragung (Zweiterwerb) 124
I. Einigung unter Wahrung des § 1154 124
II. Berechtigung oder Überwindung der fehlenden Berechtigung 125
III. Kein Verlust der Grundschuld 126
Fall 25: Doppeltes Spiel 126
IV. Keine Einreden 127
1. Einreden ohne Bezug zum Sicherungsvertrag: §§ 1192 Abs. 1, 1157 S. 2, 892 128
2. Einreden mit Bezug zum Sicherungsvertrag 128
a) Sicherungsgrundschuld, junger Zweiterwerb: § 1192 Abs. 1 a 128
aa) Zeitlicher Anwendungsbereich 128
bb) Sachlicher Anwendungsbereich 129
cc) Einrede mit Bezug zum Sicherungsvertrag 129
Fall 26: Refinanzierung 129
b) Sicherungsgrundschuld, alter Zweiterwerb: §§ 1192 Abs. 1, 1157 S. 2, 892 132
V. Getrennte Abtretung von Forderung und Grundschuld 133
Fall 27: Getrennte Abtretung 133
E. Eigentümergrundschuld 135
I. Entstehen der Eigentümergrundschuld (Ersterwerb) 135
II. Inhaberwechsel (Zweiterwerb) 136
III. Keine Vollstreckung gegen sich selbst 136
■ Zusammenfassende Übersicht: Sicherungsgrundschuld 137

3. Abschnitt: Dienstbarkeiten ... 138
A. Grunddienstbarkeit, §§ 1018 ff. ... 138
I. Einigung ... 138
1. Drei Varianten des § 1018 ... 139
2. Keine Leistungsverpflichtung ... 140
3. Vorteilsregel (§ 1019) ... 140
II. Rechtsstellung der Beteiligten ... 140
1. Schuldrechtliche Ebene: zwei Verpflichtungen möglich ... 140
2. Dingliche Ebene: Dienstbarkeit und gesetzliches Schuldverhältnis ... 141
Fall 28: Wer erneuert den Weg? ... 142
B. Beschränkt persönliche Dienstbarkeit, §§ 1090 ff. ... 143
Fall 29: Tankstellen-Dienstbarkeit ... 144
C. Nießbrauch, §§ 1030 ff. ... 145

4. Abschnitt: Reallast, §§ 1105 ff. ... 146

5. Abschnitt: Dingliches Vorkaufsrecht, §§ 1094 ff. ... 147
A. Bestellung (Ersterwerb) ... 147
B. Übertragung (Zweiterwerb) ... 148
C. Rechte und Pflichten der Beteiligten im Vorkaufsfall ... 148
I. Übereignungsanspruch des Vorkaufsberechtigten ... 148
II. Verfügungen des Vorkaufsverpflichteten zugunsten eines Dritten ... 149

6. Abschnitt: Rang der beschränkt dinglichen Rechte ... 149
A. Anfängliche Rangbestimmung gemäß § 879 ... 150
B. Nachträgliche Änderung, § 880 ... 150
C. Rangvorbehalt, § 881 ... 150

5. Teil: Wohnungseigentum, Teileigentum, Erbbaurecht ... 151

1. Abschnitt: Wohnungseigentum und Teileigentum ... 151
A. Begriff des Wohnungseigentums und des Teileigentums ... 151
B. Begründung (Ersterwerb) ... 151
C. Übertragung (Zweiterwerb) ... 152
D. Rechtsfähigkeit; Rechte und Pflichten ... 152
E. Dauerwohnrecht gemäß §§ 31 ff. WEG ... 153

2. Abschnitt: Erbbaurecht ... 153

6. Teil: Abwehr von Eigentumsbeeinträchtigungen gemäß § 1004 ... 154

1. Abschnitt: Verhältnis zu anderen Regelungsbereichen ... 154

2. Abschnitt: Wortlaut, entsprechend, analog – quasinegatorischer Beseitigungs- und Unterlassungsanspruch ... 155

3. Abschnitt: Eigentumsbeeinträchtigung ... 156
A. Tatsächliche Einwirkung auf die Sache ... 156
I. Einwirkung auf den Sachkörper ... 156
II. Unwägbarer Stoffe und ähnliche Einwirkungen, § 906 Abs. 1 S. 1 ... 156

III. Zuführen wägbarer Stoffe, § 906 Abs. 1 S. 1 (erst-Recht) 157
IV. Gefährdende Maßnahmen oder Vorrichtungen, §§ 907 ff. 157
V. Nicht: ideelle Einwirkungen ohne Grenzüberschreitung 158
VI. Nicht: negative Einwirkungen 158
B. Eingriffe in das Eigentum als Rechtsposition 159
I. Behinderung des Besitzes 159
II. Angriffe auf die Eigentümerstellung 160
III. Eingriffe in das Verwertungsrecht vs. Panoramafreiheit 160
Fall 30: Der Fotograf 160
IV. Schuldrechtlich vorbehaltener Restbesitz 162
V. Werbung 163

4. Abschnitt: Duldungspflicht 163
A. Privatrechtliche Duldungspflicht 163
I. Duldungspflicht kraft Rechtsgeschäfts 164
II. Duldungspflicht kraft zivilrechtlicher Vorschriften 164
1. Notstand, § 904 S. 1 164
2. Unwesentliche Beeinträchtigung durch Stoffe, § 906 Abs. 1 164
3. Wesentliche Beeinträchtigung durch Stoffe, § 906 Abs. 2 S. 1 164
a) Wesentlichkeit 164
b) Ortsüblichkeit 165
c) Durch wirtschaftlich zumutbare Maßnahmen nicht verhinderbar 166
4. Überbau, §§ 912–915 167
5. Notweg, §§ 917 u. 918 167
6. Grundstücksgrenze, §§ 919–923 168
7. Nachbarschaftliches Gemeinschaftsverhältnis 168
B. Duldungspflicht kraft öffentlichen Rechts 169
I. Duldungspflicht kraft öffentlich-rechtlicher Vorschriften 169
1. § 14 BImSchG 169
2. § 75 Abs. 2 S. 1 VwVfG 169
3. Grundrechte sowie §§ 22 u. 23 KunstUrhG 169
4. Kommunale Satzungen, Art. 111 EGBGB 170
II. Duldungspflicht aufgrund eines Verwaltungsakts 171
III. Duldungspflicht aus überwiegendem öffentlichen Interesse 171

5. Abschnitt: Störer als Anspruchsgegner 172
A. Handlungsstörer 172
I. Positives Tun und Unterlassen 172
II. Mehrere handelnde Personen 173
III. Einschaltung Dritter; mittelbarer Handlungsstörer 173
B. Zustandsstörer 174
I. Natürliche Immissionen 174
1. Naturkräfte aufgrund erschaffener Gefahrenquelle 174
2. Verletzung von (nachbarrechtlichen) Sicherungspflichten 174
3. Nicht bei Unmöglichkeit, insbesondere hoheitlichem Zwang 175
II. Technisches Versagen 175
C. Veräußerung störender Sachen vs. Betriebsaufgabe/Dereliktion 176

6. Abschnitt: Rechtsfolge – Beseitigung und Unterlassung 177
A. Beseitigungsanspruch, § 1004 Abs. 1 S. 1 177
I. Erforderliche Maßnahmen bei Immissionen 177
Fall 31: Die verwurzelte Abwasserleitung 178
II. Anwendung des Schuldrechts 180
III. Prozessuales 181
B. Unterlassungsanspruch, § 1004 Abs. 1 S. 2 181
■ Zusammenfasssende Übersicht: Beseitigungs- und Unterlassungsanspruch gemäß § 1004 182

7. Abschnitt: Finanzieller Ausgleich bei Eigentumsstörungen 183
A. Entschädigungsanspruch aus § 906 Abs. 2 S. 2 183
B. Weitläufige analoge Anwendung des § 906 Abs. 2 S. 2 183
I. Anwendbarkeit 184
II. Grundstücksnachbarn 185
1. Anspruchsteller: Eigentümer oder Besitzer eines Grundstücks 185
2. Anspruchsgegner: Benutzer des Grundstücks 185
3. Herrühren von außen 185
III. Voraussetzungen eines Abwehranspruchs 186
IV. Hinderung der Abwehr aus besonderem Grund 187
1. Faktischer Duldungszwang 187
2. Nachbarrechtlicher Ausschluss des Primäranspruchs 187
3. Überwiegendes öffentliches Interesse 188
V. Sachlicher Grundstücksbezug 188
VI. Überschreitung einer hinzunehmenden Beeinträchtigung 189
VII. Rechtsfolge: angemessener Ausgleich in Geld 189

Stichwortverzeichnis 190

LITERATURVERZEICHNIS

Verweise in den Fußnoten auf „RÜ" und „RÜ2" beziehen sich auf die Ausbildungszeitschriften von Alpmann Schmidt. Dort werden Urteile so dargestellt, wie sie in den Examensklausuren geprüft werden: in der RechtsprechungsÜbersicht als Gutachten und in der Rechtsprechungs-Übersicht 2 als Urteil/Behördenbescheid/Anwaltsschriftsatz etc.

RÜ-Leser wussten mehr: Immer wieder orientieren sich Examensklausuren an Gerichtsentscheidungen, die zuvor in der RÜ klausurmäßig aufbereitet wurden. Die aktuellsten RÜ-Treffer aus ganz Deutschland finden Sie auf unserer Homepage.

Abonnenten haben Zugriff auf unser digitales RÜ-Archiv.

Bamberger/Roth/Hau/Poseck	Bürgerliches Gesetzbuch Beck'scher Onlinekommentar 56. Edition, Stand: 01.11.2020 zitiert: BeckOK/Bearbeiter
Bärmann	Wohnungseigentumsgesetz 14. Auflage 2018
Baur/Stürner	Sachenrecht 18. Auflage 2009
Brox/Walker	Zwangsvollstreckungsrecht 11. Auflage 2018
Erman	Kommentar zum Bürgerlichen Gesetzbuch Band 1 u. 2 16. Auflage 2020 zitiert: Erman/Bearbeiter
Medicus/Petersen	Bürgerliches Recht 26. Auflage 2017
Münchener Kommentar	Bürgerliches Recht Band 1: Allgemeiner Teil §§ 1–240 8. Auflage 2018 Band 2: Schuldrecht Allgemeiner Teil §§ 241–432 8. Auflage 2019 Band 6: Schuldrecht Besonderer Teil IV §§ 705–853 8. Auflage 2020

	Band 6: Sachenrecht §§ 854–1296 8. Auflage 2020 zitiert: MünchKomm/Bearbeiter
MünchKomm	Insolvenzordnung 4. Auflage 2019
Palandt	Bürgerliches Gesetzbuch 80. Auflage 2021 zitiert: Palandt/Bearbeiter
Prütting	Sachenrecht 37. Auflage 2020
Staudinger	J. v. Staudingers Kommentar zum Bürgerlichen Gesetzbuch §§ 346–361 (2012) §§ 397–432 (2017) Einleitung zum Sachenrecht, §§ 854–882 (2018) §§ 883–902 (2019/2020) §§ 903–924 (2020) §§ 925–984 (2017) §§ 985–1011 (2019) §§ 1018–1112 (2017) §§ 1113–1203 (2019) Eckpfeiler des Zivilrechts (2020) zitiert: Staudinger/Bearbeiter
Westermann/Gursky/Eickmann	Sachenrecht 8. Auflage 2011 zitiert: Westermann
Wilhelm	Sachenrecht 6. Auflage 2019
Zöller	ZPO 33. Auflage 2020

Einleitung

A. Überblick

Das Sachenrecht ist umfassend und zusammenhängend in den **§§ 854–1296** geregelt. 1
Nur einzelne Definitionen des Begriffs der Sache, der Bestandteile und des Zubehörs finden sich im Allgemeinen Teil des BGB (**§§ 90–100**[1]).

- Im **AS-Skript Sachenrecht 1** werden das Entstehen der Rechte sowie die Rechtsänderung an beweglichen Sachen behandelt. Zudem werden der Besitz und die §§ 985 ff. dargestellt. Diese gelten zwar auch für unbewegliche Sachen, sie werden aber im Examen in aller Regel anhand beweglicher Sachen geprüft.
- Im vorliegenden **AS-Skript Sachenrecht 2** sind die Grundstücksrechte sowie die Rechtsänderungen an diesen Rechten dargestellt. Ergänzend wird der negatorische Eigentumsschutz behandelt. Dieser gilt zwar theoretisch auch für bewegliche Sachen, hat aber praktisch nur im Grundstücksrecht Bedeutung. In unmittelbarem Zusammenhang damit steht die Regelung des Nachbarrechts in § 906.

Die Regelungen des Sachenrechts

Recht der beweglichen Sachen und allgemeine Lehren – Band 1

Besitz	Erwerb des Eigentums vom Berechtigten	Erwerb des Eigentums vom Nichtberechtigten	Erwerb des Eigentums durch Gesetz oder Hoheitsakt	Sicherungseigentum	Anwartschaftsrecht und Eigentumsvorbehalt	Pfandrecht an beweglichen Sachen und Rechten	Eigentumsherausgabeanspruch und Eigentümer-Besitzer-Verhältnis
(1.Teil)	(2.Teil)	(3.Teil)	(4.Teil)	(5.Teil)	(6.Teil)	(7.Teil)	(8.Teil)

Grundstücksrecht und negatorischer Eigentumsschutz – Band 2

Übertragung des Eigentums	Vormerkung	Grundbuchrecht	Beschränkt dingliche Rechte	Erbbaurecht Wohnungseigentum, Teileigentum	Negatorischer Eigentumsschutz (§ 1004) und § 906
(1.Teil)	(2.Teil)	(3.Teil)	(4.Teil)	(5.Teil)	(6.Teil)

B. Grundstücke, Bestandteile und Zubehör

Grundstück im Rechtssinn ist der Teil der Erdoberfläche, der **katastermäßig vermessen** 2
und **im Bestandsverzeichnis des Grundbuchs** unter einer Nummer aufgeführt ist.[2]

Die Vermessung erfolgt durch das **Katasteramt**. Dieses zeichnet die vermessene Bodenfläche auf einer Flurkarte mit einer Flurnummer ein, sodass die räumliche Abgrenzung und die Größe der Bodenfläche

1 §§ ohne Gesetzesangabe sind solche des BGB.
2 Palandt/Herrler Überblick v. § 873 Rn. 1.

erkennbar sind. Dieses **Flurstück (Parzelle)** wird erst dann ein Grundstück im Rechtssinne, wenn es im Grundbuch unter einer eigenen laufenden Nummer eingetragen wird. Ein Grundstück kann aus mehreren Flurstücken bestehen, aber nicht umgekehrt ein Flurstück aus mehreren Grundstücken.

I. Relevanz (insbesondere) in der Examensklausur

3 Die gleich erörterten Begriffe sind insbesondere an diesen Stellen **inzident zu prüfen**:

- Grundstücksveräußerungen sollen **wirtschaftliche Einheiten nicht zerstören**:
  - Gemäß **§ 311 c** umfasst das **Verpflichtungsgeschäft** zur Veräußerung oder Belastung einer Sache im Zweifel auch das **Zubehör**.
  - Gemäß **§ 926 Abs. 1 S. 2 u. 1** erstreckt sich die **dingliche Einigung** im Zweifel auch auf das **Zubehör**. Zum Eigentumsübergang kommt es allerdings grundsätzlich nur, soweit das Zubehör dem Veräußerer gehört (§ 926 Abs. 1 S. 1 Hs. 2). Fehlendes Eigentum des Veräußerers sowie Rechte Dritter sind nach Maßgabe der §§ 926 Abs. 2, 932–936 unbeachtlich. Der Erwerber darf also insbesondere nicht bösgläubig bezüglich des fehlenden Eigentums bzw. der Rechte Dritter sein.
  - Diese Regeln über das Zubehör gelten entsprechend für die **nichtwesentlichen Bestandteile**,[3] weil auch diese Bestandteile, wie das Zubehör, eine wirtschaftliche Einheit mit dem Grundstück bilden.
- Ist das Grundstück mit einer **Hypothek** oder **Grundschuld** belastet, erstreckt sich gemäß § 1120 (i.V.m. § 1192 Abs. 1) die Hypothek (bzw. die Grundschuld) auch auf das Zubehör und die Bestandteile des Grundstücks (näher Rn. 336).
- Nach §§ 90 Abs. 2, 55 Abs. 1, 20 Abs. 2 ZVG,[4] § 1120 wird der **Ersteigerer** auch Eigentümer des Zubehörs.
- Gemäß § 865 Abs. 2 S. 1 ZPO ist das Zubehör **unpfändbar**.

II. Bestandteile des Grundstücks

4 Bestandteile sind die **Sachen** i.S.d. § 90, die mit ihm **eine Einheit** bilden und **nach der Verkehrsanschauung als unselbstständiger Teil** erscheinen.

Gemäß § 96 gelten auch **Rechte**, die mit dem Eigentum am Grundstück verbunden sind, als seine Bestandteile. **Beispielsweise** ist nach § 3 Abs. 1 S. 2 BJagdG das Jagdrecht mit dem betroffenen Grundstück sowie nach § 1018 stets die Grunddienstbarkeit (näher Rn. 486 ff.) und im Einzelfall das dingliche Vorkaufsrecht (vgl. § 1094 Abs. 2; näher Rn. 519 ff.) mit dem beherrschenden Grundstück verbunden.

1. Wesentliche Bestandteile gemäß §§ 93, 94

5 Wesentlich sind **allgemein** gemäß § 93 solche Bestandteile, die nicht voneinander getrennt werden können, ohne dass **der eine oder andere Teil zerstört oder in seinem Wesen verändert** wird. Entscheidend ist, ob die getrennten Teile nach der Trennung wie vor der Zusammenfügung verwendet werden können. Das Schicksal der Gesamtsache ist hingegen irrelevant – sie wird durch die Trennung in aller Regel verändert.

---

3 Staudinger/Pfeifer/Diehn § 926 Rn. 6.

4 Schönfelder Ordnungsziffer 108.

Beispielsweise kann ein Computerprozessor, der fest auf die Hauptplatine eines Smartphones aufgelötet ist, von dieser regelmäßig nicht ohne Beschädigung getrennt werden, sodass er wesentlicher Bestandteil ist. Motor und Karosserie eines Pkw lassen sich hingegen schadlos trennen.

Wesentliche Bestandteile **speziell eines Grundstücks** sind neben Samen und Pflanzen (vgl. § 94 Abs. 1 S. 2) insbesondere: 6

- nach § 94 Abs. 1 S. 1 i.V.m. § 93 die **mit dem Grund und Boden fest verbundenen Sachen**, insbesondere **Gebäude** und ungetrennte Erzeugnisse, soweit durch ihre Entfernung das Grundstück oder die Sache zerstört oder im Wesen verändert wird,

  Gegenbeispiel:[5] Eine Bronzeskulptur, die von ihrem Fundament abgeschraubt und an einem anderen Ort aufgestellt werden kann, ist wegen § 93 kein wesentlicher Bestandteil des Grundstücks.

- sowie nach § 94 Abs. 2 die **zur Herstellung des Gebäudes eingefügten Sachen**, unabhängig von der Festigkeit der Verbindung. Auch wenn die zur Herstellung eingefügten Sachen ohne Zerstörung oder Wesensänderung getrennt werden können, sind sie wesentliche Bestandteile. Entscheidend ist im Rahmen des § 94 Abs. 2, ob das Gebäude ohne die Sache **nach der Verkehrsanschauung nicht fertiggestellt** ist.[6]

  Dazu zählen **beispielsweise** Fenster, Türen und Dachziegel. Auch eine Zentralheizungsanlage ist bei neuzeitlichen Wohnhäusern – angesichts der üblichen Durchschnittstemperaturen in Deutschland – nach der Verkehrsanschauung grundsätzlich wesentlicher Bestandteil.[7]

Rechte sind wesentliche Bestandteile, wenn sie nicht vom Eigentum am Grundstück getrennt werden können (**subjektiv-dingliche Rechte**). 7

Beispiele sind zugleich die in Rn. 4 genannten Rechte.

Gemäß § 93 können wesentliche Bestandteile **nicht Gegenstand besonderer Rechte** sein. Sie bilden **eine rechtliche Einheit** und sind **nicht sonderrechtsfähig**. Das hat folgende Auswirkungen: 8

- Über die Hauptsache (z.B. das Grundstück) und die wesentlichen Bestandteile kann der Eigentümer **nur zusammen verfügen**. 9

  Beispiel: K sagt zu V, er wolle dessen „Haus nebst Einbausauna erwerben". Zugunsten des Grundstücks des V besteht – was K nicht weiß – ein Wegerecht am Grundstück des X, um über dieses in die Garage auf dem Grundstück fahren zu dürfen (Grunddienstbarkeit, § 1018 Var. 1). –
  I. Das Haus nebst Garage und die Sauna sind gemäß § 94 Abs. 1 u. 2 **wesentliche Bestandteile** des Grundstücks und können gemäß § 93 nicht Gegenstand besonderer Rechte sein.
  II. Die Parteien müssen einen notariellen **Kaufvertrag über das Grundstück** abschließen (§§ 433, 311 b Abs. 1 S. 1).
  III. Zur Übereignung müssen V und K sich vor dem Notar (nur) über den **Eigentumsübergang am Grundstück** einigen (Auflassung gemäß §§ 873, 925) und dies in das Grundbuch eintragen lassen (näher Rn. 27 ff.). Mit dem Grundeigentum gehen alle wesentlichen Bestandteile des Grundstücks auf K über. K wird also auch Eigentümer der Garage und der Sauna sowie Inhaber des Wegerechts.

- An den wesentlichen Bestandteilen kann **ein Dritter keine selbstständigen dinglichen Rechte** haben. Möglich sind allerdings Ansprüche eines Dritten auf Herausgabe und Übereignung bzw. Übertragung eines wesentlichen Bestandteils. 10

---

5 Nach OLG Zweibrücken RÜ 2016, 351.

6 BGH NJW 1984, 2277, 2278.

7 OLG Rostock Grundeigentum 2004, 484.

Beispiel: V verkauft E Dachziegel unter Eigentumsvorbehalt. E zahlt nach dem Decken seines Daches nicht. V tritt zurück und verlangt die Ziegel heraus sowie hilfsweise finanzielle Kompensation. – **I.** V könnte einen Herausgabeanspruch aus **§ 985** haben. Zwar blieb V nach der Lieferung unter Eigentumsvorbehalt mangels Bedingungseintritts durch Bezahlung (§ 158 Abs. 1) zunächst Eigentümer der Dachziegel. Mit dem Einbau sind die Dachziegel aber wesentlicher Bestandteil des Grundstücks des E geworden. Daher verlor V kraft Gesetzes sein Eigentum an den Dachziegeln gemäß § 946 i.V.m. §§ 94 Abs. 2 u. 1, 93 an E. V hat keinen Herausgabeanspruch aus § 985.
II. V kann aber für den Eigentumsverlust **Entschädigung** in Geld gemäß §§ 951, 812 verlangen.
III. V könnte gegen E einen Anspruch gemäß **§ 346 Abs. 1** auf Herausgabe der Ziegel haben, soweit sie wieder abgedeckt werden können. V ist wirksam vom Kaufvertrag zurückgetreten. Nach h.M. besteht der Anspruch aus § 346 Abs. 1 auf Rückabwicklung in Natur trotz § 346 Abs. 2 S. 1 Nr. 2, dessen Aufzählung nicht abschließend ist und auch die Verbindung nach §§ 946, 947 erfasst.[8] Als ungeschriebenes Merkmal erfordert § 346 Abs. 2 S. 1 Nr. 2 nämlich nach h.M., dass es unmöglich ist, das Geleistete in Natur zurückzugewähren.[9] Entfernbare Ziegel muss E dem V daher herausgeben.

IV. Soweit die Entfernung nicht möglich ist, schuldet E Wertersatz gemäß **§ 346 Abs. 2 S. 1 Nr. 2**.

11 ■ Auch durch Maßnahmen der **Zwangsvollstreckung** können **Dritte kein selbstständiges dingliches Recht** an wesentlichen Bestandteilen erlangen. Maßnahmen, die einem Dritten ein solches Recht einräumen sollen, gehen ins Leere.[10]

12 ■ Bei einem **Grenzüberbau** muss differenziert werden:

- Hat der benachteiligte Grundstückseigentümer die **Zustimmung** zum Überbau **erteilt**, führt dies regelmäßig dazu, dass der Überbauende analog § 94 Abs. 1 Eigentümer des auf dem Nachbargrundstück stehenden Gebäudeteils wird.[11]
- **Fehlt die Zustimmung** des Eigentümers des überbauten Grundstücks, widersprechen sich die Grundsätze des § 93 und des § 94. Dazu der folgende Fall:[12]

Fall 1: Was nicht passt, wird passend gemacht?

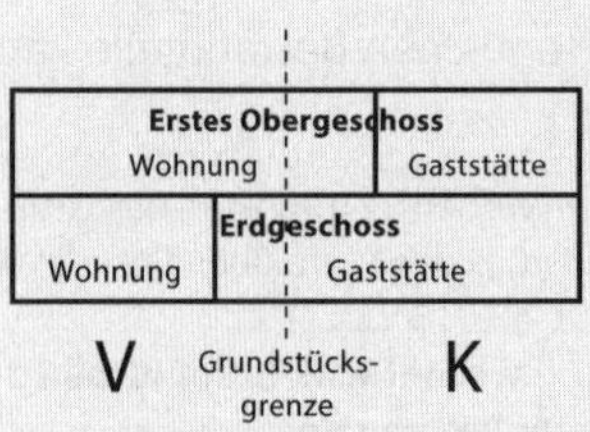

V ist Eigentümerin eines Grundstücks, das mit einer Gaststätte und angebautem Wohnbereich bebaut ist. Sie will die Gaststätte verkaufen und den Wohnteil behalten. Daher lässt sie das Grundstück dort teilen, wo Gaststätte und Anbau zusammenstoßen, bedenkt aber nicht, dass die Aufteilung im Inneren zum Teil anders verläuft. Im Erdgeschoss ragen die Toiletten der Gaststätte in den Wohnbereich hinein, im ersten Obergeschoss ragen Wohn- und Schlafzimmer in einer Größe von 40 m² in den Gaststättenbereich hinein. Mit notariellem Vertrag kauft K das Gaststättengrundstück von V. Die Parteien lassen die Auflassung beurkunden. Nach ihrer Eintragung im Grundbuch verlangt K von V Herausgabe der von V genutzten 40 m² im ersten Obergeschoss der Wohnung. Zu Recht?

8 MünchKomm/Gaier § 346 Rn. 52.
9 Siehe näher AS-Skript Schuldrecht AT 2 (2020), Rn. 81.
10 BGH NJW 1988, 2789, zu einer Eigentumszuweisung nach § 825 ZPO.
11 BGH NJW 2004, 1237.
12 Nach BGH RÜ 2002, 101 (Etagen); ähnlich auch BGH RÜ 2020, 768, hinsichtlich eines kompletten Gebäudes.

I. Ein **Anspruch der K gegen V aus § 985**, der auch unbewegliche Sachen erfasst, setzt voraus, dass K Eigentum an den betroffenen 40 m^2 im Obergeschoss erworben hat. 13

V und K haben die Auflassung erklärt, d.h. sie haben sich über den Eigentumsübergang an dem Grundstück geeinigt (§ 873 Abs. 1). Dabei haben sie auch die Form des § 925 gewahrt und V war zur Übereignung berechtigt. Das **Eigentum** an dem primär als Gaststätte genutzten **Grundstück** ist von der V auf die K übergegangen.

Mit dem Übergang des Eigentums an dem Grundstück könnte K auch das **Eigentum** an den im ersten Stockwerk von V genutzten **Räumlichkeiten** erworben haben.

1. Dem **Grundgedanken der §§ 94 Abs. 1, u. 946** entspräche es, das Eigentum an einem auf einer Grundstücksgrenze stehenden Bauwerk **vertikal zu trennen**. 14

   Dann wäre K Eigentümerin der streitigen 40 m^2 geworden.

   Und V wäre Eigentümerin der Toiletten im Erdgeschoss geblieben.

2. Der BGH gibt dem **Grundsatz des einheitlichen Eigentums an einer Wirtschaftseinheit aus § 93** regelmäßig den Vorzug. Das ganze Bauwerk ist **Alleineigentum** des Eigentümers des vorrangigen Grundstücks. Der die Grenze überragende Teil ist nur **Scheinbestandteil** des nachrangigen Grundstücks, sodass dessen Eigentümer **analog § 95 Abs. 1 S. 2** kein Eigentum am Bauwerk hat.[13] 15

   a) Wenn zwei Grundstücke mit zwei Gebäuden in der Weise **bebaut** werden, dass ein Geschoss sich über beide Grundstücke erstreckt, so ist zu prüfen, ob dieses Geschoss bei **natürlich-wirtschaftlicher Betrachtung eine Einheit** mit einem der beiden Gebäude bildet. Trifft dies zu, so gehören zu den wesentlichen Bestandteilen des Grundstücks, dem das Geschoss zuzuordnen ist, auch die Räume, die sich auf dem anderen Grundstück befinden.[14]

      Hier steht aber keine derartige Bebauung, sondern eine Aufteilung in Rede.

   b) Wird ein Grundstück in der Weise **aufgeteilt**, dass ein aufstehendes, **nur zu einem Zweck genutztes Gebäude** von der Grenze der beiden neu gebildeten Grundstücke durchschnitten wird, gehört das Gebäude als Ganzes zu dem Grundstück, auf dem sich das Gebäude mit seinem nach Umfang, Lage und wirtschaftlicher Bedeutung **maßgeblichen Teil** befindet.[15]

      Der Gaststättenteil ist wirtschaftlich bedeutsamer als der Wohnteil. Zudem dürfte letzterer als Anbau flächenmäßig kleiner sein als der erstgenannte. Daher wäre K Eigentümer sämtlicher Räume geworden.

3. Das vorliegende Gebäude dient aber **zwei verschiedenen wirtschaftlichen Zwecken**. § 94 Abs. 1 muss sich durchsetzen, um zu **verhindern, dass wirtschaftliche oder funktionale Einheiten zerschlagen** werden. Die **Trennung** erfolgt dann aber sinnvollerweise nicht vertikal im geometrischen Sinne, sondern **entlang der Grenze der wirtschaftlichen Einheiten**. Diese Teile werden dann 16

---

13 BGH NJW-RR 2014, 973, 974; BGH RÜ 2020, 769, 770; näher zu § 95 in Rn. 19 ff.

14 BGH RÜ 2008, 219; entsprechend auch BGH RÜ 2020, 769, für ein komplettes Gebäude.

15 BGH NJW 1975, 1553.

nach dem Gedanken des § 93 **jeweils dem Grundstück zugeordnet**, auf dem sie sich nach Umfang, Lage und wirtschaftlicher Bedeutung maßgeblich befinden.[16]

Das von V und K genutzte Gebäude ist demnach in einen Gaststättenteil und in einen Wohnteil rechtlich aufzuteilen. Die zwischen V und K streitigen 40 m^2 gehören funktional-wirtschaftlich zum Wohnteil und damit zum Grundstück der V.

Die Toiletten der Gaststätte gehören wirtschaftlich-funktional zum Grundstück der K.

Da K nicht Eigentümerin der von V genutzten 40 m^2 im Obergeschoss geworden ist, hat sie keinen Anspruch gegen V aus § 985 auf deren Herausgabe.

17 II. K hat gegen V auch keinen **Anspruch aus § 433 Abs. 1 S. 1** auf Übergabe und Übereignung der streitigen 40 m^2. Der Kaufvertrag ist so auszulegen, dass der K ein Gaststättengrundstück mit Gaststättenräumlichkeiten verkauft wurde. Die von V als Wohn- und Schlafzimmer genutzte Fläche war nicht Gegenstand des Kaufvertrags.

---

2. Einfache (unwesentliche) Bestandteile

18 Einfache (oder unwesentliche) Bestandteile sind **alle Bestandteile, die nicht** gemäß § 93 oder § 94 **wesentliche Bestandteile sind**. Sie sind nicht gesondert geregelt. Die meisten Bestandteile sind zugleich wesentliche Bestandteile. Ist eine Sache nicht wesentlicher Bestandteil, so ist sie oft Zubehör i.S.d. § 97.[17] Es gibt aber einfache Bestandteile, die als solche weder Zubehör sein können, noch wesentliche Bestandteile gemäß §§ 93, 94 sind.[18] Einfache Bestandteile sind **sonderrechtsfähig.** Bis zur Begründung von Sonderrechten teilen sie aber das rechtliche Schicksal der Hauptsache.[19]

Beispiel:[20] Motoren einer Förderanlage sind deren Bestandteile. Sie sind aber nicht wesentliche Bestandteile, wenn sie schadlos ausgebaut werden können. Sie stehen solange im Eigentum des Anlageneigentümers, wie dieser das Eigentum an ihnen nicht verliert, z.B. durch Übereignung nach §§ 929 ff.

3. Scheinbestandteile gemäß § 95

19 Sachen, die **zu einem vorübergehenden Zweck** mit dem Grundstück **verbunden** oder in ein Gebäude **eingefügt** sind, sind gemäß § 95 Abs. 1 S. 1, Abs. 2 keine Bestandteile.

- **Eigentümer** verbinden Sachen oft zum **dauerhaften Verbleib** mit dem Grundstück.

  Gegenbeispiele: Baugerüste zur Gebäuderenovierung, gemietete Anlagen wie etwa ein Gastank

- Ein **dinglich oder schuldrechtlich Nutzungsberechtigter** (z.B.: Nießbraucher, Mieter) verbindet hingegen Sachen für eigene Zwecke in der Regel nur **zu einem vorübergehenden Zweck**, vgl. § 539 Abs. 2. Das gilt selbst bei langer Vertragslaufzeit und wenn die Sache für ihre gesamte Lebensdauer auf dem Grundstück verbleiben soll.

---

16 BGH RÜ 2002, 101; entsprechend auch BGH RÜ 2020, 769, für ein komplettes Gebäude.

17 Vgl. zum Zubehör sogleich Rn. 22 ff.

18 MünchKomm/Stresemann § 93 Rn. 31 ff.

19 MünchKomm/Stresemann § 93 Rn. 33.

20 Nach OLG Köln NJW 1991, 2570.

Beispiel:[21] Skulptur zur Stadtverschönerung, deren Standort bei Bedarf geändert werden soll

Beispiel:[22] Windrad mit 20-jähriger Lebensdauer, welches der Pächter einer Wiese aufstellt

Gemäß **§ 95 Abs. 1 S. 2** ist auch die Sache nur Scheinbestandteil, die in Ausübung eines **dinglichen Rechts an einem fremden Grundstück** mit dem Grundstück verbunden wurde, **beispielsweise** eine Versorgungsleitung aufgrund einer Grunddienstbarkeit (§ 1018 Var. 1, s. Rn. 489).

Die Verbindung bzw. Einfügung erfolgt gleichwohl **dauerhaft**, wenn der **Nutzungsberechtigte mit dem Eigentümer vereinbart** hat, dass dieser nach Ablauf des Nutzungsrechts die Sachen **übernimmt**, oder wenn dem Eigentümer ein **Wahlrecht** zwischen Übernahme und Verlangen der Entfernung hat.[23] 20

Umgekehrt ist der Zweck unabhängig vom Parteiwillen nur vorübergehend, wenn das **öffentliche Recht nur eine vorübergehende Nutzung** des Grundstücks **gestattet**.[24]

Scheinbestandteile werden zu wesentlichen Bestandteilen, wenn der Eigentümer des Grundstücks **nachträglich eine willentliche Zweckänderung** vornimmt, die dem sachenrechtlichen Publizitätsprinzip Rechnung trägt, also **nach außen erkennbar** ist.[25] 21

- Sind die Eigentümer der Scheinbestandteile und des Grundstücks **personenverschieden**, muss eine Einigung i.S.d. § 929 S. 1 erfolgen und zusätzlich die Zweckänderung verdeutlicht werden.[26]
- Ist der Eigentümer der Scheinbestandteile **zugleich Eigentümer** des Grundstücks und ist somit keine Einigung möglich, reicht der nach außen erkennbare Wille, den Zweck zu ändern.[27]

III. Zubehör gemäß §§ 97, 98

§ 97 definiert das Zubehör. **§ 98** definiert ein Merkmal des § 97. 22

Aufbauschema Zubehöreigenschaft
1. Voraussetzungen des **§ 97 Abs. 1 S. 1**: ■ **bewegliche Sache,** ■ die **kein** (unselbstständiger) **Bestandteil** der Hauptsache ist, ■ dem **wirtschaftlichen Zweck** der Hauptsache zu **dienen** bestimmt – **gewerblicher Zweck nicht erforderlich** und – gemäß § 98 stets der Fall bei **Inventar von Betriebsgebäuden und Landgütern** ■ sowie bestimmungsgemäßes **räumliches Verhältnis** zur Hauptsache
2. Keine entgegenstehende **Verkehrsauffassung**, § 97 Abs. 1 S. 2
3. Unbeachtlichkeit **vorübergehender Zweckänderungen**, § 97 Abs. 2 S. 1 u. 2

21 Nach OLG Zweibrücken RÜ 2016, 351.
22 Nach BGH NJW 2017, 2099.
23 Vgl. insgesamt Palandt/Ellenberger § 95 Rn. 3.
24 VGH Hessen DÖV 2015, 893.
25 Palandt/Ellenberger § 95 Rn. 4.
26 Palandt/Ellenberger § 95 Rn. 4.
27 BGH NJW 1980, 771, 772.

23 **Zweck** der §§ 97, 98 ist der **Erhalt wirtschaftlicher Einheiten** im Falle des Wechsels des Grundstückseigentümers.

Beispiel: M hat von V ein Haus gemietet und lässt dort auf eigene Kosten eine aus serienmäßigen Bauteilen bestehende **Einbauküche** einbauen. Das Grundstück wird zwangsversteigert, der Z erhält den Zuschlag. Wer ist Eigentümer der Küche? –
I. Der Ersteigerer erwirbt mit dem Zuschlag gemäß **§ 90 Abs. 1 ZVG** Eigentum an den **wesentlichen Bestandteilen** des Grundstücks i.S.d. **§§ 93 u. 94**. Eine Einbauküche kann wesentlicher Bestandteil eines Grundstücks sein, wenn nach der Verkehrsanschauung erst ihre Einfügung dem Gebäude eine besondere Eigenart, ein bestimmtes Gepräge gibt, ohne das das Gebäude nicht als fertiggestellt gilt, oder wenn sie dem Baukörper besonders angepasst ist und deswegen mit ihm eine Einheit bildet.[28] Bei einer aus serienmäßigen Teilen zusammengesetzten Küche ist dies nicht der Fall. Die Küche des M ist nicht wesentlicher Bestandteil des Grundstücks.
II. Gemäß **§§ 90 Abs. 2, 55 Abs. 2 ZVG** wurde Ersteigerer Z auch Eigentümer des **Zubehörs** des Grundstücks. Die Einbauküche könnte Zubehör i.S.d. **§ 97** sein.
1. Wie von **§ 97 Abs. 1 S. 1** gefordert ist die Einbauküche eine bewegliche Sache, die **kein Bestandteil** des Grundstücks geworden ist. Sie ist dem **wirtschaftlichen Zweck** des Grundstücks, nämlich dem Wohnen, zu dienen bestimmt und steht zu ihm in einem entsprechenden **räumlichen Verhältnis**.
2. Nach der Rechtsprechung wird die gemäß **§ 97 Abs. 1 S. 2** maßgebliche **Verkehrsauffassung**, ob eine Einbauküche als Zubehör anzusehen ist, regional bestimmt (z.B. „im OLG-Bezirk Düsseldorf"[29]). Für praktisch das gesamte Bundesgebiet hat die Rechtsprechung geklärt, dass nach der Verkehrsauffassung jedenfalls eine vom Mieter auf eigene Kosten eingebaute Küche kein Zubehör ist.[30]
3. Überdies will ein Mieter eine von ihm eingebaute Küche im Regelfall bei seinem Auszug mitnehmen, vgl. auch § 539 Abs. 2. Die Benutzung der Küche zwecks Bewohnung des Gebäudes erfolgt **nur vorübergehend**. Auch **§ 97 Abs. 2 S. 1** steht daher der Zubehöreigenschaft der Küche entgegen.[31]
Z ist nicht Eigentümer der Küche geworden. Eigentümer der Küche ist weiterhin M.

24 **Beispiel zum wirtschaftlichen Zweck:** E betreibt ein Speditions- und Transportunternehmen mit 30 Fahrzeugen. Die Fahrzeuge werden ausschließlich außerhalb des Betriebsgrundstücks eingesetzt; auf diesem werden sie nur geparkt und gewartet. –
I. Die Fahrzeuge sind selbstständige bewegliche Sachen und mangels Verbindung **nicht Bestandteil** des Betriebsgrundstücks.
II. Die Fahrzeuge sind zwar zum Betrieb des Unternehmens eingesetzt, sie dienen aber nicht i.S.d. § 97 Abs. 1 S. 1 dem **wirtschaftlichen Zweck des Grundstücks**. Zubehör eines Geschäftsgrundstücks sind erstens solche Fahrzeuge, die auf dem Grundstück Rohstoffe und Erzeugnisse transportieren (z.B. Gabelstapler, Elektrokarren). Zubehör sind zweitens solche Fahrzeuge, die zwar das Grundstück regelmäßig verlassen, aber nur um Rohstoffe anzuliefern und Erzeugnisse auszuliefern (z.B. Kühl-Lkw eines Tiefkostherstellers; Reisebus, der Hotelgäste vom Bahnhof zum Landhotel bringt). Speditionsfahrzeuge werden hingegen nur außerhalb des Betriebsgrundstücks wirtschaftlich genutzt. Solange sie sich auf diesem befinden, erwirtschaften sie gerade keinen Gewinn. Sie sind daher kein Zubehör.[32]

Gegenbeispiele wirtschaftlicher Zweck, vgl. § 98: Bierzapfanlage in einer Kneipe; Amboss in einer Schmiede; Traktoren, Kartoffeln, Tiere und Misthaufen eines landwirtschaftlichen Hofs

28 BGH WM 1990, 773.
29 Vgl. OLG Düsseldorf NJW-RR 1994, 1039.
30 Fundstellen verschiedener OLG-Entscheidungen bei BGH NJW 2009, 1078, Rn. 19; vgl. auch die gutachterliche Aufbereitung der Entscheidung (ohne Abdruck der weiteren Fundstellen) in RÜ 2009, 137.
31 BGH RÜ 2009, 137, 138.
32 BGH NJW 1983, 746.

1. Teil: Erwerb des Grundeigentums

Grundeigentum wird durch **Rechtsgeschäft**, **Gesetz** oder **Hoheitsakt** erworben. 25

1. Abschnitt: Eigentumserwerb durch Rechtsgeschäft

Grundsätzlich kann nur der **Berechtigte** Eigentum per Rechtsgeschäft übertragen (dazu A.). Während des Erwerbs entsteht oft ein **Anwartschaftsrecht** (dazu B.). Nur wenn man verstanden hat, dass das **Grundbuch falsch und berichtigungsbedürftig** sein kann (dazu C.), erschließt sich einem der **Erwerb vom Nichtberechtigten** (dazu D.). 26

A. Erwerb des Grundeigentums vom Berechtigten

Nach dem Wortlaut des § 873 Abs. 1 sind u.a. für die Übertragung des Grundeigentums die **Einigung** (gemäß § 925 Abs. 1 S. 1 als **Auflassung** bezeichnet) und ihre **Eintragung** im Grundbuch erforderlich. Weiterhin muss der Verfügende **Berechtigter** sein. 27

§ 873 Abs. 1 gilt auch für die **Belastung** eines Grundstücks mit einem Recht und die **Übertragung** oder Belastung anderer Grundstücksrechte als das Eigentum. Gemäß § 877 gilt er entsprechend für die **Inhaltsänderung**. Ferner enthält § 875 für die **Aufhebung** eines Rechts eine im Wesentlichen gleiche Regelung. Zusammen nennen die §§ 873, 875, 877 also die **vier Fallgruppen der Verfügung**.[33]

Aufbauschema Zweiterwerb des Grundeigentums vom Berechtigten §§ 873, 925
I. Auflassung (d.h. Einigung über den Eigentumsübergang)
II. Eintragung des Eigentumswechsels im Grundbuch
III. Berechtigung des Veräußerers

I. Auflassung gemäß §§ 873 Abs. 1, 925 Abs. 1

Veräußerer und Erwerber müssen sich über den Eigentumsübergang **einigen**. Es gelten die **§§ 145 ff.** und alle **Nichtigkeitsgründe des BGB AT**.[34] Insbesondere folgende Punkte sind (in Examensklausuren) klassischerweise problembehaftet. 28

1. Bestimmtheit der Einigung

Das Rechtsobjekt der **Auflassung** muss noch nicht existieren, aber es muss textlich und/oder zeichnerisch **bestimmt** sein. Bereits bei der Einigung muss **eindeutig festgelegt** sein, an welchem (ggf. künftigen, noch zu vermessenden/aufzuteilenden) Grundstück das Eigentum übergehen soll. 29

Für den **schuldrechtlichen Vertrag** gilt der sachenrechtliche Bestimmtheitsgrundsatz[35] ohnehin nicht. Es reicht aus, wenn der Vertragsgegenstand **bestimmbar** ist.[36] 30

Keine Bestimmbarkeit besteht, wenn das Grundstück weder vermessen noch seine Grenzen dem Verpflichtungsvertrag zu entnehmen sind und auch kein Bestimmungsrecht gemäß § 315 vereinbart ist.[37]

---

33 Vgl. zum Begriff der Verfügung nebst allgemeinem Prüfungsschema AS-Skript BGB AT 1 (2020), Rn. 23.

34 Vgl. dazu ausführlich AS-Skript BGB AT 1 und AS-Skript BGB AT 2.

35 Vgl. zum Bestimmtheitsgrundsatz AS-Skript Sachenrecht 1 (2020), Rn. 10.

36 BGH RÜ 2008, 205; BGH NJW-RR 2013, 789.

37 Staudinger/Pfeifer/Diehn § 925 Rn. 62; OLG Hamm BeckRS 2000, 30138561.

Fall 2: Übertragung eines Grundstücksteils

V will von seinem 7.000 m^2 großen Grundstück (Parzelle 132) einen etwa 1.000 m^2 großen Teil an K als Bauland verkaufen. V und K schließen einen notariellen Kaufvertrag über einen Teil der Parzelle 132. Auf der Katasterzeichnung wird dieser Teil rot umrandet und gestrichelt. Die Katasterzeichnung wird dem Vertrag als Anlage beigefügt. Die Parteien lassen auch die Auflassung des Grundstücksteils notariell beurkunden, wobei wiederum die Katasterzeichnung mit den Markierungen beigefügt wird.

1. Ist der Kaufvertrag wirksam und ist dem V die Erfüllung möglich?
2. Ist die Auflassung wirksam?
3. Wie bzw. wann wird K Eigentümer des Baulands?

31 A. Wirksamkeit des Kaufvertrags und Möglichkeit der Erfüllung

I. V und K haben sich **geeinigt**, dass die noch zu vermessende Grundstücksfläche gegen Kaufpreiszahlung übertragen werden soll. Die Grundstücksgröße wurde näherungsweise vereinbart und die Grundstücksfläche wurde zeichnerisch festgelegt, daher ist der Kaufgegenstand hinreichend **bestimmbar** bezeichnet.

II. Die **Form** des § 311 b Abs. 1 S. 1 ist eingehalten, daher ist der Kaufvertrag nicht nach § 125 S. 1 formunwirksam.

III. Die Erfüllung der Leistungspflicht ist dem V auch **nicht unmöglich**. Zwar existiert vor der Vermessung und Eintragung des Grundstücksteils im Grundbuch die von V an K verkaufte Teilfläche rechtlich noch nicht als Grundstück, das Grundstück des V kann aber geteilt und der verkaufte Teil sodann an K übertragen werden.

Läge Unmöglichkeit vor, so wäre der Kaufvertrag gemäß **§ 311 a Abs. 1** gleichwohl wirksam.

32 B. Wirksamkeit der Auflassung gemäß §§ 873, 925

I. Für die Auflassung gilt der sachenrechtliche **Bestimmtheitsgrundsatz**. Es muss sich aus dem Inhalt der Einigung, gegebenenfalls nach Auslegung, eindeutig ergeben, welcher Teil der Erdoberfläche Gegenstand der Übereignung sein soll. Auch eine noch nicht vermessene Teilfläche kann, wenn sie – wie hier zeichnerisch – genau **bestimmt** ist, Gegenstand der Auflassung sein.[38]

II. Die **Form** des § 925 Abs. 1 – gleichzeitige Anwesenheit vorm Notar – ist gewahrt.

33 C. Eigentumserwerb des K

Da eine wirksame Auflassung erklärt wurde und V Berechtigter ist, wird K gemäß §§ 873 Abs. 1, 925 Abs. 1 **mit der Eintragung im Grundbuch** Eigentümer werden.

34 Der Grundstücksteil muss vermessen und im Grundbuch als selbstständiges Grundstück eingetragen werden. Das Vermessungsamt erlässt einen Verwaltungsakt, den **Veränderungsnachweis**, der die Grundlage der **Grundstücksabschreibung** gemäß § 2 Abs. 3 GBO bildet.

Gemäß § 28 GBO muss grundsätzlich (das bereits bestehende) **Grundstück „in der Eintragungsbewilligung"** und daher gemäß §§ 19 u. 20 GBO **in der Auflassung übereinstimmend mit dem**

38 BGH NJW 1984, 1959; MünchKomm/Ruhwinkel § 925 Rn. 23.

Grundbuch bezeichnet sein. Für den Fall der Auflassung eines noch nicht vermessenen Grundstücksteils wird angenommen, dass für die Umschreibung des Eigentums ein **Nachtrag zur Auflassung** erforderlich ist, in dem der verkaufte und aufgelassene Grundstücksteil katastermäßig genau bezeichnet werden muss, damit die Identität des nachträglich vermessenen Grundstücksteils mit dem in der Auflassung bezeichneten Teil zweifelsfrei nachgewiesen wird. Eine solche **Identitätserklärung** (auch: **Messungsanerkennung**) ist aber als bloße Förmelei dann nicht erforderlich, wenn das Grundbuchamt keine vernünftigen Zweifel an der Identität des Grundstücks haben kann.[39]

Beachten Sie aber, dass auch das Fehlen einer erforderlichen Identitätserklärung **nur formellrechtlich** – d.h. nach den Vorschriften der GBO – relevant ist. Sie hat also **keine Auswirkung auf die materielle Rechtslage.**[40] Vergegenwärtigen Sie sich zudem, dass **nur die Identität** des Grundstücks, nicht aber die vertragsgemäße Erfüllung des Verpflichtungsvertrags festgestellt wird. Daher hat die Identitätserklärung keinen eigenständigen rechtsgeschäftlichen Gehalt, sodass das Verbot des § 181 auf sie und ihre Beantragung keine Anwendung findet.[41]

Verpflichtung und Verfügung beziehen sich im Zweifel auch auf das **Zubehör**, s. Rn. 3. **35**

2. Übereinstimmende Falschbezeichnung (falsa demonstratio)

Nach dem Grundsatz „falsa demonstratio non nocet"[42] ist der **übereinstimmende Parteiwille** auch maßgeblich, wenn er in der Erklärung keinen Ausdruck gefunden hat. **36**

Das gilt auch bei formbedürftigen Erklärungen wie dem gemäß § 311 b Abs. 1 S. 1 formbedürftigen **schuldrechtlichen Grundgeschäft** über das Grundstück (regelmäßig Kauf). Sinn und Zweck der Formvorschrift werden nicht in schädlichem Maße beeinträchtigt: **37**

- Der Zweck, die Parteien **vor Übereilung zu schützen**, ist nicht gefährdet, weil die Notwendigkeit der Beurkundung bestehen bleibt und die Parteien von dem Notar beraten und über die (einvernehmlich gewollten) Rechtsfolgen belehrt werden.
- Dem **Beweissicherungszweck** wird zwar nicht entsprochen. Er hat aber bei Grundstücksgeschäften eine weit geringere Bedeutung als die Beratungsfunktion.

Auch bei der **Auflassung** schadet die Falschbezeichnung nicht – sie bezieht sich also auf das falsch bezeichnete, aber „gewollte" Grundstück. Wegen des **Publizitätsgebots** geht aber das Eigentum nur insoweit über, wie **Auflassung und Eintragung übereinstimmen.**[43] Daraus ergeben sich drei Fallgruppen: **38**

- **Divergieren** Auflassung und Eintragung **gänzlich**, so geht kein Eigentum über. **39**

  Beispiel:[44] In der Auflassung ist das Grundstück 272 genannt. Der Eigentumsübergang an Grundstück 272 wird eingetragen. Die Parteien wollten übereinstimmend Grundstück 315 übereignen. – Es geht kein Eigentum über, da Inhalt der Auflassung nach dem Grundsatz der falsa demonstratio das Grundstück 315 ist, während die Eintragung das Grundstück 272 zum Gegenstand hat. Zur Übereignung des Grundstücks 315 ist eine erneute Auflassung nicht erforderlich. Es reicht eine der

---

39 OLG Köln NJW-RR 1992, 1043.

40 Näher zur Unterscheidung zwischen materieller Rechtslage und dem Grundbuchrecht Rn. 218.

41 BGH RÜ 2016, 137.

42 Vgl. zum Grundsatz der falsa demonstratio AS-Skript BGB AT 1 (2020), Rn. 283 f.

43 Staudinger/Pfeifer/Diehn § 925 Rn. 68; vgl. zum Publizitätsgebot AS-Skript Sachenrecht 1 (2020), Rn. 9.

44 Nach BGH WM 2001, 1905.

Form des § 29 GBO entsprechende, die Falschbezeichnung richtigstellende Identitätserklärung (s. Rn. 34), aufgrund derer die Eintragung des Eigentumsübergangs an dem Grundstück 315 erfolgt.

40 ■ Ist die **Auflassung weitergehend als die Eintragung**, so geht das Eigentum über, soweit die Eintragung reicht.

Beispiel:[45] Der Wortlaut der Auflassung und die Eintragung beziehen sich auf die Grundstücke 31 und 32. Die Parteien wollten übereinstimmend die Grundstücke 31, 32 und 33 übereignen. – Nach dem Grundsatz der falsa demonstratio sind die Grundstücke 31, 32 und 33 Gegenstand der Auflassung. Da aber nur der Eigentumswechsel an den Grundstücken 31 und 32 eingetragen ist, ist nur an diesen das Eigentum übergegangen. Für den Eigentumsübergang an dem Grundstück 33 reichen aber eine Identitätserklärung und die Eintragung.

41 ■ Ist dagegen die **Eintragung weitergehend als die Auflassung**, so geht das Eigentum über, soweit die Auflassung reicht.[46]

Fall 3: Zufahrt über das Nachbargrundstück

N ist der Eigentümer eines Grundstücks (Flurstück Nr. 64/2). Eigentümer des Nachbargrundstücks (Flurstück 64/1) ist V. Im Einverständnis mit V nutzt N seit vielen Jahren als Zufahrt zu seiner Garage einen Teil des Grundstücks des V . Die Zufahrt ist abweichend gepflastert und mit Pollern zum restlichen Grundstück des V abgegrenzt. V verkauft mit notariellem Vertrag das Grundstück an K und lässt es auf. In dem Kaufvertrag und der Auflassung wird das „im Grundbuch von Aurich, Blatt 543, eingetragene Grundstück Flurstück 64/1 mit einer Größe von 633 m^2" als Kaufgegenstand bezeichnet. V und K hatten das Grundstück allerdings zuvor besichtigt und gingen übereinstimmend davon aus, dass die Zufahrt zum Grundstück des N gehört.

1. Hat K Eigentum erlangt?
2. Kann N – im Einverständnis mit V – von K Zustimmung zur Grundbuchberichtigung gemäß § 894 verlangen?

42 A. K kann das **Eigentum** am gesamten Grundstück (Flurstück Nr. 64/1) durch Auflassung und Grundbucheintragung gemäß §§ 873 Abs. 1, 925 Abs. 1 erworben haben.

43 I. Nach dem Wortlaut der **Auflassung** sollte das Eigentum am gesamten Grundstück übergehen. K und V gingen allerdings übereinstimmend davon aus, dass der von N als Zufahrt genutzte Grundstücksteil nicht dazu gehört. Die Beteiligten haben den Gegenstand der Auflassung übereinstimmend falsch bezeichnet (**falsa demonstratio**). Vereinbart ist dann das wirklich Gewollte (**non nocet**). Alles andere wäre unnötige Förmelei, weil die Auflassung nur ihre Parteien betrifft.[47]

Die vorliegende Auflassung bezieht sich damit nur auf den Teil des Grundstücks des V, den N nicht als Zufahrt nutzt. Die Zufahrt ist nicht Gegenstand der Auflassung, daher steht bereits hier fest, dass sie nicht an K übereignet wurde.

44 II. Mit der **Eintragung** könnte K am Teilgrundstück (ohne Zufahrt) Eigentum erlangt haben. Im Grundbuch ist zwar der Eigentumsübergang am gesamten Grundstück

45 Nach BGH WM 1983, 657.
46 Staudinger/Pfeifer/Diehn § 925 Rn. 116.
47 BGH NJW-RR 2013, 789.

(Flurstück 64/1) eingetragen. Das Eigentum kann aber wegen des **Publizitätsgebots** nur übergehen, soweit Auflassung und Eintragung sich decken.[48]

Auflassung und Eintragung decken sich vorliegend hinsichtlich des Grundstücks 64/1 mit Ausnahme der von N genutzten Zufahrt. Die Zufahrt gehört weiterhin V, während das übrigen Grundstück in das Eigentum des K übergegangen ist.

B. Der im Grundbuch als Eigentümer des kompletten Grundstücks eingetragene K könnte Schuldner eines Anspruchs aus **§ 894** auf **Zustimmung zur Grundbuchberichtigung** hinsichtlich des von N als Zufahrt genutzten Teils sein. **45**

Klausurhinweis: *Der Anspruch aus* ***§ 894 spielt in vielen Klausuren*** *aus dem Immobiliarsachenrecht* ***eine Rolle****. Oft wird er von weiteren (hier von der Fallfrage ausgeschlossenen) Ansprüchen flankiert. Ausführungen zu allen Ansprüchen folgen unter C.*

I. **N selbst** könnte ein solcher Anspruch zustehen. **46**

1. Das **Grundbuch** ist **unrichtig**. K ist als Eigentümer des gesamten Grundstücks eingetragen, obwohl er nicht Eigentümer der Zufahrt geworden ist.
2. **Anspruchsinhaber** ist derjenige, dessen Recht nicht richtig eingetragen ist, also der **materiell Berechtigte** an der von N genutzten Zufahrt. Eigentümer dieses Grundstücksteils ist aber wie ausgeführt nicht N, sondern weiterhin V.

N selbst hat daher keinen Anspruch gegen K aus § 894.

II. Der Anspruch aus § 894 auf Zustimmung zur Grundbuchberichtigung steht daher **V als materiell Berechtigtem** zu. Der Anspruch ist untrennbar mit dem Recht verknüpft und deswegen **nicht abtretbar**. V kann N **aber ermächtigen**, den Anspruch gegen K im Wege der gewillkürten Prozessstandschaft einzuklagen.[49] **47**

K kann allerdings den **Einwand der unzulässigen Rechtsausübung** (§ 242: dolo agit, qui petit, quod statim redditurus est) erheben, wenn ihm aus dem Kaufvertrag mit V ein **Anspruch auf Übereignung der Zufahrt** zusteht. Auch auf Verpflichtungsebene ist aber die übereinstimmende Falschbezeichnung unbeachtlich. Gegenstand des Kaufvertrags ist daher nicht das gesamte Grundstück, sondern nur das Teilgrundstück ohne die Zufahrt. K hat also keinen Anspruch gegen V auf Übereignung der Zufahrt, also steht ihm der Einwand nach § 242 nicht zu.

Klausurhinweis: *Über den dolo-agit-Einwand können Sie dem* ***Anspruch aus einer dinglichen Rechtsposition*** *die* ***Inzidentprüfung eines Anspruchs der Gegenseite auf Übertragung der Rechtsposition*** *entgegenstellen.*

Hinweis: *Der* ***Kaufvertrag über das Teilgrundstück ohne Zufahrt*** *ist übrigens – worauf es nicht ankommt – wirksam, weil das verkaufte Grundstück bestimmbar ist.*

N kann mit Ermächtigung des V dessen Anspruch aus § 894 geltend machen.

---

48 Staudinger/Pfeifer/Diehn § 925 Rn. 116.

49 BGH NJW 2002, 1038; Palandt/Herrler § 894 Rn. 5.

3. Form des § 925

48 Die Auflassung muss gemäß § 925 Abs. 1 S. 1 u. 2 grundsätzlich **bei gleichzeitiger Anwesenheit der Parteien vor dem Notar erklärt** werden.

Gemäß § 925 Abs. 1 S. 3 kann die Auflassung auch im Insolvenzplan oder im **gerichtlichen Vergleich** erfolgen. Nach § 127 a muss es sich allerdings um einen **in der mündlichen Verhandlung protokollierten Vergleich** (vgl. §§ 160 Abs. 3 Nr. 1 u. 278 Abs. 6 Var. 3 ZPO) handeln, sodass ein **schriftlicher Vergleich** nach Maßgabe des § 278 Abs. 6 Var. 1 u. 2 ZPO nicht genügen würde. § 127 a ist aber nach h.M. **auf schriftliche Vergleiche analog** anzuwenden.[50] Gleichwohl wahrt ein schriftlicher Vergleich nach ganz h.M. die Form des § 925 Abs. 1 nicht, da – anders als beim protokollierten Vergleich – **nicht beide Parteien gleichzeitig anwesend** sind.[51]

49 ■ Der Wortlaut fordert unstreitig weder Beurkundung noch öffentliche Beglaubigung, sondern nur eine **Erklärung**. Hierunter wurden schon immer **mündliche** Äußerungen subsumiert, aber auch **schriftliche** Äußerungen sind nach ganz h.M. erfasst.[52]

Hinweis: *Die Auflassung wird gleichwohl **regelmäßig notariell beurkundet**, weil es sonst nicht zum Eigentumsübergang kommt. Das Grundbuchamt nimmt die gemäß § 873 Abs. 1 erforderliche Eintragung gemäß **§ 29 Abs. 1 S. 2 GBO** nur vor, wenn die Auflassung in öffentlich beurkundeter Form nachgewiesen wird. Zudem ist die Auflassung dann unwiderrufbar, vgl. **§ 873 Abs. 2 Var. 1**, was regelmäßig im Parteiinteresse liegt. Ferner wird die Auflassung mitunter bereits **beim Abschluss des Kaufvertrags**, der ohnehin gemäß § 311 b Abs. 1 S. 1 beurkundet werden muss, miterklärt und -beurkundet.*

50 ■ Es ist nicht erforderlich, dass die Parteien persönlich erscheinen. Eine **persönliche Anwesenheit eines Vertreters**, der auch **Notarangestellter** sein kann, genügt.

- Die Vollmacht zum Abschluss des Kaufvertrags muss zwar entgegen dem Wortlaut des § 167 Abs. 2 zum Schutz der Parteien beurkundet werden.[53] Die **Vollmacht zur Erklärung der Auflassung** kann hingegen gemäß § 167 Abs. 2 **formfrei** erteilt werden,[54] da die Partei bereits bei Beurkundung des Kaufvertrags (oder der hierauf gerichteten Vollmacht) belehrt wird.
- Die Vertretung ist nach § 181 Hs. 2 auch bei **Insichgeschäften** oder **Mehrfachvertretung** zulässig, wenn die Auflassung der Erfüllung einer wirksamen (beachte § 311 b Abs. 1 S. 1), fälligen und einredefreien Verbindlichkeit dient.[55]

51 ■ Da gemäß § 925 Abs. 1 S. 1 die **gleichzeitige Anwesenheit** der Parteien erforderlich ist, reicht **abweichend von § 128** eine Sukzessivbeurkundung nicht aus.

52 ***Hinweis:*** *Oft wird bereits bei Kaufvertragsschluss **den Notarangestellten Auflassungsvollmacht erteilt oder direkt die Auflassung erklärt**. Der Käufer wird aber nicht sofort Eigentümer. Der Notar wird nämlich angewiesen, die für die Eintragung nach § 29 GBO erforderlichen Ausfertigungen erst später, insbesondere nach Kaufpreiszahlung, zu erteilen.*[56]

RÜ-Video 03/19

---

50 BGH RÜ2 2017, 148, bezogen auf das Formerfordernis des § 1378 Abs. 3 S. 2.; w.N. bei Böttcher, NJW 2016, 844, 844.

51 Staudinger/Pfeifer/Diehn § 925 Rn. 83 d m.w.N.; w.N. bei Böttcher, NJW 2018, 831, 834.

52 MünchKomm/Ruhwinkel, § 925 Rn. 2; Palandt/Herrler § 925 Rn. 3. Veraltet Staudinger/Seufert, 1956, § 925 Rn. 49.

53 Vgl. zur einschränkenden Auslegung des § 167 Abs. 2 AS-Skript BGB AT 1 (2020), Rn. 357 ff.

54 Palandt/Herrler § 925 Rn. 5.

55 BGH RÜ 2016, 137.

56 Siehe zu diesem Vorgehen BGH RÜ 2019, 157, 159 (auch die Randbemerkung), nebst RÜ-Video unter: t1p.de/mwcf.

4. Bedingungsfeindlichkeit, § 925 Abs. 2

Die Auflassung ist nach § 925 Abs. 2 unwirksam, wenn sie – ausdrücklich oder konkludent ausgelegt – unter **Bedingungen oder Zeitbestimmungen** (§§ 158 ff.) erfolgt.[57] **53**

Beispiel:[58] Auflassung im Prozessvergleich „für den Fall der Scheidung", selbst wenn im selben Protokoll die Verkündung des Scheidungsurteils nebst Rechtsmittelverzicht enthalten sind.

Beispiel:[59] Vereinbarung des Rechts, von der Auflassung „zurückzutreten" oder diese zu „widerrufen".

Wenn die Auflassung **zugleich mit dem Verpflichtungsvertrag** beurkundet wird und dieser eine Bedingung/Zeitbestimmung enthält, dann ist es eine Frage der **Auslegung im Einzelfall**, ob diese auch die Auflassung betrifft und nach § 925 Abs. 2 vernichtet.[60]

5. Widerruflichkeit, § 873 Abs. 2

Die Auflassung ist **(erst) unwiderruflich, wenn** ein Fall des § 873 Abs. 2 vorliegt. Am klausurrelevantesten ist die erste Variante: **Notarielle Beurkundung** der Auflassung. **54**

Bereits ab Eintritt der Unwiderruflichkeit ist das **Verpflichtungsgeschäft formlos änderbar.**[61]

II. Eintragung im Grundbuch

Mit der Eintragung im Grundbuch **geht das Eigentum** auf den Erwerber **über.** **55**

Ob die Eintragung gegen die GBO verstößt, also **formell rechtswidrig** ist, ist grundsätzlich **irrelevant. Unwirksam** sind nur krass rechtswidrige, also **nichtige Eintragungen**.

Beispiel für bloße Rechtswidrigkeit: Eintragung durch einen ausgeschlossenen Grundbuchbeamten, § 11 GBO i.V.m. § 6 Abs. 1 S. 1 FamFG i.V.m. §§ 41 ff. ZPO

Beispiele für Nichtigkeit:[62] Eintragung durch den sachlich unzuständigen Beamten oder eine Privatperson; Eintragung unter Zwang oder Drohung; widersprüchlicher Eintragungsinhalt

Hinweis: *Diese Unterscheidung kennen Sie aus dem* ***Verwaltungsrecht*** *– das formelle Grundbuchrecht*[63] *ist Verfahrensrecht für das Grundbuchamt als Behörde. Die Eintragung ist zwar kein Verwaltungsakt, da sie u.a. nicht auf dem Gebiet des öffentlichen Rechts ergeht, hinsichtlich ihrer* ***Wirkungsentfaltung*** *gilt aber das gleiche* ***wie für den Verwaltungsakt****. Auch der rechtswidrige Verwaltungsakt ist wirksam, soweit er nicht nichtig (§ 44 VwVfG) ist oder ein anderer in § 43 Abs. 2 VwVfG genannter Unwirksamkeitsgrund vorliegt.*

III. Berechtigung des Verfügenden

Wie bei beweglichen Sachen[64] ist zur Eigentumsübertragung berechtigt: **56**

- der **verfügungsbefugte Eigentümer**;

57 Näher zu den Begriffen und zu Potestativbedingungen und „Rechtsbedingungen" AS-Skript BGB AT 1 (2020), Rn. 239 ff.
58 Nach KG KG-Report 2003, 318; OLG Düsseldorf NJW 2015, 1029.
59 Nach MünchKomm/Kanzleiter, § 925 Rn. 29.
60 Palandt/Herrler § 925 Rn. 19 f.; OLG München DNotZ 2019, 50 (Scheidungsvereinbarung als Causa).
61 Näher AS-Skript BGB AT 2 (2021), Rn. 167 und BGH RÜ 2019, 157, nebst RÜ-Video unter: t1p.de/mwcf.
62 Nach Palandt/Herrler § 873 Rn. 13.
63 Siehe näher zum Grundbuchrecht Rn. 218 ff.
64 S. AS-Skript Sachenrecht 1 (2020), Rn. 141 ff., insb. Rn. 147.

- derjenige, der **kraft Gesetzes Verfügungsmacht** erlangt hat: Insolvenzverwalter (§ 80 InsO[65]), Nachlassverwalter (§ 1984) und Testamentsvollstrecker (§ 2205);
- derjenige, der **gemäß § 185 Abs. 1 mit Einwilligung** des verfügungsbefugten Eigentümers bzw. desjenigen handelt, der kraft Gesetzes verfügungsbefugt ist. Die Einwilligung ist formfrei möglich, §§ 183, 182 Abs. 2.[66]

  Zur Erinnerung: Wer mit vorheriger Zustimmung (Einwilligung) gemäß § 185 Abs. 1 verfügt, ist nicht zur Herausgabe des Erlangten gemäß **§ 816 Abs. 1 S. 1** verpflichtet. Es handelt sich nicht um die Verfügung eines Nichtberechtigten i.S.d. § 816 Abs. 1, sondern eines Berechtigten (obwohl im Wortlaut des § 185 Abs. 1 von der Verfügung eines Nichtberechtigten die Rede ist).

57 Die Berechtigung muss grundsätzlich im **Zeitpunkt der Vollendung des Rechtserwerbs** vorliegen, d.h. regelmäßig bei Eintragung im Grundbuch.[67]

B. Anwartschaftsrecht des Auflassungsempfängers

58 Nach allgemeiner Definition der h.M. entsteht ein Anwartschaftsrecht, wenn von einem **mehraktigen Erwerbstatbestand** schon so viele Erfordernisse erfüllt sind, dass eine **gesicherte Rechtsposition des Erwerbers** vorliegt, die der Verfügende **nicht mehr einseitig zerstören** kann.[68] In der Klausur (und in der Praxis) geht es regelmäßig um ein Anwartschaftsrecht am Eigentum i.S.d. § 903.

Hinweis: *Häufigster, Ihnen aus dem* ***Mobiliarsachenrecht*** *bekannter Fall ist das Anwartschaftsrecht des* ***Vorbehaltskäufers einer beweglichen Sache****.[69] Im Hinblick auf § 161 Abs. 1 u. § 162 Abs. 1 kann der Vorbehaltsverkäufer den aufschiebend bedingten Eigentumserwerb des Vorbehaltskäufers nicht mehr einseitig verhindern. Hinsichtlich eines Grundstücks kann aber wegen der* ***Bedingungsfeindlichkeit der Auflassung*** *(§ 925 Abs. 2) insofern unstreitig* ***kein Anwartschaftsrecht am Grundeigentum*** *entstehen.*

59 Nach h.M. kann ein Anwartschaftsrecht aber in zwei anderen Konstellationen entstehen (**Ersterwerb**, hierzu I.) und sodann insbesondere übertragen werden (**Zweiterwerb**, hierzu II.). Bei einer Weiterveräußerung ohne Zwischeneintragung **(Kettenauflassung)** spielt das Anwartschaftsrecht nach h.M. ebenfalls eine Rolle (hierzu III.).

I. Entstehung (Ersterwerb) des Anwartschaftsrechts

60 Nach **st.Rspr. und h.M.** bestehen **zwei Möglichkeiten** für das Entstehen eines Anwartschaftsrechts des Auflassungsempfängers:

- Das Anwartschaftsrecht entsteht, sobald die **Auflassung nach § 873 Abs. 2 unwiderruflich** ist und der **Erwerber den Antrag auf Eigentumsumschreibung stellt.**[70]

  Allein eine Auflassung genügt nicht, weil der Veräußerer selbst bei gemäß § 873 Abs. 2 unwiderruflicher Auflassung das Grundstück anderweitig auflassen oder belasten kann. Ohne Eintragung entfaltet auch eine unwiderrufliche Auflassung keine Wirkung.

---

65 Schönfelder Ordnungsziffer 110.

66 BGH NJW 1994, 1344.

67 Siehe zu den Ausnahmen beim Erwerb vom Nichtberechtigten nach § 892 Abs. 2 Rn. 124.

68 Westermann/Gursky/Lieder § 4 Rn. 11.

69 Vgl. hierzu AS-Skript Sachenrecht 1 (2020), Rn. 333 ff.

70 Palandt/Herrler § 925 Rn. 24.

Stellt der Veräußerer den Antrag auf Eigentumsumschreibung, so kann er ihn gemäß §§ 13 Abs. 1 S. 2 Var. 1, 31 GBO jederzeit zurücknehmen.

Ist dagegen die **Einigung unwiderruflich** und hat **der Erwerber den Antrag** auf seine Eintragung **gestellt** (§ 13 Abs. 1 S. 2 Var. 2 GBO), so kann der Veräußerer den Eigentumserwerb nicht mehr durch einen Widerruf der Einigung oder eine Zurücknahme des Antrags verhindern. Auch wenn der Veräußerer die Auflassung an einen Dritten erklärt und die Umschreibung des Eigentums an diesen beantragt, ist der Erwerber geschützt, da das Grundbuchamt **gemäß § 17 GBO Eintragungen nach der zeitlichen Reihenfolge der Anträge** vornehmen muss.

- Ein Anwartschaftsrecht entsteht auch dann, wenn die **Auflassung nach § 873 Abs. 2 unwiderruflich** ist und eine **Auflassungsvormerkung**[71] eingetragen wurde.[72] 61

Gemäß **§ 883 Abs. 2** ist jede Verfügung, die nach der Eintragung der Vormerkung getroffen wird, insoweit unwirksam, als sie den vorgemerkten Anspruch (z.B. des Käufers aus § 433 Abs. 1 S. 1 Var. 2) vereitelt oder beeinträchtigt. Weiterhin kann der Vormerkungsinhaber gemäß **§ 888** von dem Empfänger der vereitelnden bzw. beeinträchtigenden Verfügung Zustimmung zur Eintragung oder Löschung zwecks Verwirklichung des vorgemerkten Anspruchs verlangen.

Nur eine **Auflassungsvormerkung ohne bindende Auflassung** reicht dagegen nicht aus. Die Vormerkung entfaltet zwar bereits ihre Schutzwirkung. Jedoch liegt dann von dem mehraktigen Übereignungstatbestand der §§ 873, 925 noch nicht einmal der erste Teilakt endgültig vor.

In beiden Konstellationen ist es nicht zwingend erforderlich, dass der Auflassende Berechtigter (also verfügungsbefugter Inhaber des zugehörigen Vollrechts, hier des Eigentums, oder nach § 185 Abs. 1 bzw. kraft Gesetzes Ermächtigter) ist. Nach Maßgabe der §§ 185 Abs. 2 S. 1, 878, 892 BGB (näher zu diesen Normen unter D.) ist auch ein **Ersterwerb des Anwartschaftsrechts vom Nichtberechtigten** möglich.[73] 62

Hinweis: *Auch beim* ***Anwartschaftsrecht an beweglichen Sachen*** *ist ein Ersterwerb vom Nichtberechtigten gemäß § 185 Abs. 2 S. 1 oder gemäß §§ 932 ff. möglich.*[74]

Andere lehnen ein Anwartschaftsrecht des Auflassungsempfängers gänzlich ab. Grundstücksrechte könnten gemäß § 873 Abs. 1 nur durch Einigung und Eintragung entstehen und nicht durch Einigung und Eintragungsantrag. Der Erwerber gelange zwar mit dem Eintragungsantrag in den Genuss des Prioritätsgrundsatzes des § 17 GBO. Bei dieser Regelung handele es sich aber um formelles Grundbuchrecht, das die materielle Rechtslage nicht beeinflussen könne.[75] Die Konstruktion eines Anwartschaftsrechts sei auch nicht erforderlich. Dort wo die h.M. ein Anwartschaftsrecht annehme, führten auch andere rechtliche Konstruktionen zu dem gleichen Ergebnis.[76] Insbesondere seien die Folgen einer von der h.M. bejahten Möglichkeit der Übertragung (Zweiterwerb) des Anwartschaftsrechts auch über eine Einwilligung des Veräußerers gemäß § 185 Abs. 1 – hierzu sogleich Fall 4 – zu erzielen.[77] 63

Manche bejahen ein Anwartschaftsrecht **nur bei bindender Einigung und Auflassungsvormerkung**.[78] Eine bindende Einigung und die Antragstellung durch den Erwerber reiche nicht, da der Schutz des § 17 GBO zu schwach sei. Der Antrag könne zurückgewiesen werden. Da der Erwerber nach der Zurückweisung unstreitig kein Anwartschaftsrecht habe, könne ihm vorher auch keines zugestanden haben. Allerdings entstehe eine (vom Anwartschaftsrecht zu trennende) **Anwartschaft**, die allein durch Auflassung entstehen soll und übertragen werden könne[79] – auch hierzu sogleich Fall 4.

---

71 Ausführlich zur Auflassungsvormerkung Rn. 167 ff.

72 Palandt/Herrler § 925 Rn. 25.

73 Erman/Artz § 925 Rn. 61.

74 Siehe näher AS-Skript Sachenrecht 1 (2020), Rn. 378 f.

75 Medicus/Petersen Rn. 469.

76 Auflistung der Konstruktionen bei Armgardt JuS 2010, 486.

77 Habersack JuS 2000, 1145; Mülbert AcP 202, 912.

78 Medicus/Petersen Rn. 469.

79 Medicus/Petersen Rn. 476.

II. Verfügungen über das Anwartschaftsrecht, insbesondere Übertragung (Zweiterwerb)

64 Das Anwartschaftsrecht ist eine dem Vollrecht wesensähnliche, selbstständig verkehrsfähige Vorstufe des Vollrechts. Es wird daher **weitgehend wie das Vollrecht** behandelt.[80] Für das Anwartschaftsrecht am Grundeigentum gilt daher Folgendes:

65 ■ Die **Übertragung (Zweiterwerb) durch den Berechtigten** erfolgt nach h.M. durch **Auflassung** analog § 873, 925. Einer Grundbucheintragung bedarf es allerdings nicht,[81] da das Anwartschaftsrecht überhaupt nicht im Grundbuch eingetragen wird, weil es kein Recht an einem Grundstück i.S.d. § 892, sondern nur eine Vorstufe zu einem solchen ist. Berechtigt ist der verfügungsbefugte **Inhaber des Anwartschaftsrechts** oder von ihm nach § 185 Abs. 1 oder kraft Gesetzes Ermächtigte.

66 ■ Ein **Zweiterwerb** des Anwartschaftsrechts **vom Nichtberechtigten gemäß § 892** ist dementsprechend **nicht möglich**. Mangels Eintragung des Anwartschaftsrechts im Grundbuch besteht **kein Rechtsscheintatbestand**.[82]

Hinweis: *Beim* ***Anwartschaftsrecht an beweglichen Sachen*** *ist hingegen ein Zweiterwerb vom Nichtberechtigten analog §§ 932 ff. möglich.*[83]

67 ■ Die **Verpflichtung zur Übertragung oder zum Erwerb** des Anwartschaftsrechts des Auflassungsempfängers bedarf der Form des § 311 b Abs. 1 S. 1.[84]

68 ■ Die **rechtsgeschäftliche Verpfändung** des Anwartschaftsrechts erfolgt in Anlehnung an § 1274 Abs. 1 S. 1 wie die Übertragung des Anwartschaftsrechts, also durch Auflassung aber ohne Eintragung im Grundbuch.[85]

69 ■ Die **Pfändung** des Anwartschaftsrechts des Auflassungsempfängers in der **Zwangsvollstreckung** geschieht nach h.M. durch **Rechtspfändung** nach § 857 ZPO. Dabei ist der Grundstücksveräußerer nicht Drittschuldner, weil seine Mitwirkung zum Eigentumserwerb nicht mehr erforderlich ist. Es genügt daher die **Zustellung des Pfändungsbeschlusses an den Auflassungsempfänger** als Schuldner.[86]

Hinweis: *Die Pfändung des* ***Anwartschaftsrechts an beweglichen Sachen*** *erfolgt hingegen nach h.M. durch* ***Doppelpfändung****, nämlich durch Pfändung des Anwartschaftsrechts gemäß § 857 Abs. 1 ZPO und durch Pfändung der Sache gemäß § 808 ZPO.*[87]

---

80 BGH NJW 1991, 2019.
81 BGH NJW 1991, 2019; Hager JuS 1991, 1, 4; kritisch allerdings Habersack JuS 2000, 1145, 1148.
82 Erman/Artz § 925 Rn. 61.
83 Siehe näher AS-Skript Sachenrecht 1 (2020), Rn. 386.
84 Palandt/Grüneberg § 311 b Rn. 6.
85 BGH NJW 1968, 1087.
86 BGH NJW 1968, 1087; vgl. AS-Skript ZPO (2020), Rn. 477.
87 Vgl. näher AS-Skript Sachenrecht 1 (2020), Rn. 390, und AS-Skript ZPO (2020), Rn. 479.

III. Kettenauflassung – Übertragung des Anwartschaftsrechts oder Anwendung des § 185 Abs. 1?

Bei einer Kettenauflassung überträgt Erwerber Nr. 1 das Eigentum an dem Grundstück weiter an Erwerber Nr. 2, bevor Erwerber Nr. 1 als Eigentümer eingetragen wird. Die **Eintragung des Erwerbers Nr. 2** erfolgt dann **ohne Zwischeneintragung des Erwerbers Nr. 1**. Im Ergebnis wird Erwerber Nr. 2 dann unstreitig Eigentümer. 70

§ 39 GBO steht dem nicht entgegen. Laut ihm bedarf es zur Eintragung zwar u.a. der **Voreintragung des „Betroffenen"**. Dies ist der „als der Berechtigte Eingetragene ", also nicht Erwerber Nr. 1, da er mangels Eintragung gar kein Eigentum hat, sondern der nach wie vor eingetragene Veräußerer.

Erwerber Nr. 1 erwirbt also **mangels Eintragung kein Eigentum**. Gleichwohl kann er **als Berechtigter** an Erwerber Nr. 2 **verfügen**. Dafür bestehen **zwei Möglichkeiten**: 71

- Hat Erwerber Nr. 1 ein **Anwartschaftsrecht** erlangt (Ersterwerb), kann er dieses **als Berechtigter** auf Erwerber Nr. 2 **übertragen** (Zweiterwerb). Mit Eintragung des Erwerbers Nr. 2 als Eigentümer **erstarkt** das Anwartschaftsrecht dann **zum Eigentum**. Das ist aber oft ein rein theoretisches Gedankenkonstrukt, denn ...
- ... in der Auflassung des ursprünglichen Eigentümers an Erwerber Nr. 1 liegt **regelmäßig** die **ausgelegt-konkludente Ermächtigung gemäß § 185 Abs. 1**, das **Eigentum als Berechtigter zu übertragen.**[88] Grundsätzlich kann davon ausgegangen werden, dass es dem Willen des Auflassenden nicht widerspricht, für den Fall der Weiterveräußerung an Erwerber Nr. 2 eine Zwischeneintragung des Erwerbers Nr. 1 zu vermeiden. Es kann aber auch ein anderer Wille anzunehmen sein.

  Wenn **beispielsweise** eine Gemeinde ein Grundstück an einen Erwerber, der sich zur Bebauung mit einem Wohngebäude verpflichtet, auflässt und für den Fall der Nichterfüllung der Verpflichtung eine Rückauflassung erfolgen soll, liegt keine Einwilligung zur Weiterveräußerung des Grundstücks im unbebauten Zustand vor.[89]

Fall 4: Kettenauflassung

Die Baugesellschaft E hat mit notariellem Vertrag vom Bauern B etwa 5 ha Ackerland erworben, das als Baugebiet ausgewiesen ist. Die Parteien haben die Auflassung notariell erklärt. E parzelliert die Grundstücke. Über jede Parzelle wird ein Grundbuchblatt angelegt. B ist noch als Eigentümer eingetragen. Sodann verkauft E eine Bauparzelle in der Größe von 950 m^2 an K und lässt sie ihm auf. K wird dem Antrag der E entsprechend im Grundbuch eingetragen – ohne Zwischeneintragung der E. Ist K Eigentümer des Grundstücks geworden, entweder direkt oder im Nachgang zu einem vorherigen Anwartschaftsrechtserwerb?

1. Frage: Direkter Eigentumserwerb 72

E könnte das Grundstück an K gemäß §§ 873, 925 **übereignet** haben.

I. K und E haben eine formgerechte **Auflassung** erklärt und K ist **eingetragen** worden.

88 BGH NJW 1997, 936; Palandt/Ellenberger § 185 Rn. 8.

89 BGH NJW 1997, 936.

73 II. Die E müsste zur Übereignung **berechtigt** gewesen sein.

1. Berechtigt zur Eigentumsübertragung ist gemäß § 903 zunächst der **verfügungsbefugte Eigentümer**. E war aber nicht Eigentümerin. B hatte das Grundstück zwar an E aufgelassen, aber E wurde noch nicht eingetragen.

74 2. Berechtigt ist auch, wer **mit Ermächtigung des verfügungsbefugten Rechtsinhabers** – hier B als Eigentümer – verfügt. B hatte das Grundstück an E aufgelassen. **In der Auflassung liegt regelmäßig die Ermächtigung** gemäß § 185 Abs. 1, denn mit der Auflassung äußert der Veräußerer seinen Willen zur Eigentumsübertragung, nach deren Erfolg der Erwerber ohnehin Eigentümer und daher zu Verfügungen über das Eigentum berechtigt wäre. Es ist nicht ersichtlich, dass B hier ausnahmsweise ein gegenteiliges Interesse hatte. Also hatte B mit der Auflassung an E diesen konkludent zur Weiterveräußerung nach § 185 Abs. 1 ermächtigt. E hat mithin an K als Berechtigte verfügt.

Hinweis: *Gemäß §§ 183 Hs. 1, 182 Abs. 2 kann die Ermächtigung* ***formfrei*** *erfolgen, solange sie* ***nicht unwiderruflich*** *erklärt wird.*[90] *Werden aber – wie vorliegend – die Auflassung und daher die (konkludente) Ermächtigung* ***beurkundet****, kann gemäß § 873 Abs. 2 Var. 1 die Auflassung und daher gemäß § 183 Hs. 2 auch die Ermächtigung* ***nicht mehr widerrufen*** *werden.*

K hat das Eigentum von E gemäß § 873, 925 erworben. Des argumentativen Rückgriffs auf ein Anwartschaftsrecht bedurfte es hierfür nicht.

75 **2. Frage: Eigentumserwerb nach vorherigem Anwartschaftsrechtserwerb**

K könnte durch **Erstarken seines Anwartschaftsrechts** Eigentümer geworden sein.

76 I. Die Bestellung (**Ersterwerb**) eines Anwartschaftsrechts der E zugunsten K scheitert daran, dass K keine unzerstörbare Rechtsposition erhalten hat. Es lag nämlich weder ein Eintragungsantrag noch eine Vormerkung des K vor.

77 II. Die Übertragung (**Zweiterwerb**) eines Anwartschaftsrechts der E als **Berechtigte** an K analog §§ 873, 925 setzt voraus, dass E zuvor ein solches Recht durch B bestellt wurde. (Ersterwerb). Jedoch hatte auch E weder ihre Eintragung beantragt noch eine Vormerkung erhalten und daher keine unzerstörbare Rechtsposition inne.

Manche nehmen an, dass **allein aufgrund der Auflassung** eine **Anwartschaft** entsteht.[91] Diese stelle zwar kein Anwartschaftsrecht dar, könne aber **vom Auflassungsempfänger als Berechtigtem an einen Dritten übertragen werden**. Danach hätte E als Berechtigte eine Anwartschaft auf K übertragen. Mit der Eintragung des K wäre die Anwartschaft **zum Eigentum** des K **erstarkt**. Die h.M. erkennt aber eine vom Anwartschaftsrecht (wesensgleiches Minus zum Vollrecht) zu unterscheidende Anwartschaft (aliud zum Vollrecht) unter Hinweis auf den Typenzwang nicht an.

III. Die Übertragung (**Zweiterwerb**) eines Anwartschaftsrechts der E als **Nichtberechtigte** an K scheitert bereits daran, dass das Anwartschaftsrecht nicht im Grundbuch eingetragen wird. Daher kann die fehlende Berechtigung der E nicht nach § 892 überwunden werden.

---

90 BGH NJW 1998, 1482; Palandt/Ellenberger § 182 Rn. 2.

91 Medicus/Petersen Rn. 476.

Abwandlung:

E stellt zunächst den Antrag auf ihre Eintragung als Eigentümerin. Danach verkauft sie eine Parzelle an K und lässt sie notariell an K auf. K wird ohne Zwischeneintragung der E in das Grundbuch eingetragen.

I. Unstreitig wird K wie im Ausgangsfall dadurch Eigentümer, dass E ihm gemäß §§ 873, 925 – mit **Ermächtigung** des B **i.S.d. § 185 Abs. 1** – das Grundstück übereignet hat. **78**

II. K könnte im Zeitpunkt der Eintragung auch durch **Erstarken eines Anwartschaftsrechts** Eigentum erworben haben.

Die auf Eigentumsübertragung gerichtete **Auflassung** der E an K enthält (a maiore ad minus) analog §§ 873, 925 die **Einigung über die Übertragung des Anwartschaftsrechts** von E an K (Zweiterwerb), da das Anwartschaftsrecht **wesensgleiches Minus** zum Vollrecht ist. Einer Grundbucheintragung bedurfte es für nicht. Zu dieser Übertragung war E als verfügungsbefugte Inhaberin des Anwartschaftsrechts auch **berechtigt**, da sie mit Beurkundung der Auflassung an sie und Stellung des Eintragungsantrags ein **Anwartschaftsrecht erworben** hat (Ersterwerb).

K ist mithin nach h.M. (auch auf diesem Weg) Eigentümer geworden.

Hinweis: *Der Eigentumserwerb erfolgt also aus zwei Gründen, soweit eine* ***Ermächtigung*** *nach § 185 Abs. 1* ***vorliegt****, soweit also insbesondere keine Interessen des Veräußerers entgegenstehen. Gegen die h.M. spricht dann, dass bereits das Gesetz eine passende Lösung liefert, sodass es oft keines Rückgriffs auf das nicht kodifizierte Anwartschaftsrecht bedarf.* **79**

Beachten Sie die ***Gemeinsamkeiten und Unterschiede zum Mobiliarsachenrecht****:*

- Scheitert bei der Kettenveräußerung einer unter Eigentumsvorbehalt veräußerten beweglichen Sache (§§ 929 S. 1, 158 Abs. 1) der gutgläubige Eigentumserwerb durch Erwerber Nr. 2 nach §§ 929 S. 1, 930 an der nach § 933 erforderlichen Übergabe, so erwirbt er ebenfalls ein Anwartschaftsrecht von Erwerber Nr. 1 als Berechtigtem (§§ 929 S. 1, 930 analog). **In der Einigung über die (Sicherungs-)Übereignung steckt die Einigung über die Übertragung (Zweiterwerb) des Anwartschaftsrechts** (§§ 133, 157 bzw. § 140).[92]
- Ein **Durchgangserwerb** des Erwerbers Nr. 1 durch Erstarken des Anwartschaftsrechts, den die h.M. im Mobiliarsachenrecht ablehnt,[93] ist bei Grundstücken unstreitig nicht möglich. Es fehlt an der Eintragung des Erwerbers Nr. 1 und damit am Publizitätsakt, sodass unstreitig ein **Direkterwerb** des Erwerbers Nr. 2 vom Veräußerer erfolgt.
- Es wird ersichtlich **nicht** vertreten, dass eine **Einigung nach § 929 S. 1** eine **Ermächtigung i.S.d. § 185 Abs. 1** enthält. Die Frage ist **oft nicht ergebnisrelevant**, weil die Besitzerlangung bei beweglichen Sachen regelmäßig den erforderlichen Rechtsschein erzeugt (§§ 932, 933, 934 Var. 2). Zudem wird der gute Glaube an die Ermäch-

92 Vgl. AS-Skript Sachenrecht 1 (2020), Rn. 384.
93 Vgl. AS-Skript Sachenrecht 1 (2020), Rn. 381.

tigung nach § 185 Abs. 1 hinsichtlich beweglicher Sachen nach § 366 Abs. 1 HGB geschützt. Die fehlende Berechtigung bzw. Ermächtigung wird also oft überwunden.

C. Richtiges Grundbuch und Berichtigung des falschen Grundbuchs

80 Eintragungen im Grundbuch sollen die objektive dingliche Rechtslage wiedergeben. Im Regelfall tun sie das auch, sonst wäre die Vermutung des § 891 unangebracht. Die Eintragung und die dingliche Rechtslage können gleichwohl (insbesondere in Klausuren) auseinanderfallen. Das Grundbuch kann „irren", also unrichtig sein!

Hinweis: *Im Mobiliarsachenrecht wissen Sie, dass Eigentum und Besitz als Rechtsscheinsträger (vgl. § 1006)[94] auseinanderfallen können. Im Grundstücksrecht ist das Grundbuch der Rechtsscheinträger.* ***Erfahrungsgemäß bereitet im Examen die Differenzierung zwischen Wirklichkeit und Rechtsschein im Grundstücksrecht größere Schwierigkeiten****, wohl weil dem Grundbuch als öffentlichem Register (§ 1 Abs. 1 S. 1 GBO) blind vertraut wird.*

I. Abgrenzung der Verfügung zur bloßen Grundbuchberichtigung

81 Einer **Übereignung** bedarf es **nur, wenn die Eigentumslage am Grundstück verändert werden soll**. Die Eintragung im Grundbuch ist dann **konstitutiv**, vgl. §§ 873 Abs. 1. Im Grundbuch wird das eingetragen, was bislang nicht ist und fortan gelten soll. Das Grundbuch steht dann mit der Rechtslage im Einklang – es ist **richtig**.

Beispiel: V lässt sein Grundstück an K auf. K wird als Eigentümer eingetragen und damit zugleich neuer Eigentümer gemäß §§ 873 Abs. 1, 925.

Ist die **Eigentumslage** hingegen **bereits so, wie sie sein soll**, dann bedarf es keiner Übereignung. Bildet das Grundbuch die Eigentumslage nicht richtig ab, dann ist es **falsch**. Im Grundbuch ist nicht das eingetragen, was derzeit ist. Eine **berichtigende Eintragung** (dazu sogleich II.) ist dann rein **deklaratorisch**.

Beispiel: V lässt sein Grundstück an K auf. K wird als Eigentümer eingetragen. V war bei der Auflassung aber unerkannt geisteskrank, bei der Auflassung waren V und K nicht gleichzeitig anwesend und zudem ficht V die Auflassung wegen widerrechtlicher Drohung an. –
Die Auflassung ist nichtig (§ 104 Nr. 2; §§ 125 S. 1, 925 Abs. 1 S. 1; §§ 142 Abs. 1, 123 Abs. 1 Var. 2). Die Rechtsfolge der §§ 873, 925 ist nicht eingetreten. K ist zwar als Eigentümer eingetragen, wirklicher Eigentümer ist aber V geblieben. Das Grundbuch ist daher falsch.

Hinweis: *Eine Eintragung, die bloß gegen* ***formelle Vorschriften des Grundbuchrechts*** *verstößt (vgl. Rn. 55; z.B. die Rangvorschrift des § 45 GBO), ist nicht falsch. Erforderlich ist stets (auch) ein materiell-rechtlicher Verstoß (z.B. gegen die Rangvorschrift des § 879).*[95]

82 Der **wahre Eigentümer** ist **gut beraten, die Berichtigung des Grundbuchs anzustreben**, denn bis dahin kann der als Eigentümer Eingetragene insbesondere[96]

- sich auf die **Eigentumsvermutung** des § 891 berufen,

---

94 Vgl. zu § 1006 AS-Skript Sachenrecht 1 (2020), Rn. 466 ff.

95 Vgl. BGH RÜ 2014, 421.

96 Vgl. Erman/Artz § 894 Rn. 1.

- als Nichtberechtigter nach Maßgabe der §§ 892, 893 über das Grundstück **verfügen**, während der Eigentümer wegen § 39 Abs. 1 GBO faktisch nicht verfügen kann, sowie
- nach Maßgabe des § 900 durch **Ersitzung** sogar Eigentümer werden.

II. Die „Berichtigungsansprüche" des Eigentümers, insbesondere aus § 894

Der wahre Eigentümer kann vom Eingetragenen **nicht die eigenhändige Berichtigung** verlangen. Ausschließlich der Grundbuchbeamte darf Eintragungen in das Grundbuch als amtliches Register vornehmen (§ 1 Abs. 1 GBO). Daher ist die weit verbreitete Bezeichnung „Berichtigungsanspruch" zumindest ungenau. 83

Der wahre Eigentümer muss vielmehr die berichtigende Eintragung beim Grundbuchamt beantragen (§ 13 Abs. 1 S. 2 Var. 2 GBO). Gemäß §§ 19 u. 39 GBO wird der Grundbuchbeamte diese Eintragung nur vornehmen, wenn der Eingetragene sie „bewilligt". Auf diese **Bewilligung** – bzw. **Zustimmung** nach der Terminologie des § 894 – ist der **Anspruch** des wahren Eigentümers gegen den Eingetragenen gerichtet.

Die Bewilligung ist keine Willenserklärung, sondern eine **formell-rechtliche Erklärung**.[97] Gleichwohl wird ein Urteil, welches den Eingetragenen zur Bewilligung verpflichtet, nach § **894 ZPO analog** – der nach seinem Wortlaut nur für Willenserklärungen gilt – vollstreckt.[98] Mit **Rechtskraft des Urteils gilt die Bewilligung also als abgegeben**. Das Urteil **stellt die dingliche Rechtslage aber nicht rechtskräftig** i.S.d. § 322 Abs. 1 ZPO fest, denn Streitgegenstand ist nur die Zustimmungspflicht.[99]

Der **Anspruch auf Bewilligung/Zustimmung** kann sich ergeben aus:[100] 84

- Im Einzelfall einer vorherigen **vertraglichen Abrede** oder einem **vertraglichen Schadensersatz- oder Rückabwicklungsanspruch**. Die Eintragung verleiht dem Eingetragenen eine **Buchposition** als „Leistung" i.S.d. § 346.[101]
- **§ 894**, der bestimmt, dass der Eigentümer, dessen Eigentum nicht eingetragen ist, vom als Eigentümer Eingetragenen die Bewilligung/Zustimmung verlangen kann.

  § 894 wird flankiert durch die **Hilfsansprüche aus §§ 895, 896** (Mitwirkung bei vom Grundbuchamt geforderter Voreintragung; Vorlage des Hypotheken- bzw. Grundschuldbriefs).
- Einer der Varianten des **§ 812 Abs. 1**. Die **Buchposition** ist ein **vermögenswertes Etwas**. Der **Rechtsgrund** für die Buchposition ist die **Inhaberschaft des Rechts**, er fehlt also, wenn das Grundbuch falsch ist. Der Anspruch richtet sich gegen den Eingetragenen und steht dem zu, der die Buchposition vorher innehatte.

  Inhaber des Anspruchs aus § 812 Abs. 1 muss **nicht der wahre Eigentümer** sein. Der Anspruch kann auch demjenigen zustehen, der selbst nur fälschlich als Eigentümer eingetragen war. Der Kreis der möglichen Anspruchsberechtigten ist also bei § 812 Abs. 1 größer als bei § 894.
- Im Einzelfall einen Anspruch aus **§ 823 Abs. 1 und/oder Abs. 2**.

Ein Anspruch aus **§ 1004** kommt hingegen nicht infrage, § 894 ist lex specialis. 85

---

97 Erman/Artz § 894 Rn. 27.
98 BGH NJW 1986, 1867; Zöller/Seibel § 894 Rn. 2.
99 BGH RÜ2 2018, 219.
100 Vgl. Palandt/Herrler § 894 Rn. 13.
101 Staudinger/Kaiser § 346 Rn. 72.

III. Alle dinglichen Rechtspositionen / Irrtum in zwei Richtungen

86 Die genannten Ansprüche bestehen nicht nur, wenn die Eigentumslage falsch eingetragen ist. Insbesondere § 894 spricht allgemein von dinglichen Rechten an Grundstücken und Rechten an diesen Rechten. (Examens-)fälle lassen sich daher auch mit **sämtlichen beschränkt dinglichen Rechten**[102] bilden. Zudem findet § 894 nach h.M. auch auf die **Vormerkung**[103] und auf den **Widerspruch**[104] i.S.d. § 899 Anwendung, auch wenn diese keine dinglichen Recht sind. Auch **Kombinationen** sind möglich.[105] Die Norm wird Ihnen daher in diesem Skript noch mehrfach begegnen.

87 Bei diesen Rechten ist insbesondere § 894 in zwei Konstellationen einschlägig. **Das Grundbuch kann in zwei Richtungen „irren":**

- Es kann ein **Recht des Anspruchstellers existieren, aber nicht eingetragen** sein (§ 894 „dessen Recht nicht oder nicht richtig eingetragen").

  Beispiel: Eigentümer E bestellt H eine Hypothek. Versehentlich wird deren Eintragung gelöscht. – H ist nach wie vor Inhaber der Hypothek; die bloße Löschung ihrer Eintragung führt nicht zu ihrem Erlöschen, vgl. §§ 875, 1183. H kann von E Zustimmung zur (deklaratorischen, berichtigenden) Eintragung der Hypothek verlangen.

- Es kann zu Lasten des Anspruchstellers ein **Recht eines Dritten eingetragen sein, das nicht existiert** (§ 894 „durch die Eintragung einer nicht bestehenden Belastung oder Beschränkung beeinträchtigt").

  Beispiel: Eigentümer E bestellt H eine Hypothek, ist dabei aber geschäftsunfähig. Im Grundbuch wird die Hypothek eingetragen. –
  Die nach § 873 Abs. 1 („Belastung ... mit einem Recht") erforderliche Erklärung des E ist nichtig, § 104. Es gibt keine Hypothek. E kann von H Zustimmung zur Löschung der Eintragung verlangen.

88 Es gibt eine **dritte Art des „Grundbuchirrtums"**, für die § 894 BGB **weder nach dem Wortlaut noch analog** gilt. Ist ein **Recht für den Anspruchsteller eingetragen, das nicht existiert**, so kann er keine Berichtigung verlangen. Es gibt dann nämlich weder ein objektiv bestehendes Recht (vorherige Randnummer, erster Punkt), noch handelt es sich um eine Belastung oder Beschränkung (vorherige Randnummer, zweiter Punkt).

Beispiel:[106] X ist als Eigentümer/Hypothekeninhaber eingetragen. Er möchte die (aus seiner Sicht) falsche Eintragung beseitigen lassen, weil sie verwaltungs- und steuerrechtlich nachteilig ist.

D. Erwerb des Grundeigentums vom Nichtberechtigten

89 Scheitert die Übereignung an der **fehlenden Berechtigung** des Übereignenden, so geht gleichwohl nach Maßgabe der §§ 185, Abs. 2, 878 u. 892 das Grundeigentum über.

Hinweis: *Nach ihrem Wortlaut gelten die drei Normen für* ***sämtliche Verfügungen über Grundstücke****. Im Folgenden werden sie (zunächst) primär anhand der Übereignung erläutert, mit Ausblick auf andere Verfügungen, die später näher beleuchtet werden.*

---

102 Vgl. zu den beschränkt dinglichen Rechten den 4. Teil des Skripts.

103 Palandt/Herrler § 894 Rn. 2; näher zur Vormerkung Rn. 150 ff.

104 BGH NJW-RR 2006, 1242 Rn. 5; Staudinger/Picker § 894 Rn. 42; näher zum Widerspruch Rn. 137 ff.

105 Z.B. BGH RÜ 2014, 209 (Vormerkung mit inzidenter Prüfung eines dinglichen und schuldrechtlichen Vorkaufsrechts).

106 Nach BGH MDR 2018, 269.

I. Genehmigung und Konvaleszenz, § 185 Abs. 2

Gemäß § 185 Abs. 2 S. 1 wird die Verfügung eines Nichtberechtigten wirksam, wenn der Berechtigte sie **genehmigt** oder wenn der Verfügende den Gegenstand **erwirbt** oder wenn der Verfügende von dem unbeschränkt haftenden Berechtigen **beerbt** wird. **90**

Die **Genehmigung** ist selbst eine Verfügung und sie wirkt **ex tunc** (§§ 185 Abs. 2 Var. 1, 184 Abs. 1). In den beiden anderen Fällen tritt die **Konvaleszenz ex nunc** ein,[107] wobei gemäß § 185 Abs. 2 S. 2 bei mehreren konkurrierenden Verfügungen nur die frühere wirkt.[108] **Abzugrenzen** von der Konvaleszenz ist die **Konsolidation** (nachträgliche Vereinigung von Eigentum und Inhaberschaft eines beschränkt dinglichen Rechts), welche **gemäß § 889 grundsätzlich nicht erfolgt** (Ausnahme z.B. § 1178 Abs. 1).

II. Erwerb vom durchs Grundbuch Legitimierten, § 892

Nach § 892 wird die fehlende Berechtigung bei entsprechender **Legitimation durch das Grundbuch** als Rechtsscheinsträger geheilt. **91**

Aufbauschema § 892
I. Verkehrsgeschäft als Unterfall des Rechtsgeschäfts
II. Unrichtigkeit des Grundbuchs
III. Legitimation des Verfügenden aus dem Grundbuch
IV. Keine Kenntnis des Erwerbers von Unrichtigkeit bei Antragstellung (§ 892 Abs. 2)
V. Keine Eintragung eines Widerspruchs gegen die Richtigkeit bei Rechtserwerb

1. Verkehrsgeschäft als Unterfall des Rechtsgeschäfts

§ 892 gilt nach dem Wortlaut nur für den **rechtsgeschäftlichen (Erst- und Zweit-)Erwerb**. Auf den gesetzlichen Erwerb und den Erwerb kraft Hoheitsakts wirkt er sich nicht aus. Auf **andere Verfügungsarten** (insbesondere nach §§ 875, 877) wird § 892 gemäß **§ 893 Var. 2** entsprechend angewendet.[109] **92**

Hinweis: § 893 Var. 1 *regelt demgegenüber die* ***Leistung an den unerkannt Nichtberechtigten****. Er gehört daher systematisch nicht zum Verfügungsrecht, sondern zu den* ***§§ 404 ff.*** *Er ist häufig inzident in einem Anspruch aus* ***§ 816 Abs. 2*** *zu prüfen.*[110]

Das ungeschriebene Merkmal des **Verkehrsgeschäfts**[111] ergibt sich aus dem Normzweck. § 892 soll einen rechtsgeschäftlichen Erwerb durch einen schutzwürdigen Dritten ermöglichen. Er greift daher **nicht** ein, wenn **Erwerber und Veräußerer rechtlich oder wirtschaftlich identisch** sind.[112] Es ist erforderlich, dass **auf Erwerberseite mindestens eine Person steht, die nicht auch auf der Veräußererseite beteiligt** ist.[113] **93**

107 Palandt/Ellenberger § 185 Rn. 10 f.

108 Näher zu § 185 AS-Skript BGB AT 1 (2020) Rn. 24 u. 467 ff. sowie AS-Skript Sachenrecht 1 (2020), Rn. 171 ff.

109 MünchKomm/Kohler § 892 Rn. 28, 31; Palandt/Herrler § 893 Rn. 3.

110 Näher zu den §§ 404 ff. AS-Skript Schuldrecht AT 2 (2020) Rn. 428 ff.

111 Vgl. dazu auch AS-Skript Sachenrecht 1 (2020), Rn. 184 ff., bzgl. §§ 932 ff.

112 BGH RÜ 2007, 631, 632.

113 Palandt/Herrler § 892 Rn. 5; BGH RÜ 2007, 631, 632.

Beispiele für wirtschaftliche Identität: Verhältnis Alleingesellschafter <=> Gesellschaft;[114] personenidentische Gesellschaften;[115] Verhältnis Muttergesellschaft <=> Tochtergesellschaft;[116] im Fall der Erbauseinandersetzung das Verhältnis einzelner Miterbe <=> gesamthänderische Erbengemeinschaft[117]

Gegenbeispiel:[118] Übereignung des Miteigentumanteils von einem Miteigentümer auf den anderen Miteigentümer. Am Gegenstand, über den verfügt wird (den Miteigentumsanteil des Veräußerers) hat der Erwerber vor dem Erwerb keinerlei Rechte. Er ist insofern – wie jeder andere Erwerber auch – Dritter.

94 Nach h.M. liegt **kein Verkehrsgeschäft** vor, wenn ein Grundstück oder ein Recht daran im Wege der **vorweggenommenen Erbfolge** übertragen wird.

Darunter versteht man die Übertragung des Vermögens oder eines wesentlichen Teils davon durch den **künftigen Erblasser** auf einen oder mehrere als Erben **in Aussicht Genommene.**[119] Regelmäßig enthält der Vertrag neben der Übertragung auf den begünstigten Pflichterben Abfindungsregeln zugunsten des weichenden Pflichterben und/oder Erbverzichtserklärungen sowie eine Versorgung und Absicherung des Erblassers (z.B. lebenslanges Wohnrecht am übertragenen Grundstück).[120]

Die **h.M.**[121] argumentiert, der Erwerber dürfe nicht besser stehen als beim Erwerb nach § 1922 aufgrund späteren Erbfalls. § 892 ist auf diesen als Erwerb kraft Gesetzes unstreitig nicht anwendbar, s. Rn. 147 f. Dem wird **teilweise**[122] entgegengehalten, der Erwerber sei mit dem Veräußerer weder rechtlich noch wirtschaftlich identisch. Es komme also zu einem Rechtssubjektwechsel, der charakteristisch für ein Verkehrsgeschäft sei. Diese Ansicht verkennt aber, dass die Frage letztlich nicht ist, ob ein Verkehrsgeschäft vorliegt, sondern, ob man die (unstreitig rechtsgeschäftliche) vorweggenommene Erbfolge wertungsmäßig einem gesetzlichen Erwerb gleichstellt. Da der Erblasser in der Regel vollumfängliche Nutzungsrechte bis zum Tod erhält, spricht viel dafür, mit der h.M. den Erwerber wie einen Erben zu behandeln.

Beispiel: N ist zu Unrecht als Eigentümer des Grundstücks des E im Grundbuch eingetragen. N ist Witwer und hat zwei Söhne, S und T. Mit notariellem Vertrag überträgt N das Grundstück auf seinen Sohn S. Der Vertrag enthält eine Pflichtteilsanrechnung und eine Ausgleichsverpflichtung des S dem T gegenüber. Zugunsten des N wird ein lebenslanges Wohnrecht bestellt. Zu dessen Sicherstellung verpflichtet sich S, das Grundstück nicht ohne Zustimmung des N weiter zu übertragen oder zu belasten. S wird als Eigentümer eingetragen. E verlangt Zustimmung zur Grundbuchberichtigung. –
Nach h.M. liegt kein Verkehrsgeschäft des N vor. E ist Eigentümer geblieben. Das Grundbuch ist falsch.
1. Daher kann E von S gemäß **§ 894** Zustimmung zur Berichtigung des Grundbuchs verlangen.
2. Einen inhaltsgleichen Anspruch aus **§ 812 Abs. 1 S. 1 Var. 2** hat E nicht, da S seine Buchposition durch Leistung des N erlangt hat, sodass die Nichtleistungskondiktion gesperrt ist.

2. Unrichtigkeit des Grundbuchs

95 Es sind **zwei Regelungen** mit insgesamt **drei Fallkonstellationen** zu unterscheiden.

a) Fehlende Inhaberschaft und lastenfreier Erwerb, § 892 Abs. 1 S. 1

96 Das Grundbuch ist – wie bei § 894 – unrichtig, soweit **das eingetragene dingliche Recht** (oder das Recht an ihm) gar nicht, nicht mit dem Inhalt oder nicht mit dem Rang besteht, wenn also der Grundbuchinhalt **von der materiellen Rechtslage abweicht.**

---

114 BGH NJW-RR 1998, 1057, 1059; Palandt/Herrler § 892 Rn. 7.

115 BGH NJW-RR 1998, 1057.

116 BGH NJW-RR 1989, 1207.

117 BGH NJW 2001, 1069; OLG Naumburg RÜ 2003, 539.

118 BGH RÜ 2007, 631.

119 BGH NJW 1995, 1349, 1350.

120 OLG Zweibrücken RPfleger 2000, 10; zum Wohnrecht §§ 1090, 1093 u. Rn. 241.

121 BayObLG DNotZ 1988, 781; OLG Zweibrücken RPfleger 2000, 10.

122 LG Bielefeld RPfleger 1999, 22; LG Görlitz, Entsch. v. 12.12.2003 – 2 S 46/03.

- Es ist einerseits der **Erwerb vom Nichtberechtigten im engeren Sinne** möglich. Wer zwar **das Recht nicht innehat, aber mit dem Recht eingetragen ist**, kann das Recht mit Hilfe des § 892 Abs. 1 S. 1 übertragen. Der Inhalt der Eintragung **„gilt als richtig"** (Fallvariante 1; positive Publizität). **97**

  Hinweis: *Aus dem **Mobiliarsachenrecht** kennen Sie das vom Erwerb des Eigentums, des Anwartschaftsrechts oder des Faustpfandrechts vom Nichtberechtigten. Dort werden die **§§ 932–935** (direkt bzw. analog bzw. entsprechend, etwa über § 1207) geprüft.*

  Beispiel zur Übertragung des Eigentums: V ist als Eigentümer im Grundbuch (sog. Bucheigentümer) eingetragen. Wahrer Eigentümer ist E. V kann nach §§ 873, 925, 892 Abs. 1 S. 1 übereignen.

  Beispiel zur Belastung des Eigentums (näher Fall 14, Rn. 256): V ist Bucheigentümer des Grundstücks des E. V kann nach §§ 873, 1113 ff., 892 Abs. 1 S. 1 das Grundstück durch Bestellung einer Hypothek für H (Ersterwerb) belasten.

  Beispiel zur Übertragung einer Grundschuld (näher Fall 24, Rn. 451): Laut Grundbuch hat G eine Grundschuld am Grundstück des E inne. Tatsächlich hat X bzw. niemand eine Grundschuld. G kann nach §§ 873, 1154, 892 Abs. 1 S. 1 die Grundschuld übertragen (Zweiterwerb). Wenn X die Grundschuld hatte, dann verliert er sie hierdurch.

- Wer **ein Recht zwar innehat, mit diesem aber nicht eingetragen ist**, der kann es nach § 892 Abs. 1 S. 1 verlieren. Das Fehlen der Eintragung **„gilt als richtig"** (Fallvariante 2; negative Publizität). Der Veräußerer kann also das übergeordnete Recht (oft: Eigentum) frei vom Recht des Dritten übertragen (**lastenfreier Erwerb**).[123] **98**

  Hinweis: *Aus dem **Mobiliarsachenrecht** kennen Sie das vom Erwerb des Eigentums frei vom Pfandrecht eines Dritten. Dort wird **§ 936** geprüft (ggf. i.V.m. § 161 Abs. 3).*

  Beispiel zur Hypothek bzw. Vormerkung:[124] H ist Inhaber einer Hypothek/Vormerkung am Grundstück des V. Die Eintragung der Hypothek/Vormerkung wurde aber versehentlich aus dem Grundbuch gelöscht. V übereignet sein Grundstück an K. K erwirbt das Eigentum vom Berechtigten nach §§ 873, 925. Nach § 892 Abs. 1 S. 1 erlischt dabei die Hypothek/Vormerkung.

  Abwandlung zur Kombination von Fallvariante 1 und Fallvariante 2: Nicht V, sondern X übereignet an K. X ist fälschlicherweise als Eigentümer des Grundstücks des V eingetragen. –
  K erwirbt nach §§ 873, 925, 892 Abs. 1 S. 1 Var. 1 das Eigentum vom Nichtberechtigten X. Die nicht eingetragene Hypothek/Vormerkung des H erlischt dabei nach § 892 Abs. 1 S. 1 (Fallvariante 2).

b) Relative Verfügungsbeschränkung, § 892 Abs. 1 S. 2

Soweit der Rechtsinhaber in der Verfügungsmacht zugunsten einer bestimmten Person beschränkt ist, so ist diese **relative Verfügungsbeschränkung dem Erwerber gegenüber nur wirksam, wenn sie aus dem Grundbuch ersichtlich oder ihm bekannt ist**. Anderenfalls wird sie von § 892 Abs. 1 S. 2 überwunden (Fallvariante 3). **99**

Absolute Verfügungsbeschränkungen und **absolute Verfügungsverbote** (vgl. § 134) können hingegen nach dem Wortlaut nicht überwunden werden. Der **Unterschied zwischen Verfügungsbeschränkung und Verfügungsverbot** liegt streng dogmatisch darin, dass die Beschränkung die Rechtsmacht des Berechtigten beseitigt, ihm also die Möglichkeit zur Verfügung nimmt („rechtliches Können"), während das Verbot die rechtlich mögliche Verfügung verbietet („rechtliches Dürfen").[125]

---

123 Palandt/Herrler § 892 Rn. 15.

124 Siehe auch den komplexeren Fall (Erwerb einer Grundschuld frei von einer entgegenstehenden Vormerkung) in Rn. 211.

125 Siehe zu den Verfügungsverboten und -beschränkungen Palandt/Ellenberger §§ 135, 136 Rn. 1 ff.; ausführlicher AS-Skript Sachenrecht 1 (2020), Rn. 143 f. u. 231 ff.

100 ■ Allerdings findet § 892 Abs. 1 S. 2 **kraft ausdrücklicher Verweisung** in vielen Spezialnormen auch **auf wichtige absolute Regelungen sowie absolute Verfügungsverbote Anwendung**. Die skizzierte Unterscheidung ist dann ohne Bedeutung:

- **Beschlagnahme** infolge Zwangsversteigerung oder Zwangsverwaltung (§§ 146, 23 Abs. 2 S. 1 ZVG, 135 Abs. 2),
- **Testamentsvollstreckung** (§ 2211 Abs. 2),
- **Vorerbschaft** (§ 2113 Abs. 3),
- **Eröffnung des Insolvenzverfahrens** hinsichtlich unbeweglicher Sachen (§ 81 Abs. 1 S. 2 InsO)

  Hinweis: *Hinsichtlich* ***beweglicher Sachen*** *bleibt es aber bei der* ***unüberwindbaren*** *absoluten Verfügungsbeschränkung der §§ 80 Abs. 1, 81 Abs. 1 S. 1 InsO.*[126]

- und **Anordnung der Nachlassverwaltung** (§ 1984 Abs. 1 S. 2 i.V.m. § 81 Abs. 1 S. 1 u. 2 InsO).

101 ■ Die Verfügung eines **Ehegatten** ohne Zustimmung des anderen Ehegatten **über sein Vermögen im Ganzen** (§ 1365 Abs. 1 S. 2) hat hingegen unstreitig keinen Erfolg. Die h.M. versteht § 1365 als absolutes Verfügungsverbot, das **durch § 892 Abs. 1 S. 2 nicht überwunden** wird. Eine vordringende Auffassung hält sogar bereits die Einigung für (schwebend) unwirksam und bei Genehmigungsverweigerung für endgültig unwirksam. Für diese Auffassung spricht der Wortlaut des § 1366 Abs. 4.[127]

Beispiel: Ehemann E veräußert ohne Wissen seiner Ehefrau sein Grundstück an K. K weiß, dass das Grundstück im Wesentlichen das Vermögen des E ausmacht. –
K wird unstreitig nicht Eigentümer des Grundstücks, selbst wenn K den E für ledig hält.

102 Beachten Sie, dass § 892 Abs. 1 S. 2 **nur die negative Publizität** erfasst.

■ Wenn der Rechtsinhaber in seiner Verfügungsmacht relativ beschränkt ist und diese Verfügungsbeschränkung nicht eingetragen ist, so ist die Verfügung nach Maßgabe des § 892 Abs. 1 S. 2 wirksam. Danach ist der **gute Glaube daran, dass keine Verfügungsbeschränkung besteht**, geschützt **(negative Publizität)**.

■ Ist die Verfügungsbeschränkung eingetragen, besteht sie aber in Wirklichkeit nicht, so greift § 892 Abs. 1 S. 2 nicht. Bezüglich der **eingetragenen, aber nicht bestehenden Verfügungsbeschränkungen** ergibt sich aus dem Grundbuch **keine positive Publizität.** Der **gute Glaube an** die sich mitunter spiegelbildlich ergebende **Berechtigung kraft gesetzlicher Ermächtigung wird nicht geschützt**.

Ist **beispielsweise** jemand, der als Verfügungsberechtigter über fremdes Vermögen eingetragen worden ist (Insolvenzverwalter, Nachlassverwalter, Testamentsvollstrecker) in Wahrheit nicht zur Verfügung berechtigt, weil der Bestellungsakt unwirksam war, so kann er nicht über das Grundstück verfügen.[128] **§ 892 Abs. 1 S. 2 ermöglicht also den Erwerb vom insolventen Rechtsinhaber**, wenn die Eröffnung des Insolvenzverfahrens nicht eingetragen ist, **nicht aber den Erwerb von einem als Insolvenzverwalter Eingetragenen**, wenn tatsächlich das Insolvenzverfahren nicht eröffnet ist.

---

126 MünchKomm/Vuia § 81 InsO Rn. 19 f.

127 Näher zu dieser Streitfrage und insg. zu § 1365 AS-Skript Familienrecht (2020), Rn. 45 ff.

128 Staudinger/Picker § 892 Rn. 238; MünchKomm/Kohler § 892 Rn. 64.

3. Legitimation des Verfügenden

Es genügt nicht, dass das Grundbuch „irgendwie" unrichtig ist. Es muss gerade bezüglich der konkret in Rede stehenden Verfügung der **„Rechtsschein der Berechtigung"** bestehen. Laut der Grundbucheintragung **muss genau der Sachverhalt vermeintlich vorliegen, bei dessen tatsächlichem Vorliegen die Berechtigung zu bejahen gewesen wäre** (§ 892 Abs. 1 S. 1: „gilt als richtig"). 103

Beispiel: X ist **als Eigentümer** des Grundstücks 0815 des E **eingetragen**. An dem Grundstück besteht ferner eine Grundschuld des A, als deren Inhaber aber B eingetragen ist. Inwiefern ist X legitimiert? – Das Grundbuch **legitimiert X zu allen Verfügungen über das Grundstück 0815, zu denen der Eigentümer berechtigt wäre**. X kann also z.B. das Grundstück 0815 übereignen (Übertragung des Eigentums) oder an ihm eine Hypothek/Grundschuld/Vormerkung per Ersterwerb entstehen lassen (Belastung des Eigentums).
Es besteht **hingegen keine Legitimation des X** zur Übereignung des Grundstücks 4711 des E (die Eintragung bezieht sich nur auf Nr. 0815), des Y zur Übereignung des Grundstücks 0815 (die Eintragung legitimiert nur X) sowie des X zur Übertragung der Grundschuld an dem Grundstück 0815 per Zweiterwerb (dazu ist nur der Grundschuldinhaber [A] berechtigt und dementsprechend nur der als Grundschuldinhaber Eingetragene [B] legitimiert).

Die Legitimation des Verfügenden kann sich darüber hinaus in **gleichzustellenden Fällen** (dazu a] und b]) ergeben. Die Eintragung einer GbR mitsamt ihrer Gesellschafter spielt demgegenüber insofern keine Rolle (dazu c]). 104

a) Legitimation des Erben oder Scheinerben, § 892 und/oder § 2366

Der im Grundbuch zu Unrecht Eingetragene ist so legitimiert, wie der wahre Rechtsinhaber berechtigt ist. Er kann daher so verfügen wie der Rechtsinhaber, z.B. nach §§ 873, 925, 892 übereignen. **§ 892 überwindet den Mangel der dinglichen Rechtslage**. Von dieser Überwindung profitiert **auch der wahre Erbe des Eingetragenen**. 105

Der im Erbschein zu Unrecht Eingetragene (sog. Scheinerbe) ist so legitimiert, wie der wahre Erbe berechtigt ist. Er kann daher so verfügen wie der Erbe, z.B. nach §§ 873, 925, 2366 übereignen. **§ 2366 überwindet den Mangel in der Erbfolge.**[129]

Der Scheinerbe des zu Unrecht im Grundbuch Eingetragenen ist so legitimiert, wie der wahre Erbe des wahren Rechtsinhabers berechtigt ist. Er kann z.B. nach §§ 873, 925, 892, 2366 übereignen. **§ 892 und § 2366 überwinden kombiniert beide Mängel**.

Fall 5: Zu Unrecht eingetragener Erblasser

A ist als Eigentümer eines Grundstücks des E im Grundbuch eingetragen. A verstirbt und wird von S beerbt. S verkauft notariell das Grundstück an X und lässt es auf. X wird als Eigentümer eingetragen. Nunmehr verlangt E von S den Kaufpreis heraus. S wendet ein, weder er noch X hätten gewusst, dass A nicht Eigentümer gewesen sei.

E könnte gegen S einen Anspruch aus **§ 816 Abs. 1 S. 1** haben. 106

I. S hat über das Eigentum am Grundstück **als Nichtberechtigter** durch Übereignung **verfügt**, wenn S nicht Eigentümer war. A war im Zeitpunkt seines Todes nicht der Ei-

129 Vgl. zu § 2366 mit Beispielen auch zu beweglichen Sachen und Forderungen AS-Skript Erbrecht (2020), Rn. 438 ff.

gentümer, daher ist das Eigentum nicht nach § 1922 auf den Erben S übergegangen. Ein Erbschaftserwerb vom Nichtberechtigten findet nicht statt, § 892 gilt nämlich nur für den Erwerb kraft Rechtsgeschäfts, nicht aber kraft Gesetzes nach § 1922. S war nicht Eigentümer und hat daher als Nichtberechtigter an X übereignet, also verfügt.

107 II. Die verfügende Übereignung ist **dem Berechtigten E gegenüber wirksam**, wenn X das Eigentum gemäß §§ 873, 925, 892 erworben hat.

1. Der **normale Erwerbstatbestand** gemäß §§ 873, 925 ist erfüllt. S hat formgerecht an X aufgelassen hat und X wurde im Grundbuch eingetragen.

108 2. Wie ausgeführt war S mangels Eigentums nicht zur Übereignung berechtigt. Gleichwohl könnte die Übereignung nach **§ 892 Abs. 1 S. 1** wirksam sein.

a) S und X wollten durch **Rechtsgeschäft** das Eigentum übertragen.

b) Das Eigentum des E war nicht eingetragen. Das **Grundbuch** war **unrichtig**.

c) Doch war nicht S, sondern A als Eigentümer eingetragen, daher könnte es an der **Legitimation** des S fehlen. Der Erbe rückt aber gemäß § 1922 Abs. 1 in die Rechtsstellung des Erblassers ein. Dazu gehört auch die in der Buchberechtigung enthaltene Legitimation als vermögenswertes Gut. **Der wahre Erbe des zu Unrecht als Rechtsinhaber eingetragenen Erblassers ist daher ebenso weit legitimiert wie dieser selbst.**[130]

d) Nach dem Wortlaut des § 892 tritt der Erwerb aber nicht ein, wenn dem Erwerber die **Unrichtigkeit des Grundbuchs bekannt** ist. X wusste, dass der als Eigentümer eingetragene A gestorben und deshalb in Wahrheit nicht mehr Eigentümer war. X kannte also die Unrichtigkeit.

Doch ist der **Wortlaut für den Fall, dass der Legitimierte nicht eingetragen ist, zu eng**. Der Gesetzgeber ging von Fällen aus, in denen der Nichtberechtigte eingetragen und damit gleichzeitig auch legitimiert ist. Es **liegt bei Erbfällen aber in der Natur der Sache**, dass zwischen dem Ableben des eingetragenen Erblassers und der berichtigenden Eintragung des Erben der Erblasser noch als (vermeintlicher) Eigentümer eingetragen und daher legitimiert ist. Daher kann Bezugspunkt der Kenntnis nur sein, **ob der Erwerber des Rechts das Fehlen der Berechtigung des Verfügenden gekannt hat**.

Der Erwerber X ging **vorliegend** davon aus, dass A bei seinem Ableben Eigentümer des Grundstücks war. X nahm daher an, dass S als Erbe des A gemäß § 1922 Abs. 1 verfügungsbefugter Eigentümer des Grundstücks sei. X glaubte also an die Berechtigung des Verfügenden S. X hatte somit keine Kenntnis von der Unrichtigkeit des Grundbuchs in dem hier maßgeblichen Sinne.

e) Im Grundbuch findet sich **kein Widerspruch** gegen die Eintragung des A.

Die Verfügung des Nichtberechtigten S war somit gemäß § 892 Abs. 1 S. 1 im Verhältnis zu E wirksam. Gemäß § 816 Abs. 1 S. 1 muss der Verfügende **das durch die Verfügung**

130 MünchKomm/Kohler § 892 Rn. 18; Staudinger/Picker § 892 Rn. 46.

Erlangte herausgeben. Nach h.M. ist die Gegenleistung durch die Verfügung erlangt.[131] S ist daher zur Herausgabe des Kaufpreises an E verpflichtet.

1. Abwandlung:

A war wahrer Eigentümer des Grundstücks. S ist zwar nicht Erbe, doch ist ihm ein Erbschein erteilt worden. S veräußert an X, der eingetragen wird. Ist X Eigentümer?

X könnte gemäß **§§ 873, 925, 2366** das Eigentum am Grundstück erworben haben. **109**

I. S hat an X **aufgelassen** und dieser wurde als Eigentümer **eingetragen**.

II. **Berechtigt** zur Übereignung war der verfügungsbefugte Eigentümer des Grundstücks. Dies war zunächst A und daher gemäß § 1922 nach seinem Ableben sein **Erbe**. S war zwar nicht Erbe des A, aber der Erbschein wies S als Erben aus. Zudem kannte X die Unrichtigkeit des Erbscheins nicht, sodass S gemäß § 2366 **als Erbe gilt**. Daher war S zur Übereignung an X berechtigt.

X hat von S gemäß §§ 873, 925, 2366 das Eigentum am Grundstück erworben.

2. Abwandlung (Kombination aus Ausgangsfall und 1. Abwandlung):

A ist zu Unrecht im Grundbuch als Eigentümer eingetragen. E ist Eigentümer. Der S ist zudem nicht Erbe des A, aber durch einen Erbschein als Erbe des A ausgewiesen. S veräußert an X. Hat X das Eigentum erworben?

X kann das Grundeigentum gemäß **§§ 873, 925, 2366, 892** von S erworben haben. **110**

I. Eine **Auflassung** von S an X liegt vor und X ist auch **eingetragen** worden.

II. Weder hat S von A geerbt, noch war A Eigentümer des Grundstücks **(Doppelmangel)**. S ist daher aus zwei Gründen nicht Eigentümer oder sonst berechtigt, daher kommt nur ein Erwerb **vom Nichtberechtigten** in Betracht.

   1. X und S vereinbarten ein **Verkehrsgeschäft**.

   2. E war nicht als Eigentümer eingetragen, also war das **Grundbuch unrichtig**. Zudem ist S nicht der Erbe des A, also war zudem der **Erbschein unrichtig**.

   3. Diese Dopplung könnte den S hinreichend **zur Übereignung legitimieren**. **111**

      Gemäß **§ 2366 gilt** S wegen des Erbscheins **als Erbe** des A. S wird daher so behandelt, als habe er die Buchposition des Erblassers A geerbt. Aufgrund dieser Buchposition galt gemäß **§ 892 Abs. 1 S. 1** früher A als Eigentümer und seit seinem Ableben **gilt** nunmehr S **als Eigentümer**. Damit ist S hinreichend legitimiert.[132]

   4. Der Erwerber X **kannte weder** die Unrichtigkeit des Erbscheins (§ 2366) **noch** die Unrichtigkeit des Grundbuchs (§ 892 Abs. 1 S. 1).

---

131 A.A: Objektiver Wert der Befreiung von der Verbindlichkeit; näher AS-Skript Schuldrecht BT 3 (2019), Rn. 204.

132 BGH NJW 1972, 434; Staudinger/Picker § 892 Rn. 46.

5. Ein Widerspruch im Grundbuch würde zwar nicht die Wirkung des § 2366, aber des § 892 Abs. 1 S. 1 verhindern. Es war aber **kein Widerspruch** gegen die Richtigkeit der Eintragung des A eingetragen.

X hat das Eigentum von S gemäß §§ 873, 925, 2366, 892 erworben.

Hinweis: *Bei* ***beweglichen Sachen*** *wären natürlich §§ 929-934 anstelle der §§ 873, 925, 892 zu prüfen. Hinzu käme* ***§ 935*** *(zu dem es im Grundstücksrecht kein Pedant gibt). Dabei ist zu beachten, dass* ***trotz § 857*** *dem wahren Erben die Sache* ***nicht abhandenkommen*** *kann, insbesondere wenn der Scheinerbe sie an sich nimmt. § 2366 überwindet auch § 857.*[133]

Fallgruppen des Erwerbs vom Erben bzw. Scheinerben

Veräußerer ist Erbe; Erblasser ist nicht Eigentümer, aber eingetragen	Veräußerer ist nicht Erbe, aber Scheinerbe; Erblasser ist eingetragener Eigentümer	Veräußerer ist nicht Erbe, aber Scheinerbe; Erblasser ist nicht Eigentümer, aber eingetragen
§ 892 (§ 1922)	§ 2366	§ 2366 und § 892

b) Legitimation bei Einwilligung des Eingetragenen, § 185 Abs. 1

112 Handelt der Verfügende mit einer **Einwilligung i.S.d. § 185 Abs. 1 des Berechtigten**, so ist er selbst auch Berechtigter, s. Rn. 56.

Handelt der Verfügende mit einer **Einwilligung des Nichtberechtigten, aber Eingetragenen**, so ist er zwar gleichfalls Nichtberechtigter, aber nach Maßgabe des § 892 Abs. 1 S. 1 legitimiert. Allerdings muss die Einwilligung im Übrigen wirksam sein. Eine fehlende bzw. unwirksame Einwilligung kann nämlich nicht nach § 892 überwunden werden, weil sie nicht im Grundbuch eingetragen wird. **Der gute Glaube an die Einwilligung i.S.d. § 185 Abs. 1 ist im Immobiliarsachenrecht nicht geschützt.**

Hinweis: *Der gute Glaube an die Einwilligung zugunsten des über eine* ***bewegliche Sache*** *Verfügenden ist hingegen unter den Voraussetzungen des* ***§ 366 Abs. 1 HGB*** *geschützt.*[134]

Fall 6: Veräußerung durch den nicht eingetragenen Auflassungsempfänger

A ist zu Unrecht als Eigentümer im Grundbuch eingetragen. A lässt das Grundstück an B auf. B lässt mit Ermächtigung des A weiter an C auf. C wird ohne Voreintragung des B nach A als Eigentümer eingetragen. Hat C Eigentum erworben?

113 C kann das Eigentum gemäß **§§ 873, 925, 892** von B erworben haben.

I. B hat an C **aufgelassen** und C ist als Eigentümer **eingetragen** worden.

II. Eine **Berechtigung** des Nichteigentümers B kann sich nur gemäß § 185 Abs. 1 aus einer **Ermächtigung** durch A ergeben. Diese hatte A zwar ausgesprochen, aber A kann

---

133 Siehe AS-Skript Erbrecht (2020) Rn. 442.

134 Siehe näher AS-Skript Sachenrecht 1 (2020), Rn. 224 ff.

B nicht zu einer Übereignung ermächtigen, bezüglich welcher A selbst mangels Eigentums keine Berechtigung hat. B war daher nicht berechtigt.

III. **§ 892 Abs. 1 S. 1** könnte die fehlende Berechtigung überwunden haben.

1. Der **verkehrsgeschäftliche Erwerb** eines dinglichen Rechts ist gegeben.
2. Das **Grundbuch** ist auch **unrichtig**. Der eingetragene A ist nicht Eigentümer.
3. Der sich auf eine **durch den Nichtberechtigten ausgesprochene Ermächtigung** nach § 185 Abs. 1 berufende Veräußerer ist **legitimiert**, wenn der **Ermächtigende im Grundbuch eingetragen und die Ermächtigung im Übrigen wirksam ist**. Für den Erwerber sieht es nämlich dann so aus, als handele der Verfügende mit einer ihm vom (vermeintlichen) Eigentümer verliehenen Rechtsmacht. Der Eingetragene könnte aufgrund seiner Eintragung über § 892 sogar übereignen, dann muss er erst recht zur Übereignung ermächtigen können. 114

   A war im Grundbuch eingetragen und er hat B im Übrigen wirksam ermächtigt. Also war B legitimiert.
4. C hatte **keine Kenntnis** davon, dass der ermächtigende A nicht Eigentümer war.
5. Ein **Widerspruch** gegen die Richtigkeit des Grundbuchs war **nicht eingetragen**.

C hat daher das Eigentum gemäß §§ 873, 925, 892 erworben.

Abwandlung:

A ist zu Unrecht als Eigentümer eingetragen und lässt an B auf. B lässt an C auf. C wird als Eigentümer eingetragen. A ficht seine Auflassungserklärung gegenüber B wirksam an, ohne dass C dies erfährt. Hat C Eigentum erworben?

I. Eine **Auflassung** enthält im Regelfall die **konkludente Ermächtigung** zur Übereignung. Wer Eigentümer werden soll, der soll auch übereignen können. Mithin hat A den B gemäß § 185 Abs. 1 ermächtigt, das Grundstück weiter aufzulassen. 115

II. A war zwar mangels Eigentums zur Übereignung nicht berechtigt. Also war A auch **zur Ermächtigung nicht berechtigt** und folglich war B nicht aus der Ermächtigung berechtigt. Wie aber im Ausgangsfall gezeigt, **überwindet** gemäß § 892 Abs. 1 S. 1 **die Eintragung das fehlende Eigentum** des A, sodass B insofern legitimiert wäre.

III. Die Ermächtigung muss aber **im Übrigen wirksam** sein. A hat jedoch die Auflassung und damit die Ermächtigung, die Inhalt der Auflassung war, wirksam angefochten und daher gemäß § 142 Abs. 1 vernichtet. § 892 Abs. 1 S. 1 **überwindet nicht die fehlende Wirksamkeit der Ermächtigung im Übrigen**. Es ist daher auch irrelevant, dass C die Anfechtung nicht kannte. Sein guter Glaube wird insofern nicht geschützt, insbesondere nicht nach § 366 Abs. 1 HGB, welcher nur bewegliche Sachen erfasst.

Hinweis: *Es spielt daher* ***keine Rolle****, ob A wie im Fall* ***nur Buchberechtigter oder sogar wahrer Eigentümer*** *war. In beiden Fällen fehlt unüberwindbar die Ermächtigung.*

B ist nicht legitimiert. Er konnte C daher kein Eigentum verschaffen.

c) Keine Legitimation der GbR-Gesellschafter nach § 899 a

116 Bei der **Übertragung von Anteilen an einer Gesellschaft mit Grundeigentum** erfolgt keine Einigung über den Eigentumsübergang gemäß §§ 873, 925. Es ist **nur** eine **Einigung über den Anteilsübergang** erforderlich. Gesellschaften sind nämlich rechtsfähige Rechtssubjekte. Auf diese Anteilsübertragung findet **§ 892 keine Anwendung**.

Beispiel: G1 und G2 sind Gesellschafter einer GmbH. Die GmbH ist als Eigentümerin eines Grundstücks eingetragen, welches E gehört. G1 und G2 übertragen ihre Gesellschaftsanteile an K (vgl. § 15 GmbHG), der glaubt, das Grundstück gehöre der GmbH. –
E ist weiterhin Eigentümer des Grundstücks. § 892 Abs. 1 S. 1 greift nicht. Die Anteilsübertragung ist ein Verkehrsgeschäft, aber der Anteil ist kein Recht an einem Grundstück. Die GmbH ist (nach wie vor) zu Unrecht als Eigentümerin eingetragen.

117 Auch die **Außen-GbR** ist **rechtsfähig**, soweit sie eigene Rechte und Pflichten begründet.[135] Eigentümerin des Grundstücks ist daher die GbR (und nicht ihre Gesellschafter). Konsequenterweise muss die GbR dann auch **grundbuchfähig** sein.[136] Diese Erkenntnis schlägt sich seit dem Jahr 2009 in **§ 47 Abs. 2 S. 1 Hs. 1 GBO** nieder, aus dem sich ergibt, dass die **GbR im Grundbuch eingetragen** wird.

118 Zusätzlich werden gemäß **§ 47 Abs. 2 S. 1 Hs. 2 GBO** auch die **GbR-Gesellschafter** eingetragen (nochmal: obwohl alleine die Gesellschaft Eigentümerin ist). Grund dafür ist, dass es **kein Register** gibt, aus welchem der **Gesellschafterbestand einer GbR** ermittelt werden kann. Die Eintragung der Gesellschafter dient der **Identifizierung der GbR**.

Die Norm bezweckt hingegen **nicht**, die **Verfügungsbefugnis der GbR einzuschränken**, wenn gegen ihre Gesellschafter vollstreckt wird. Daher wird die (Ver-)Pfändung des Gesellschaftsanteils eines Gesellschafters nicht in die Grundbücher der Grundstücke eingetragen, deren Eigentümerin die GbR ist.[137]

119 **§ 899 a S. 1** bestimmt nun, dass (nur) hinsichtlich solcher Rechtsgeschäfte, die sich auf das Grundeigentum der GbR (oder andere Rechte an Grundstücken) beziehen, **vermutet wird**, dass exakt die **im Grundbuch aufgeführten Personen Gesellschafter der GbR** sind (positive und negative Publizität). Anders als bei § 891 wird also nicht (!) die Inhaberschaft eines Rechts an einem Grundstück vermutet. § 899 a S. 2 erklärt sodann hinsichtlich dieser Vermutung die **§§ 892–899** für **entsprechend** anwendbar.

Klausurhinweis: *Dementsprechend werden die §§ 899 a S. 2, 892* ***nicht (!)*** *im Rahmen der* ***Legitimation zwecks Überwindung der Nichtberechtigung*** *geprüft. Sie sind vielmehr anzusprechen, wenn es auf den Gesellschafterbestand einer GbR ankommt. Dies ist insbesondere der Fall im Rahmen der* ***Vertretungsmacht bezüglich der dinglichen Einigung****.*

Beispiel:[138] Eine GbR ist Eigentümerin eines Grundstücks. Sie hat drei Gesellschafter: G1, G2 und G3. Im Grundbuch sind als Eigentümer nur die GbR sowie G1 und G2 eingetragen. G1 und G2 erklären im Namen der GbR die Auflassung des Grundstücks an Käufer K. K wird als Eigentümer eingetragen. –
I. Ein Eigentumserwerb **von G1 und G2** nach §§ 873, 925, 892 hat nicht stattgefunden. G1 und G2 haben nicht im eigenen Namen aufgelassen, sodass bereits die nach § 873 Abs. 1 erforderliche dingliche Einigung nicht vorliegt. Auf § 892 kommt es nicht an; überdies würde er direkt daran scheitern, dass zwischen K sowie G1 und G2 kein Verkehrsgeschäft besteht.

---

135 BGH RÜ 2001, 160; insgesamt zur GbR AS-Skript Gesellschaftsrecht (2021).

136 BGH RÜ 2009, 147.

137 BGH RÜ 2017, 14.

138 Ausführliche Darstellung des § 899 a und des Falls in AS-Skript Gesellschaftsrecht (2021), Rn. 229 ff.

II. K könnte das Eigentum **von der GbR** gemäß §§ 873, 925 erworben haben.
1. Dann müssten G1 und G2 die GbR bei der **Auflassung** wirksam nach § 164 Abs. 1 u. 3 vertreten haben. G1 und G2 haben eine eigene Auflassungserklärung im Namen der GbR abgegeben, zweifelhaft ist aber ihre **Vertretungsmacht**.
a) Objektiv hatten G1 und G2 **keine Vertretungsmacht**, denn gemäß §§ 714, 709 Abs. 1 vertreten grundsätzlich alle Gesellschafter die GbR gemeinschaftlich.
b) Die **fehlende Vertretungsmacht** wird aber **nach §§ 899 a S. 2, 892 Abs. 1 S. 1 überwunden**. Die Auflassung zwischen K und der GbR ist ein Verkehrsgeschäft. Das Grundbuch ist insofern falsch, als es nur G1 und G2 (nicht aber G3) als Gesellschafter aufführt. Daher wird gemäß § 899 a S. 1 vermutet, dass nur G1 und G2 Gesellschafter sind, sodass sie angesichts §§ 714, 709 Abs. 1 zur Vertretung der GbR legitimiert sind. K wusste nicht, dass auch G3 Gesellschafter war und es ist auch kein Widerspruch gegen die falsche Eintragung des Gesellschafterbestands im Grundbuch eingetragen.
2. K wurde als Eigentümer **im Grundbuch eingetragen**.
3. Die auflassende GbR war als **verfügungsbefugte Eigentümerin** auch zur Übereignung berechtigt.
K hat mithin das Eigentum an dem Grundstück nach §§ 873, 925 von der Berechtigten erworben.

Nach h.M. gilt § 899 a aber **nicht** für das der Auflassung zugrunde liegende **Verpflichtungsgeschäft**, weil dieses nicht unmittelbar „in Ansehung des eingetragenen Rechts" i.S.d. § 899 a S. 1 abgeschlossen wird. 120

Im vorherigen **Beispiel** besteht daher kein Kaufvertrag zwischen K und der GbR. Mangels Rechtsgrundes muss K das Eigentum am Grundstück gemäß § 812 Abs. 1 S. 1 Var. 1 an die GbR zurückübertragen.

Hinweis: *Das* ***Gesellschaftsrecht*** *soll voraussichtlich* ***zum 01.01.2023 umfassend geändert*** *werden. U.a. sollen* ***§ 899 a aufgehoben*** *und §* ***47 GBO geändert*** *werden.*[139]

4. Keine Kenntnis des Erwerbers

Der Erwerb ist ausgeschlossen, wenn der Erwerber **positive Kenntnis von der Unrichtigkeit** hatte. Grob fahrlässige Unkenntnis schadet hingegen nicht. 121

Hinweis: *Beim Erwerb beweglicher Sachen vom Nichtberechtigten schadet bereits Bösgläubigkeit, also grob fahrlässige Unkenntnis, §§ 932 Abs. 2, 276 Abs. 2. Das Gesetz spricht (wie auch in § 81 Abs. 1 S. 1 u. 2 InsO) dem* ***Grundbuch eine stärkere****, die fehlende Berechtigung überwindende* ***Legitimationswirkung*** *zu als dem für §§ 932–934 erforderlichen Rechtsschein des Besitzes. Beachten Sie, dass* ***§ 892*** *– eben weil er Kenntnis fordert –* ***den Begriff „guter Glaube" nicht verwendet****. Die häufige Formulierung „gutgläubiger Erwerb von Grundstücken" ist daher ungenau bzw. falsch und kann zu Fehlern in der Falllösung führen.*

Die ***Unkenntnis wird vermutet*** *(§ 892 Abs. 1 „es sei denn" und „nur ..., wenn"). Im Prozess muss derjenige, der den Erwerb bestreitet, die Kenntnis darlegen und beweisen.* 122

Hinweis: *Diese Beweislastregel findet sich* ***ebenso in §§ 932–934.***

Für **§ 892 Abs. 1 S. 1** spielt es keine Rolle, ob der Erwerber seine Fehlvorstellung nach einem Blick ins Grundbuch, aus anderen Gründen oder gar rein zufällig erlangt hat. Kausalität ist also nicht erforderlich. Bereits der **abstrakte Glaube** an die Richtigkeit des Grundbuchs ist geschützt.[140] 123

Hinweis: *Auch § 15 HGB schützt den* ***abstrakten Glauben.***[141]

139 Aktueller Stand des Gesetzgebungsverfahrens unter www.bmjv.de/SharedDocs/Gesetzgebungsverfahren/DE/Personengesellschaftsrecht.html; vgl. AS-Skript Gesellschaftsrecht (2021) Rn. 560 f.

140 BGH RÜ 2007, 631; Palandt/Herrler § 892 Rn. 1.

141 Näher AS-Skript Handelsrecht (2019), Rn. 210 u. 225; vgl. zur allgemeinen Rechtsscheinshaftung a.a.O., Rn. 235.

a) Maßgeblicher Zeitpunkt für die fehlende Kenntnis, § 892 Abs. 2

124 Die Kenntnis muss grundsätzlich im Zeitpunkt der **Vollendung des Rechtserwerbs** fehlen (§ 892 Abs. 1 S. 1 „erwirbt").[142] Gemäß § 873 Abs. 1 geschieht dieser, sobald **Einigung und Eintragung** vorliegen.

Hinweis: *Es ist ein* ***ganz allgemeiner Grundsatz****, dass* ***sämtliche Voraussetzungen eines Erwerbs gleichzeitig*** *vorliegen müssen, einschließlich der Berechtigung bzw. der ihr Fehlen überwindenden Voraussetzungen. In § 932 Abs. 1 S. 1 wird das noch deutlicher („zu der Zeit, zu der er ... erwerben würde").*

125 Der Erwerb eines materiellen Rechts soll aber **nicht von Umständen abhängen, die die Parteien der Einigung nicht beeinflussen können**. Grundsätzlich keinen Einfluss haben die Parteien auf die Dauer des Eintragungsverfahrens und daher auf den Zeitpunkt der Eintragung. In ihrer Hand liegt es nur, sich dinglich **zu einigen** und die nach § 13 GBO erforderlichen **Eintragungsanträge zu stellen**. Daher bestimmt **§ 892 Abs. 2**, dass der spätere der beiden Zeitpunkte maßgeblich ist:

- Gemäß § 892 Abs. 2 Var. 1 ist im Regelfall der vorherigen Einigung auf den Zeitpunkt der **Stellung des Eintragungsantrags** abzustellen.
- Wenn die Einigung ausnahmsweise erst nach Stellung des Eintragungsantrags erfolgt, ist gemäß § 892 Abs. 2 Var. 2 der Zeitpunkt der **Einigung** entscheidend.

126 Ob § 892 Abs. 2 auch greift, wenn – neben Einigung und Eintragung – **noch weitere Erwerbsvoraussetzungen ausstehen**, ist im folgenden Fall die entscheidende Frage.

Fall 7: Fehlende Bodenverkehrsgenehmigung

A ist aufgrund eines öffentlichen Testaments des Erblassers D als Eigentümer im Grundbuch eingetragen worden. A verkauft das Grundstück an seinen Nachbarn B und lässt es auf. Notar N stellt im Namen des B den Antrag auf Eintragung. Nunmehr teilt C dem B zutreffend mit, dass er – C – aufgrund eines späteren privatschriftlichen Testaments der wahre Erbe sei. Erst jetzt reicht N die nach §§ 2 Abs. 1 S. 1, 1 Abs. 1 GrdstVG erforderliche Bodenverkehrsgenehmigung nach. Kurz darauf wird B als Eigentümer eingetragen. C macht den Anspruch aus § 894 geltend.

127 Ein Anspruch des C gegen B aus **§ 894** setzt voraus, dass das **Grundbuch unrichtig** ist. Dies ist der Fall, wenn der als Eigentümer eingetragene B kein Eigentum erworben hat.

I. A und B haben sich in der Form des § 925 **geeinigt** und die **Eintragung** im Grundbuch ist erfolgt. Da jedoch A nicht Erbe des D war, ist er nicht nach § 1922 Abs. 1 Eigentümer des Grundstücks geworden. A war zur Übereignung **nicht berechtigt**.

II. Die fehlende Berechtigung könnte nach **§ 892 Abs. 1 S. 1** überwunden sein.

   1. Ein **Verkehrsgeschäft** liegt vor.

142 BGH NJW 2001, 359, gutachtlich aufbereitet in RÜ 2001, 103, allerdings ohne wörtliches Zitat der hier relevanten Passage; Staudinger/Picker § 892 Rn. 184.

2. C war Eigentümer, aber A war als Eigentümer eingetragen. Das **Grundbuch** war daher **unrichtig**, **legitimierte aber zugleich** den A zur Übereignung.

3. Der Erwerber B dürfte **keine Kenntnis vom Eigentum** des C gehabt haben. B hat noch vor der Eintragung, aber erst nach Antragstellung und Einreichung der Bodenverkehrsgenehmigung von der tatsächlichen Erbenstellung des C und damit von dessen Eigentum Kenntnis erlangt. Fraglich ist, auf welchen **Zeitpunkt** hinsichtlich der Kenntnis des Erwerbers abzustellen ist. **128**

   a) Die Kenntnis muss **grundsätzlich im Zeitpunkt der Vollendung des Rechtserwerbs** fehlen.

   b) Da der Dauer des Eintragungsverfahrens keine Bedeutung für den Rechtserwerb zukommen soll, ist gemäß **§ 892 Abs. 2 Var. 1** auf den Zeitpunkt der **Stellung des Eintragungsantrags** abzustellen.

   c) Fraglich ist, ob der Zeitpunkt der Stellung des Eintragungsantrags auch dann entscheidend ist, wenn **noch weitere Voraussetzungen** (wie hier die Einholung der Bodenverkehrsgenehmigung) erfüllt werden müssen. **129**

      aa) **Teilweise**[143] wird unter Verweis auf den insofern schrankenlosen **Wortlaut** des § 892 Abs. 2 das Fehlen weiterer Voraussetzungen für unschädlich gehalten. Trotz fehlender Genehmigung sei auf den **Zeitpunkt der Antragsstellung** beim Grundbuchamt abzustellen. Jedenfalls, wenn es wie hier um eine **behördliche Genehmigung** geht, lässt sich zudem anführen, dass deren Erteilungszeitpunkt von den Parteien in der Regel ebenso wenig wie die Grundbucheintragung beeinflusst werden kann.

      Bei Antragstellung hatte B noch keine Kenntnis vom Eigentum des C.

      bb) **Vorherrschend**[144] wird gleichwohl auf den **Zeitpunkt des Eintritts des letzten von den Parteien zu erbringenden Erfordernisses** abgestellt. Als **Ausnahmevorschrift** von dem Grundsatz, dass alle Voraussetzungen nebst der Kenntnislosigkeit bei Vollendung des Rechtserwerbs vorliegen müssen, müsse § 892 Abs. 2 eng ausgelegt werden. Der hinsichtlich sonstiger Voraussetzungen unergiebige **Wortlaut** der Norm spreche daher gerade dafür, außer bei der ausdrücklich erwähnten Grundbucheintragung keine Vorverlagerung des maßgeblichen Zeitpunkts zuzulassen.

      Bei Einreichung der Bodenverkehrsgenehmigung kannte B bereits das Eigentum des C.

Der zweiten Auslegung folgend hat B wegen seiner Kenntnis nicht gemäß §§ 873, 925, 892 das Eigentum vom Nichtberechtigten A erworben. Das Grundbuch ist unrichtig. C hat gegen B aus § 894 einen Anspruch auf Zustimmung zur Grundbuchberichtigung.

---

143 Baur/Stürner § 23 Rn. 34.

144 MünchKomm/Kohler § 892 Rn. 55; Palandt/Herrler § 892 Rn. 25; Erman/Artz § 892 Rn. 34a.

Andere **Beispiele** für „weitere Voraussetzungen" sind für sämtliche Verfügungen, die eine dingliche Einigung erfordern, deren Genehmigung bei vollmachtlosem Vertreter (§ 177) oder das für den Ersterwerb der Hypothek erforderliche Entstehen der Forderung (§ 1113 Abs. 1) oder die für den Ersterwerb und Zweiterwerb der Hypothek erforderliche Briefübergabe (§ 1117 Abs. 1 S. 1; § 1154 Abs. 1 S. 1).[145]

Abwandlung:

Bereits vor Antragstellung teilt C dem B mit, dass er Erbe sei. B antwortet dem C, das öffentliche Testament gehe dem privatschriftlichen vor. Für ihn sei A Erbe und Eigentümer des Grundstücks. Hatte B deshalb Kenntnis i.S.d. § 892 vom Eigentum des C?

130 I. B waren **zwar alle Tatsachen** (Tod des D; zeitlich letztes Testament zugunsten C) **bekannt**, aus denen sich das Eigentum des C und daher die Nichtberechtigung des A ergaben. Doch das genügt nicht. Vielmehr ist erforderlich, dass der Verfügungsempfänger aus diesen Tatsachen **auch den rechtlichen Schluss** (hier: nach § 2254) **auf die Nichtberechtigung zieht**.

§ 892 Abs. 1 S. 1 erfordert nämlich **Kenntnis**, welche durch **auf grober Fahrlässigkeit beruhende Rechtsirrtümer nicht begründet wird.** Anders als nach §§ 932 ff. trifft den zweifelnden Verfügungsempfänger **keine Nachforschungspflicht**.[146]

Da jedoch die Kenntnis von Tatsachen regelmäßig die Kenntnis der Rechtslage zur Folge hat, muss der Verfügungsempfänger seinen Rechtsirrtum **darlegen und beweisen**.[147]

131 II. Dies kann zu erheblichen **Unbilligkeiten** führen. Der Berechtigte muss den **schwierigen Nachweis über eine „innere Tatsache"**, nämlich (zumindest) die (Tatsachen-) Kenntnis des Erwerbers, führen. Nach h.M. kann sich der Verfügungsempfänger nach § 826 daher nicht auf die Kenntnislosigkeit berufen, wenn er **mit der Unrichtigkeit des Grundbuchs rechnete** und im Bewusstsein einer möglichen Schädigung des Rechtsinhabers in einer **gegen die guten Sitten verstoßenden Weise** die Verfügung herbeigeführt hat.[148] Gleiches folgt daraus, dass es nach § 242 treuwidrig sein kann, die **Augen bewusst vor der wahren Rechtslage zu verschließen**.[149]

Nach der **Gegenansicht** kann zumindest § 826 wegen des eindeutigen Wortlauts des § 892 nicht zu diesem Ergebnis führen. Der Gesetzgeber habe in § 892 bewusst die strenge Anforderung des „Ausschlusses nur bei Kenntnis" aufgestellt. Das dürfe nicht über § 826 unterlaufen werden.[150]

132 III. **Vorliegend** hielt B den A für den Erben und damit für den Eigentümer. B kannte daher das Eigentum des C nicht. Dieses Ergebnis ist auch nicht im Hinblick auf § 826 und/oder § 242 zu korrigieren (falls man diese Möglichkeit überhaupt generell anerkennt), da dafür sehr strenge, hier nicht erfüllte Anforderungen gelten.

145 Palandt/Herrler § 892 Rn. 25

146 Palandt/Herrler § 892 Rn. 24.

147 BGH WM 1970, 476; Staudinger/Picker § 892 Rn. 173.

148 BGH NJW 1988, 1375; Westermann/Gursky/Lieder § 83 II 6 b.

149 BGH NJW 2015, 619; Palandt/Herrler § 892 Rn. 24.

150 Staudinger/Picker § 892 Rn. 163; Palandt/Herrler § 892 Rn. 24.

b) Kenntnis bei Unrichtigkeit des Grundbuchs nach Antragstellung

Wird das Grundbuch nach dem Eintragungsantrag unrichtig, so ist entscheidend, ob der Verfügungsempfänger **im Zeitpunkt des Eintritts der Unrichtigkeit** Kenntnis hatte. **133**

Fall 8: Unrichtigkeit des Grundbuchs nach Antragstellung

E verkauft N notariell ein Grundstück, erklärt die Auflassung und beantragt die Eintragung des N. N verkauft das Grundstück an K und lässt es auf. Im Zeitpunkt der Antragstellung zugunsten K weiß K, dass E noch als Eigentümer eingetragen ist. K geht aber davon aus, dass er alsbald eingetragen werden wird, zumal E das Grundstück bereits an N aufgelassen hat. Bevor N eingetragen wird, ficht E seine Auflassungserklärung gegenüber N wirksam an. N wird dennoch als Eigentümer eingetragen. Nunmehr erfährt K von der Anfechtung. Nach der Eintragung des K als Eigentümer verlangt E von K die Zustimmung zur Grundbuchberichtigung nach § 894.

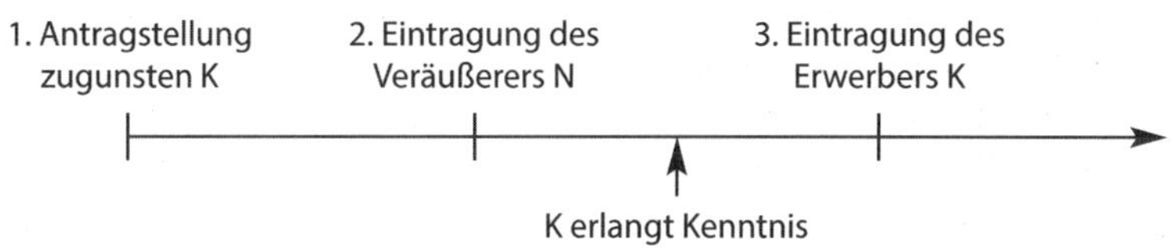

E hat gegen K den Anspruch aus § 894, wenn das **Grundbuch zu Lasten des E falsch** ist, wenn also K zu Unrecht als Eigentümer eingetragen und E wahrer Eigentümer ist. **134**

I. E hat das Eigentum nicht gemäß **§§ 873, 925** an N verloren, weil er seine dingliche Einigungserklärung mit N nach § 142 Abs. 1 **durch Anfechtung vernichtet** hat.

II. E kann sein Eigentum durch **Übereignung von N an K gemäß §§ 873, 925, 892** verloren haben. N und K haben sich in der Form des § 925 Abs. 1 über den Eigentumsübergang i.S.d. § 873 Abs. 1 geeinigt und K ist als Eigentümer eingetragen worden. N war aber nicht Eigentümer und E hat mit der Auflassung auch eine in ihr konkludent enthaltene Ermächtigung des N nach § 185 Abs. 1 angefochten. Auch liegt kein Fall des § 185 Abs. 2 vor. N kann daher nur nach **§ 892 Abs. 1 S. 1** übereignet haben. **135**

1. Ein **Verkehrsgeschäft** liegt im Verhältnis N zu K vor.

2. Das Grundbuch war im Zeitpunkt der **Vollendung des Rechtserwerbs**, nämlich dem Zeitpunkt der Eintragung des K als Eigentümer, **unrichtig**, denn **N war als Eigentümer eingetragen**. Da E seine dingliche Einigungserklärung mit N gemäß § 142 Abs. 1 ex tunc angefochten hatte, war **E weiterhin Eigentümer**.

3. N war aber als Berechtigter **legitimiert**, weil er als Eigentümer eingetragen war.

4. K dürfte **keine Kenntnis** vom Eigentum des E gehabt haben. **136**

   a) Im grundsätzlich maßgeblichen Zeitpunkt der Vollendung des Rechtserwerbs, nämlich im **Zeitpunkt der Eintragung des K** (3. Zeitpunkt), wusste K bereits, dass E wegen der Anfechtung Eigentümer geblieben war. Der Erwerb würde an dieser Kenntnis scheitern.

b) Im womöglich nach § 892 Abs. 2 maßgeblichen **Zeitpunkt der Antragstellung zugunsten K** (1. Zeitpunkt) glaubte K zwar, dass N das Eigentum erlangen werde. Aber N war noch nicht im Grundbuch eingetragen und daher nicht als Berechtigter legitimiert. Es ist auch unerheblich, ob K an die (wegen der Anfechtung nichtige) Ermächtigung des N nach § 185 Abs. 1 glaubte, denn § 892 schützt diesen guten Glauben nicht und § 366 Abs. 1 HGB gilt nicht für Grundstücke. Der Erwerb würde dann bereits an der Legitimation des N scheitern.

c) Im **Zeitpunkt der Eintragung des N** (2. Zeitpunkt) entstand aber die für § 892 Abs. 1 S. 1 erforderliche Legitimation des N. Zudem hatte K noch keine Kenntnis davon, dass N nicht Eigentümer war, denn K kannte weder die Nichtigkeit aufgrund Anfechtung noch – was gemäß § 142 Abs. 2 ausreichen würde – die Anfechtbarkeit der Übereignung von E an N. Der Erwerb wäre daher wirksam.

d) Nach heute ganz h.M. ist bei Eintritt der Unrichtigkeit des Grundbuchs nach Antragstellung der **Zeitpunkt des Eintritts der Unrichtigkeit** maßgeblich. Das ist vorliegend die Eintragung des über das Eigentum verfügenden N als Eigentümer (2. Zeitpunkt). **§ 892 Abs. 2** sieht zwar eine weitere Vorverlagerung auf die Antragstellung (1. Zeitpunkt) vor. Sein Zweck ist aber, den **Verfügungsempfänger** vor einer verzögerten Eintragung **zu schützen**; vorliegend würde er jedoch K benachteiligen. Eine Kenntniserlangung nach Antragstellung zugunsten des Verfügungsempfängers (hier: zwischen 2. und 3. Zeitpunkt) ist daher unschädlich, wenn er zuvor aufgrund der von ihm unerkannt unrichtigen Eintragung (2. Zeitpunkt) schutzwürdig geworden ist.[151]

K hat das Eigentum nach §§ 873, 925, 892 erworben. Das Grundbuch weist auch K als Eigentümer aus und ist daher richtig. E hat gegen K keinen Anspruch aus § 894.

---

5. Keine Eintragung eines Widerspruchs gegen die Richtigkeit

137 Der Erwerb nach § 892 findet nicht statt, wenn **vor Vollendung des Rechtserwerbs** ein **Widerspruch gegen die Legitimation im Grundbuch eingetragen** wird.

138 Ist ein Widerspruch eingetragen, dann ist irrelevant, ob der Verfügungsempfänger die Unrichtigkeit oder den Widerspruch kannte. Ebenso wie der abstrakte Glaube an die Richtigkeit des Grundbuchs geschützt ist, **erlischt dieser Schutz auch abstrakt durch einen Widerspruch**. Das Grundbuch muss also **bis zur konstitutiven Eintragung widerspruchsfrei** sein. **§ 892 Abs. 2 gilt nicht**, er verlagert nach seinem eindeutigen Wortlaut nur den maßgeblichen Zeitpunkt für die Kenntnis vor.[152]

Beispiel: X lässt an Y das Grundstück des E auf. Zwischen Antragstellung und Eintragung des Y erfährt dieser, dass X zu Unrecht als Eigentümer im Grundbuch steht. Zudem wird einen Tag vor der Eintragung des Y ein Widerspruch gegen die Eigentümerstellung des X eingetragen. –
Y erwirbt kein Eigentum. Er hatte zwar bei Antragstellung keine Kenntnis (§ 892 Abs. 2), aber im Zeitpunkt seiner Eintragung war ein Widerspruch im Grundbuch eingetragen (§ 892 Abs. 2 gilt nicht).

151 BGH NJW 1973, 323; MünchKomm/Kohler § 892 Rn. 56-58; Palandt/Herrler § 892 Rn. 25.

152 Staudinger/Picker § 892 Rn. 188.

Klausurhinweis: *Bei einer Klausur aus Sicht des Gerichts über einen abgeschlossenen Sachverhalt liegt der Widerspruch entweder vor oder eben nicht. In einer* ***Anwaltsklausur*** *und in der* ***mündlichen Prüfung*** *sollten Sie aber das Folgende zu seiner Entstehung wissen:* 139

Die **Voraussetzungen der Eintragung eines Widerspruchs** sind in **§ 899** geregelt. Danach kann ein Widerspruch **„in den Fällen des § 894** ... eingetragen werden", also wenn das Grundbuch unrichtig ist. Gemäß § 899 Abs. 2 erfolgt die Eintragung bei freiwilliger **Bewilligung** desjenigen, dessen Recht (d.h.: dessen Buchposition) durch die Berichtigung des Grundbuchs betroffen wird oder aufgrund einer vom wahren Rechtsinhaber erzwungenen **einstweiligen Verfügung.**[153]

Wer das Grundbuch berichtigen lassen will, muss eine Berichtigungsbewilligung des Eingetragenen in der Form des § 29 GBO vorlegen. Dafür geeignet ist insbesondere ein **Urteil**, welches der Antragsteller durch eine **auf § 894 gestützte Leistungsklage** erstritten hat. Aufgrund des Urteils wird die Abgabe der Bewilligung nach Maßgabe des § 894 ZPO fingiert, das Urteil muss also insbesondere **rechtskräftig** sein. Bis zu diesem Zeitpunkt vergeht **viel Zeit.** 140

Um **zwischenzeitlich** insbesondere einen **Erwerb durch Dritte auszuschließen** (§ 892), ist es ratsam, einen Widerspruch eintragen zu lassen. Wird die Eintragung des Widerspruchs nicht freiwillig bewilligt, kann sie **aufgrund der schnell zu erhaltenden einstweiligen Verfügung** erzwungen werden. Das Gericht erlässt diese, wenn der Antragsteller i.S.d. § 294 ZPO **glaubhaft** macht, dass ihm ein **Anordnungsanspruch** (aus § 894) zusteht. Das Vorliegen eines **Anordnungsgrundes** (vgl. § 935 ZPO) muss gemäß § 899 Abs. 2 S. 2 hingegen ausnahmsweise **nicht glaubhaft** gemacht werden. Bei glaubhafter Unrichtigkeit des Grundbuchs ist stets Eile geboten.

Liegt ein **Urteil** vor, dass zwar noch nicht rechtskräftig (§§ 704, 705 ZPO), aber nach Maßgabe der §§ 708 ff. ZPO **für vorläufig vollstreckbar erklärt** wurde, bedarf es keiner einstweiligen Verfügung. Der Widerspruch gilt dann bereits gemäß § 895 S. 1 ZPO als bewilligt.

6. Exkurs: Rechtshängigkeitsvermerk, § 899 analog

Die Eintragung eines sog. **Rechtshängigkeitsvermerks** ist analog § 899 zulässig, um die **Wirkung des § 325 Abs. 2 ZPO zu verhindern.** Urteile wirken **grundsätzlich** nur zwischen den Parteien des Rechtsstreits (**inter partes**). Wird ein streitbefangenes Grundstück veräußert (was gemäß § 265 Abs. 1 ZPO zulässig ist), so wirkt das Urteil gemäß § 325 Abs. 1 ZPO **auch gegen den Erwerber**, aber nur, wenn er die Rechtshängigkeit kannte (§ 325 Abs. 2 ZPO, § 892). Der Rechtshängigkeitsvermerk sorgt dafür, dass der Erwerber behandelt wird, als habe er **Kenntnis von der Rechtshängigkeit** gehabt.[154] 141

Beispiel: A verklagt B auf Herausgabe eines Grundstücks nach § 546 Abs. 1 und nach § 985, weil A meint, der zwischen ihm und B geschlossene Mietvertrag über das Grundstück sei nichtig. A lässt einen Rechtshängigkeitsvermerk eintragen. Übergibt B später das Grundstück an C, so kann sich dieser gegenüber A nicht darauf berufen, der Rechtsstreit zwischen A und B binde ihn nicht, weil er dessen Rechtshängigkeit nicht gekannt habe. C muss vielmehr ein stattgebendes Urteil gegen sich gelten lassen und dem A das Grundstück herausgeben. Weigert C sich, so kann A gemäß §§ 727, 731 ZPO seinen Titel gegen B auf C umschreiben lassen und ohne vorherige Klage gegen C vollstrecken.

Wird die Eintragung des Rechtshängigkeitsvermerks nicht vom Betroffenen **bewilligt**, so ist nach Ansicht des BGH eine **einstweilige Verfügung** erforderlich. Ein Nachweis der Rechtshängigkeit gegenüber dem Grundbuchamt genügt nicht.[155] 142

---

153 Vgl. zum vorläufigen Rechtsschutz AS-Skript ZPO (2020), Rn. 552 ff.

154 Siehe näher zu §§ 265, 325 ZPO AS-Skript ZPO (2020), Rn. 198.

155 BGH NJW 2013, 2357; Palandt/Herrler § 899 Rn. 7 (a.A. bis zur 73 Auflage).

III. Nachträgliche Verfügungsbeschränkungen, § 878

143 **Spätere Verfügungsbeschränkungen** aufgrund gerichtlicher oder behördlicher Anordnung (§§ 135, 136) oder kraft Gesetzes (§ 80 InsO) verhindern die Verfügungswirkung nach Maßgabe des § 878 nicht. Sinn und Zweck der Norm ist, zu vermeiden, dass die Verfügungswirkung von der **Zufälligkeit des Eintragungszeitpunkts** abhängt. Der Verfügungsempfänger kann nicht beeinflussen, wann das Grundbuchamt einträgt. Von ihm **nicht beeinflussbare Verzögerungen sollen nicht zu seinen Lasten gehen**.

Hinweis: *Aus den gleichen Gründen existiert **§ 892 Abs. 2**. Ähnlich ist es bei **§ 167 ZPO**, der den Rechtsverkehr vor Verzögerungen schützen soll, die durch den Arbeitsablauf in einer Behörde – hier der Geschäftsstelle des mit der Klage befassten Spruchkörpers – entstehen.*[156]

Die Formulierung des Gesetzes, dass die Erklärung „nicht ... unwirksam" werde, ist unpräzise. Durch den Eintritt der Verfügungsbeschränkung wird nicht die verfügende Willenserklärung beeinflusst, sondern es **entfällt die Berechtigung** des Verfügenden.

Aufbauschema § 878

I. Berechtigung des Verfügenden im Zeitpunkt der Einigung/Auflassung

II. Bindungswirkung der Einigung gemäß § 873 Abs. 2

III. Stellung des **Antrags auf Eintragung** im Grundbuch

Unerheblich ist, ob der Verfügende oder der Erwerber den Eintragungsantrag gestellt hat.

IV. Alle sonstigen zur Rechtsänderung notwendigen Voraussetzungen liegen vor, sodass **zum Übergang des Rechts nur noch die Eintragung erforderlich** ist.

Beispiele: Genehmigungen, etwa nach §§ 1643 Abs. 1, 1822 oder § 177; Übergabe des Hypothekenbriefs, vgl. Rn. 255

Diese ungeschriebene Voraussetzung ergibt sich aus dem **Sinn und Zweck**. Von den Parteien beeinflussbare Verzögerungen gehen zu Lasten des Verfügungsempfängers.

V. Rechtsfolge: Eine **Verfügungsbeschränkung**, die **nach Vorliegen** der genannten Voraussetzungen eintritt, **hindert den Rechtserwerb nicht**.

Frühere relative Beschränkungen können nach § 892 Abs. 1 S. 2 und eine **frühere Insolvenz** kann nach § 81 Abs. 1 S. 2 InsO i.V.m. § 892 Abs. 1 S. 1 überwunden werden, näher Rn. 99 f.

156 Zur Relevanz des § 167 ZPO bei der Verjährungshemmung nach § 204 Abs. 1 Nr. 1 AS-Skript BGB AT 2 (2021), Rn. 563.

Fall 9: Insolvenzerwerb

V verkauft notariell sein Grundstück an K. Die Parteien erklären notariell die Auflassung. Nachdem der Notar die erforderlichen behördlichen Genehmigungen eingeholt hat, stellt er im Namen des K den Antrag auf Eintragung. Danach wird über das Vermögen des V das Insolvenzverfahren eröffnet. Bald darauf trägt der Grundbuchbeamte K als Eigentümer ein. Ist K Eigentümer geworden?

K kann das **Eigentum** gemäß §§ 873, 925 erworben haben. 144

I. V und K haben die **Auflassung** in der Form des § 925 erklärt.

II. Der Eigentumswechsel wurde im Grundbuch **eingetragen**.

Es kommt nicht darauf an, ob der Grundbuchbeamte mit Rücksicht auf die eingetretene Insolvenz eintragen durfte oder nicht. Maßgebend für die **materielle Wirksamkeit der Eintragung** ist nur, dass sie vom Grundbuchbeamten vorgenommen worden ist.

III. V war **im Zeitpunkt der Vollendung des Rechtserwerbs**, nämlich der Eintragung, zwar Eigentümer, doch wegen der Insolvenzeröffnung war er gemäß § 80 Abs. 1 InsO nicht mehr zur Verfügung befugt und daher **nicht zur Übereignung berechtigt**.

IV. Das Insolvenzverfahren wurde aber **erst nach Antragstellung** eröffnet. Unter den Voraussetzungen des **§ 878**, der den maßgeblichen **Zeitpunkt für die Verfügungsbefugnis vorverlegt**, ist daher die Verfügungsbeschränkung des V unbeachtlich. Entgegen dem Grundsatz des § 91 Abs. 1 InsO findet § 878 gemäß § 91 Abs. 2 InsO auch im Falle der Insolvenz Anwendung. 145

Im Zeitpunkt der Auflassung war V **Berechtigter**. Die Einigung ist durch die notarielle Beurkundung gemäß § 873 Abs. 2 Var. 1 **bindend** geworden und K stellte seinen **Antrag** auf Eigentumsumschreibung vor Eintritt der Verfügungsbeschränkung. Schließlich bestehen **keine sonstigen Eintragungsvoraussetzungen**, sodass für den Rechtserwerb **nur noch die Eintragung des K erforderlich** war.

Die **Kenntnis der Insolvenz** würde K nicht schaden. Das ergibt sich bereits aus dem insofern schweigenden Wortlaut des § 878[157] bzw. jedenfalls über § 892 Abs. 2.[158]

Die Voraussetzungen des § 878 liegen vor. Die nachträgliche Verfügungsbeschränkung des V ist unbeachtlich. K hat Eigentum erworben.

Abwandlung:

Das Insolvenzverfahren wird vor Antragstellung auf Eigentumsumschreibung eröffnet. Wird K mit Eintragung ins Grundbuch Eigentümer, wenn er von der Eröffnung des Insolvenzverfahrens nach der Antragstellung, aber vor der Eintragung erfahren hat?

I. Die Voraussetzungen des § 878 liegen nicht vor, weil die **Verfügungsbeschränkung bereits vor der Antragstellung** eingetreten ist. Die **objektiv fehlende Berechti-** 146

157 Palandt/Herrler § 878 Rn. 16; Staudinger/Heinze § 878 Rn. 23.

158 BGH NJW 1958, 2013.

gung des V **wird nicht nach § 878 überwunden**, obgleich K bei Antragsstellung vom Insolvenzverfahren noch keine Kenntnis hatte.

II. K kann aber das Eigentum am Grundstück **vom Nichtberechtigten gemäß §§ 873, 925, 892 Abs. 1 S. 2** erworben haben.

Gemäß § 892 Abs. 1 S. 2 gilt eine **nicht eingetragene Verfügungsbeschränkung** als nicht bestehend, es sei denn, dass der Erwerber sie positiv kannte. Maßgebender Zeitpunkt für diese Kenntnis ist grundsätzlich die Vollendung des Rechtserwerbs, d.h. die Eintragung. Weil der Dauer des Eintragungsverfahrens jedoch keine Bedeutung für den Rechtserwerb zukommen soll, ist gemäß **§ 892 Abs. 2 Var. 1** der **Zeitpunkt des Eintragungsantrags** entscheidend, sofern er der Einigung nachfolgt.[159]

Da K erst nach Antragstellung von der Eröffnung des Insolvenzverfahrens Kenntnis erhielt, hat er das Eigentum an dem Grundstück gemäß §§ 873, 925, 892 erworben.

---

2. Abschnitt: Eigentumserwerb kraft Gesetzes oder Hoheitsakts

147 Das Grundeigentum kann kraft Gesetzes oder Hoheitsakt übergehen. Dies ist **kein Rechtsgeschäft und daher keine Verfügung**, sodass §§ 185, 878, 892 nicht greifen.

148 Das Grundeigentum geht **kraft Gesetzes** insbesondere im **Erbfall** (§ 1922), bei **Übertragung eines Erbanteils** (§§ 2033 ff.), bei Vereinbarung der **Gütergemeinschaft** (§ 1416 Abs. 1 S. 1 u. Abs. 2) und durch **Buchersitzung** (§ 900) über.

149 Zum Eigentumserwerb führende **Hoheitsakte** sind insbesondere in der Zwangsversteigerung der **Zuschlag** (§ 90 ZVG; dann Ersuchen um Grundbuchberichtigung nach § 130 ZVG), die **Aneignung** herrenloser Grundstücke durch den Fiskus (§ 928 Abs. 2, nebst konstitutiver Eintragung) und der **enteignende Verwaltungsakt** (z.B. §§ 85 ff. BauGB).

159 BGH RÜ 2001, 103.

Übertragung des Grundeigentums durch Rechtsgeschäft

Erwerb vom Berechtigten, §§ 873, 925

- **Auflassung**: **Einigung** (§ 873 Abs. 1) in der **Form des § 925 Abs. 1**
  - Bestimmtheit: auch ohne Katastervermessung, wenn konkret textlich/zeichnerisch bezeichnet
  - Übereinstimmende Falschbezeichnung (falsa demonstratio) schadet auch bei der Auflassung nicht. Eigentumsübergang aber nur soweit, wie sich Auflassung und Eintragung decken.
  - Form des § 925 Abs. 1 (gleichzeitig vor Notar); Bedingungsfeindlichkeit nach § 925 Abs. 2
  - Bindung an die Auflassung nur unter den Voraussetzungen des § 873 Abs. 2
- **Wirksame Eintragung**; bloße Rechtswidrigkeit nach GBO unerheblich
- **Berechtigung** des Verfügenden: verfügungsbefugter Eigentümer oder kraft Gesetzes Ermächtigter oder kraft Einwilligung i.S.d. § 185 Abs. 1 Ermächtigter

Anwartschaftsrecht des Auflassungsempfängers

- **Entsteht** nach h.M., sobald **Auflassung unwiderruflich** (§ 873 Abs. 2) **und Erwerber den Antrag gestellt** hat **oder Auflassungsvormerkung** eingetragen ist.
- **Kettenauflassung**: Auflassung enthält oft Ermächtigung zur Übereignung (§ 185 Abs. 1), dann Eigentumserwerb unabhängig vom Anwartschaftsrecht

Grundbuchberichtigung

- **Grundbuch kann „irren“** (Recht eingetragen, aber nicht da; Recht da, aber nicht eingetragen)
- Berichtigung des unrichtigen Grundbuchs durch Grundbuchamt nur mit **Zustimmung des Eingetragenen** (§ 19 GBO)
- **Anspruchsgrundlagen auf Zustimmung:** insbesondere § 894, § 346 Abs. 1 (Buchposition als Leistung), § 812 Abs. 1 (Buchposition als erlangtes Etwas, Inhaberschaft des Rechts als Rechtsgrund), Vertrag, Deliktsrecht

Erwerb vom Nichtberechtigten, §185 Abs. 2, § 878 oder § 892

Wenn **normaler Erwerbstatbestand mit Ausnahme der Berechtigung** vorliegt, dann:

- Wirksamkeit durch Genehmigung ex tunc oder sonstige Konvaleszenz ex nunc, **§ 185 Abs. 2**
- Nach Antragstellung eintretende Verfügungsbeschränkungen hindern Erwerb nicht, **§ 878.**
- Erwerb gemäß **§ 892**
  - Verkehrsgeschäft als Unterfall des Rechtsgeschäfts: kein Erwerb kraft Gesetzes oder Hoheitsakts; (wirtschaftliche) Personenverschiedenheit, keine vorweggenommene Erbfolge
  - Grundbuch unrichtig
  - Verfügender legitimiert
  - Keine positive Kenntnis des Erwerbers; Zeitpunkt: Grundsätzlich Vollendung des Rechtserwerbs, Vorverlagerung nach § 892
  - Kein Widerspruch eingetragen; § 892 Abs. 2 gilt nicht

2. Teil: Vormerkung

150 *Um die Vormerkung, die Grundschuld, die Hypothek und die weiteren Sicherungsmittel zu durchdringen, müssen gewisse* ***Eckpfeiler im Kreditsicherungsrecht*** *bekannt sein. Jedes Sicherungsmittel hat zwar seine Besonderheiten. Zunächst müssen Sie sich aber die Grundlagen der jeweiligen Sicherheit erarbeiten, und dies können Sie am besten tun, indem Sie die jeweiligen Sicherheiten miteinander vergleichen und vernetzen. Sie werden Gemeinsamkeiten und Gegensätze erkennen und feststellen, dass es mit den Sicherheiten wie mit Fremdsprachen ist: Je mehr man bereits kennt, umso leichter fällt das Erlernen jeder weiteren.*

Diese ***Grundlagen, Gemeinsamkeiten und Gegensätze*** *werden zusammengefasst dargestellt im AS-Skript Schuldrecht BT 2, zu Beginn des 9. Teils (Bürgschaft). Die einzelnen Kreditsicherungsmittel sowie die mit ihnen verwandten Institute stellen wir entsprechend ihrer* ***systematischen Stellung*** *in folgenden Skripten dar:*

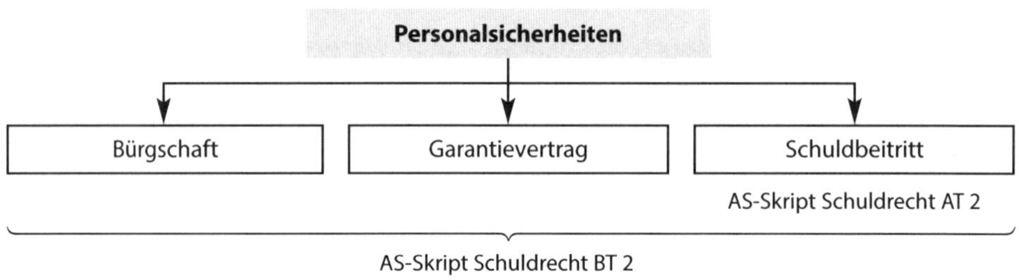

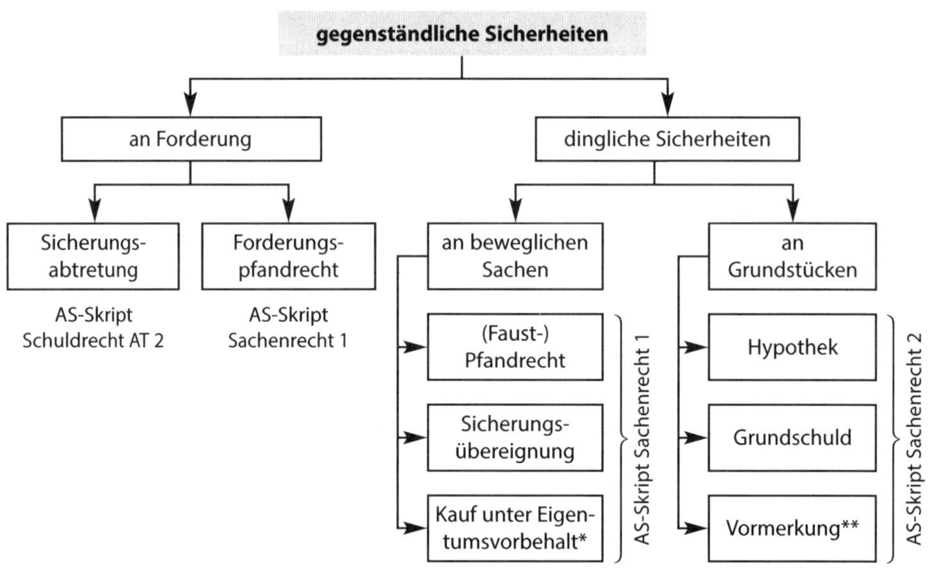

*Der Eigentumsvorbehalt ist im weiteren Sinn eine Sicherheit. Zwar lässt sich der Verkäufer für seinen Anspruch aus § 433 Abs. 2 keine zusätzliche Sicherheit gewähren, aber er bewahrt sich das Eigentum an der verkauften Sache selbst als Sicherheit.

** Die Vormerkung ist keine Sicherheit, die für den Gläubiger wirtschaftlich an die Stelle des ausgefallenen Anspruchs tritt. Sie sichert vielmehr unmittelbar den bedrohten Anspruch rechtlich ab, indem sie seinen Untergang durch Unmöglichkeit gemäß § 275 Abs. 1 verhindert.

Verfügungen über Rechte an Grundstücken werden gemäß §§ 873, 875, 877 erst mit ihrer konstitutiven Eintragung im Grundbuch wirksam. Zwischen der Entstehung eines Anspruchs auf eine solche Verfügung und seiner Erfüllung durch die Eintragung kann ein **erheblicher Zeitraum** liegen. In diesem kann der weiterhin zur Verfügung berechtigte Schuldner **weitere Verfügungen** vornehmen, die **den Anspruch beeinträchtigen** oder gar **vereiteln**, also unmöglich werden lassen. **151**

Klassisches Beispiel ist die **Auflassungsvormerkung** zur Sicherung eines Anspruchs auf Übereignung: K kauft von V ein Grundstück. Solange K nicht als Eigentümer eingetragen wird, ist V weiterhin verfügungsbefugter Eigentümer. V könnte daher das Grundstück dem D übereignen, wodurch der Anspruch des K gegen V aus § 433 Abs. 1 S. 1 Var. 2 gemäß § 275 Abs. 1 erlöschen würde.

Weitere Beispiele: Ansprüche des X gegen Y auf Verschaffung einer erstrangigen Grundschuld durch Bestellung (Ersterwerb; verfügende Belastung des Eigentums) oder durch Übertragung (Zweiterwerb; verfügende Übertragung der Grundschuld)

A. Rechtsfolgen und Auswirkung der Vormerkung

Um dies zu verhindern, kann ein solcher **Anspruch auf Verfügung über ein Recht an einem Grundstück mit einer Vormerkung gesichert** werden, vgl. § 883 Abs. 1 S. 1. Die Vormerkung entfaltet ihre Sicherungswirkung folgendermaßen: **152**

- Gemäß § 883 Abs. 2 S. 1 sind **Verfügungen**, die nach Eintragung der Vormerkung über das Grundstück oder das Recht getroffen werden, **insoweit unwirksam, als sie den gesicherten Anspruch vereiteln oder beeinträchtigen** würden. Der Inhaber der Vormerkung kann trotz der beeinträchtigenden Verfügungen seinen – durch die Vormerkung gesicherten – Anspruch auf die Verfügung noch durchsetzen. **Gegenüber Dritten und der Allgemeinheit** ist die Verfügung hingegen **wirksam**. **153**

  Klausurhinweis: *Wichtigste* ***Anspruchsgrundlage*** *für den Vormerkungsinhaber ist* ***der durch die Vormerkung gesicherte Anspruch****. Die Vormerkung an sich ist hingegen kein Anspruch (!), sondern ein Sicherungsmittel eigener Art. Im Rahmen der Frage, ob der Anspruch nach* ***§ 275 Abs. 1*** *wegen einer anderweitigen Verfügung untergegangen ist, ist dann* ***inzident*** *zu prüfen, ob diese Verfügung gemäß* ***§ 883 Abs. 2*** *unwirksam ist.*

- Der Inhaber kann seinen gesicherten Anspruch auf die Verfügung nur dann wirtschaftlich erfolgreich durchsetzen, wenn er seine nach §§ 873, 875, 877 **konstitutive Eintragung** im Grundbuch herbeiführen kann. Nach §§ 19, 39 GBO benötigt er hierfür die **Bewilligung des eingetragenen Dritten**, zu dessen Gunsten vormerkungswidrig verfügt wurde. **154**

  Er hat jedoch **keinen Anspruch aus § 894**. Die beeinträchtigende Verfügung ist gegenüber der Allgemeinheit wirksam, also ist das **Grundbuch richtig**. Genau in dieser Situation hilft aber der Anspruch aus **§ 888**, der tatbestandlich voraussetzt, dass die **Rechtsfolge des § 883 Abs. 2 S. 1 eingetreten** ist.

  Der Anspruch aus § 888 ist ein **Leistungsanspruch**, sodass zumindest die **§§ 280, 286, 288** und konsequent wohl auch die **§§ 281, 283** auf ihn Anwendung finden.[160]

- Die Vormerkung hat **rangwahrende Wirkung**. Ziel der vorgemerkte Anspruch auf Einräumung eines rangfähigen Rechts, so erhält es nach § 883 Abs. 3 den Rang der **155**

160 BGH RÜ 2016, 418 (offengelassen für §§ 281, 283).

Vormerkung, auch wenn zwischen Entstehen der Vormerkung und Einräumung des Rechts andere Rechte eingetragen wurden, die nach § 879 vorrangig wären.

Beispiel: In einem Sicherungsvertrag räumt Eigentümer E dem A einen Anspruch auf Bestellung (Ersterwerb in Form der Belastung des Eigentums) einer Hypothek ein. Zudem bewilligt E dem A eine Vormerkung, die im Januar ins Grundbuch eingetragen wird. Bevor aber auch die Hypothek des A im März eingetragen wird, wird im Februar eine Zwangshypothek (§ 866 Abs. 1 Var. 1, 867 ZPO, §§ 1184, 1185) des G eingetragen. –
Nach § 879 würde die Hypothek des G im ersten Rang stehen, wegen § 883 Abs. 3 erhält sie aber nur den zweiten Rang. Im ersten Rang steht die Hypothek des A.

156 Eine weitergehende dingliche Wirkung hat die Vormerkung nicht. Insbesondere ist sie **keine Verfügungsbeschränkung** i.S.d. §§ 135, 136 zulasten des derzeitigen Rechtsinhabers[161] und sie bewirkt auch **keine Grundbuchsperre**, sodass das Grundbuchamt der Vormerkung widersprechende Eintragungen vornehmen darf und muss.[162]

Fall 10: Vorteilhafte Vormerkung

V hat K notariell ein Grundstück verkauft, bislang ist es allerdings noch nicht zur Übereignung an K gekommen. V und K geraten in Streit. Schließlich verkauft V das Grundstück notariell an X und lässt es an X auf. X wird als Eigentümer eingetragen. X verweigert energisch die Herausgabe oder Rückübereignung des Grundstücks.

1. K verlangt von V die Übereignung des Grundstücks. Rechtslage?
2. Wie ist die Rechtslage, wenn für den K eine Auflassungsvormerkung eingetragen wurde, bevor X als Eigentümer eingetragen wurde.
3. Wie kann K Eigentümer werden, wenn er eine Auflassungsvormerkung hat?

157 **Frage 1:**

I. K könnte aus § 433 Abs. 1 S. 1 Var. 2 gegen V einen **Übereignungsanspruch** haben.

1. K und V haben einen formgerechten Kaufvertrag abgeschlossen (§§ 433, 311 b Abs. 1), sodass die Verpflichtung des V zur Übereignung **entstanden** ist.

158 2. Der Anspruch auf Übereignung ist jedoch gemäß § 275 Abs. 1 **ausgeschlossen**, wenn dem V die Erfüllung **unmöglich** ist. V hat das Eigentum an dem Grundstück durch Auflassung und Eintragung gemäß den §§ 873, 925 auf X wirksam übertragen. Er war insbesondere trotz des Verkaufs des Grundstücks an K noch zur Verfügung über das Grundstück berechtigt und damit verfügungsbefugter Eigentümer. Da V **nach der Übereignung an X mangels Berechtigung kein Eigentum mehr übertragen kann** und X die Rückübereignung ablehnt, ist der Anspruch des K aus § 433 Abs. 1 S. 1 Var. 2 gemäß § 275 Abs. 1 ausgeschlossen.

II. K kann von V gemäß §§ 280 Abs. 1 u. 3, 283 **Schadensersatz statt der Leistung** verlangen.

III. Ein Anspruch des **K gegen X** auf Übereignung des Grundstücks kommt allenfalls aus **§§ 823, 826** in Betracht, wenn X dem K gegenüber mit dem Erwerb des Grundstücks eine unerlaubte Handlung begangen hat. Das ist aber nicht ersichtlich.

161 Baur/Stürner § 20 Rn. 34.

162 MünchKomm/Kohler § 883 Rn. 49; Palandt/Herrler § 883 Rn. 22.

Frage 2: 159

K könnte gemäß § 433 Abs. 1 S. 1 Var. 2 gegen V einen Anspruch auf **Übereignung** haben.

Der Anspruch ist mit Abschluss des notariellen Kaufvertrags **entstanden**. Er ist aber – wie in Frage 1 – **gemäß § 275 Abs. 1 ausgeschlossen**, wenn nicht mehr V, sondern X, der jegliche Kooperation verweigert, derzeit Eigentümer des Grundstücks ist.

I. V könnte gemäß §§ 873, 925 das **Eigentum** auf X **übertragen** haben. 160

1. V hat formgerecht die **Auflassung** an X erklärt.

2. X ist **im Grundbuch eingetragen** worden. § 873 fordert eine lediglich **wirksame** Eintragung, es dürfen also keine besonders schweren Nichtigkeitsgründe vorliegen. Im Übrigen ist unerheblich, ob die Vorschriften der GBO eingehalten wurden, ob also die Eintragung vollständig rechtmäßig ist. Die Eintragung des X als Eigentümer leidet an keinem schweren Mangel und ist daher wirksam. 161

   Hinweis: *Die Eintragung ist – worauf es hier nicht ankommt – sogar rechtmäßig. Insbesondere durfte und musste der Grundbuchbeamte den X als Eigentümer trotz der Vormerkung des K eintragen. Die Vormerkung bewirkt* ***keine Grundbuchsperre****. Anderenfalls käme der Vormerkung auf Umwegen eine absolute Wirkung zu.*

3. V war trotz der zuvor entstandenen Auflassungsvormerkung des K noch **verfügungsbefugter Eigentümer** und daher zur Übereignung an X berechtigt. Aus der Vormerkung ergibt sich **keine Verfügungsbeschränkung**. Diese würde nämlich die Berechtigung gegenüber jedermann beseitigen, § 883 Abs. 2 S. 1 ordnet aber nur eine relative Wirkung der Vormerkung an („insoweit unwirksam, als"). 162

X ist folglich – wie in Frage 1 – Eigentümer des Grundstücks geworden, und zwar gemäß § 903 S. 1 grundsätzlich mit absoluter Wirkung gegenüber jedermann.

II. Die Übereignung des V an X, die den Anspruch des K gegen V auf Eigentumsübertragung unmöglich machen würde, ist aber gemäß § 883 Abs. 2 (nur) dem K gegenüber **relativ unwirksam**, wenn K Inhaber einer Vormerkung ist. (Nur) im Verhältnis zu K würde dann weiterhin V – anders als in Frage 1 – als Eigentümer gelten. 163

Hinweis: *Insofern besteht ein Unterschied zum ähnlichen* ***§ 161****. Dieser führt zur* ***absoluten Unwirksamkeit*** *von bedingungsvereitelnden Zwischenverfügungen.*[163]

K hat gemäß §§ 883, 885 eine **Auflassungsvormerkung** durch **Ersterwerb vom Berechtigten** erworben. K ist Inhaber eines **Anspruchs** auf Übertragung des Grundeigentums. V hat die Vormerkung **bewilligt**. Die Vormerkung ist im Grundbuch **bei fortbestehender Bewilligung eingetragen** worden. V war als verfügungsbefugter Eigentümer zur Bestellung der Auflassungsvormerkung **berechtigt**.

Hinweis: *Die Voraussetzungen des* ***Ersterwerbs der Vormerkung*** *liegen hier unproblematisch vor. Näher zu ihnen und den klausurtypischen Problemen sogleich unter B.*

---

163 Vgl. zu § 161 AS-Skript Sachenrecht 1 (2020), Rn. 405 f. und AS-Skript BGB AT 1 (2020), Rn. 254 ff.

Gemäß § 883 Abs. 2 ist die den Anspruch des K beeinträchtigende verfügende Übereignung des V an X dem K gegenüber unwirksam. Der Anspruch des K gegen V auf Übereignung ist nicht gemäß § 275 Abs. 1 ausgeschlossen. K kann weiterhin gemäß § 433 Abs. 1 S. 1 Var. 2 von V die Übereignung des Grundstücks verlangen.

164 Frage 3:

K wird gemäß **§§ 873, 925 Eigentümer** durch **Auflassung und Eintragung**:

I. Wie in Frage 2 erörtert hat K gemäß **§ 433 Abs. 1 S. 1 Var. 2** gegen V einen durchsetzbaren Anspruch auf Abgabe einer **Auflassungserklärung**. Sollte V nicht freiwillig auflassen, wird K den V erfolgreich hierauf verklagen und das Urteil nach § 894 ZPO vollstrecken können.

II. Die **Eintragung** erfolgt gemäß § 13 GBO auf Antrag. Es reicht aus, dass der Antragsteller die Auflassung gemäß § 20 GBO in der Form des § 29 GBO (z.B. verbrieft in dem unter I. erwähnten Urteil) vorlegt, wenn der Veräußerer als Berechtigter im Grundbuch eingetragen ist (§ 39 GBO). Hier ist aber nicht der Veräußerer V, sondern X als Eigentümer im Grundbuch eingetragen. Zur Eintragung im Grundbuch benötigt K daher gemäß § 19 GBO zusätzlich die **Zustimmung des Voreingetragenen X**. K müsste gegen X einen entsprechenden Anspruch haben.

1. **§ 894** erfordert die **Unrichtigkeit des Grundbuchs**, in welchem X als Eigentümer eingetragen ist. Die Vormerkung wirkt nur relativ zugunsten des K, sodass gegenüber der Allgemeinheit X der Eigentümer ist. Angesichts des Abstraktions- und Trennungsprinzips ändert daran auch der Übereignungsanspruch des K gegen V (s. I.) nichts. Das Grundbuch ist also richtig. Ein Anspruch aus § 894 besteht nicht.

2. Da die Verfügung von V an X nach § 883 Abs. 2 S. 1 unwirksam ist, hat K gegen X **gemäß § 888** einen Zustimmungsanspruch. Auch insofern könnte K, wenn X sich weigert, ein Urteil erstreiten und nach § 894 ZPO vollstrecken.

---

165 § 883 Abs. 2 führt nach seinem Wortlaut **nicht** zur **Unwirksamkeit von Verpflichtungsverträgen**, die **vormerkungswidrig den Besitz gestatten**. Verpflichtungsverträge sind keine Verfügungen, weil sie nicht unmittelbar auf ein Recht einwirken.

Manche[164] sehen allerdings eine vergleichbare Interessenlage und wollen daher **§ 883 Abs. 2 analog** anwenden. Der Erwerber eines absolut wirkenden, durch Verfügung entstehenden und daher unter § 883 Abs. 2 fallenden Wohnrechts (§ 1093) stünde sonst schlechter als der nur obligatorisch berechtigte Mieter. Zudem binde angesichts § 566 ein Mietvertrag auch den neuen Eigentümer, sodass er verfügungsähnlich wirke. Andere[165] halten entgegen, ein künftiger Mieter schaue (anders als ein Verfügungsempfänger wie der Wohnrechtserwerber) vor Vertragsschluss nicht ins Grundbuch. Daher wisse er in der Regel nichts von der Vormerkung und dürfe daher nicht darunter leiden.

164 Palandt/Herrler § 883 Rn. 20 m.w.N. zu beiden Ansichten.

165 Palandt/Weidenkaff § 566 Rn. 8; BGH NJW 1989, 451.

Beispiel: V verkauft K ein Grundstück nebst Wohnhaus, lässt es auf und bewilligt eine Vormerkung. Sodann vermietet V das Haus an M, bevor K als Eigentümer eingetragen wird. –
Nach der ersten Ansicht ist der Mietvertrag analog § 883 Abs. 2 nichtig, sodass M gegenüber K trotz § 566 kein Besitzrecht hat und K von M gemäß § 546 Abs. 1 und § 985 Herausgabe verlangen kann. Nach der zweiten Ansicht ist der Mietvertrag wirksam, sodass K von M nach beiden Normen erst Herausgabe verlangen kann, wenn das Mietverhältnis durch Zeitablauf bzw. Kündigung (vgl. § 542) beendet ist.

B. Ersterwerb (Entstehen)

Die Vormerkung ist **kein dingliches Recht,** sondern ein **Sicherungsmittel eigener Art**. **166**
Gleichwohl bietet es sich an, ihr Entstehen (Ersterwerb) und ihre Übertragung (Zweiterwerb) **wie bei anderen dinglichen Rechten zu prüfen**, weil die Voraussetzungen sich stark ähneln. Zudem werden in diesem Zusammenhang **viele Normen analog** angewendet, die direkt nur für dingliche Rechte bzw. Verfügungen gelten.

Hinweis: *Das **allgemeine Prüfungsschema** für jede **Verfügung** lautet: Einigung, Forderung (wenn akzessorisches Recht), Publizität bei noch wirksamer Einigung (wenn Publizitätsträger), Berechtigung bzw. Überwindung.[166] Die Differenzierung zwischen **Ersterwerb** und **Zweiterwerb** müssen Sie wegen der unterschiedlichen Voraussetzungen beherrschen.[167] Hier lauern sehr schwerwiegende, aber leicht vermeidbare Examensfehler.*

Aufbauschema Ersterwerb
I. Anspruch auf Verfügung über ein Recht an einem Grundstück
II. Bewilligung oder einstweilige Verfügung
III. Eintragung
IV. Berechtigung ...
V. ... oder Überwindung: analog § 185 Abs. 1, § 878, §§ 892, 893

I. Gesicherter Anspruch

Die Vormerkung ist gemäß § 883 Abs. 1 S. 1 („Sicherung des Anspruchs") **streng akzessorisch.**[168] Ohne einen gesicherten Anspruch kann keine Vormerkung entstehen, wobei allerdings gemäß § 883 Abs. 1 S. 2 auch ein künftiger Anspruch durch eine Vormerkung gesichert werden kann. Mit dem Anspruch erlischt zugleich die Vormerkung. **167**

1. Ansprüche auf Verfügung über ein Recht an einem Grundstück, § 883 Abs. 1 S. 1

Nicht jeder Anspruch ist vormerkungsfähig. Der **Anspruch** muss – in Zusammenfassung des Wortlauts – **auf Verfügung über ein Recht an einem Grundstück** gerichtet sein. **168**

§ 883 Abs. 1 S. 1 zählt (wie auch §§ 873, 875, 877) die **vier Fallgruppen der Verfügung** auf.

---

166 Vgl. zum Begriff der Verfügung nebst allgemeinem Prüfungsschema AS-Skript BGB AT 1 (2020), Rn. 23.

167 Vgl. zum Ersterwerb und Zweiterwerb allgemein AS-Skript Schuldrecht BT 2 (2020), Rn. 323 ff.

168 Vgl. allgemein zum Begriff der Akzessorietät AS-Skript Schuldrecht BT 2 (2020) Rn. 319 f.

169 Auch wenn der **Schuldner** seinerseits bereits **alles getan** hat, um die Rechtsänderung herbeizuführen, kann noch eine Vormerkung bestellt werden. Der Gläubiger hat erst mit Eintritt des **Leistungserfolgs** die Gewissheit, sein Anspruchsziel erreicht zu haben.[169]

Beispiel: V verkauft K notariell ein Grundstück in der Altstadt und erklärt die Auflassung. Da im Hinblick auf die erforderliche Genehmigung nach §§ 2 Abs. 1 S. 1, 1 Abs. 1 GrdstVG die Eintragung des K besonders lange Zeit auf sich warten lassen wird, soll eine Vormerkung bestellt werden. –
V hat zwar bereits die Auflassung erklärt, also die nach § 433 Abs. 1 S. 1 Var. 2 geschuldete Handlung vorgenommen. Gleichwohl ist der geschuldete Erfolg in Form der Eigentumsverschaffung noch nicht eingetreten. Die Bestellung einer Vormerkung ist daher nach wie vor möglich.

170 Die Natur des zugrunde liegenden Schuldverhältnisses spielt keine Rolle. Der Anspruch kann sich aus **Vertrag, Gesetz** oder **einseitigem Rechtsgeschäft** ergeben.[170]

2. Künftige und bedingte Ansprüche, § 883 Abs. 1 S. 2

171 Auch **künftige und bedingte Ansprüche** können vorgemerkt werden, § 883 Abs. 1 S. 2.

a) Künftige Ansprüche

172 Ein künftiger Anspruch kann gesichert werden, **„wenn bereits der Rechtsboden für seine Entstehung vorbereitet ist“**.[171] Überwiegend wird angenommen, es genüge eine **Bindung**, die vom künftigen Schuldner **nicht mehr einseitig zu beseitigen** ist.[172]

- Sicherbar ist der künftige Anspruch aus einem Vertrag, wenn schon und noch ein **bindendes Vertragsangebot des künftigen Schuldners** vorliegt, das nur noch angenommen werden muss.[173] Ein Angebot ist **schon bindend**, wenn es mit Rechtsbindungswillen abgegeben wurde und zugegangen ist. Ob es **noch bindend** ist, ergibt sich auch aus den §§ 147–149.

- Auch wenn das Schuldverhältnis noch der **Genehmigung einer Behörde oder eines Gerichts** (z.B. nach § 1821 Abs. 1) bedarf, kann die Anspruchsentstehung vom künftigen Schuldner nicht mehr einseitig verhindert werden, sodass der Anspruch bereits **vorgemerkt werden kann**.[174]

  Ist die Entstehung **hingegen** von der **Genehmigung des Schuldners** gemäß § 177 Abs. 1 oder § 181 abhängig, kann der Anspruch **nicht vorgemerkt** werden.[175]

173 Eine **rein tatsächliche Erwerbsaussicht** genügt hingegen **nicht**.

- Nicht vormerkungsfähig sind daher Ansprüche aus **formnichtigen Verträgen**, auch dann nicht, wenn das Gesetz eine Heilungsmöglichkeit vorsieht (z.B. § 311 b Abs. 1 S. 2, § 518 Abs. 2). Erst nach der Heilung ist eine Vormerkung möglich.[176]

---

169 Baur/Stürner § 20 Rn. 17.
170 BGH NJW 1997, 861.
171 BGH NJW 2006, 2408, Rn. 12.
172 Palandt/Herrler § 883 Rn. 15; BGH NJW 2006, 2408, Rn.13.
173 BGH NJW 2002, 213; Stamm JuS 2003, 48, 50.
174 MünchKomm/Kohler § 883 Rn. 30.; Böttcher, NJW 2018, 831, 832.
175 MünchKomm/Kohler § 883 Rn. 30.
176 BGH NJW 2002, 2313; MünchKomm/Kohler § 883 Rn. 23.

- Der mögliche Erwerb eines dinglichen Rechts aufgrund eines **künftigen Erbfalls** kann in der Regel nicht gesichert werden, weil letztwillige Verfügungen vor dem Erbfall in der Regel veränderbar sind bzw. die Verfügungsmacht des künftigen Erblassers nicht beschränken (vgl. §§ 2253, 2271, 2286).

  Beispiel: E vermacht seiner Tochter T per Erbvertrag ein Grundstück.[177] – Gemäß § 2286 kann E zu Lebzeiten weiterhin frei verfügen. T kann nicht darauf vertrauen, dass sie mit dem Tod des E einen Vermächtnisanspruch i.S.d. § 2174 erlangen wird. Nach Eintritt des Erbfalls ist dagegen der Vermächtnisanspruch aus § 2174 gegen die Erbengemeinschaft vormerkungsfähig.

Liegen die Voraussetzungen für die Sicherung eines künftigen Anspruchs vor, entsteht die Vormerkung mit der Eintragung. Wird eine Vormerkung eingetragen für einen Anspruch, der die **Anforderungen** an einen künftigen Anspruch **(noch) nicht erfüllt**, entsteht die Vormerkung mit der Begründung des Anspruchs.[178] **174**

b) Auflösend bedingte Ansprüche

Für gemäß § 158 Abs. 2 auflösend bedingte Ansprüche hat § 883 Abs. 1 S. 2 lediglich **klarstellende Wirkung**, da diese Ansprüche im Zeitpunkt des Entstehens der Vormerkung schon bestehen und erst später, mit Eintritt der auflösenden Bedingung, entfallen. Wegen der Akzessorietät erlischt im gleichen Moment die Vormerkung und das Grundbuch wird unrichtig. All das würde aber auch ohne § 883 Abs. 1 S. 2 geschehen. **175**

Auflösende Bedingung kann **beispielsweise** die „Ausübung eines Vorkaufsrechts" durch einen Dritten sein, wobei dann im Einzelfall durch Auslegung zu klären sein kann, ob sich die Bedingung auf ein schuldrechtliches und/oder ein zugleich bestehendes dingliches Vorkaufsrecht bezieht.[179]

c) Aufschiebend bedingte Ansprüche

Nach § 158 Abs. 1 aufschiebend bedingte Ansprüche sind gewissermaßen zugleich künftige Ansprüche, da sie erst mit Eintritt der aufschiebenden Bedingung **voll wirksam** werden. Auch sie sind daher vormerkungsfähig, wenn bereits der **Rechtsboden für ihre Entstehung** vorbereitet ist. Dies ist **regelmäßig zu bejahen**, denn sie sind anhand des bereits bestehenden – wenn auch bedingten – zugrundeliegenden Rechtsgeschäfts bestimmbar.[180] **176**

Ob der aufschiebend bedingte Anspruch ein Unterfall des künftigen Anspruchs ist, kann wegen der **Gleichsetzung** in § 883 Abs. 1 S. 2 letztlich offenbleiben.[181]

Die Grenzen sind ohnehin fließend, wie die folgenden **Beispiele** zeigen:

- Ein Anspruch auf **Rückauflassung nach Rücktrittserklärung** ist vormerkbar.[182]
- Vormerkbar ist ein **Ankaufsrecht**, wenn es durch einen aufschiebend bedingten Auflassungsanspruch begründet wird.[183]

---

177 Nach BGH NJW 1954, 633; MünchKomm/Kohler § 883 Rn. 20; vgl. zum Vermächtnis und zum Erbvertrag AS-Skript Erbrecht (2020), Rn. 87 ff. u. 171 ff.

178 BGH RÜ 2008, 83.

179 Im konkreten Fall beides bejaht von BGH RÜ 2014, 209; näher zu den Vorkaufsrechten Rn. 523 ff.

180 BGH RÜ 2002, 451.

181 BGH NJW 1997, 861; Preuß AcP 201 (2001), 580, 582 ff.

182 BGH RÜ 2008, 83.

183 BGH NJW 2001, 2883.

- Auch ein Anspruch auf **Rückübertragung** eines geschenkten Grundstücks **für den Fall des groben Undanks** (§ 530) ist durch eine Vormerkung sicherbar.[184]
- Wird ein „**Vorkaufsrecht** vorgemerkt", was mangels Anspruchsqualität nicht möglich ist (vgl. § 194 Abs. 1), so ist dies auszulegen als Vormerkung des durch die Ausübung des Vorkaufsrechts bedingten Anspruchs des Vorkaufsberechtigten aus §§ 464 Abs. 2, 433 Abs. 1 S. 1 Var. 2.[185]

3. Identitätsgebot und Wechsel der beteiligten Personen

177 Das Identitätsgebot enthält **zwei Grundsätze**:

178 - Die Eintragung einer Vormerkung ist nur zulässig, wenn der **Schuldner** des gesicherten Anspruchs und der von der Vormerkung betroffene **Rechtsinhaber** identisch sind (Identitätsgebot auf der **Passivseite**).[186]

Daher erlischt die Vormerkung, wenn nur der Schuldner ausgewechselt wird, insbesondere mittels Schuldübernahme (§§ 414 ff.), aber der Rechtsinhaber gleich bleibt. Wird hingegen (insbesondere durch Bedingungen i.S.d. § 158) sichergestellt, dass der neue Schuldner gleichzeitig auch neuer Rechtsinhaber wird **(synchronisierte Schuldübernahme)**, so bleibt die Vormerkung bestehen.[187]

179 - Weiterhin muss der **Gläubiger** des gesicherten Anspruchs identisch sein mit dem designierten **Vormerkungsinhaber** (Identitätsgebot auf der **Aktivseite**).[188]

Auch ein **Anspruch aus einem echten Vertrag zugunsten Dritter** kann mit einer Vormerkung zugunsten des Dritten gesichert werden, denn der vormerkungsinhabende Dritte ist dann gemäß § 328 Abs. 1 zugleich Gläubiger des Leistungsanspruchs.[189] **Beispiel:** E verkauft notariell an K ein Grundstück mit der Abrede, das Grundstück direkt an D zu übereignen, weil K dieses Grundstück bereits an D verkauft hat. E bewilligt die Eintragung einer Vormerkung zugunsten D.

Einen **„synchronisierten Gläubigerwechsel"** müssen die Beteiligten nicht selbst rechtsgeschäftlich konstruieren. **Analog § 401** wird der Zessionar der Forderung **ipso iure** zugleich Inhaber der Vormerkung (näher zum **Zweiterwerb der Vormerkung** C.).

4. Wiederaufladung der Vormerkung bei Erlöschen oder Änderung des Anspruchs

180 Wegen der **Akzessorietät** müssen der gesicherte **Anspruch**, die **Bewilligung** und die **Eintragung** der Vormerkung **kongruent** sein.

181 Demnach müsste die Vormerkung immer erlöschen, sobald und soweit der Anspruch sich ändert oder erlischt und ein neuer Anspruch eingeräumt wird. Die Eintragung der erloschenen Vormerkung müsste stets **aus dem Grundbuch gelöscht** werden. Hinsichtlich des geänderten bzw. neuen Anspruchs müsste eine **neue Vormerkung bewilligt und eingetragen** werden. Diese aufwändige Vorgehensweise ist aber nur geboten, soweit sich der **Vormerkungsschutz** für den Inhaber der Vormerkung **erhöht**, denn anderenfalls würde der **Rechtsinhaber**, den die Akzessorietät schützt, **benachteiligt**.[190]

---

184 BGH RÜ 2002, 451; Böhringer RPfleger 2003, 160.

185 BGH NJW 2000, 1033; näher zum schuldrechtlichen und zum dinglichen Vorkaufsrecht Rn. 516 ff.

186 BGH NJW 1954, 633; Staudinger/Kessler § 883 Rn. 74.

187 BGH RÜ 2014, 349.

188 Staudinger/Kesseler § 883 Rn. 89.

189 BGH NJW 1983, 1543, 1545; MünchKomm/Kohler § 883 Rn. 29.

190 Palandt/Herrler § 885 Rn. 16 u. 20; Amann DNotZ 2014, 178; BGH RÜ 2012, 497.

Beispiele für Erhöhung des Vormerkungsschutzes:[191] Umwandlung eines unabtretbaren/unvererblichen in abtretbaren/vererblichen Anspruch;[192] Erschwerung des Anspruchserlöschens; Erweiterung des Anspruchsinhalts (z.B. Auflassung des gesamten Grundstücks statt Teilfläche); Gläubigerwechsel

Zweifelhaft[193] bei Erleichterung der Anspruchsentstehung (z.B. Ergänzung eines alternativen Rücktrittsgrundes bei Sicherung des künftigen Anspruchs aus § 346 Abs. 1)

Verringert sich hingegen der **Vormerkungsschutz**, so wäre die Bewilligung und Eintragung einer neuen Vormerkung eine bloße Förmelei. In diesen Fällen sichert die Vormerkung den geänderten/neuen Anspruch **formlos und ipso iure**. Es findet eine **Wiederaufladung** (auch: **Wiederverwendung**) der Vormerkung statt.[194] 182

Beispiele für Verringerung des Vormerkungsschutzes:[195] Umwandlung eines abtretbaren/vererblichen in einen unabtretbaren/unvererblichen Anspruch; Erleichterung des Anspruchserlöschens; Verringerung des Anspruchsinhalts (z.B. Auflassung einer Teilfläche statt des gesamten Grundstücks)

II. Bewilligung oder einstweilige Verfügung

Gemäß § 885 S. 1 Var. 2 genügt die **einseitige Bewilligung des Betroffenen**. Es ist keine Einigung zwischen dem Betroffenen und dem Anspruchsinhaber alias Vormerkungserwerber erforderlich. Betroffener i.S.d. § 885 ist derjenige, **dessen dingliches Recht** im Falle der Durchsetzung des vorgemerkten Anspruchs **beeinträchtigt** wird. 183

Die Bewilligung ist eine **einseitige empfangsbedürftige Erklärung**, die dem Vormerkungserwerber oder dem Grundbuchamt gegenüber abgegeben werden kann. Sie bedarf als materiell-rechtliche Willenserklärung keiner Form. In der Praxis fällt sie regelmäßig mit der grundbuchrechtlichen Bewilligung (§ 19 GBO) zusammen und wird daher in der Form des § 29 GBO erteilt.[196]

Die Eintragung einer Vormerkung kann gemäß § 885 Abs. 1 S. 1 Var. 1 auch aufgrund einer **einstweiligen Verfügung** erfolgen.[197] 184

Wie beim Widerspruch (s. Rn. 140) sind die **Voraussetzungen** der einstweiligen Verfügung **reduziert**: Sie wird erlassen, **ohne** dass der **Anordnungsgrund** dargetan werden muss (§ 885 Abs. 1 S. 2, in Ausnahme zu § 935 ZPO). Ferner greift auch hinsichtlich der Vormerkung § 895 S. 1 ZPO, wenn bereits ein **für vorläufig vollstreckbar erklärtes Urteil** in der Hauptsache vorliegt.

III. Eintragung im Grundbuch

Die Vormerkung wird in Abteilung II des Grundbuchs eingetragen. Im Zeitpunkt der Eintragung muss die **einstweilige Verfügung bzw. die Bewilligung noch vorliegen.** 185

Die **Bewilligung** ist **widerruflich**, nach e.A. gemäß § 130 Abs. 1 stets nur bis zu ihrem Zugang und nach a.A. analog § 875 Abs. 2 bis zu ihrem (auch formlosen) Zugang gegenüber dem Grundbuchamt oder ihrem der Form der §§ 28 u. 29 GBO entsprechenden Zugang beim Vormerkungserwerber.[198]

---

191 Sämtlich aufgelistet bei Palandt/Herrler § 885 Rn. 20.
192 BGH RÜ 2012, 497.
193 Für eine Erhöhung Palandt/Herrler § 885 Rn. 16 u. 20; Amann DNotZ 2014, 178; gegen eine Erhöhung BGH RÜ 2008, 83.
194 Palandt/Herrler § 885 Rn. 16 u. 20; Amann, DNotZ 2014, 178; BGH RÜ 2012, 497.
195 Sämtlich aufgelistet bei Palandt/Herrler § 885 Rn. 20.
196 MünchKomm/Kohler § 885 Rn. 17.
197 Vgl. zum vorläufigen Rechtsschutz AS-Skript ZPO (2020), Rn. 552 ff.
198 Palandt/Herrler § 885 Rn. 9.

IV. Berechtigung

186 Der die Vormerkung Bewilligende bzw. der Antragsgegner der einstweiligen Verfügung muss zur Bestellung der Vormerkung berechtigt sein. Berechtigt ist, wer **hinsichtlich derjenigen Verfügung berechtigt wäre, auf welche der gesicherte Anspruch gerichtet** ist. Berechtigt ist daher im Ergebnis der **verfügungsbefugte Rechtsinhaber**.

Beispiele: Einen Anspruch auf Übereignung oder auf Bestellung (Ersterwerb) einer Grundschuld kann der Eigentümer sichern, weil er auch zur Übereignung bzw. Bestellung berechtigt wäre. Einen Anspruch auf Übertragung (Zweiterwerb) einer Grundschuld kann der Grundschuldinhaber sichern, weil er auch zur Übertragung seiner Grundschuld berechtigt wäre.

187 Berechtigt ist ferner, wer **kraft Gesetzes Verfügungsmacht** über das Vermögen des Rechtsinhabers hat (Insolvenz-, Nachlassverwalter und Testamentsvollstrecker).

188 Nach h.M.[199] hat auch der **rechtsgeschäftlich** vom Rechtsinhaber zur Vormerkungsbestellung **Ermächtigte** die Berechtigung zur Bestellung inne. Die Vormerkung ist zwar keine Verfügung, sondern sie sichert den Anspruch auf eine Verfügung. **§ 185 Abs. 1** wird aber **analog** angewendet, denn § 883 Abs. 2 verleiht der Vormerkung eine **quasidingliche Wirkung.** Vormerkungswidrige Verfügungen können den gesicherten Anspruch nicht vereiteln (s. A.). Die Vormerkung ist eine **Vorstufe zum Rechtserwerb durch Verfügung** – weshalb sie zu einem Anwartschaftsrecht führen kann (s. 1. Teil, B.).

Kesseler[200] kritisiert diese Überlegung als **sehr theoretisch**. § 185 Abs. 1 analog habe keinen Anwendungsfall, denn dafür müssten bei Bestellung der Vormerkung eine Person der Rechtsinhaber und Ermächtigende und eine andere Person der Schuldner und ermächtigte Besteller sein. Wegen des **Identitäsgebots auf Passivseite** sei eine solche Bestellung aber ohnehin nicht möglich.

V. Überwindung der fehlenden Berechtigung

189 Die fehlende Berechtigung kann durch die üblichen **drei Normen** überwunden werden.

1. § 185 Abs. 2 analog

190 Nach h.M. gelten die **drei Fälle des § 185 Abs. 2 S. 1 analog** für die Vormerkung.

Kesseler[201] konstruiert **zwei Anwendungsfälle**: Entweder der Schuldner alias Besteller erwirbt das Recht nachträglich vom Rechtsinhaber, sodass die anfänglich an der Verletzung des Identitätsgebots auf Passivseite gescheiterte Bestellung analog § 185 Abs. 2 S. 1 Var. 2 wirksam wird. Oder ein Nichtberechtigter hat zunächst erfolglos eine Vormerkung bezüglich des Rechtsinhabers, der zugleich Schuldner ist, bestellt, und dessen Genehmigung analog § 185 Abs. 2 S. 1 Var. 1 führt nun zur Wirksamkeit.

2. § 878 analog

191 Wenn der Schuldner **nach Antragstellung, aber vor der Eintragung** der Vormerkung in der **Verfügungsbefugnis beschränkt** wird, gilt § 878 analog.[202]

---

199 Palandt/Herrler § 885 Rn. 10; MünchKomm/Kohler § 883 Rn. 34, m.w.N.

200 Staudinger/Kesseler § 885 Rn. 13 f.; s. zum Identitätsgebot auf Passivseite Rn. 178.

201 Staudinger/Kesseler § 885 Rn. 13 f.

202 Palandt/Herrler § 878 Rn. 4; BGH NJW 1958, 2013.

3. §§ 893 Var. 2, 892 analog

Ist der Schuldner, der die Vormerkung bewilligt, **nicht Inhaber** des dinglichen Rechts oder bereits vor der Antragstellung **in der Verfügungsbefugnis beschränkt** worden, so kann der Gläubiger über §§ 893 Var. 2, 892 analog die Vormerkung erwerben. **192**

Fall 11: Kenntniserlangung zwischen Vormerkung und Übereignung

V ist zu Unrecht im Grundbuch als Eigentümer des Grundstücks des E eingetragen. V verkauft das Grundstück formgerecht an K, der das Eigentum des E nicht kennt, für 130.000 €. V und K erklären die Auflassung. V bewilligt eine Auflassungsvormerkung und beantragt ihre Eintragung. Nach der Eintragung der Vormerkung erfährt K vom Eigentum des E, sodann stellt K den Antrag auf Eintragung seines Eigentums. Als K als Eigentümer eingetragen wird, verlangt E von K Zustimmung nach § 894.

Ein Anspruch des E gegen K aus § 894 hat zur Voraussetzung, dass das **Grundbuch unrichtig** ist. Dies ist der Fall, wenn der als Eigentümer eingetragene K nicht Eigentümer ist. K kann das **Eigentum gemäß §§ 873, 925 von V erworben** haben. **193**

V hat an K aufgelassen und K ist als Eigentümer eingetragen worden. Veräußerer V war aber **nicht zur Übereignung berechtigt**, insbesondere nicht Eigentümer. Die fehlende Berechtigung könnte nach **§ 892 Abs. 1 S. 1** überwunden worden sein. Ein Verkehrsgeschäft liegt vor und das falsche Grundbuch legitimiert V als vermeintlichen Eigentümer.

K darf aber im maßgeblichen Zeitpunkt **noch keine Kenntnis vom fehlenden Eigentum** des V gehabt haben. Maßgeblicher Zeitpunkt ist bei Verfügungen regelmäßig die Vollendung des Rechtserwerbs. Nach **§ 892 Abs. 2 Var. 1** ist auf den **<u>Zeitpunkt der Antragsstellung auf Eigentumseintragung</u>** abzustellen. Zu diesem Zeitpunkt hatte K vom Eigentum des E bereits Kenntnis.

K könnte aber zuvor eine **Vormerkung erworben** (Ersterwerb) haben (dazu I.) und es könnte für den Eigentumserwerb auf den **<u>Zeitpunkt des Erwerbs der Vormerkung</u>** durch ihre Eintragung abzustellen sein (dazu II.). Damals hatte K noch keine Kenntnis.

Klausurhinweis: *Sie prüfen also* ***inzident*** *im Rahmen des Eigentumserwerbs vom Nichtberechtigten den Vormerkungserwerb vom Nichtberechtigten. Beachten Sie, dass die* ***maßgeblichen Zeitpunkte differieren****. Darin liegt gerade der Clou, s. sogleich II.*

I. K könnte eine **Vormerkung** im Wege des Ersterwerbs erworben haben. **194**

1. K hat gegen V einen **Anspruch** aus § 433 Abs. 1 S. 1 Var. 2 auf Übertragung des Eigentums an dem Grundstück.
2. Aufgrund einer **Bewilligung** des V ist eine Vormerkung **eingetragen** worden.
3. Der Bewilligende V war aber nicht Eigentümer des Grundstücks und auch nicht anderweitig verfügungsbefugt, folglich also nicht **berechtigt**. Die fehlende Berechtigung könnte aber nach § 892 Abs. 1 S. 1 **überwunden** worden sein. **195**

   a) **§ 892 Abs. 1 S. 1** setzt den **Erwerb eines Rechts an einem Grundstück** oder angesichts **§ 893 Var. 2** zumindest eine **sonstige Verfügung** über ein solches

Recht voraus. Die Vormerkung ist aber kein Recht und sie entsteht auch nicht durch Verfügung, sondern sie ist ein Sicherungsrecht eigener Art. Gleichwohl verleiht sie nach § 883 Abs. 2 dem Anspruch **quasi-dingliche Wirkung**. Auf den Ersterwerb der Vormerkung ist daher nach ganz h.M. § 892 Abs. 1 S. 1 – wohl vorherrschend über den Verweis in § 893 Var. 2 – **analog** anwendbar.[203]

b) Die **übrigen Voraussetzungen des § 892 Abs. 1 S. 1** müssen vorliegen. K erhielt die Vormerkung durch **Verkehrsgeschäft**. Das **unrichtige Grundbuch legitimierte** den V als eingetragenen Bucheigentümer zur Bestellung einer Auflassungsvormerkung, die einen Anspruch auf Übereignung sichert. **Kein Widerspruch** gegen die Eintragung des V ist eingetragen. Im gemäß § 892 Abs. 2 maßgeblichen **Zeitpunkt der Beantragung der Eintragung der Vormerkung** hatte K vom Eigentum des E **keine Kenntnis**. Die übrigen Voraussetzungen des § 892 Abs. 1 S. 1 liegen vor.

V hat dem K eine Vormerkung bestellt (Ersterwerb).

196 II. Gemäß § 883 Abs. 2 bewirkt die Vormerkung, dass den K **beeinträchtigende Verfügungen** dem K gegenüber unwirksam sind. Eine solche ist hier aber nicht erfolgt; im Gegenteil hat K aus der Übereignung des V an ihn einen Vorteil. K hat lediglich eine seinen Eigentumserwerb nach § 892 Abs. 1 S. 1 **beeinträchtigende Kenntnis** erlangt. Dem Wortlaut des § 883 Abs. 2 nach ist K in diesem Fall nicht geschützt.

Der bejahte Erwerb der Vormerkung analog §§ 893 Var. 2, 892 Abs. 1 S. 1 hätte dann aber auf Rechtsfolgenseite keinen Vorteil für K. Deshalb ist es **konsequent**, **die fehlende Kenntnis** bei Erwerb der Vormerkung vom Nichtberechtigten auf den Erwerb des dinglichen Rechts, auf dessen Herbeiführung der gesicherte Anspruch gerichtet ist, vom Nichtberechtigten **fortwirken zu lassen**.[204] Zudem **könnte der Nichtberechtigte** (hier V) zugunsten des zunächst Kenntnislosen (hier K) **direkt** wirksam nach § 892 Abs. 1 S. 1 **verfügen**. Dieser Schutz des Kenntnislosen muss auch dann greifen, wenn eine Vormerkungsbestellung zwischengeschaltet wird.

K hat das Eigentum gemäß §§ 873, 925, 892 Abs. 1 S. 1 von V erworben. Das Grundbuch ist nicht unrichtig. E hat gegen K keinen Anspruch aus § 894.

Hinweis:[205] *Die **Vormerkung „konserviert“** neben der hier fallentscheidenden **Kenntnislosigkeit bei Antrag** auf Eintragung der Vormerkung (§ 892 Abs. 2 gilt) auch das **Fehlen des Widerspruchs bei Eintragung** der Vormerkung (§ 892 gilt nicht).*

*Ferner schützt die Vormerkung auch vor **berichtigenden Eintragungen.** Wäre hier anstatt des K der E berichtigend als Eigentümer eingetragen worden, so könnte K von E **analog § 888 die Zustimmung zur Eintragung** des K verlangen. Auch in dieser Konstellation schützt die Vormerkung also Vormerkungsinhaber K zulasten des Rechtsinhabers E.*

---

203 BGH NJW 1994, 2947; Palandt/Herrler § 883 Rn. 3 u. § 893 Rn. 3.

204 Palandt/Herrler § 885 Rn. 13; Staudinger/Picker§ 883 Rn. 263.

205 Hierzu Staudinger/Picker § 883 Rn. 263; Medicus/Petersen Rn. 554.

C. Zweiterwerb (Übertragung)

Die Vormerkung ist **streng akzessorisch** zur Forderung, sie kann nicht isoliert übertragen (Zweiterwerb) werden. **Mit Abtretung der Forderung** gemäß § 398 **geht auch die Vormerkung** auf den Zessionar **über**. § 401 Abs. 1 ordnet dies für die akzessorischen Sicherheiten für Zahlungsansprüche an. Auf die akzessorische, einen Anspruch auf eine Verfügung sichernde Vormerkung wendet die ganz h.M. **§ 401 Abs. 1 analog** an.[206] **197**

Gemäß **§ 412** gilt das auch für die **cessio legis einer durch Vormerkung gesicherten Forderung**.

Fehlt dem Zedenten die volle, sich aus Forderung und Vormerkung ergebende Berechtigung, so ist zu differenzieren: **198**

- **Besteht der Anspruch nicht** (mehr), so existiert wegen der Akzessorietät **auch keine Vormerkung** (mehr), selbst wenn sie im (unrichtigen) Grundbuch eingetragen ist. Ein gutgläubiger Forderungserwerb ist (mit Ausnahme des § 405) nicht möglich, sodass auch durch eine Abtretung diese zwingende Bestehensvoraussetzung jeder Vormerkung nicht (wieder) ins Leben gerufen wird. Ein **Zweiterwerb der Vormerkung findet nicht statt**[207] – auch nicht nach § 892, sodass es auch keine Rolle spielt, wie sehr der Erwerber glaubt, es gäbe eine Forderung und/oder Vormerkung. **199**

- ***Hinweis: Ohne Anspruch*** *entsteht und besteht wegen der Akzessorietät* ***keine akzessorische Sicherheit*** *(Vormerkung, Bürgschaft, Pfandrechte).* ***Anders*** *ist das wegen § 1138 Var. 1 nur beim* ***Zweiterwerb der Hypothek*** *(näher Rn. 275 ff.).*

- **Besteht die Forderung** und ist **lediglich die Vormerkung** (z.B. mangels wirksamer Bewilligung) **nicht entstanden**, ist umstritten, ob mit der wirksamen Abtretung der Forderung die Vormerkung vom Nichtberechtigten erworben werden kann. **200**

Fall 12: Der ahnungslose Zweiterwerber

E verkauft K notariell ein Grundstück. Der Bürovorsteher des beurkundenden Notars veranlasst irrtümlich und ohne, dass E diesbezüglich den Notar bevollmächtigt hat, die Eintragung einer Vormerkung im Grundbuch für K. K tritt den Anspruch auf Übereignung an G ab. E bestellt eine Grundschuld zugunsten des X über 100.000 €. Nach Auflassung des Grundstücks durch E an G wird dieser als Eigentümer eingetragen. G verlangt von X die Zustimmung zur Löschung der Eintragung der Grundschuld.

G kann gemäß **§ 888** von X die **Zustimmung** verlangen, wenn G durch Eintragung der Grundschuld für X in seinem Anspruch aus § 433 Abs. 1 S. 1 Var. 2 auf Übertragung unbelasteten Eigentums (den K ihm zuvor gemäß § 398 abgetreten hatte) beeinträchtigt wurde und wenn G auch Inhaber einer diesen Anspruch sichernden **Vormerkung** ist. **201**

I. Ein Ersterwerb einer solchen durch G ist nicht ersichtlich, es könnte aber zum **Zweiterwerb** einer Vormerkung gekommen sein, die K zuvor von E ersterworben hatte. **202**

   Die Vormerkung wird als streng akzessorisches Sicherungsrecht nicht selbstständig übertragen. Sie geht vielmehr **mit der Abtretung des gesicherten Anspruchs ana-**

---

206 BGH NJW 1994, 2947; Palandt/Grüneberg § 401 Rn. 4; Palandt/Herrler § 885 Rn. 19.

207 BGH NJW 1957, 1229; MünchKomm/Kohler § 883 Rn. 73.

log § 401 Abs. 1 kraft Gesetzes über (Zweiterwerb). K hatte seinen Anspruch wirksam nach § 398 an G abgetreten. Mangels nach § 885 Abs. 1 S. 1 erforderlicher Bewilligung des E hatte K von E **keine Vormerkung ersterworben**. § 401 Abs. 1 ermöglicht aber laut Wortlaut **nur den Zweiterwerb bestehender Sicherungsrechte**.

203 II. Der Umstand, dass keine Vormerkung des K bestand, könnte **analog § 892 Abs. 1 S. 1** überwunden worden sein.

1. Die Vormerkung ist zwar kein Recht an einem Grundstück und auch keine Vormerkung über ein solches. Wegen ihrer quasi-dinglichen Wirkung ermöglichen die **§§ 893 Var. 2, 892 analog** ihren **Ersterwerb vom Nichtberechtigten**.

204 2. Zweifelhaft ist aber, ob die Normen auch den **Zweiterwerb einer Vormerkung vom Forderungsinhaber ohne Vormerkung** ermöglichen. § 892 erfordert nämlich einen **Zweiterwerb durch Rechtsgeschäft** (in Form eines Verkehrsgeschäfts), während § 401 ein gesetzlicher Erwerbstatbestand sein könnte.

a) **Eine weitverbreitete Auffassung** lehnt daher die Anwendung des § 892 ab. Teilweise wird eben angeführt, dass § 401 keinen rechtsgeschäftlichen Erwerb der Sicherheit normiere.[208] Andere lassen diese formal-dogmatische Frage dahinstehen und stellen grundlegender ein Bedürfnis für den Zweiterwerb einer Vormerkung gänzlich in Frage. Die Vormerkung solle nur den Zeitraum bis zur Eintragung des vorgemerkten Rechts für ihren Ersterwerber überbrücken. Wenn man dann trotzdem analog § 401 einen Zweiterwerb der Vormerkung ermögliche und so die Verkehrsfähigkeit von gesicherten Übereignungsansprüchen erhöhe, dann müsse man dies zumindest auf den Zweiterwerb tatsächlich existierender Vormerkungen beschränken.[209]

b) Nach der **herrschenden Gegenansicht** ist das Merkmal „Rechtsgeschäft" des § 892 Abs. 1 S. 1 gewahrt. Der zugegebenermaßen gesetzliche Übergang der Vormerkung analog § 401 Abs. 1 sei hinreichend auf die rechtsgeschäftliche Übertragung der Forderung nach § 398 rückführbar.[210] Dem ist zuzustimmen, denn es fehlt hier nicht am gesicherten Anspruch, der natürlich mangels Publizitätsträgers keinem gutgläubigen Erwerb zugänglich ist (Ausnahme: § 405). Der Mangel – hier die fehlende Bewilligung nach § 885 Abs. 1 S. 1 – liegt nur auf der dinglichen Seite, und für die Überwindung eben solcher Mängel wurde § 892 erschaffen. Was unstreitig beim Zweiterwerb der Hypothek von ihrem Nichtinhaber möglich ist,[211] muss auch bei der Vormerkung möglich sein.

205 3. Das **unrichtige** Grundbuch **legitimiert** K. G **kannte** das Nichtbestehen der für K eingetragenen Vormerkung **nicht** und es war auch **kein Widerspruch** gegen die Vormerkung eingetragen.

Klausurhinweis: *Auch nach aufwändigster Bejahung der (analogen) Anwendbarkeit einer Norm müssen Sie natürlich noch die weiteren Voraussetzungen abhandeln, je nach Problemtiefe im gebotenen Umfang. Hier werden oft Punkte verschenkt.*

---

208 Palandt/Herrler § 885 Rn. 19; Baur/Stürner § 20 Rn. 52.

209 Medicus/Petersen Rn. 557.

210 BGH NJW 1957, 1229; MünchKomm/Kohler § 883 Rn. 75; Erman/Artz § 883 Rn. 29.

211 Vgl. Rn. 282.

G hat die Vormerkung gemäß §§ 398, 401 Abs. 1, 893, 892 erworben.

III. Durch die verfügende Belastung des Eigentums in Form der Bestellung einer Grundschuld für X wurde der **vorgemerkte Anspruch** des G auf Übertragung unbelasteten Eigentums **beeinträchtigt**. Daher ist gemäß **§ 883 Abs. 2** die Bestellung der Grundschuld dem vorgemerkten G gegenüber unwirksam.

X muss gemäß § 888 der Löschung der Grundschuldeintragung zustimmen.

D. Erlöschen

Die Vormerkung erlischt 206

- gemäß § 875 mit der **Aufgabeerklärung** und ihrer **Eintragung** im Grundbuch, 207
- als akzessorisches Recht **ipso iure** mit dem **Erlöschen des gesicherten Anspruchs**, 208

  Eine **Einrede gegen den Anspruch** lässt hingegen den gesicherten Anspruch und folglich auch die Vormerkung fortbestehen. Wenn die Einrede allerdings **dauerhaft** (peremptorisch)[212] wirkt, dann besteht ebenso wenig noch ein Sicherungsinteresse wie bei einem erloschenen Anspruch. Daher hat der betroffene Rechtsinhaber gegen den Vormerkungsinhaber einen **Anspruch auf Beseitigung der Vormerkung aus § 886**. Diese erfordert (anders als nach §§ 888, 894) keine bloße Zustimmung, sondern eine materiell-rechtliche Aufgabeerklärung nach § 875 BGB.

- gemäß § 887 S. 2 mit Rechtskraft des **Ausschließungsbeschlusses** und 209
- gemäß § 892 durch **vormerkungsfreien Erwerb** des Grundstücks. 210

Fall 13: Irrtümlich gelöschte Vormerkung

K hat von V ein Grundstück gekauft und eine Auflassungsvormerkung erhalten. V belastet das Grundstück mit einer Buchgrundschuld zugunsten des G. Später wird K als Eigentümer eingetragen. Dabei wird versehentlich die Eintragung der Vormerkung gelöscht. G überträgt die Grundschuld formgemäß an X. K verlangt von X Zustimmung zur Löschung der Grundschuldeintragung. Es sind nur §§ 888, 894 zu prüfen.

I. K kann gegen X einen Zustimmungsanspruch aus **§ 894** haben. Das **Grundbuch** ist **unrichtig**, wenn X trotz Eintragung nicht Grundschuldinhaber ist. X könnte die Grundschuld von G gemäß §§ 873, 1154, 1192 Abs. 1 (Zweiterwerb) erworben haben. 211

1. G und X haben die Übertragung der Buchgrundschuld **vereinbart**. X wurde, wie von §§ 1154 Abs. 3, 1192 Abs. 1, 873 Abs. 1 gefordert, **als Inhaber eingetragen**.

2. G war zur Übertragung der Grundschuld **berechtigt**, wenn er ihr verfügungsbefugter Inhaber war. V hatte als verfügungsbefugter Eigentümer die Grundschuld zugunsten des G gemäß §§ 873, 1191, 1116 Abs. 2 S. 1 **wirksam bestellt** (Ersterwerb). Insbesondere war V nicht durch die zuvor bewilligte Vormerkung zugunsten des K in seiner Verfügungsmacht über sein Eigentum beschränkt. Somit war 212

212 Begriff und Beispiele: AS-Skript BGB AT 1 (2020), Rn. 12 f.

G Inhaber der Grundschuld und konnte sie als Berechtigter übertragen (Zweiterwerb). Damit ist X Inhaber der Grundschuld geworden.

Hinweis: *Näher zum* ***Erst- und Zweiterwerb der Grundschuld*** *unten.*[213] *Wichtig ist hier nur, dass zunächst G die Grundschuld von V und sodann X die Grundschuld von G erhalten hat. Dabei wurde X als Inhaber der Grundschuld eingetragen.*

Das Grundbuch ist richtig. K hat gegen X keinen Anspruch aus § 894.

213 II. K kann gegen X einen Anspruch auf Zustimmung aus **§ 888** haben.

1. K müsste Inhaber einer **Vormerkung** sein. V hat zugunsten des K zunächst eine Auflassungsvormerkung gemäß §§ 883, 885 wirksam **bestellt** (Ersterwerb).

2. Die Vormerkung des K könnte **erloschen** sein.

214 a) Die Vormerkung ist erloschen, soweit der gesicherte **Anspruch** des K gegen V auf Übereignung gemäß § 362 Abs. 1 **durch Erfüllung erloschen** ist. V hat dem K das Grundstück zwar übereignet, aber angesichts der Grundschuld des G **nicht lastenfrei**. Insofern ist der Anspruch von V nicht erfüllt worden. Daher ist die Vormerkung nicht wegen Erlöschens des Anspruchs untergegangen.

215 b) Auch der **Eigentumserwerb des** K als **Vormerkungsberechtigten (Konsolidation)** führt analog § 889 Var. 2 nicht zum Erlöschen der Vormerkung.

Hinweis: *Sähe man das bei a) oder b) anders, würde eine Verfügung auf den Anspruch stets die Vormerkung beseitigen, auch wenn zuvor eine vormerkungswidrige Belastung erfolgt ist.*

216 c) Die Vormerkung ist nicht durch Löschung aus dem Grundbuch erloschen, insbesondere nicht entsprechend **§ 875**. Danach muss der Vormerkungsinhaber die **Aufgabe des Rechts** erklären **und** diese Aufgabe muss im Grundbuch **eingetragen** werden. Eine solche Aufgabe hat V dem K nicht erklärt.

217 d) Die Vormerkung ist jedoch erloschen, wenn X die Grundschuld **gemäß § 892 Abs 1 S. 1 frei von der Vormerkung als „Last"** (s. Rn. 98) erworben hat.

X hat von G durch Abtretung, ein **Verkehrsgeschäft**, die Grundschuld erworben. Das Grundbuch war **unrichtig**, denn die Vormerkung war gelöscht, obwohl K sie weiterhin innehatte. G war als Inhaber der Grundschuld an einem vormerkungsfreien Grundstück ausgewiesen, also **legitimiert** zur Übertragung einer solchen Grundschuld. X hatte **keine Kenntnis** von der Vormerkung. Da zudem **kein Widerspruch** eingetragen war, musste X nicht damit rechnen, dass sein Erwerb der Grundschuld an §§ 883 Abs. 2, 888 scheitern könnte. X hat daher die Grundschuld frei von der Vormerkung als „Last" erworben. Die Vormerkung des K ist daher erloschen.

Ohne Vormerkung hat K auch keinen Anspruch gegen X aus § 888.

---

213 Rn. 398 ff.

3. Teil: Grundbuchrecht

Das Grundbuch gibt über **Bestehen und Rangverhältnisse der dinglichen Rechte** sowie über **Verfügungsbeschränkungen** der Rechtsinhabers Auskunft. **218**

Das **Amtsgericht** ist das **Grundbuchamt** für Grundstücke in seinem Bezirk, § 1 Abs. 1 GBO. **Funktional zuständig** ist gemäß § 3 Nr. 1 h) RPflG grundsätzlich der **Rechtspfleger** und ausnahmsweise (s. § 16 Abs. 1 Nr. 6 u. 7, Abs. 3 Nr. 3 RPflG) der Richter. **219**

A. Grundbuchblatt als Grundbuch i.S.d. BGB

Das Grundbuchamt führt für jedes Grundstück ein **Grundbuchblatt**, § 3 Abs. 1 S. 1 GBO. Dieses Grundbuchblatt ist für das Grundstück als das **Grundbuch i.S.d. des BGB** anzusehen, § 3 Abs. 1 S. 2 GBO. **220**

Jedes Grundbuch i.S.d. BGB enthält eine **Aufschrift** mit Angaben zu Amtsgericht und Grundbuchbezirk sowie Band und Blattnummer. Im **Bestandsverzeichnis** sind die tatsächlichen Angaben zu Lage und Größe des Grundstücks enthalten. Rechtseintragungen erfolgen in **drei Abteilungen**: Eigentümer und Erwerbsgrund (Kauf, Erbgang usw.) in der I. Abteilung, Lasten (z.B. Dienstbarkeiten, Nießbrauch) und Beschränkungen (z.B. dingliches Vorkaufsrecht, Vormerkung) in der II. Abteilung und Grundpfandrechte (z.B. Hypothek, Grundschuld) in der III. Abteilung.

B. Eintragungsvoraussetzungen

Das **Verfahrensrecht**, an welches das Grundbuchamt gebunden ist, ist in der **Grundbuchordnung (GBO)** geregelt. **221**

Klausurhinweis: *Materiell-rechtliche Folgen (z.B. nach § 873 Abs. 1) löst jede wirksame Eintragung aus, auch wenn sie wegen Verstoßes gegen die GBO rechtswidrig ist, solange sie nicht wegen eines groben Verstoßes nichtig ist (vgl. §§ 43 Abs. 2, 44 VwfG).[214] Daher ist bei der Prüfung der materiellen Rechtslage (**klassische Klausurfragen: Ist E Eigentümer? Hat E einen Anspruch aus § 985?**) die Einhaltung der GBO in der Regel nicht zu prüfen. Die GBO ist nur zu prüfen, wenn es um die Rechtmäßigkeit des Handelns des Eintragenden geht (**atypische Klausurfragen: Hat der Grundbuchbeamte die Eintragung zu Recht abgelehnt/ vorgenommen? Muss der Grundbuchbeamte die Eintragung vornehmen?**). Dabei kann man sich am aus dem öffentlichen Recht zum Verwaltungsakt bekannten Anspruchs- bzw. Rechtswidrigkeitsaufbau orientieren.[215]*

214 S. Rn. 55.

215 Näher zu den Aufbauvarianten AS-Skript VwGO (2021), Rn. 195 f.

I. Eintragung auf Antrag

222 Im Regelfall wird der Grundbuchbeamte nur **auf Antrag** tätig, vgl. § 13 Abs. 1 S. 1 GBO.

1. Rechtsändernde und berichtigende Eintragungen

223 Insbesondere Eintragungen nach **§§ 873, 875, 877** im Fall der **Übertragung, Belastung, Inhaltsänderung oder Aufhebung** eines Grundstücksrechts sind **konstitutiv**.

224 Berichtigende Eintragungen insbesondere aufgrund einer **Bewilligung** nach **§ 894** (und den weiteren denkbaren Anspruchsgrundlagen)[216] sind **deklaratorisch**.

Aufbauschema rechtsändernde und berichtigende Eintragung

I. Antrag des Antragsberechtigten, **§ 13 GBO**

Antragsberechtigt sind gemäß § 13 Abs. 1 S. 2 GBO die unmittelbar Betroffenen, deren dingliche Rechtsstellung durch die Eintragung einen Verlust erleidet oder einen Gewinn erfährt.

II. Eintragungsbewilligung des Betroffenen, **§ 19 GBO**

Der Grundbuchbeamte prüft nicht die materiell-rechtliche Wirksamkeit der Einigung, sondern nur die Eintragungsbewilligung – **formelles Konsensprinzip**.

Gemäß § 22 Abs. 1 GBO entbehrlich bei **berichtigender Eintragung** und Nachweis der Unrichtigkeit; Ausnahme: Berichtigung des Eigentümers (§ 22 Abs. 2 GBO). Wenn kein Nachweis möglich, dann Eintragung eines Widerspruchs aufgrund einstweiliger Verfügung oder Bewilligung (§ 899; s. Rn. 137 ff., insb. Rn. 140).

und bei **Auflassung: keine evidente materielle Unwirksamkeit, § 20 GBO**

Der Grundbuchbeamte prüft, ob die ihm vorgelegten Urkunden i.S.d. § 29 GBO (vg. III.) die Auflassung nachweisen. Er muss die rechtliche Wirksamkeit der Auflassung nicht positiv feststellen. Daher muss er auch keine weiteren Tatsachenermittlungen anstellen. Wenn ihm allerdings aus den Urkunden oder aus anderem Grund Tatsachen bekannt sind, aufgrund derer die beantragte Eintragung materiell-rechtlich unrichtig wäre, dann lehnt er die Eintragung ab (**materielles Konsensprinzip**). Hier liegt in der Klausur das **Einfallstor** für die **Inzidentprüfung** der Regelungen des BGB AT.

III. Nachweise der nach §§ 19 f. GBO erforderlichen Erklärungen durch **öffentliche oder öffentlich beglaubigte Urkunden, § 29 GBO**.

Bei **freiwilliger Erklärungsabgabe** in der Regel durch notarielle Urkunde, bei **erzwungener Erklärungsabgabe** in der Regel durch rechtskräftiges Urteil (§ 894 ZPO). Für die **Auflassung** genügt laut OLG Braunschweig NJW-RR 2019, 1298 und Böttcher NJW 2020, 2604, eine bloße Beglaubigung nicht, weil diese nicht nachweist, dass die beiden Parteien gleichzeitig (§ 925 Abs. 1 S. 1) beim Notar waren (arg. § 29 Abs. 1 S. 2 GBO, § 40 Abs. 1 BeurkG).

IV. Voreintragung des Betroffenen, **§§ 39, 40 GBO**.

Rechtsänderungen sollen lückenlos nachvollziehbar sein. Bei **berichtigenden Eintragungen** ist der Zustimmende stets auch der Eingetragene, das ist ja gerade Anspruchsvoraussetzung. Bei **konstitutiven Eintragungen** gibt es **Ausnahmen** (§ 39 GBO ist eine Soll-Vorschrift), etwa nach § 40 GBO im Erbfall oder wenn der nach § 185 Abs. 1 Ermächtigte über ein fremdes Grundstück verfügt (z.B. bei der Kettenauflassung, s.o. Rn. 70 f.).

---

216 Näher zu diesen Ansprüchen Rn. 83 ff.

2. Eintragungshindernisse

Wenn ein Hindernis entgegensteht, also insbesondere **Eintragungsvoraussetzungen fehlen**, so hat das Grundbuchamt nach § 18 Abs. 1 GBO entweder den Antrag **zurückzuweisen** oder dem Antragsteller mit einer sog. Zwischenverfügung eine angemessene **Frist zur Behebung** des Hindernisses zu bestimmen. Die Zwischenverfügung darf aber nur ergehen, wenn das Hindernis **mit ex-tunc-Wirkung behebbar** ist. **225**

Gegen die Zurückweisung ist die **Beschwerde** beim Oberlandesgericht statthaft (§§ 71, 72, 81 GBO).

II. Eintragung und Löschung von Amts wegen

Der Grundbuchbeamte wird ausnahmsweise **von Amts wegen** tätig, **226**

- wenn das **Grundbuch unrichtig** ist und dies auf der **Verletzung von Verfahrensvorschriften** beruht – dann ist gemäß § 53 Abs. 1 S. 1 GBO von Amts wegen ein **Widerspruch** einzutragen,
- wenn eine **inhaltlich unzulässige Eintragung** vorliegt – dann ist eine **Löschung** von Amts wegen vorzunehmen, § 53 Abs. 1 S. 2 GBO

  Beispiel: Zur Sicherung eines Anspruchs i.H.v. 50.000 €, der monatlich zu tilgen ist, ist eine Reallast eingetragen. Es handelt sich nicht um eine wiederkehrende Leistung i.S.d. § 1105.

  Beispiel: Es ist eine Vormerkung zur Sicherung eines Vermächtnisanspruchs aus einem Erbvertrag eingetragen. Es handelt sich nur um eine tatsächliche Erwerbsaussicht, ohne dass der Rechtsboden für die Entstehung des Anspruchs vorbereitet ist, wie es § 883 Abs. 1 S. 2 Var. 1 erfordert.

- und wenn eine **gegenstandslos gewordene Eintragung** vorliegt – dann kann nach Maßgabe der § 84, 85 GBO die Eintragung von Amts wegen **gelöscht** werden.

III. Eintragung und Löschung auf Ersuchen einer Behörde

Der Grundbuchbeamte kann auf **Ersuchen einer Behörde** tätig werden, § 38 GBO. Dazu zählt insbesondere: **227**

- Ersuchen des Prozessgerichts aufgrund einer **einstweiligen Verfügung** nach § 941 ZPO
- Ersuchen des Vollstreckungsgerichts auf Eintragung des **Zwangsversteigerungs- bzw. Zwangsverwaltungsvermerks**, §§ 19, 34, 130, 146 ZVG
- Ersuchen des Insolvenzgerichts auf Eintragung und Löschung eines Veräußerungsverbots sowie des Vermerks über die Eröffnung und Aufhebung des **Insolvenzverfahrens**, § 32 Abs. 2 S. 1 InsO.

4. Teil: Beschränkt dingliche Rechte

228 Beschränkt dingliche Rechte sind **vom Eigentum abgespaltene Nutzungs- oder Verwertungsbefugnisse**. Für Grundstücke sind dies (vgl. §§ 1018–1203): Grundpfandrechte (Hypothek, Grundschuld, Rentenschuld), Dienstbarkeiten (Grunddienstbarkeit, beschränkt persönliche Dienstbarkeit, Nießbrauch), Vorkaufsrechte sowie Reallasten.

Hinweis: *Das* ***Hypothekenrecht ist Grundvoraussetzung für das Verständnis des Grundschuldrechts****, vgl. § 1192 Abs. 1. Sie müssen das Hypothekenrecht daher in Grundzügen beherrschen, selbst wenn in Ihrem Bundesland (ausdrücklich) nur Grundschuldrecht Prüfungsgegenstand sein sollte. Zudem darf in manchen Bundesländern jedes (!) Rechtsgebiet auf* ***Verständnis und Arbeitsmethodik*** *hin geprüft werden (z.B. gemäß § 11 Abs. 1 S. 2 JAG NRW). Das Hypothekenrecht eignet sich hervorragend zur Abprüfung des Systemverständnisses bezüglich* ***akzessorischer Kreditsicherheiten****.*

1. Abschnitt: Hypothek

229 Die Hypothek dient der **Forderungssicherung**. Gemäß **§ 1113 Abs. 1** kann ein Grundstück so belastet werden, dass an den Begünstigten eine bestimmte Geldsumme zur Befriedigung wegen einer ihm zustehenden Forderung zu zahlen ist:

230 - Es wird nicht – wie etwa bei der Bürgschaft als persönliche Sicherheit – eine bestimmte Person verpflichtet. Der Anspruch aus der Hypothek ist **an das Grundstück gebunden** und richtet sich **gegen den jeweiligen Grundstückseigentümer**. Wie bei allen gegenständlichen Sicherungsmitteln können der **Schuldner** der Forderung und der **Sicherungsgeber** (d.h. der Eigentümer des Grundstücks) **personenidentisch oder personenverschieden** sein.[217]

  Hinweis: *Interessanter für eine Prüfung ist die Personenverschiedenheit, weil dann ein* ***Personendreieck zwischen Gläubiger, Schuldner und Sicherungsgeber*** *besteht.*

231 - Die Hypothek ist ein **dingliches Verwertungsrecht**. Die in § 1113 Abs. 1 genannte Geldsumme wird erst im Vollstreckungsverfahren vom Ersteigerer gezahlt und an den Hypothekeninhaber ausgekehrt. Vor dem Vollstreckungsverfahren hat der Hypothekeninhaber angesichts § 1147 nach **h.M.**[218] lediglich einen **Anspruch auf Duldung der Zwangsvollstreckung**. Die **Gegenansicht** nimmt einen echten **Zahlungsanspruch** an.[219] Sie stützt sich auf den Wortlaut des § 1113 Abs. 1, blendet dabei aber § 1147 und den Ablauf der Vollstreckung aus.

  Unabhängig vom Streit um die **Zahlungspflicht** hat der Eigentümer zur Abwendung der Versteigerung ein **Zahlungsrecht** aus § 1142 Abs. 1 (sowie Abs. 2: Aufrechnung, Hinterlegung).

232 - Die Hypothek ist – anders als die Grundschuld – in Entstehung, Erlöschen, Durchsetzbarkeit und Inhaberschaft **akzessorisch**, vgl. etwa §§ 1163, 1157, 1153, 401.

---

217 Vgl. AS-Skript Schuldrecht BT 2 (2020), Rn. 317 f.

218 BGH RÜ 2010, 626 Rn. 20; Erman/Wenzel Vor § 1113 Rn. 4; Wilhelm Rn. 1434.

219 MünchKomm/Lieder § 1147 Rn. 5; Staudinger/Wolfsteiner Einl. zu §§ 1113 ff. Rn. 36 f.

A. Erwerb des Anspruchs aus der Hypothek

Auch bei der Hypothek sind **Ersterwerb** und **Zweiterwerb** zu unterscheiden.[220] **233**

Klausurhinweis: *In der Regel wird im Examen* ***nach dem Duldungsanspruch aus der Hypothek gefragt*** *(„Ansprüche G gegen E?"), dem folgt die weitere Darstellung. Der Erwerb der Hypothek ist dann inzident zu prüfen. Der Erwerb kann aber auch inzident in anderen Anspruchsgrundlagen (z.B. § 823 oder §§ 1004, 1134 bei Schädigung oder Gefährdung der Hypothek sowie § 894 bezüglich der Richtigkeit der [Nicht-]Eintragung einer Hypothek) oder isoliert („Ist H Inhaber einer Hypothek?") zu prüfen sein.*

I. Anspruchserwerb aufgrund Ersterwerbs der Hypothek

Der Anspruch kann dem **Ersterwerber einer Hypothek** zustehen. **234**

Aufbauschema Anspruch aus der Hypothek nach Ersterwerb

1. **Hypothek wirksam bestellt**
   - a) **Einigung** (§ 873 Abs. 1) mit dem Inhalt des § 1113
     Für eine Buchhypothek: Einigung über den Ausschluss der Brieferteilung (§ 1116 Abs. 2 S. 3)
   - b) Bestehen der zu sichernden Forderung
   - c) **Eintragung** der Hypothek im Grundbuch
     Für eine Buchhypothek: Eintragung des Briefausschlusses (§ 1116 Abs. 2 S. 3)
   - d) Bei einer Briefhypothek: **Briefübergabe**
   - e) **Berechtigung** des Bestellers
     wenn (–): Erwerb vom Nichtberechtigten: §§ 185 Abs. 2, 878, 892
2. **Kein Verlust der Hypothek**
3. **Keine Einreden**
   - a) Einreden direkt **gegen die Hypothek** aus dem Hypothekenrechtsverhältnis
   - b) Einreden **gegen die Forderung,** § 1137 Abs. 1 S. 1 Var. 1
   - c) Einrede der **Gestaltbarkeit** u.a., §§ 1137 Abs. 1 S. 1 Var. 2, 770

1. Wirksame Bestellung der Hypothek (Ersterwerb)

Die Hypothek entsteht durch **verfügende Belastung des Eigentums** i.S.d. § 873 Abs. 1. **235**

a) Einigung

Die Einigung i.S.d. § 873 Abs. 1 muss nach § 1113 die **zu sichernde Forderung** nebst ihres **Gläubigers** (alias Hypothekenerwerber) und das belastete **Grundstück** benennen. **236**

Kraft Gesetzes kann eine Hypothek durch dingliche Surrogation gemäß § 1287 S. 2 oder gemäß § 848 Abs. 2 ZPO entstehen. Durch **Hoheitsakt** entsteht eine Sicherungshypothek gemäß §§ 866, 867 ZPO.

---

220 S. Rn. 166; vgl. ferner zum Ersterwerb und Zweiterwerb allgemein AS-Skript Schuldrecht BT 2 (2020), Rn. 323.

237 Ist die **hinsichtlich der Forderung** und ihres Anspruchsgrundes **nicht bestimmt**, kann keine Hypothek entstehen. Die Einigung ist gleichwohl wirksam und lässt eine **Eigentümergrundschuld**, also eine Grundschuld des Eigentümers entstehen.

Hinweis: *Als* ***akzessorisches Sicherungsmittel*** *kann die Hypothek nicht entstehen, soweit die Einigung sie nicht* ***mit einer existierenden Forderung verknüpft****. Für ähnliche Fälle ist dies in den* ***§§ 1163 Abs. 1, 1177 Abs. 1 S. 1*** *ausdrücklich bestimmt, siehe sogleich unter b).*

238 Grundsätzlich ist eine **Briefhypothek** gewollt, also die Ausstellung eines Hypothekenbriefs. Soll eine **Buchhypothek** entstehen, muss gemäß § 1116 Abs. 2 die Brieferteilung durch entsprechende Einigung (und Eintragung) ausgeschlossen werden.

Hinweis: *Der Hypothekenbrief ist neben dem Grundbuch ein* ***zweiter Publizitätsträger****, vgl. §§ 1117 Abs. 1 S. 1, 1154 Abs. 1 u. 2, 1140, 1155.*

239 Die Einigung muss **im Zeitpunkt der Publizität** (Eintragung und – wenn nicht ausgeschlossen – Briefübergabe) **noch fortbestehen** („einig sein"). Grundsätzlich ist die Einigung bis zur Eintragung frei widerruflich, Ausnahmen enthält § 873 Abs. 2.

b) Bestehen der Forderung

240 Der Hypothekenerwerb ist **vom Bestehen der zu sichernden Forderung abhängig**.

aa) Anspruch auf Zahlung einer bestimmten Geldsumme...

241 Der Anspruch muss auf **Zahlung einer bestimmten Geldsumme** gerichtet sein. Häufig wird ein Anspruch aus **§ 488 Abs. 1 S. 2** auf Darlehensrückzahlung gesichert. Dieser entsteht erst, nachdem der Darlehensgeber das Darlehen an den Darlehensnehmer ausgezahlt hat (vgl. § 488 Abs. S. 1, sog. **Valutierung**).

Aber auch **alle anderen Zahlungsansprüche** sind sicherbar, selbst ein Anspruch aus einem **abstrakten Schuldanerkenntnis**,[221] wenn zugleich auch eine Darlehensforderung hätte gesichert werden können. Jedenfalls nach Ansicht des OLG Köln schadet es dabei nicht, dass die Hypothek hierdurch **faktisch so abstrakt wie eine Grundschuld** wird (weil ihr nicht über § 1157 Abs. 1 S. 1 Var. 1 die Einreden gegen die Forderung aus § 488 Abs. 1 S. 2 entgegengehalten werden können), ohne dass die Schuldnerschutzvorschrift des § 1193 greift (weil sie nur auf die Grundschuld anwendbar ist).[222]

bb) ... ansonsten: Eigentümergrundschuld

242 Gemäß § 1163 Abs. 1 S. 1 u. 2 „steht die Hypothek dem Eigentümer zu", wenn die **Forderung nicht zur Entstehung gelangt** oder sobald sie **erlischt**. Nach § 1177 Abs. 1 S. 1 entsteht vor Forderungsentstehung **(zunächst) eine Eigentümergrundschuld**. Diese **wird mit Entstehen der Forderung** kraft Gesetzes **zu einer Hypothek** des Gläubigers.

Klausurhinweis: *Hier ist daher inzident zu prüfen, ob die* ***Forderung entstanden und nicht erloschen*** *ist. Bloße Einrede gegen die Forderung sind hier irrelevant, s. noch 3.*

Beispiel: Für Bank B wird im März eine Buchhypothek am Grundstück des E bestellt und eingetragen. Im April wird das gesicherte Darlehen an Schuldner S valutiert, wie in § 488 Abs. 1 S. 1 vorgesehen. – Im März hatte E eine Eigentümergrundschuld. Im April hat sich diese in eine Hypothek der B gewandelt.

---

221 Vgl. zum abstrakten Schuldanerkenntnis AS-Skript Schuldrecht BT 2 (2020), Rn. 472 ff.

222 OLG Köln DNotZ 2013, 768; kritisch dazu Böttcher NJW 2015, 840, 841; vgl. auch Staudinger/Wolfsteiner § 1113 Rn. 30.

Auch bei Sicherung nicht existenter **Scheinforderungen,**[223] durch eingetragenen **Verzicht auf die Hypothek** (§§ 1168 Abs. 1 u. 2, 1177 Abs. 1) und durch formlosen **Erlass der Forderung** (§ 397 i.V.m. §§ 1163 Abs. 1 S. 2, 1177 Abs. 1) entstehen **Eigentümergrundschulden**. Eine eingetragene **Aufhebung der Hypothek** (§ 875) mit Zustimmung des Eigentümers (§ 1183) lässt die Hypothek hingegen **ersatzlos** erlöschen.

Auch wenn der Schuldner der Hauptforderung durch befreiende **Schuldübernahme** 243
ausgetauscht wird, wandelt sich die Hypothek gemäß §§ 418 Abs. 1 S. 2, 1168 Abs. 1, 1177 Abs. 1 in eine Eigentümergrundschuld. Gleiches gilt analog im Fall der kompletten **Vertragsübernahme.**[224] Das Grundstück des Eigentümers soll nicht für einen Schuldner haften, den der Eigentümer sich nicht ausgesucht hat. Gemäß § 418 Abs. 1 S. 3 (analog) erlischt die Hypothek hingegen, wenn der Eigentümer in die Schuld- bzw. Vertragsübernahme (ausdrücklich oder konkludent) **einwilligt**.

Beispiel für eine konkludente Einwilligung:[225] X ist alleiniger Geschäftsführer der A-GmbH (A), der B-GmbH (B) und der C-GmbH (C). G hat einen Anspruch gegen A, für den B an ihrem Grundstück eine Hypothek bestellt hat. C, vertreten durch X, übernimmt die Schuld bzw. den Vertrag von A. –
Die ausdrückliche Übernahmeerklärung des X für C enthält eine konkludente Einwilligung i.S.d. § 418 Abs. 1 S. 3 des X für B. X könnte zwar für C die Übernahme vereinbaren und für B die Einwilligung in selbige verweigern. Das muss X dann aber G ausdrücklich mitteilen. Anderenfalls darf G aus objektiver Empfängersicht davon ausgehen, dass X an der Übernahme für alle von ihm vertretenen Gesellschaften so mitwirkt, dass aus der Übernahme für G keine Nachteile (hier aus § 418 Abs. 1 S. 2) entstehen.

Das (temporäre) Entstehen der Eigentümergrundschuld ist angeordnet, **um den Rang** 244
der angestrebten Hypothek zu wahren, auch wenn die Forderung noch nicht besteht.

Hinweis: *Ein guter Rang ist begehrt, weil sich nach ihm die* ***Verteilung des Versteigerungserlöses*** *richtet. Gemäß §§ 109 Abs. 2, 10 Abs. 1 Nr. 4, 11 Abs. 1 ZVG findet nämlich keine gleichmäßige Verteilung statt, sondern der Rangstärkste wird zunächst voll befriedigt, bevor der Rangschwächere auch nur einen Cent erhält. Bei* ***anderen akzessorischen Sicherheiten*** *gibt es hingegen* ***kein Rangverhältnis*** *und daher auch kein „Platzhalterrecht".*

Beispiel: Zur Sicherung zweier noch zu valutierender Darlehen bestellt E zuerst der A-Bank und dann der B Bank jeweils eine Buchhypothek. A wird an erster Rangstelle im Grundbuch eingetragen, B an zweiter. B valutiert zuerst. –
Mit der Auszahlung durch B ist der durch die Hypothek gesicherte Anspruch der B aus § 488 Abs. 1 S. 2 entstanden. Damit hat B eine Hypothek erworben (Ersterwerb). Die im Grundbuch eingetragene erstrangige Hypothek der A ist (noch) nicht entstanden, daher würde B – abweichend von der Grundbucheintragung zugunsten der A – den ersten Rang einnehmen. Da aber gemäß §§ 1163 Abs. 1 S. 1, 1177 Abs. 1 S. 1 bereits mit Eintragung des A eine erstrangige Eigentümergrundschuld des E entstanden ist, war der **erste Rang** für B **blockiert**. B erwarb mit der Valutierung daher (nur) eine zweitrangige Hypothek. Valutiert A das Darlehen, so entsteht der gesicherte Anspruch der A aus § 488 Abs. 1 S. 2 und die erstrangige Eigentümergrundschuld des E wird zu einer erstrangigen Hypothek der A.

Über einer solchen Eigentümergrundschuld schwebt allerdings das Damoklesschwert des **Löschungsanspruchs aus § 1179 a** nachrangiger Hypothekeninhaber. Die Löschung kann aber gemäß § 1179 a Abs. 2 S. 1 Hs. 1 erst verlangt werden, wenn feststeht, dass der gesicherte Anspruch nicht mehr entsteht.

223 BGH NJW 1962, 295.

224 Palandt/Grüneberg, § 418 Rn. 1; vgl. zur Abgrenzung von Schuld-, Erfüllungs- und Vertragsübernahme AS-Skript Schuldrecht AT 2 (2020), Rn. 466 ff.

225 Nach BGH RÜ 2015, 630; im Originalfall ging es um eine Sicherungsgrundschuld, auf welche § 418 analog anwendbar ist.

cc) Konkludente Sicherung von Bereicherungsansprüchen?

245 Besteht die zu sichernde Forderung nicht, aber ist **an ihre Stelle ein Bereicherungsanspruch getreten**, ist durch **Auslegung** der Einigung über die Hypothekenbestellung gemäß §§ 133, 157 zu ermitteln, ob der Bereicherungsanspruch gesichert wird.[226]

- **Teilweise**[227] wird angenommen, dass der Parteiwille **regelmäßig** darauf gerichtet sei, den **Bereicherungsanspruch zu sichern**, wenn nicht ausdrücklich etwas anderes vereinbart sei. Gesichert sei der **auf eine konkret-faktische Leistung gerichtete Anspruch**, nicht dessen rechtlicher Hintergrund.
- Die **Gegenmeinung**[228] lehnt die generelle Unterstellung eines solchen Parteiwillens unter Berufung auf den **sachenrechtlichen Bestimmtheitsgrundsatz** ab. Zudem zeige **§ 1180 Abs. 1**, dass eine Forderungsauswechslung zwar möglich, aber nur bei entsprechender (regelmäßig fehlender) Eintragung im Grundbuch zulässig sei.

Beispiel: S hat von G ein Darlehen über 10.000 € erhalten. Dafür hat E eine Buchhypothek als Sicherheit bestellt. S ficht seine Willenserklärung zum Abschluss des Darlehensvertrags wirksam an.–
I. G und E haben sich über die Bestellung einer Hypothek geeinigt. Nach dem ausdrücklichen Inhalt der Einigung sowie der Grundbucheintragung soll eine **Darlehensforderung** aus § 488 Abs. 1 S. 2 gesichert werden. Der Darlehensvertrag ist aber gemäß § 142 Abs. 1 nichtig, also besteht dieser Anspruch nicht.
II. Gleichwohl muss S dem G gemäß **§ 812 Abs. 1 S. 1 Var. 1** (nach a.A. gemäß **§ 812 Abs. 1 S. 2 Var. 1**)[229] die Valuta zurückgewähren. Nach erstgenannter Ansicht sichert die Hypothek auch diesen Anspruch. Nach zweitgenannter Ansicht sichert die Hypothek keinen Anspruch, sodass E eine Eigentümergrundschuld erworben hat (welche im insofern falschen Grundbuch nicht eingetragen ist, sodass E von G aus dem Sicherungsvertrag und nach § 894 Zustimmung zur Berichtigung verlangen kann).

dd) Keine Mehrfachsicherung

246 **Für dieselbe Forderung** können **nicht mehrere selbstständige Hypotheken** an einem oder an mehreren Grundstücken bestellt werden.[230] Anderenfalls würden mehrere Bucheintragungen (und ggf. Hypothekenbriefe) bezüglich derselben Forderung bestehen. Es wäre angesichts § 1154 rechtstechnisch möglich, die Abtretung derselben Forderung mehrfach zu publizieren. § 1154 soll aber gerade die eindeutige Zuordnung der Forderung zu einem Zessionar ermöglichen (näher zum Zweiterwerb sogleich II.).

Unproblematisch möglich ist demgegenüber gemäß § 1132 die Bestellung einer einheitlichen Hypothek an mehreren Grundstücken (sog. **Gesamthypothek**). Der Versuch, eine Forderung mit mehreren selbstständigen Hypotheken abzusichern, ist als Bestellung einer Gesamthypothek auszulegen.[231]

247 Nach h.M. ist es jedoch zulässig, **für eine Forderung mehrere Grundstücke nacheinander** haften zu lassen **(Ausfallhypothek)**, also die Entstehung der Ausfallhypothek durch den Ausfall der vorrangigen Hypothek gemäß § 158 Abs. 1 **aufschiebend zu bedingen**. Das Verbot der Mehrfachsicherung sei eng auszulegen und dem Parteiwillen müsse Rechnung getragen werden. Die Gegenmeinung führt an, die unstreitig aner-

---

226 Vgl. Palandt/Herrler § 1113 Rn. 16.
227 Erman/Wenzel § 1113 Rn. 14; Wilhelm Rn. 1588.
228 Staudinger/Wolfsteiner § 1113 Rn. 25; MünchKomm/Lieder § 1113 Rn. 72.
229 Vgl. zur Anspruchsgrundlage AS-Skript BGB AT 1 (2020), Rn. 13 und AS-Skript Schuldrecht BT 3 (2019), Rn. 124.
230 Staudinger/Wolfsteiner § 1113 Rn. 44; MünchKomm/Lieder § 1113 Rn. 78 ff.
231 Münch/Komm/Lieder § 1113 Rn. 80; vgl. zur Gesamthypothek Rn. 359.

kannten Argumente gegen eine gleichstufige Mehrfachsicherung (s. Rn. 246) bestünden in gleichem Maße gegen eine gestufte/bedingte Mehrfachsicherung.[232]

Beispiel: H hat am Grundstück des E (Parzelle 230) eine Briefhypothek i.H.v. 50.000 € an 5. Stelle. Als die Grundstückspreise fallen, verlangt H weitere Sicherheiten. E bestellt H für dieselbe Forderung am Grundstück Parzelle 310 eine Buchhypothek über 50.000 € mit der Maßgabe, dass H aus dieser Hypothek erst vorgehen kann, soweit die Verwertung der Parzelle 230 ihn nicht vollständig befriedigt. – Nach h.M. hat H eine Ausfallhypothek am Grundstück Parzelle 310 erworben, nach a.A. hingegen nicht.

ee) Kein Ersterwerb der Hypothek ohne Forderung

Ohne Forderung erfolgt niemals ein Ersterwerb der Hypothek, selbst wenn der Erwerber an das Bestehen der Forderung glaubt. Der **gute Glaube wird nicht geschützt**. 248

Hinweis: *Es setzt sich hier der* ***Grundsatz*** *fort, dass der* ***gute Glaube an das Bestehen einer Forderung mangels Publizitätsträgers nicht geschützt*** *wird. Eine Ausnahme enthält § 405 Var. 1 (analog) für den Erst- und Zweiterwerb einer wegen § 117 Abs. 1 nicht existierenden Forderung, für die eine Urkunde als Publizitätsträger existiert.*[233]

Den unmöglichen Ersterwerb der Hypothek ohne Forderung müssen Sie ***abgrenzen****: Besteht die Forderung, aber der Besteller ist* ***weder verfügungsbefugter Eigentümer noch aus anderem Grund berechtigt****, so ist ein Ersterwerb der Hypothek nach §§ 185 Abs. 2, 878, 892 möglich, siehe sogleich e]). § 1138 Var. 1 ermöglicht den* ***Zweiterwerb der Hypothek ohne Forderung*** *(näher Rn. 275 ff.).*

c) Eintragung der Hypothek im Grundbuch

Jeder Ersterwerb einer Hypothek muss **konstitutiv** mit dem von § 1115 vorgegebenen Inhalt eingetragen werden. Wenn eine **Buchhypothek** entstehen soll, muss zudem der **Ausschluss der Brieferteilung** eingetragen werden (§ 1116 Abs. 2 S. 3 Hs. 1). 249

d) Briefübergabe gemäß § 1117

Der **Ersterwerb** der **Briefhypothek** i.S.d. § 1116 Abs. 1 erfordert zudem **konstitutiv** 250

- gemäß § 1117 Abs. 1 S. 1 die **Übergabe** des Hypothekenbriefs (welche gemäß § 1117 Abs. 3 bei Briefbesitz des Gläubigers vermutet wird) oder
- gemäß § 1117 Abs. 1 S. 2 ein **Übergabesurrogat der §§ 929 S.2, 930, 931** oder
- gemäß § 1117 Abs. 2 die **Vereinbarung** zwischen dem Eigentümer und dem Anspruchsgläubiger alias Hypothekenerwerber, dass dieser berechtigt sein soll, sich den Hypothekenbrief **vom Grundbuchamt aushändigen zu lassen**.

  Die vom Eigentümer **einseitig** dem Grundbuchamt gemäß § 60 Abs. 2 GBO erteilte **Ermächtigung**, den Brief an den Gläubiger auszuhändigen, erfüllt § 1117 Abs. 2 nicht. Die Vereinbarung (§ 1117 Abs. 2) kann die Ermächtigung (§ 60 Abs. 2 GBO) enthalten, jedoch nicht umgekehrt.[234]

232 H.M. MünchKomm/Lieder § 1113 Rn. 81; a.A. Staudinger/Wolfsteiner § 1113 Rn. 46.

233 Näher zu § 405 AS-Skript Schuldrecht AT 2 (2020), Rn. 422.

234 Palandt/Herrler § 1116 Rn. 3.

Gemäß §§ 1163 Abs. 2, 1177 Abs. 1 besteht bis zur Briefübergabe bzw. ihrem Surrogat einer **Eigentümergrundschuld**.

251 **Eigentümer des Hypothekenbriefs** ist gemäß § 952 Abs. 2 der **Inhaber der Hypothek**. Das Recht am Papier folgt dem Recht aus dem Papier. Damit einher geht insbesondere ein **Herausgabeanspruch aus § 985** gegen den Briefbesitzer.[235]

e) Berechtigung oder Überwindung der fehlenden Berechtigung

252 Die Hypothekenbestellung ist eine verfügende **Belastung des Eigentums**. Berechtigt sind daher der **verfügungsbefugte Eigentümer**, der **kraft Gesetzes Ermächtigte** und der **nach § 185 Abs. 1 Ermächtigte**.

253 Ein Erwerb vom **Nichtberechtigten** ist gemäß § 185 Abs. 2, § 878 oder § 892 möglich.

aa) Ersterwerb der Hypothek vom Nichtberechtigten gemäß § 878

254 Tritt bei der Bestellung einer Hypothek **nach Beantragung der Eintragung eine Verfügungsbeschränkung** ein, kann die Hypothek über § 878 entstehen. Wie in Rn. 143 erörtert, ist ungeschriebene Voraussetzung, dass **alle übrigen beeinflussbaren Voraussetzungen** bei Eintritt der Verfügungsbeschränkung bereits vorlagen.

255 Bei einer Briefhypothek muss insbesondere der **Hypothekenbrief bereits übergeben**[236] oder ein **Übergabesurrogat** erfolgt sein. Im Fall des § 1117 Abs. 2 genügt die **Vereinbarung der Abholung**; auf den Zeitpunkt der Abholung kommt es nicht an.[237]

Beispiel: E bestellt G eine Briefhypothek. Sie vereinbaren, dass G berechtigt ist, den Hypothekenbrief beim Grundbuchamt abzuholen, und beantragen die Eintragung des G sowie die Erstellung des Briefs. E wird sodann insolvent. G erfährt von der Insolvenz, wird sodann als Hypothekeninhaber eingetragen und erhält den Brief vom Grundbuchamt. –
§ 878 ist erfüllt, G hat die Hypothek im Wege des Ersterwerbs erworben.

bb) Ersterwerb der Hypothek vom Nichtberechtigten gemäß § 892

256 Die **fehlende Berechtigung** kann nach Maßgabe des § 892 **überwunden** werden.

Fall 14: Ohne Vertretungsmacht und Eigentum

V bewilligt als Vertreter ohne Vertretungsmacht des als Eigentümer eingetragenen A eine **Buchhypothek** zugunsten des G zur Sicherung einer Darlehensforderung über 70.000 € an einem Grundstück des E. Nach der Antragstellung zur Eintragung der Hypothek genehmigt A die Bewilligung durch V. G erfährt sodann vor der Eintragung der Hypothek, dass nicht A, sondern E Eigentümer des Grundstücks ist. E verlangt von G „Löschung der Hypothek". Zu prüfen sind nur Ansprüche aus §§ 873 ff.

257 Ein Anspruch des E gegen G auf Zustimmung zur Berichtigung der Eintragung des G als Hypothekeninhaber aus **§ 894** besteht, soweit G keine **Hypothek erworben** hat.

---

235 Palandt/Herrler § 1144 Rn. 3; vgl. zu § 952 AS-Skript Schuldrecht AT 2 (2020), Rn. 393.

236 Palandt/Herrler § 878 Rn. 15.

237 Staudinger/Wolfsteiner § 1117 Rn. 25.

I. A, vertreten durch V, hat sich mit G darüber **geeinigt**, dass eine bestimmte Forderung durch Bestellung (Ersterwerb) einer **Buchhypothek** ohne Brieferstellung (§ 1116 Abs. 2) gesichert werden soll. Zwar hat V als Vertreter ohne Vertretungsmacht gehandelt, doch A hat genehmigt, sodass die **Einigung wirksam geworden** ist (§ 177 Abs. 1). Die Hypothek ist auch im Grundbuch **eingetragen** worden.

II. A war aber nicht verfügungsbefugter Eigentümer oder kraft Gesetz oder durch Zustimmung ermächtigt, also **nicht zur belastenden Verfügung über das Grundeigentum berechtigt**. Dies könnte aber gemäß **§ 892 Abs. 1 S. 1** unschädlich sein. 258

1. G sollte die Hypothek durch **Verkehrsgeschäft** erwerben. Das Grundbuch war hinsichtlich des Eigentums an dem Grundstück **unrichtig** und A war als eingetragener Eigentümer zur belastenden Verfügung über das Eigentum **legitimiert**. Gegen die Unrichtigkeit war auch **kein Widerspruch** eingetragen.

2. G darf **keine Kenntnis vom fehlenden Eigentum** des A gehabt haben.

   a) **Bei Vollendung des Rechtserwerbs**, nämlich der Eintragung der Buchhypothek, wusste G, dass nicht A, sondern E Eigentümer des Grundstücks war.

   b) Es könnte aber gemäß **§ 892 Abs. 2 Var. 1** der **Zeitpunkt der Antragstellung** entscheidend sein. § 892 Abs. 2 Var. 1 greift jedenfalls dann ein, wenn nach der Antragstellung nur noch die Eintragung zum Rechtserwerb erforderlich ist. 259

   Sind außer der Eintragung noch **weitere Voraussetzungen** zum Rechtserwerb erforderlich (hier: **Genehmigung** des A **gemäß § 177 Abs. 1**), ist umstritten, ob auf den Zeitpunkt der Antragstellung abzustellen ist oder auf den Zeitpunkt, in dem dieses außer der Eintragung letzte Erfordernis erfüllt ist (s. Rn. 129). Hält man mit der h.M. Letzteres für richtig, dann schließt daran die Frage an, ob auf den **Zeitpunkt der Genehmigungserklärung** oder auf den **Zeitpunkt ihrer rückwirkenden Wirksamkeit** (vgl. § 184 Abs. 1) abzustellen ist.

   Beide Fragen können aber offenbleiben, da G **sogar im letztmöglichen Zeitpunkt**, der Genehmigungserklärung des A, **noch keine Kenntnis** hatte.

Die Voraussetzungen des § 892 Abs. 1 S. 1 sind erfüllt. Die fehlende Berechtigung des A zur Hypothekenbestellung ist unschädlich, daher hat G die Hypothek ersterworben. Das Grundbuch ist also richtig. Folglich hat E gegen G keinen Anspruch aus § 894.

Abwandlung:

V hat als Vertreter ohne Vertretungsmacht des im Grundbuch als Eigentümer eingetragenen A eine **Briefhypothek** am Grundstück des E bestellt. Nach Antragstellung erfolgte die Genehmigung durch A. Nunmehr erfährt G vom fehlenden Eigentum des A. Der Grundbuchbeamte trägt die Hypothek ein und erstellt den Brief, den A dann an G übergibt.

Im Unterschied zum Ausgangsfall ist nicht gemäß § 892 Abs. 2 Var. 1 auf den Zeitpunkt der Antragstellung abzustellen, da bei Antragsstellung außer der Eintragung gemäß § 1117 Abs. 1 u. 2 noch die **Briefübergabe bzw. Aushändigungsvereinbarung erforderlich** waren. Bei Briefübergabe wusste G aber bereits, dass A nicht Eigentümer war. 260

Die Voraussetzungen des § 892 Abs. 1 S. 1 sind nicht erfüllt. Die fehlende Berechtigung des A zur Hypothekenbestellung verhindert den Ersterwerb der Hypothek durch G. Das Grundbuch ist also falsch. Daher hat E gegen G einen Anspruch aus § 894.

---

2. Kein Verlust der Hypothek

261 Der Duldungsanspruch steht dem Anspruchsteller nur zu, **solange er Inhaber der Hypothek** ist. Er kann die Hypothek insbesondere verlieren

- durch **Erlöschen der Forderung** (vgl. § 1163 Abs. 1 S. 2),
- durch **Abtretung der Forderung** nach Maßgabe des § 1154 (s. sogleich II.),
- wegen **lastenfreien Eigentumserwerbs eines Dritten**, § 892 Abs. 1 S. 1(s. Rn. 98)
- sowie wegen **Aufhebung** der bzw. **Verzicht** auf die **Hypothek** (s. Rn. 242).

3. Keine Einreden des Eigentümers

262 Der Eigentümer kann sich gegenüber dem Anspruch des Hypothekeninhabers aus § 1147 verteidigen, soweit ihm **Einreden** zustehen.[238]

263 - Diese können direkt **aus dem (Hypotheken-)Rechtsverhältnis** zwischen dem Eigentümer und dem Gläubiger stammen. Einreden dieser Art sind z.B. Stundung der Hypothek, Vollstreckungsverzicht oder Verwertungsbeschränkungen.[239]

  Das zeigt auch **§ 1157 S. 1**, der beim **Zweiterwerb** eigenständige Relevanz entfaltet.

264 - Gemäß § 1137 Abs. 1 S. 1 Var. 1 kann der Eigentümer gegen die Hypothek wegen der **Akzessorietät grundsätzlich** die **Einreden** geltend machen, **die dem persönlichen Schuldner gegen die Forderung** zustehen. Dabei spielt es keine Rolle, ob der Eigentümer selbst der persönliche Schuldner ist oder nicht.

  Hinweis: *Gleiches gilt gemäß § 768 für die ebenfalls akzessorische* ***Bürgschaft.***[240]

  Beispiele: Stundung der Forderung, Zurückbehaltungsrechte (§§ 273, 320) gegen die Forderung

  Die **Einrede der beschränkten Erbenhaftung** des Erben des persönlichen Schuldners (Inventareinrede, vgl. § 1975) und die **Einrede der Verjährung** der Forderung **schlagen** jedoch gemäß § 1137 Abs. 1 S. 2 bzw. § 216 Abs. 1 **nicht durch.**[241]

265 - Nach § 1137 Abs. 1 S. 1 Var. 2 kann der Eigentümer die einem Bürgen gemäß § 770 zustehenden Einreden geltend machen. Dies sind die Einreden der **Aufrechenbarkeit** der Forderung sowie der **Anfechtbarkeit** und nach h.M. der sonstigen **Gestaltbarkeit** des der Forderung zugrunde liegenden Rechtsgeschäfts.[242]

---

238 Vgl. zum Folgenden insgesamt Palandt/Herrler § 1137 Rn. 1 ff.
239 Palandt/Herrler § 1137 Rn. 3 u. 5.
240 Näher zu § 768 AS-Skript Schuldrecht BT 2 (2020), Rn. 407 ff.
241 Näher zum Ausschluss der Einreden MünchKomm/Lieder § 1137 Rn. 25 ff.
242 MünchKomm/Lieder § 1137 Rn. 17 ff.; siehe näher zu § 770 AS-Skript Schuldrecht BT 2 (2020), Rn. 413 ff.

Diese Einreden kommen nur in Betracht, wenn Eigentümer und persönlicher Schuldner **personenverschieden** sind. Nur dann kann der Eigentümer nicht selbst gestalten. Bei Personenidentität kann der Eigentümer hingegen die Gestaltung erklären, um die Forderung direkt zu beseitigen und die Hypothek in eine Eigentümergrundschuld zu verwandeln (§§ 1163 Abs. 1 S. 2, 1177 Abs. 1).

Fall 15: Kaufpreisforderung aus einem anfechtbaren Kaufvertrag

G hat S einen Lastkraftwagen verkauft. Für den Kaufpreis hat E dem G eine Hypothek bestellt. G will gegen E vorgehen, weil S nicht zahlt. E macht geltend, S könne seine Kaufvertragserklärung anfechten. S habe zwar auf die Anfechtung verzichtet, dies sei ihm gegenüber jedoch wirkungslos. Hat G einen Anspruch aus der Hypothek?

G kann gegen E einen Anspruch auf Zwangsvollstreckungsduldung aus **§ 1147** haben. **266**

I. E hat G eine **Hypothek** im Wege des **Ersterwerbs** bestellt und diese ist (bisher) auch noch **nicht erloschen**. Insbesondere ist die **gesicherte Zahlungsforderung** aus § 433 Abs. 2 Var. 1 durch den Abschluss des Kaufvertrags **entstanden** und (bisher) **nicht erloschen**, weder nach §§ 142 Abs. 1, 143 durch Anfechtungserklärung des S noch nach § 362 Abs. 1 durch Zahlung des Kaufpreises.

II. E könnte **gegen den Duldungsanspruch** aus der Hypothek eine **Einrede** zustehen. **267**

1. Direkte Einreden aus dem **Verhältnis** zwischen G und E bestehen nicht.

2. Nach **§ 1137 Abs. 1 S. 1 Var. 1** kann der Eigentümer gegen den Hypothekeninhaber die Einreden geltend machen, die der persönliche Schuldner gegen die Forderung geltend machen kann, selbst wenn er nicht persönlicher Schuldner ist. Die **bloße Anfechtbarkeit** des Rechtsgeschäfts begründet aber **keine Einrede des persönlichen Schuldners**. Der Schuldner hat die Wahl, sein Gestaltungsrecht durch Gestaltungserklärung (§ 143) auszuüben oder dies nicht zu tun. Ohne Anfechtungserklärung bleiben die Forderung und die Hypothek voll bestehen.

3. Der Eigentümer kann allerdings gemäß **§ 1137 Abs. 1 S. 1 Var. 2** auch die einem Bürgen nach § 770 zustehenden Einreden geltend machen. Hierzu gehört nach § 770 Abs. 1 die **Einrede der Anfechtbarkeit**. § 770 Abs. 1 gibt aber dem Bürgen diese Einrede nur, „solange dem Hauptschuldner das (Anfechtungs-)Recht zusteht". Der **Verzicht des Hauptschuldners auf ein Gestaltungsrecht beseitigt die Einrede aus § 770 Abs. 1**, arg. e contrario § 768 Abs. 2.[243] **268**

   Doch könnte hinsichtlich der Hypothek nach **§ 1137 Abs. 2** der Verzicht des S für E unbeachtlich sein. Nach § 1137 Abs. 2 **verliert der Eigentümer**, der nicht persönlicher Schuldner ist, **seine Einrede nicht dadurch**, dass „dieser auf sie verzichtet" (§ 1137 Abs. 2 a.E.). Aus dem Zusammenhang mit dem übrigen Satzinhalt („eine Einrede" und „dieser", also der Schuldner) ergibt sich aber, dass dies **nur für die erste Variante des § 1137 Abs. 1 S. 1**, also nur für die Einreden des persönlichen Schuldners gilt. Ein Verzicht des Schuldners auf seine Gestaltungsrechte lässt hingegen im Umkehrschluss die Einrede der Gestaltbarkeit des Eigentümers aus § 1137 Abs. 1 S. 1 Var. 2 erlöschen.[244]

243 Vgl. AS-Skript Schuldrecht BT 2 (2020), Rn. 418.

***Hinweis:** Im Ergebnis **gilt bei Bürgschaft und Hypothek dasselbe**. Einredeverzicht des Schuldners ist unbeachtlich, Gestaltungsverzicht des Schuldners schlägt durch.*

E kann sich nicht (mehr) auf die Anfechtbarkeit des Kaufvertrags berufen. Er hat keine Einrede gegen die Hypothek. G hat gegen E einen durchsetzbaren Anspruch aus § 1147.

II. Anspruchserwerb aufgrund Zweiterwerbs der Hypothek

269 Der Duldungsanspruch aus der Hypothek kann auch dem **Zweiterwerber einer bereits bestehenden Hypothek** zustehen.

Aufbauschema Anspruch aus der Hypothek nach Zweiterwerb

A. Zweiterwerb der Hypothek § 1153 Abs. 1 u. § 401

I. Einigung über Abtretung der Forderung §§ 398, 1154 (oder cessio legis)

II. Berechtigung bezüglich der Forderung
wenn nicht: fingierter Forderungserwerb gemäß §§ 1138 Var. 1, 892 möglich
Erlischt die Forderung rückwirkend durch Aufrechnung gemäß §§ 406, 389, so hat dies gemäß § 1156 S. 1 auf die Hypothek keinen Einfluss, s.u.

III. Berechtigung bezüglich der Hypothek
wenn (aus anderen Gründen als II.) nicht:
Erwerb vom Nichtberechtigten gemäß § 185 Abs. 2, § 878 oder § 892 möglich

B. Kein Verlust der Hypothek

C. Keine Einwendungen und Einreden gegen den neuen Gläubiger, originär oder schon gegenüber dem Zedenten bestehend:

I. Einwendungen aus **§§ 406–408** sind gemäß § 1156 S. 1 **ausgeschlossen**.

II. Einreden **gegen die Hypothek:** § 1157 S. 1 (§§ 1157 S. 2, 892)

III. Einreden **gegen die Forderung:** § 1137 Abs. 1 S. 1 Var. 1 (§§ 1138 Var. 2, 892)

IV. Aufrechenbarkeit, Anfechtbarkeit und Gestaltbarkeit der Forderung:
§ 1137 Abs. 1 S. 1 Var. 2 (§§ 1138 Var. 2, 892)

1. Übergang der Hypothek gemäß §§ 1153 Abs. 1, 401 (Zweiterwerb)

270 Gemäß § 1153 Abs. 1 (zwingendes Recht) und gemäß § 401 (disponibel)[245] **geht mit der gesicherten Forderung die Hypothek auf den neuen Gläubiger über**. Eine gesonderte Übertragung der Hypothek ist nicht erforderlich und wegen der engen **Akzessorietät** nicht möglich, vgl. auch § 1153 Abs. 2.

***Hinweis:** Ein **Pendant** zu § 1153 Abs. 1 enthält der indisponible § 1250 Abs. 1 S. 1 für das **Faustpfandrecht**. Bei der **Bürgschaft** gibt es hingegen kein Pendant; wird also bei dieser § 401 abbedungen, geht diese nicht auf den Zessionar über.*

---

244 Staudinger/Wolfsteiner § 1137 Rn. 22.

245 Staudinger/Busche § 401 Rn. 7 u. 12; Palandt/Grüneberg § 401 Rn. 1.

Soweit die Forderung durch rechtsgeschäftliche **Abtretung** übergeht, müssen die Anforderungen des **§ 1154** gewahrt werden – hierauf beziehen sich die folgenden Ausführungen zuvorderst. Aber auch beim **gesetzlichen Forderungsübergang** wird die Forderung mitgerissen (vgl. § 412 bzw. weiter Wortlaut des § 1153 „Übertragung"). **271**

Neben der **formgemäßen Abtretung** (hierzu a]) muss der Zedent **Berechtigter** sein: **272**

- Die Berechtigung liegt unproblematisch vor, wenn der Zedent **verfügungsbefugter Inhaber der Forderung und der Hypothek ist** oder hinsichtlich beider Rechtsobjekte zur Verfügung kraft Gesetzes oder nach § 185 Abs. 1 ermächtigt ist.
- Besteht die Hypothek **ausschließlich** nicht, weil der Übertragende **nicht Inhaber der gesicherten Forderung** ist, so geht die Hypothek mit dem nach §§ 1138 Var. 1, 892 fingierten Forderungserwerb gemäß §§ 1153 Abs. 1, 401 über (hierzu b]).
- Fehlt die **Inhaberschaft der Hypothek**, so ist zu differenzieren (hierzu c]).
- Bei **Kettenabtretungen** können der Inhaber der Forderung und der Inhaber der Hypothek entgegen § 1153 Abs. 2 **dauerhaft auseinanderfallen** (hierzu d]).

a) Abtretung der Forderung unter Wahrung des § 1154

Zedent und Zessionar müssen sich gemäß § 398 S. 1 verfügend **über die Übertragung der Forderung einigen**. Ferner müssen weitere Anforderungen gewahrt werden: **273**

- Für die Abtretung einer durch **Briefhypothek** gesicherten Forderung sind gemäß § 1154 Abs. 1 S. 1, Abs. 2 erforderlich
  - die **schriftliche Einigung** über die Abtretung **oder** wahlweise die **Eintragung** der Abtretung im Grundbuch
  - sowie die **Übergabe des Hypothekenbriefs.**
- Bei Sicherung durch **Buchhypothek** ist nach §§ 1154 Abs. 3, 873 Abs. 1 neben der Einigung die **Eintragung** im Grundbuch ausreichend, aber auch stets erforderlich.

Hinweis: *Die* ***Briefhypothek*** *ist also* ***verkehrsfähiger****, ihre Forderung und sie können binnen Minuten per Privatschrift nebst Briefübergabe übertragen werden. Ob man § 1154 als* ***Formvorschrift und/oder Publizitätserfordernis*** *sieht, hat auf das Ergebnis keine Auswirkung: Ohne Wahrung des § 1154 kein Forderungs- und daher Hypothekenübergang.*

b) Berechtigung bezüglich der Forderung

Der Zedent muss **zur Forderungsabtretung berechtigt**, also verfügungsbefugter Forderungsinhaber oder gesetzlich oder nach § 185 Abs. 1 zur Abtretung ermächtigt sein. **274**

Der **Zweiterwerb einer Forderung vom Nichtberechtigten** ist nur nach § 405 Var. 1 analog möglich.

Im Grundbuch ist aber auch die gesicherte Forderung eingetragen. Gemäß § 891 dient das Grundbuch zwar primär als Publizitätsträger für die Hypothek, aber es kann auch den **Rechtsschein einer Forderung** entstehen lassen. Daher bestimmt **§ 1138 Var. 1**, dass **zwecks Übertragung der Hypothek der Erwerb der Forderung für eine juristische Sekunde fingiert** wird. Die fingierte Forderung „transportiert" die Hypothek zum **275**

Erwerber, welcher aber (nur) Inhaber der sog. **forderungsentkleideten Hypothek**, nicht aber der sogleich wieder erlöschenden Forderung wird.

Fall 16: Die Abtretung der nicht valutierten Hypothek

E hat G für ein von G dem S (Sohn des E) noch zu gewährendes Darlehen eine Briefhypothek bestellt. G überträgt „die Hypothek" formgerecht an den X, obwohl er S das Geld noch nicht ausgezahlt hat, wovon X aber ausging. Ansprüche des X?

276 ***Klausurhinweis:*** *Sie müssen* ***zweigleisig prüfen****. Ansprüche aus der gesicherten Forderung (I.) und Ansprüche aus der Kreditsicherheit (II.).*[246]

I. X kann gegen S **aus der Forderung** gemäß §§ 488 Abs. 1 S. 2, 398, 1154 einen Anspruch auf Rückzahlung des Darlehens haben.

1. G und X haben sich über die „Übertragung der Hypothek" geeinigt. Die Hypothek ist aber nicht selbstständig übertragbar (vgl. § 1153 Abs. 2). Eine **Auslegung** ergibt daher, dass G und X sich über den **Forderungsübergang** gemäß § 398 S. 1 geeinigt haben. Die **Anforderungen** des § 1154 haben sie dabei eingehalten.

277 2. Mangels Valutierung des Darlehens war G aber noch nicht Inhaber des zu sichernde Anspruchs aus § 488 Abs. 1 S. 1 und daher **nicht zur Abtretung der Forderung berechtigt**. Womöglich wurde dies aber überwunden.

a) **§ 405 Var. 1 BGB (analog)** ist mangels Schein-Darlehensvertrags (und mangels Schein-Abtretung) nicht erfüllt.

b) **§ 1154** bestimmt nur die **einzuhaltende Form**, überwindet aber keine Berechtigung („erforderlich", nicht „ausreichend"). Auch die **Briefübergabe** kann die fehlende Berechtigung hinsichtlich der Forderung nicht kompensieren, weil der Brief nicht die Forderung, sondern nur die Hypothek verbrieft.

c) Auch **§ 892** hilft nicht weiter, da die Forderung **kein dingliches Recht** ist.

d) **§§ 1138 Var. 1, 892** fingieren zwar kurzzeitig den Forderungserwerb, aber **nur „für die Hypothek"**, also um den Hypothekenerwerb zu ermöglichen. Ein Forderungserwerb vom Nichtberechtigten geschieht nach dieser Norm nicht.[247]

G war nicht zur Abtretung berechtigt. X hat keinen Anspruch aus § 488 Abs. 1 S. 2.

278 II. X hat gegen E aus § 1147 einen Anspruch auf Duldung der Zwangsvollstreckung, wenn X eine **Hypothek** am Grundstück des E gemäß §§ 1153 Abs. 1, 401, 1138 Var. 1 **aufgrund Abtretung der gesicherten Forderung** erworben hat (Zweiterwerb).

1. Es ist aber **keine wirksame Forderungsabtretung** erfolgt, sodass grundsätzlich auch die Hypothek nicht gemäß §§ 1153 Abs. 1, 401 auf X übergegangen ist.

279 2. Gemäß **§ 1138 Var. 1** wird jedoch der **Erwerb der Forderung fingiert**, wenn **§ 892 Abs. 1 S. 1 „in Ansehung der Forderung"** erfüllt ist.

---

246 Vgl. zum Einfluss der Akzessorietät auf diese Zweigleisigkeit AS-Skript Schuldrecht BT 2 (2020), Rn. 326.

247 Palandt/Herrler § 1138 Rn. 1.

Hinweis: *Der* ***Tatbestand*** *des § 892 muss bezogen auf die* ***Forderung*** *erfüllt sein, dann greift die* ***Rechtsfolge*** *des Zweiterwerbs der* ***Hypothek****. Ausnahmsweise* ***fallen*** *also der* ***Bezugspunkt des Rechtsscheins*** *und der* ***Bezugspunkt des*** *von der Kenntnislosigkeit ausgelösten* ***Schutzes auseinander****!*

Ein Erwerb der Forderung durch X mittels **Verkehrsgeschäfts** wurde erstrebt. Das Grundbuch ist bezüglich der Forderung **unrichtig** – es ist eine Forderung eingetragen, welche es (noch) nicht gibt – und G ist als eingetragener Inhaber der Forderung **legitimiert**. X hatte **keine Kenntnis** davon, dass die Forderung nicht existierte. Es ist ferner **kein Widerspruch** gegen die Forderung im Grundbuch oder auf dem Brief (vgl. § 1140 S. 2) eingetragen.

„In Ansehung der Forderung" ist § 892 Abs. 1 S. 1 also erfüllt. Ihr Erwerb durch X wird daher „für die Hypothek" fingiert. Gemäß §§ 1153 Abs. 1, 401 **geht mit der fingierten Forderung die Hypothek** auf X **über**. Die fingierte Forderung erlischt zwar sogleich wieder, aber X bleibt entgegen § 1163 Abs. 1 S. 2 Inhaber einer forderungsentkleideten Hypothek.

X kann von E die Duldung der Zwangsvollstreckung gemäß § 1147 verlangen.

Die **§§ 406–408** finden gemäß **§ 1156 S. 1** „in Ansehung der Hypothek keine Anwendung". Die **Forderung** kann daher beim Zessionar **erloschen** sein, aber gleichwohl kann ihm eine **forderungsentkleidete Hypothek** zustehen.[248] **280**

Beispiel: G1 hat gegen S einen hypothekarisch gesicherten Zahlungsanspruch. S hat eine Gegenforderung gegen G1, die S aufrechnen könnte, was S aber zunächst nicht tut. G1 tritt die Forderung unter Beachtung des § 1154 an G2 ab. Jetzt rechnet S gegenüber G1 auf. –
I. Der **Zahlungsanspruch** des G2 gegen S ist gemäß § 389 ex tunc, also als G1 ihn noch innehatte, **erloschen**. Für eine Aufrechnungslage i.S.d. § 387 fehlte es zwar an der Gegenseitigkeit, denn dem Anspruch S gegen G1 stand seit der Abtretung an G2 kein Anspruch des G1 gegen S (mehr) gegenüber. Dies wird aber nach § 406 Hs. 1 überwunden. Ausschlussgründe nach § 406 Hs. 2 liegen nicht vor.
II. G2 hat **hingegen** von G1 eine **Hypothek nebst Duldungsanspruch zweiterworben**. Wenn G1 im Zeitpunkt der Abtretung an G2 wegen § 389 keinen Zahlungsanspruch mehr hatte, dann kann er diesen zwar nicht an G2 abgetreten haben (kein gutgläubiger Forderungserwerb, Ausnahme § 405 Var. 1) und konsequenterweise kann auch keine Hypothek auf G2 nach §§ 1153 Abs. 1, 401 übergegangen sein. Nach § 1156 S. 1 wird jedoch § 406 in Ansehung der Hypothek nicht angewendet.

c) Berechtigung bezüglich der Hypothek

Der Zedent muss **verfügungsbefugter Inhaber der Hypothek** sein. Sonst gilt: **281**

- Ist der Zedent **ausschließlich aus anderen Gründen als einem Forderungsmangel Nichtberechtigter** bezüglich der Hypothek, so kommt ein Erwerb der Hypothek gemäß §§ 185 Abs. 2, 878 und 892 (unmittelbar) in Betracht (hierzu aa]). Bei der **Briefhypothek** sind dann zusätzlich die §§ 1140, 1155 zu beachten (hierzu bb]).

---

248 Palandt/Herrler § 1156 Rn. 1; näher zu den §§ 406-408 AS-Skript Schuldrecht AT 2 (2020), Rn. 434 ff.

- Fehlt es an der **Inhaberschaft der Forderung und liegt zudem ein weiterer Mangel der Hypothek** vor, können §§ 1138 Var. 1, 892 und unmittelbar § 892 in **Kombination** zum Erwerb führen (hierzu cc]).

aa) Zweiterwerb einer Buchhypothek vom Nichtberechtigten

282 Ist der Zedent zwar Forderungsinhaber, aber **nicht verfügungsbefugter Inhaber der Hypothek**, so kann dies nach Maßgabe der **§ 185 Abs. 2, § 878 oder § 892** überwunden werden. Examensklassiker ist die Überwindung der Nichtigkeit der Einigung über den Ersterwerb nach § 892 Abs. 1 S. 1:

Fall 17: Abgepresste Hypothekenbestellung

H verlangt für seine Darlehensforderung, die ihm gegen S zusteht, eine Sicherung. S wendet sich an den Grundstückseigentümer E und bittet um die Bestellung einer Buchhypothek. Als E sich weigert, weist S darauf hin, dass er der Frau des E Mitteilung davon machen werde, dass E ein Verhältnis mit einer anderen Frau habe. Sofort bestellt E zugunsten H, der von der Drohung nichts weiß, die Hypothek. H überträgt später Forderung und Hypothek formgemäß an den ebenfalls ahnungslosen X. Als X aus der Hypothek vorgeht, ficht E seine Erklärung gegenüber H an. Rechte des X?

283 I. X hat gegen S einen **Anspruch auf Rückzahlung** des Darlehens gemäß §§ 488 Abs. 1 S. 2, 398, 1154. H und X haben sich gemäß §§ 398, 1154 formgerecht über den Forderungsübergang geeinigt und H war **verfügungsbefugter Forderungsinhaber**.

284 II. X kann von E gemäß § 1147 **Duldung der Zwangsvollstreckung** verlangen, wenn X Inhaber einer Hypothek am Grundstück des E ist. Wie ausgeführt hat H die gesicherte Forderung gemäß §§ 398, 1154 an X abgetreten. Gemäß §§ 1153 Abs. 1, 401 geht dann ipso iure eine zugehörige Hypothek vom Zedenten auf den Zessionar über.

285 1. Der Zweiterwerb der Hypothek erfordert aber, dass H **verfügungsbefugter Inhaber der Hypothek** war. H kann die Hypothek gemäß §§ 873, 1113 von E als verfügungsbefugtem Grundstückseigentümer erworben haben (Ersterwerb).

Hinweis: *Beim* ***Ersterwerb*** *der Hypothek wird die* ***Berechtigung aus dem Eigentum*** *abgeleitet (Verfügung über Eigentum durch Belastung), beim* ***Zweiterwerb*** *aus der* ***Inhaberschaft der Hypothek*** *(Verfügung über Hypothek durch Übertragung).*

H und E haben sich wie von § 873 Abs. 1 gefordert über die Bestellung der Hypothek **geeinigt**. Doch hat E seine Erklärung gemäß §§ 142 Abs. 1, 123 Abs. 1 Var. 2 wirksam **angefochten**; insofern ist unerheblich, dass die Drohung von S ausging, denn § 123 Abs. 2 enthält nur für Täuschungen Dritter eine Einschränkung. Die Einigung ist ex tunc unwirksam, also hat E dem H keine Hypothek bestellt.

286 2. Die fehlende Berechtigung des H könnte nach **§ 892 Abs. 1 S. 1** unbeachtlich sein.

a) Es muss ein Zweiterwerb des X durch **Verkehrsgeschäft** beabsichtigt gewesen sein. Zwar geht die Hypothek kraft Gesetzes (§§ 1153 Abs. 1, 401) über. Doch geschieht dies aufgrund der rechtsgeschäftlichen Übertragung der Forderung, sodass § 892 auch auf den Zweiterwerb der Hypothek anwendbar ist.

b) H hatte keine Hypothek inne, das Grundbuch weist hingegen eine Hypothek des H aus. Es ist daher **hinsichtlich des „Rechts" Hypothek unrichtig** und **legitimiert** H zur Übertragung einer Hypothek. X **wusste nicht**, dass H nicht Inhaber der Hypothek war und es ist auch **kein Widerspruch** eingetragen bzw. **kein** eventuell nach **§ 1139** ausreichender entsprechender **Antrag** gestellt.

Hinweis: *Bei Forderungen aus* ***§ 488 Abs. 1 S. 2 kann die Eintragung des Widerspruchs*** *nach Maßgabe des* ***§ 1139*** *auf den Zeitpunkt der Beantragung seiner Eintragung* ***zurückwirken****.*

Der Tatbestand des § 892 Abs. 1 S. 1 ist erfüllt. H hat X eine Hypothek übertragen. X kann von E Duldung der Zwangsvollstreckung gemäß § 1147 verlangen.

Hinweis: *Der Zweiterwerb einer Hypothek vom Nichtberechtigten ist* ***sowohl*** *möglich, wenn ein* ***anderer Inhaber der Hypothek*** *ist,* ***als auch****, wenn die* ***Hypothek gar nicht besteht****.* 287

Hier liegt ein ***Unterschied zum Zweiterwerb des Anwartschaftsrechts an einer beweglichen Sache vom Nichtberechtigten****. Dieser ist nur möglich, wenn ein anderer Inhaber des Anwartschaftsrechts ist, nicht aber, wenn das Anwartschaftsrecht gar nicht besteht.*[249] *Es existiert* ***kein Publizitätsträger****, welcher schützenswertes Vertrauen in die Existenz des Anwartschaftsrechts entstehen lassen kann. Das Vertrauen in die Existenz einer Hypothek kann hingegen das Grundbuch hervorrufen.*

Der ***Zweiterwerb der Vormerkung vom Nichtberechtigten*** *ist auch möglich, wenn die Vormerkung nicht existiert (wie bei der Hypothek). Zwingend erforderlich ist aber das Bestehen der vorgemerkten Forderung (wie beim Anwartschaftsrecht an Fahrnis die Kaufpreisforderung), weil es für die Vormerkung* ***keine § 1138 Var. 1 entsprechende Vorschrift*** *gibt.*[250]

---

bb) Zweiterwerb einer Briefhypothek vom Nichtberechtigten (§ 1140) und Legitimationskette (§ 1155)

Eine **Briefhypothek** kann – wie ausgeführt – **durch schriftliche Forderungsabtretung und Briefübergabe übertragen** werden (§ 1154 Abs. 1 S. 1). Einer Eintragung im Grundbuch bedarf es dann nicht (§ 1154 Abs. 2). 288

Briefeintragungen können dann die **Legitimationswirkung des falschen Grundbuchs zerstören**. Der **Briefinhalt wird nach § 1140 ins Grundbuch projiziert**: 289

- Die **Unrichtigkeit des Grundbuchs** kann **aus dem Brief** oder einem (amtlichen oder privaten)[251] Vermerk auf dem Brief **hervorgehen**, § 1140 S. 1.
- Im bzw. auf dem Brief kann ein **Widerspruch** vermerkt sein, § 1140 S. 2.

Zur Gewährleistung der **Verkehrsfähigkeit der Briefhypothek** wird der **Inhaber des Hypothekenbriefs gemäß § 1155 behandelt, als wäre er** als Hypothekeninhaber **im** 290

249 Siehe näher AS-Skript Sachenrecht 1 (2020), Rn. 386.
250 Vgl. Rn. 199.
251 MünchKomm/Lieder § 1140 Rn. 10.

Grundbuch eingetragen, wenn eine **ununterbrochene Kette beglaubigter Abtretungserklärungen** von ihm auf den eingetragenen Hypothekeninhaber zurückführt.

Die **Beglaubigung** ist nach § 1154 Abs. 1 S. 1 **keine Übertragungsvoraussetzung**. Im Hinblick auf § 1155 besteht auf sie aber gemäß § 1154 Abs. 1 S. 2 ein Anspruch.

Nicht erforderlich ist, dass die **letzte Abtretung in der Kette**, nämlich vom derzeitigen Briefinhaber an den designierten Erwerber öffentlich beglaubigt ist. Insoweit **reichen** gemäß § 1154 Abs. 1 S. 1 **Schriftform und Briefübergabe**.

Fall 18: Die Legitimationskette

Zur Darlehenssicherung ist zugunsten des H eine Briefhypothek an dem Grundstück des E eingetragen. H tritt die Darlehensforderung öffentlich beglaubigt und mit Briefübergabe an I ab. I tritt die Forderung privatschriftlich mit Briefübergabe an G ab. Das Grundbuch weist weiterhin H als Hypothekeninhaber aus. Hat G die Hypothek erworben, wenn ihre Bestellung zugunsten des H unwirksam ist und I dies wusste?

291 G kann die Hypothek gemäß **§§ 1153 Abs. 1, 401 i.V.m. §§ 398, 1154** von I erworben haben (Zweiterwerb).

I hat G die **Darlehensforderung abgetreten**. Die **Form** des § 1154 Abs. 1 S. 1 (privatschriftliche Abtretung und Briefübergabe) ist gewahrt. I war dazu als verfügungsbefugter Forderungsinhaber aufgrund der vorherigen Abtretung des H an I auch **berechtigt**.

Gemäß §§ 1153 Abs. 1, 401 ging daher die Hypothek auf G über (Zweiterwerb), wenn **I Berechtigter bezüglich der Hypothek**, also ihr verfügungsbefugter Inhaber, war.

292 I. I könnte die Hypothek seinerseits ebenfalls **gemäß §§ 1153 Abs. 1, 401 von H erworben** haben (Zweiterwerb). Als verfügungsbefugter Forderungsinhaber hat H dem I in der Form des § 1154 Abs. 1 S. 1 (und zudem sogar öffentlich beglaubigt i.S.d. § 129) die Forderung wirksam abgetreten. **H** müsste aber seinerseits **Berechtigter bezüglich der Hypothek**, also ihr verfügungsbefugter Inhaber gewesen sein. H kann die Hypothek nur **durch Bestellung des E** nach **§§ 873 Abs. 1, 1113** erworben haben (Ersterwerb), aber die erforderliche Einigung zwischen H und E ist unwirksam.

H hatte daher keine Hypothek inne und war nicht zur Übertragung der Hypothek an I berechtigt. Das war I bekannt, sodass § 892 Abs. 1 S. 1 dies nicht überwindet. Daher **hatte auch I keine Hypothek inne**, die von ihm auf G hätte übergehen können.

293 II. Die **fehlende Hypothekeninhaberschaft des I** könnte nach **§ 892 Abs. 1 S. 1** unbeachtlich sein. In der Tat wusste G nichts von der nichtigen Hypothekenbestellung und hielt daher I für den Hypothekeninhaber. Jedoch war das **Grundbuch**, das I nicht als Hypothekeninhaber auswies, insofern **richtig** und **legitimierte** den I **nicht**. § 892 Abs. 1 S. 1 ist daher nicht erfüllt.

III. Es kommt aber ein Erwerb **über §§ 1155 S. 1, 892 Abs. 1 S. 1** in Betracht.

1. Da der Erwerb der Hypothek auf einer Abtretung der Forderung beruht, erfolgte ein **verkehrsgeschäftlicher Erwerb**.
2. Das in § 892 Abs. 1 S. 1 enthaltene Erfordernis der Unrichtigkeit des Grundbuchs wird in Anwendung des § 1155 ersetzt durch die **Unrichtigkeit der Legitima-**

tion, die sich **aus der ununterbrochenen Kette beglaubigter Abtretungserklärungen bis zum Veräußerer** ergibt. Tatsächlich war I nicht Inhaber einer Hypothek, sodass die (aus nur einem Glied bestehende) **Legitimationskette**, nämlich die beglaubigte Abtretung von H an I, **unrichtig** ist. I war zudem im **Besitz des Hypothekenbriefs**, sodass I als Hypothekeninhaber **legitimiert** war.

3. G hatte von der Unrichtigkeit der Legitimationskette **keine Kenntnis**. Es ist auch **kein Widerspruch** im Grundbuch oder auf dem Brief (vgl. § 1140 S. 2) eingetragen. Die Voraussetzungen der §§ 1155 S. 1, 892 Abs. 1 S. 1 sind erfüllt.

G hat die Hypothek von I erworben.

Umstritten ist, ob § 1155 auch dann eingreift, wenn die öffentlich beglaubigte **Abtretungserklärung gefälscht** ist. 294

Teilweise[252] wird angenommen, für die Legitimation reiche eine äußerlich einwandfreie, wenn auch gefälschte Beglaubigung als Rechtsscheinsträger. Nach der **Gegenansicht**[253] hat die gefälschte Urkunde keinerlei Legitimationswirkung. Auch aufgrund gefälschter und daher nichtiger Grundbucheintragungen sei kein Erwerb möglich. **Manche**[254] **differenzieren**: Sei die Abtretungsurkunde dergestalt falsch, dass sie von einem Notar unterzeichnet sei, aber nicht von der Person unterschrieben sei, die im Beglaubigungsvermerk ausgewiesen sei, sei ein Erwerb möglich. Habe dagegen keine notarielle Beglaubigung stattgefunden, scheide ein Erwerb aus.

cc) Berechtigung weder bezüglich Hypothek noch bezüglich Forderung („Doppelmangel")

Ohne Forderung ist der Übertragende wegen der Akzessorietät auch nicht Inhaber einer Hypothek. Gleichwohl ist in diesen Fällen von einem **Berechtigungsmangel ausschließlich auf Forderungsseite** auszugehen. Diese Mangel kann nach Maßgabe der **§§ 1138 Var. 1, 892** überwunden werden (siehe Fall 16). Besteht stattdessen ein **anderer Mangel auf Hypothekenseite** (z.B. Anfechtung der Bestellungserklärung, siehe Fall 17), kann dieser nach Maßgabe des **§ 892** überwunden werden. 295

Bei Kumulation der Mängel (**Doppelmangel**) müssen die **Tatbestände kumuliert geprüft** werden, bezogen auf den jeweiligen Mangel (s. sogleich die Unterstreichungen).

Fall 19: Doppelmangel (Kombination Fall 16 und Fall 17)

S veranlasst E mit einer Drohung, H eine Briefhypothek zur Sicherung einer Darlehensschuld des S zu bestellen. E bestellt die Hypothek in der Annahme, dass das Darlehen bereits valutiert sei. H valutiert nicht und überträgt trotzdem „Forderung und Hypothek" schriftlich nebst Briefübergabe auf den nichtsahnenden X. Als X aus der Hypothek vorgehen will, ficht E seine Erklärung gegenüber H an. Rechte des X?

---

252 RG RGZ 85, 58 (60); MünchKomm/Eickmann (bis 6. Aufl. 2013) § 1155 Rn. 12.

253 Baur/Stürner § 38 Rn. 34; Palandt/Herrler § 1155 Rn. 4.

254 Staudinger/Wolfsteiner § 1155 Rn. 18; im Wesentlichen MünchKomm/Lieder § 1155 Rn. 12 ff.

296 I. Ein **Zahlungsanspruch** des X gegen S **aus der Forderung** gemäß §§ 488 Abs. 1 S. 2, 398, 1154 besteht nicht. Mangels Valutierung war H nie Inhaber einer Forderung und ihr Erwerb vom Nichtberechtigten ist (mit Ausnahme des § 405 Var. 1) nicht möglich.

297 II. X könnte eine Hypothek am Grundstück des E gemäß §§ 1153 Abs. 1, 401 und somit einen **Duldungsanspruch aus § 1147** erworben haben.

1. H und X einigten sich **formgerecht** über die **Forderungsabtretung**, §§ 398 S. 1, 1154 Abs. 1. Eine bestehende Forderung wäre nach § 398 S. 2 auf X übergegangen und hätte nach §§ 1153 Abs. 1, 401 eine bestehende Hypothek mitgerissen.

298 2. Die Forderung besteht aber nicht, H war **hinsichtlich der Forderung Nichtberechtigter**. Gemäß § 1138 Var. 1 wird aber der Forderungserwerb des X für eine Sekunde fingiert, wenn § 892 Abs. 1 S. 1 in Ansehung der Forderung erfüllt ist.

a) Ein **verkehrsgeschäftlicher** Erwerb der Forderung durch X ist angestrebt.

b) Das Grundbuch ist bezüglich der Forderung **unrichtig** und H ist als eingetragener Inhaber der Forderung **legitimiert**.

c) X hatte **keine Kenntnis** davon, dass H nicht Inhaber der Forderung war. Es ist auch **kein Widerspruch** gegen die Forderung eingetragen. Es liegen somit in Ansehung der Forderung die Voraussetzungen des § 892 Abs. 1. S. 1 vor.

Es wird für eine Sekunde fingiert, dass X die Forderung erworben hat.

299 3. Eine wirksam entstandene Hypothek – abgesehen von dem insofern unbeachtlichen Fehlen der Forderung – wäre von H zu X mitgerissen worden. Wegen der Anfechtung der Einigung über die Hypothekenbestellung (§§ 142 Abs. 1, 123 Abs. 1) bestand jedoch keine Hypothek. H war also auch **hinsichtlich der Hypothek Nichtberechtigter**. Dieser Berechtigungsmangel wird aber überwunden, wenn § 892 Abs. 1 S. 1 in Ansehung der Hypothek erfüllt ist.

a) Der gesetzliche Erwerb der Hypothek tritt aufgrund **verkehrsgeschäftlicher** (wenn auch nur kurz fingierter) Forderungsübertragung ein, was genügt.

b) Das Grundbuch ist bezüglich der Hypothek **unrichtig** und H ist als eingetragener Inhaber der Hypothek **legitimiert**.

c) X hatte **keine Kenntnis** davon, dass H nicht Inhaber der Hypothek war. Es ist auch **kein Widerspruch** gegen die Hypothek eingetragen und **kein** eventuell gemäß **§ 1139** ausreichender entsprechender **Antrag** gestellt.

Auch die fehlende Berechtigung hinsichtlich der Hypothek wurde überwunden. X hat die Hypothek erworben und gegen E den Duldungsanspruch aus § 1147.

d) Trennung von Forderung und Hypothek bei mehrfachem Zweiterwerb wegen § 1138 Var. 1 entgegen § 1153 Abs. 2?

Das bisher Dargestellte zur Überwindung fehlender Berechtigungen (Fälle 16, 17 und 19) gilt auch bei mehrfachem Zweiterwerb in Kette (wie etwa in Fall 18). Allerdings existierte in den bisherigen Fällen keinerlei Forderung. Wenn hingegen eine **Forderung existiert**, jedoch ein **Dritter** ihr **Inhaber** ist, dann würde eine konsequente Anwendung des **§ 1138 Var. 1 im Widerspruch zu § 1153 Abs. 2** zu einer **dauerhaften Trennung von Hypothek und Forderung** führen: 300

Fall 20: Gespaltene Gläubigerrechte

E bestellt zugunsten X eine Buchhypothek zur Sicherung einer Kaufpreisforderung des X gegen E. X tritt die Forderung an Y ab und Y tritt an Z ab, jeweils formgemäß. Als Z aus Forderung und Hypothek gegen E vorgeht, macht dieser zutreffend geltend, X habe seine Abtretungserklärung gegenüber Y angefochten, was Z aber nicht wusste. Auch X habe bereits Ansprüche geltend gemacht. Welche Ansprüche hat Z?

A. Z könnte die **Kaufpreisforderung** durch Abtretung von Y gemäß §§ 398, 1154 Abs. 1, 433 Abs. 2 erworben haben. X hat aber die Abtretung an Y wirksam angefochten. Y war daher nicht Inhaber der Forderung und daher (unüberwindbar, § 405 Var. 1 ist nicht erfüllt) nicht zu ihrer Abtretung berechtigt. Z hat die Kaufpreisforderung (jedenfalls) **nicht durch Abtretung** von Y erworben. 301

Hinweis: *Ob Z die Forderung ausnahmsweise als* ***Folge eines Hypothekenerwerbs*** *dauerhaft erwirbt, lässt sich besser unten darstellen (siehe C.).*

B. Z könnte gegen E einen Anspruch auf **Duldung der Zwangsvollstreckung** aus § 1147 haben. Die erforderliche Hypothek kann Z nur von Y ipso iure gemäß §§ 1153 Abs. 1, 401 anlässlich eines (fingierten) Forderungserwerbs erworben haben. 302

I. Y und Z haben sich **formgerecht** über die **Abtretung** einer hypothekarisch gesicherten Forderung **geeinigt**, §§ 398, 1154 Abs. 3.

II. Y war jedoch nicht Forderungsinhaber, da X seine Abtretungserklärung an Y angefochten und somit gemäß § 142 Abs. 1 ex tunc vernichtet hatte. Jedoch wird der **Forderungserwerb** durch Z gemäß §§ 1138 Var. 1 für eine juristische Sekunde **fingiert**, wenn im Zeitpunkt der Abtretung von Y an Z die Voraussetzungen der §§ 892 Abs. 1 S. 1 **in Ansehung der Forderung** vorlagen. 303

Ein **verkehrsgeschäftlicher** Erwerb der Forderung wurde angestrebt. Das Grundbuch wies Y als Inhaber der Forderung des X aus. Es war daher **falsch** und **legitimierte** Y zur Abtretung der Forderung. Z **wusste nicht**, dass Y nicht Inhaber der Forderung war und es war hiergegen **kein Widerspruch** eingetragen. Damit wird für eine juristische Sekunde fingiert, dass Z die Forderung erworben hat.

III. Gemäß §§ 1153 Abs. 1, 401 geht mit der (fingierten) Forderung die Hypothek auf Z über, wenn Y **verfügungsbefugter Inhaber der Hypothek** war. Zwar hatte Y von X wegen der Anfechtung nicht die Forderung und daher auch **nicht die Hy-** 304

pothek erworben. § 892 Abs. 1 S. 1 ist aber auch **in Ansehung der Hypothek** erfüllt, insbesondere wusste Z nicht, dass Y nicht Inhaber der Hypothek war. Der Umstand, dass Y nicht Inhaber der Hypothek war, wurde also überwunden.

Ginge es um eine **Briefhypothek** und wäre die Forderung privatschriftlich nebst Briefübergabe (§ 1154 Abs. 1) übertragen worden, so wäre das Grundbuch richtig (X als eingetragener Inhaber von Forderung und Hypothek) und § 892 hätte Y weder bezüglich Hypothek noch (i.V.m. § 1138 Var. 1) bezüglich Forderung legitimiert. Wäre aber die Abtretung X an Y zudem öffentlich beglaubigt und Y im Besitz des Briefes gewesen, so wäre Y nach §§ 1155, 892 Abs. 1 S. 1 jedenfalls bezüglich der Hypothek legitimiert gewesen (s. Fall 19). Ob sich die Legitimation bezüglich der Forderung dann ebenfalls bereits aus diesen Normen ergibt oder ob auch hier § 1138 Var. 1 hinzugezogen werden muss (auf den § 1155 dann ebenfalls verweisen dürfte), ist eine dogmatisch interessante, aber für das Ergebnis irrelevante Frage. Anders formuliert: Überwindet § 1155 mit seiner Formulierung „Gläubiger" nur die fehlende Inhaberschaft der Hypothek (wie in Fall 18), oder auch (ebenso wie der dann hier überflüssige § 1138 Var. 1) der Forderung?

305 C. Danach ist Z Inhaber der Hypothek, während X Inhaber der Forderung geblieben ist. Es kommt also zu einer **dauerhaften Trennung von Hypothek und Forderung**.

I. Nach der **zumindest früher h.M.**[255] muss die Personenverschiedenheit zwischen dem Inhaber der Forderung und dem Hypothekeninhaber vermieden werden. Da die **Gefahr der doppelten Inanspruchnahme durch zwei Gläubiger** bestehe, müsse der Erwerb der Hypothek auch den Erwerb der Forderung zur Folge haben. Nach **§ 1153 Abs. 2** könnten Forderung und Hypothek nicht voneinander getrennt werden. Ausnahmsweise **reiße die Hypothek die Forderung** mit. Dem folgend hätte Z letztlich die Ansprüche aus Hypothek und Forderung.

II. **Im Vordringen**[256] befindlich ist die Ansicht, dass es bei einer Trennung von Forderung und Hypothek verbleibe. Aus § 1153 Abs. 2 ergebe sich nur, dass sich Forderung und Hypothek nicht durch eine rechtsgeschäftliche Übertragung trennen ließen. **Einer gesetzlichen Trennung** von Forderung und Hypothek als Folge der Anwendung des § 1138 Var. 1 **stehe § 1153 Abs. 2 nicht entgegen**.

Ferner **bestehe die Gefahr einer doppelten Inanspruchnahme durch zwei Gläubiger nicht**. Sobald einer der beiden Ansprüche erfüllt werde, drohe aus dem anderen keine Inanspruchnahme mehr:[257]

- Bei **Tilgung der persönlichen Forderung** gehe die Hypothek ohnehin ipso iure gemäß § 1163 Abs. 1 S. 2 von ihrem Inhaber auf den Eigentümer über.
- Werde **auf die Hypothek** zwecks Verhinderung der Vollstreckung **gezahlt** (§ 1142), so erlösche bei Identität von Eigentümer und persönlichem Schuldner zugleich die Forderung (§ 362 Abs. 1). Bei Personenverschiedenheit gehe die Forderung gemäß § 1143 auf den Eigentümer über, sodass die Hypothek zur Eigentümerhypothek werde (§§ 1143, 1177 Abs. 2). Werde die Hypothek zwangsweise vollstreckt, so erlösche die Forderung sogar (§ 1181 Abs. 1).

Diesen überzeugenden Argumenten folgend hat Z gegen E (nur) die Hypothek und daher (nur) den Anspruch auf Duldung der Zwangsvollstreckung aus § 1147.

255 Erman/Wenzel § 1153 Rn. 3; Baur/Stürner § 38 Rn. 28; Prütting Rn. 694.
256 MünchKomm/Lieder § 1153 Rn. 16 ff.; Staudinger/Wolfsteiner § 1138 Rn. 10; Westermann/Gursky/Lieder § 104 III 4.
257 Siehe zu den Rechtsfolgen einer Zahlung näher Rn. 315 ff.

2. Kein Verlust der Hypothek

Natürlich darf auch der Zweiterwerber die Hypothek im Zeitpunkt ihrer Geltendmachung nicht bereits wieder verloren haben (s. Rn. 261). **306**

3. Keine Einwendungen und Einreden gegenüber neuem Inhaber

Ebenso wie der Forderungsschuldner durch die Forderungsabtretung grundsätzlich keine Nachteile erlangen soll (vgl. § 404), soll auch ein Wechsel des Inhabers der Hypothek **dem Eigentümer grundsätzlich nicht zum Nachteil** gereichen. Anders als bei einer Forderung (enge Ausnahme § 405) ist aber in größerem Umfang ein **einwendungs- und einredefreier Erwerb der Hypothek** möglich. **307**

Klausurhinweis: *Das hat zur Folge, dass der neue Inhaber zwar nicht aus der Forderung gegen den Schuldner, aber aus der Hypothek gegen den Eigentümer vorgehen kann.*

a) Einwendung des Nichtbestehens der Forderung

Wenn die Forderung **bereits im Zeitpunkt der Abtretung nicht besteht**, erwirbt der neue Gläubiger grundsätzlich keine Hypothek. Sie kennen bereits Ausnahmen: **308**

- Der Erwerb einer **forderungsentkleideten Hypothek** ist möglich (§ 1138 Var. 1, s. Rn. 275 ff.).
- Die **Aufrechnung gegenüber dem neuen Gläubiger** bringt gemäß § 406 die Forderung zu Fall, gemäß § 1156 S. 1 jedoch nicht die Hypothek (s. Rn. 280).

Erlischt die Forderung nach Abtretung, so wird die Hypothek grundsätzlich zur Eigentümergrundschuld, §§ 1163 Abs. 1 S. 2, 1177 Abs. 1 S. 1. Gemäß **§ 1156 S. 1** hat allerdings ein Erlöschen der Forderung nach **§ 407**[258] auf die Hypothek keine Auswirkung. **309**

Beispiel: H hat E ein Darlehen gewährt und E hat H eine Briefhypothek bestellt. H tritt die Forderung nebst Hypothek an X ab. E, der die Abtretung nicht kennt, zahlt an H die Darlehenssumme zurück.– Bezüglich seines Anspruchs aus § 488 Abs. 1 S. 2 muss X die Leistung des E an H gegen sich gelten lassen (§ 407). Gemäß § 1156 S. 1 ist § 407 in Ansehung der Hypothek jedoch nicht anwendbar. X kann daher seinen Anspruch aus der Hypothek (§ 1147) gegen E durchsetzen.

b) Fälligkeit

Wird die Forderung nur nach **Kündigung** fällig (z.B. §§ 489, 490), so muss die Kündigung gemäß § 1141 Abs. 1 (auch) vom Gläubiger gegenüber dem (wahren oder eingetragenen) Eigentümer oder vom Eigentümer gegenüber dem Gläubiger erklärt werden. **310**

c) Einreden

Zum einen können natürlich **originäre Einreden** gegen den Zessionar bestehen, etwa wenn der Zessionar Forderung oder Hypothek stundet. Interessanter sind aber die **vom Zedenten abgeleiteten Einreden** gegen den Zessionar. Für diese gilt **grundsätzlich dasselbe wie beim Ersterwerb** (s. Rn. 311 ff.), allerdings greift letztlich § 892, sodass der **311**

258 Siehe näher zu § 407 AS-Skript Schuldrecht AT 2 (2020), Rn. 439 ff.

kenntnislose Zweiterwerber einredefrei die Hypothek erwirbt:

312 ■ Nach § 1157 S. 1 können Einreden **gegen die Hypothek** auch dem neuen Gläubiger entgegengesetzt werden. Ein Einredefreier Zweiterwerb ist gemäß **§§ 1157 S. 2, 892 Abs. 1 S. 1** aber möglich. Zur Verhinderung kann der Eigentümer einen Widerspruch gegen die Einredefreiheit oder die Einrede selbst eintragen lassen. Gegen den Hypothekeninhaber hat er aus § 894 einen entsprechenden Zustimmungsanspruch.[259]

Beispiel: H tritt eine Forderung an X ab, die durch Hypothek am Grundstück des E gesichert ist. Schuldner der Forderung ist S. E macht gegenüber der auf § 1147 gestützten Klage des X geltend, H habe versprochen, ihn aus der Hypothek erst dann in Anspruch zu nehmen, wenn bei S nichts zu pfänden sei. Ein Vollstreckungsversuch bei S habe jedoch noch nicht stattgefunden.–
Die Einrede des E muss X gegen sich gelten lassen (§ 1157 S. 1). Allerdings hat X die Hypothek gemäß §§ 1157 S. 2, 892 Abs. 1 S. 1 einredefrei erworben, es sei denn die Abrede zwischen E und H war im Grundbuch eingetragen, dem C bekannt, oder durch einen Widerspruch angekündigt.

313 ■ Einreden **gegen die Forderung** wirken grundsätzlich nach **§ 1137 Abs. 1 S. 1 Var. 1** gegen jeden Inhaber der Hypothek. Ein einredefreier Zweiterwerb der Hypothek tritt aber ein, wenn **§ 892 Abs. 1 S. 1** „in Ansehung der dem Eigentümer nach § 1137 zustehenden Einrede" erfüllt ist (**§ 1138 Var. 2**).

Beispiel: Wie oben, aber E macht geltend, H habe versprochen, S erst in Anspruch zu nehmen, wenn dieser in etwa drei Monaten seinen Anteil aus einer Erbschaft ausgezahlt bekommt. –
X muss die Einrede der Stundung der Forderung gemäß § 1137 Abs. 1 S. 1 Var. 1 gegen die Hypothek gelten lassen – vorbehaltlich §§ 1138 Var. 2, 892 Abs. 1 S. 1.

Gemäß **§ 216 Abs. 1** ist die **Verjährung der Forderung** ohnehin stets unbeachtlich.

Beispiel: Wie oben, aber E macht geltend, die Forderung gegen S sei bereits verjährt. –
Gemäß § 216 Abs. 1 wirkt die Einrede der Forderungsverjährung in Ausnahme zu § 1137 Abs. 1 S. 1 Var. 1 nie gegen die Hypothek. X kann seinen Anspruch gegen E aus § 1147 durchsetzen.

314 ■ **Aufrechenbarkeit** der Forderung sowie **Anfechtbarkeit** und **Gestaltbarkeit** des ihr zugrunde liegenden Vertrags geben dem Eigentümer eine Einrede aus **§§ 1137 Abs. 1 S. 1 Var. 2, 770** auch gegenüber dem neuen Inhaber der Hypothek. **§§ 1138 Var. 2, 892 Abs. 1 S. 1** lassen aber auch insofern einen einredefreien Zweiterwerb zu.

Beispiel: Wie oben, aber E macht geltend, S könne von dem der Forderung zugrunde liegenden Darlehensvertrag zurücktreten. –
X muss die Einrede der Gestaltbarkeit des Darlehensvertrags gemäß §§ 1137 Abs. 1 S. 1 Var. 2, 770 gegen die Hypothek gelten lassen – vorbehaltlich §§ 1138 Var. 2, 892.

259 Palandt/Herrler § 1157 Rn. 3.

Anspruch aus der Hypothek, § 1147

Anspruch bei Ersterwerb

Hypothek **wirksam bestellt**

- **Einigung** (§ 873 Abs. 1) mit dem Inhalt des § 1113
  (bei der Buchhypothek: § 1116 Abs. 2 S. 3)
  ist die Forderung nicht hinreichend bestimmt, entsteht eine Eigentümergrundschuld
- Bestehen der gesicherten Forderung
  Besteht die Forderung nicht, ist kein Erwerb der Hypothek vom Nichtberechtigten möglich.
  Es entsteht gemäß §§ 1163 Abs. 1 S. 1, 1177 Abs. 1 S. 1 eine Eigentümergrundschuld.
  Umstritten ist, ob ein Bereicherungsanspruch durch die Hypothek gesichert wird.
- **Eintragung** der Hypothek im Grundbuch
  (bei der Buchhypothek: § 1116 Abs. 2 S. 3)
- **Briefübergabe** bei Briefhypothek
- **Berechtigung**: verfügungsbefugter Eigentümer oder Ermächtigter (§ 185 Abs. 1 bzw. gesetzlich)
  gegebenenfalls: Erwerb vom Nichtberechtigten (§ 185 Abs. 2; § 878; § 892)

Keine Einwendungen und Einreden

- Einwendungen und Einreden aus dem Hypothekenrechtsverhältnis
- Einreden gegen die Forderung, § 1137 Abs. 1 S. 1 Var. 1; Ausnahme § 216 Abs. 1
- Anfechtbarkeit, Aufrechenbarkeit und Gestaltbarkeit, § 1137 Abs. 1 S. 1 Var. 2

Anspruch bei Zweiterwerb

Hypothek **wirksam übertragen**

- Einigung über die **Abtretung der gesicherten Forderung**
- **Form/Publizität**
  Briefhypothek: § 1154 Abs. 1 u. 2; Buchhypothek: §§ 1154 Abs. 3, 873
- **Berechtigung bezüglich Forderung**
  fingierter Forderungserwerb gemäß §§ 1138 Var. 1, 892; § 406 unbeachtlich (§ 1156 S. 1)
- **Berechtigung bezüglich Hypothek**
  § 185 Abs. 2, § 878 oder § 892 möglich; beachte §§ 1140, 1155 bei Briefhypothek;
  Kombination von Forderungsmangel und Hypothek
- **Mehrfacher Zweiterwerb bei Forderungsinhaberschaft eines Dritten**
  Str., ob nach § 1138 Var. 1 in Widerspruch zu § 1153 Abs. 1 Inhaberschaften an Forderung und Hypothek dauerhaft auseinanderfallen.

Keine Einwendungen und Einreden

- Einwendungen aus §§ 406–408 sind gemäß § 1156 S. 1 ausgeschlossen
- Einreden gegen die Hypothek: § 1157 S. 1 (ggf. §§ 1157 S. 2, 892)
- Einreden gegen die Forderung: § 1137 Abs. 1 S. 1 Var. 1 (ggf. §§ 1138 Var. 2, 892)
- Aufrechenbarkeit, Anfechtbarkeit und Gestaltbarkeit: § 1137 Abs. 1 S. 1 Var. 2
  (ggf. §§ 1138 Var. 2, 892)

B. Rechtsfolgen der Zahlung

315 Die mit der Zahlung eintretenden Rechtsfolgen bestimmen sich danach, ob Eigentümer und Schuldner **personenverschieden** sind oder nicht und **welche Person zahlt.**[260]

I. Schuldner und Eigentümer sind identisch

316 Sind Schuldner und Eigentümer identisch und zahlt diese Person, so erlischt die **Forderung** gemäß § 362 Abs. 1 durch Erfüllung. Mit dem Erlöschen der Forderung geht gemäß § 1163 Abs. 1 S. 2 die **Hypothek** auf den Eigentümer über und wird gemäß § 1177 Abs. 1 S. 1 zur Eigentümergrundschuld.

II. Schuldner und Eigentümer sind personenverschieden

317 Worauf gezahlt wird, bestimmt sich nach der **Tilgungsbestimmung** des Leistenden, § 366 Abs. 1. Ist keine ausdrückliche Tilgungsbestimmung getroffen, so ist sie durch **Auslegung** zu ermitteln.[261] Jeder zahlt regelmäßig auf das, was ihn **persönlich betrifft**: der Schuldner auf die Forderung, der Eigentümer (wegen § 1142) auf die Hypothek.

Soweit ausnahmsweise **auf eine fremde Schuld gezahlt** werden, so ist **§ 267** zu berücksichtigen. Lex specialis dazu ist **§ 268**, vgl. zu diesem sogleich Rn. 321.

1. Zahlung des Schuldners

318 Wenn der Schuldner auf die Forderung zahlt, erlischt diese durch Erfüllung gemäß § 362 Abs. 1. Die Hypothek wird **grundsätzlich** gemäß §§ 1163 Abs. 1 S. 2, 1177 Abs. 1 S. 1 zu einer **Eigentümergrundschuld**. Der Schuldner erhält dafür vom Eigentümer nichts, da primär der Schuldner für die Befriedigung des Gläubigers verantwortlich ist und der Eigentümer alias Sicherungsgeber die Sicherheit ohne Gegenleistung zurückerhalten soll.

319 Soweit aber **ausnahmsweise** dem Schuldner gegen den Eigentümer ein Regressanspruch zusteht, also letztlich der Eigentümer für die Befriedigung des Gläubigers aufkommen soll, geht die Hypothek gemäß **§ 1164 Abs. 1 S. 1** auf den Schuldner über. Die **Hypothek sichert dann den Regressanspruch des Schuldners** ab.[262] § 1164 Abs. 1 S. 1 regelt einen Fall der **gesetzlichen Forderungsauswechslung** bei einer Hypothek.

Nach §§ 1167, 1144 f. und §§ 985, 952 kann der Schuldner den **Hypothekenbrief herausverlangen**.

Das **Grundbuch** ist dann regelmäßig **falsch**. Der Anspruch aus § 894 richtet sich gegen den „Betroffenen". Das ist jedenfalls der noch als Hypothekeninhaber eingetragene Gläubiger, nach h.M. aber auch der Eigentümer, obwohl für ihn kein Grundpfandrecht eingetragen ist, weil er im Normalfall eine Eigentümergrundschuld erworben hätte.[263]

Beispiel: E hat H zur Sicherung einer Darlehensforderung gegen ihn eine Buchhypothek bestellt. E verkauft das Grundstück an A. E und A vereinbaren, dass A die Darlehensschuld übernehmen und dafür einen geringen Kaufpreis an E zahlen soll. A wird als Eigentümer eingetragen. H verweigert die Genehmigung der Schuldübernahme. Deshalb zahlt E später bei Fälligkeit an H das Darlehen zurück. –

260 Vergleiche zur Parallelproblematik bei der Bürgschaft AS-Skript Schuldrecht BT 2 (2018), Rn. 412.
261 Vgl. zur Tilgungsbestimmung AS-Skript Schuldrecht AT 2 (2020), Rn. 5 ff.
262 MünchKomm/Lieder § 1164 Rn. 1.
263 MünchKomm/Lieder § 1164 Rn. 18; Staudinger/Wolfsteiner § 1164 Rn. 23; Palandt/Herrler § 1164 Rn. 4.

I. Die **Forderung** ist gemäß § 362 Abs. 1 durch Zahlung des E **erloschen.** E war mangels Genehmigung der Schuldübernahme nach § 415 Abs. 1 S. 1 **im Außenverhältnis weiterhin Schuldner** des H.
II. Im **Innenverhältnis** zwischen E und A war A als Übernehmer dem E als Schuldner gemäß § 415 Abs. 3 S. 1 verpflichtet, die Darlehensforderung zu tilgen. Befriedigt trotzdem der Schuldner (hier: E) den Gläubiger (hier: H), wandelt sich der Anspruch des Schuldners (hier: E) auf Schuldbefreiung aus § 415 Abs. 3 S. 1 gegen den Übernehmer (hier: A) in einen **Erstattungsanspruch** aus § 670 um.[264]
III. Da die durch die Hypothek gesicherte Forderung des H erloschen ist (I.), wird gemäß **§ 1163 Abs. 1 S. 2** die Hypothek des H grundsätzlich zur Eigentümergrundschuld des A. Doch da der persönliche Schuldner E gegen den jetzigen Eigentümer A einen Erstattungsanspruch aus § 670 erlangt hat (II.), greift **§ 1164 Abs. 1 S. 1** ein. Der **Erstattungsanspruch** wird **durch die Hypothek gesichert**. E ist also Inhaber der Hypothek am Grundstück des A.
IV. E hat sowohl gegen H als auch nach h.M. gegen A einen **Anspruch aus § 894**.

2. Zahlung des Eigentümers

Zahlt der Eigentümer nach § 1142 Abs. 1 zur Abwendung der Vollstreckung aus der Hypothek, so geht gemäß § 1143 Abs. 1 S. 1 die Forderung auf ihn über. Damit erwirbt der Eigentümer gemäß § 1153 Abs. 1 auch die Hypothek, die zur **Eigentümerhypothek** wird – welche gemäß § 1177 Abs. 2 wie eine Eigentümergrundschuld behandelt wird. **320**

Im **Unterschied zur Eigentümergrundschuld** (§ 1177 Abs. 1 S. 1) besteht bei der Eigentümerhypothek die Forderung fort. Der Eigentümer ist Inhaber der Forderung und der Hypothek.

Bei **zwangsweiser Befriedigung** im Rahmen der Vollstreckung **erlischt die Hypothek** (§ 1181 Abs. 1).

3. Zahlung des ablösungsberechtigten Dritten

Nach §§ 1150, 268 **erwirbt** der ablösungsberechtigte Dritte mit seiner Zahlung gemäß § 268 Abs. 3 die **Forderung** und daher gemäß §§ 412, 401, 1153 Abs. 1 die **Hypothek**. **321**

Ein **Ablösungsrecht** hat gemäß § 268 Abs. 1 S. 1, wer Gefahr läuft, **durch die Zwangsvollstreckung ein absolutes Recht am Grundstück zu verlieren**. Dies sind insbesondere **Inhaber nachrangiger Grundpfandrechte** (vgl. §§ 52 Abs. 1, 44 ZVG, s. Rn.).

Obgleich Verpflichtungsverträge keine absoluten Rechte begründen, kann ferner **Mietern und Pächtern** der Verlust des absolut geschützten Besitzes drohen (vgl. § 57 a ZVG).

Beispiel: Zugunsten G ist an dritter Stelle eine Grundschuld am Grundstück des E eingetragen. Als der an zweiter Stelle stehende H aus seiner Hypothek die Zwangsversteigerung betreibt, zahlt G für E an H, um die Versteigerung zu verhindern (§ 1142 Abs.1). –
Nach § 268 Abs. 3 gehen die Forderung des H gegen E und daher gemäß § 1153 Abs. 1, §§ 412, 401 die Hypothek des H auf den gegenüber H nachrangigen und somit gemäß §§ 52 Abs. 1, 44 ZVG ablösungsberechtigten G über.

Da die Forderung **kraft Gesetzes** auf den Dritten übergeht, ist **kein Erwerb der Hypothek** gemäß § 892 oder §§ 1138 Var. 1, 892 **vom Nichtberechtigten** möglich.[265] **322**

Im vorherigen **Beispiel** stellt sich heraus, dass die Forderung des H nicht bestand. –
I. Eine **Forderung** hat G nicht erworben. Ein gesetzlicher Zweiterwerb gleich welches Gegenstands findet vom Nichtberechtigen mangels Verkehrsgeschäfts in aller Regel nicht statt. Bei Forderungen ist er zudem selbst rechtsgeschäftlich nur in den engen Grenzen des § 405 Var. 1 analog möglich.
II. Ein **fingierter Forderungsübergang** würde nach §§ 1138 Var. 1, 892 Abs. 1 S. 1 zum **Hypothekenerwerb** führen. Auch er scheidet aber mangels Verkehrsgeschäfts aus (§ 892 Abs. 1 S. 1 „Rechtsgeschäft").

264 MünchKomm/Bydlinski § 415 Rn. 18.
265 BGH RÜ 2005, 396.

4. Zahlung durch einen Gesamtschuldner

323 Nach **§ 426 Abs. 1** sind die Gesamtschuldner im Verhältnis zueinander[266] zunächst verpflichtet, einander anteilig freizustellen. Soweit ein Gesamtschuldner an den Gläubiger mehr als seinen Anteil zahlt, wandelt dieser Anspruch sich in einen **Ausgleichsanspruch auf Zahlung**. Die **Hypothek erwirbt** der zahlende Gesamtschuldner **hiernach aber nicht**, denn sie steht zu diesem Anspruch nicht in Akzessorietät.

324 Jedoch geht gemäß **§ 426 Abs. 2** die Forderung des Gläubigers gegen die übrigen Gesamtschuldner in Höhe der den Anteil überschreitenden Zahlung auf den zahlenden Gesamtschuldner über. Gemäß **§ 1153 Abs. 1 und §§ 412, 401** erhält der zahlende Gesamtschuldner dadurch eine den übergehenden Anspruch sichernde Hypothek.

5. Wettlauf der (akzessorischen) Sicherungsgeber

325 Ist eine Forderung sowohl durch Hypothek als auch durch Bürgschaft gesichert, so gehen nach dem Wortlaut des Gesetzes die Forderung und daher das jeweils andere Sicherungsrecht auf den Sicherungsgeber über, der zuerst zahlt. Dies fordert einen **„Wettlauf der Sicherungsgeber"** heraus. Nach h.M. ist eine Korrektur erforderlich.[267]

Fall 21: Der Wettlauf der Sicherungsgeber

E hat H zur Sicherung einer Forderung gegen S eine Hypothek bestellt. B hat in gleicher Höhe eine Bürgschaft übernommen. Haben E und B wechselseitige Regressansprüche nach jeweiliger Zahlung an H?

326 I. **Zahlt E zuerst**, geht gemäß§ 1143 Abs. 1 S. 1 die Forderung gegen S auf ihn über. Mit dem Erwerb der Forderung würde E gemäß §§ 412, 401 auch die Bürgschaft erwerben. E könnte von B gemäß § 765 Abs. 1 in voller Höhe Regress nehmen.

327 II. **Zahlt B zuerst**, geht gemäß § 774 Abs. 1 S. 1 die Forderung gegen S auf ihn über. Mit Erwerb der Forderung würde B gemäß §§ 412, 401 und § 1153 Abs. 1 auch die Hypothek erwerben. B könnte von E gemäß § 1147 in voller Höhe Regress nehmen.

328 III. Nach dem Gesetzeswortlaut hat also derjenige, der zuerst zahlt, einen uneingeschränkten Regressanspruch (**Prioritätsprinzip**). Dieser könnte zu kürzen sein.

1. Dies wird vereinzelt[268] abgelehnt. Der **Gesetzeswortlaut** sehe das Prioritätsprinzip vor. Anreize für eine zügige Befriedigung des Gläubigers seien zu begrüßen.

329 2. Vertreten wird auch die gegenteilige Ansicht,[269] dass **keinem der Sicherungsgeber ein Regressanspruch zustehe**, dass also „auf Null" gekürzt werden müsse. Aus den gesetzlichen Regelungen für die Mitbürgschaft (§§ 774 Abs. 2, 426), für die Gesamthypothek (§§ 1143 Abs. 2, 1173) und für mehrere Mitverpfänder (§§ 1225 S. 2, 426) ergebe sich, dass ein Übergang der anderen Sicherheit nur bei

266 Vgl. zum Folgenden auch AS-Skript Schuldrecht AT 2 (2020), Rn. 527 ff.

267 Siehe auch AS-Skript Schuldrecht AT 2 (2020), Rn. 548 ff. und AS-Skript Schuldrecht BT 2 (2020), Rn. 435 ff.

268 Mertens/Schröder Jura 1992, 305, 308 ff.

269 K. Schmidt JuS 1990, 61, 62.

ausdrücklicher Regelung stattfinden solle. Eine solche gesetzliche Regelung existiere aber für das Zusammentreffen von Hypothek und Bürgschaft gerade nicht.

3. Die **früher h.M.**[270] **bevorzugt den Bürgen**. Wenn der Gläubiger eine Hypothek aufgebe, werde nach § 776 der Bürge insoweit frei, als er aus der Hypothek gemäß § 774 Abs. 1 S. 1 hätte Regress nehmen können. Wenn der Gläubiger umgekehrt eine Bürgschaft aufgebe, gebe es hingegen keine Norm, die den Eigentümer befreit. Zudem hafte der Bürge persönlich mit seinem gesamten Vermögen, der Eigentümer hingegen nur mit dem Grundstück. Danach könnte B von E ungekürzten Regress nehmen, E von B hingegen keinerlei Regress („Kürzung auf Null"). 330

4. Nach dem Wortlaut ist § 426 Abs. 1 Anspruchsgrundlage und § 426 Abs. 2 statuiert eine cessio legis. Nach der **heute h.M.** ist auf die Regressansprüche des Bürgen und des Eigentümers **§ 426 (analog) zum Zwecke der Anspruchskürzung** anzuwenden. Bei einer Doppelsicherung seien die Voraussetzungen für eine Gesamtschuld nach **§ 421** zumindest analog erfüllt:[271] 331

- **Mehrere Schuldner** (Eigentümer und Bürge) haften auf das **Ganze**, der Gläubiger darf aber insgesamt die Leistung nur **einmal fordern.**
- Bürgschaft und Hypothek seien auf das **gleiche Leistungsinteresse** gerichtet (Gewährung einer Sicherheit) und daher **„eine Leistung"**. Daher schade es nicht, dass die Hypothek (§ 1147: Duldung) einen anderen Anspruchsinhalt habe als die Forderung (§ 488 Abs. 1 S. 2: Zahlung), zumal angesichts § 1142 auch bei der Hypothek oft eine Zahlung erfolge.
- Zudem stünden sie nicht in einem Rangverhältnis, sodass schließlich die ungeschriebene Voraussetzung der **Gleichstufigkeit** erfüllt sei. Aus § 776 ergebe sich keine Bevorzugung der Bürgschaft gegenüber anderen Sicherheiten, da die Norm nur das Verhältnis zwischen Gläubiger und Bürgen regele.

Da die Sicherheiten gleich hoch sind, ist der Anspruch des Zahlenden hälftig zu kürzen. Analog § 774 Abs. 2 kann der Zahlende **ab dem ersten an den Gläubiger gezahlten Euro** hälftigen Regress vom anderen Sicherungsgeber nehmen. Er trägt also, insofern abweichend von § 426, die Zahlungslast **nicht bis zu seinem Anteil alleine.**[272] 332

Die **Höhe des Regressanspruchs** bestimmt sich nicht nach Kopfanteilen (Regelfall des § 426), sondern nach dem **abstrakt übernommenen Haftungsrisiko**. Auch für den **Inhalt** ist die vorhergehende Vereinbarung mit dem Sicherungsnehmer maßgeblich.[273] 333

Beispiel:[274] G hat gegen S eine Forderung aus einem Kontokorrent über aktuell 600.000 €. B verbürgt sich i.H.v. 200.000 €. E bestellt eine Hypothek i.H.v. 600.000 €. Die Forderung fällt i.H.v. 100.000 € aus, die übrigen 500.000 € kann S an G zurückzahlen. –

---

270 Tiedtke WM 1990, 1270, 1273 m.w.N.

271 BGH NJW 1992, 3228; Palandt/Sprau § 774 Rn. 13.

272 Vgl. zur Zahlung ab dem ersten Euro nach § 774 Abs. 2 AS-Skript Schuldrecht BT 2 (2020), Rn. 428.

273 Staudinger/Herresthal, Eckpfeiler des Zivilrechts, L 73.

274 Nach BGH RÜ 2009, 151.

B haftet für maximal 200.000 €, E für maximal 600.000 €. Der abstrakte Haftungshöchstbetrag liegt also bei 800.000 €. B trägt 25 % des Haftungsrisikos und E 75 %. Konkret trägt B also 25.000 € und E 75.000 €.
1. Zahlt E an G, so schuldet B ihm von der gezahlten Summe ab dem ersten Euro 25 %.
2. Soweit **B an G zahlt**, kann B von E Duldung der Zwangsvollstreckung verlangen. B stehen dann 75 % des Anteils am Versteigerungserlös zu, den G erhalten hätte. Der maximale Anteil des B beläuft sich allerdings auf 75.000 €. Soweit der Erlös hierfür nicht ausreicht, kann B von E keine weitere Zahlung verlangen, da E eine auf das Grundstück beschränkte dingliche Sicherheit gewährt hat.

III. Schutz des zahlungswilligen Eigentümers

334 Insbesondere nach Übertragung von Forderung und Hypothek ist für den Eigentümer nicht immer **erkennbar, wer sein Gläubiger ist**. Er wird insbesondere so geschützt:

- Der Eigentümer kann sich im Fall einer Briefhypothek den **Hypothekenbrief** vorlegen lassen, bevor er auf die Hypothek (§ 1160) oder die Forderung (§ 1161) zahlt.
- Eine **Zahlung an den Buchinhaber** der Hypothek hat gemäß § 893 Var. 1 (i.V.m. § 1155) befreiende Wirkung. Sind allerdings diese Voraussetzungen nicht erfüllt, so leistet § 407 in Ansehung der Hypothek wegen § 1156 S. 1 keine weitergehende Hilfe.

C. Haftungsverband der Hypothek, §§ 1120 ff.

335 Wird die Forderung nicht beglichen, kann der Gläubiger gemäß § 1147 vom Eigentümer die Duldung der **Zwangsvollstreckung** verlangen und gerichtlich durchsetzen. Diese umfasst die Zwangsverwaltung nach §§ 146 ff. ZVG und die mit Abstand examensrelevantere **Zwangsversteigerung** nach §§ 15 ff. ZVG.

Vollstreckt jemand aufgrund (irgendeines) Zahlungstitels in ein Grundstück, so steht ihm neben den genannten Instituten auch die **Zwangshypothek** zur Verfügung, vgl. §§ 867, 869 ZPO. Für die Vollstreckung aus einem Duldungstitel nach § 1147 ist diese nach h.M. jedoch nicht zulässig. [275]

I. Vom Haftungsverband erfasste Gegenstände

336 Die Zwangsversteigerung erstreckt sich auf das **Grundstück nebst wesentlicher Bestandteile** und auf alle gemäß §§ 1120, 1123 ff. im **Haftungsverband der Hypothek** befindlichen Gegenstände, weil diese eine **wirtschaftliche Einheit** bilden.

Beispiel: Die Hypothek des H am Hofgrundstück des E erstreckt sich auf folgende Gegenstände:[276]
I. Erfasst ist das **Grundstück** nebst **wesentlichen** und daher nicht sonderrechtsfähigen **Bestandteilen**, §§ 93, 94, also Gebäude nebst dauerhaft eingebauter Sachen, nicht jedoch Scheinbestandteile, § 95.
II. Nach §§ 1120 und 1123 ff. erstreckt sich die Hypothek auch auf:
1. die **getrennten Erzeugnisse**, die E gemäß § 953 gehören, z.B. Getreide, Kartoffeln, Stroh usw.;
2. die **sonstigen**, also nichtwesentlichen **Bestandteile** des Grundstücks, die E gemäß § 953 gehören.
3. das **Zubehör des E** i.S.d. § 97 Abs. 1 S. 1: Maschinen, Geräte, Vieh. Zum Zubehör gehören gemäß § 98 Nr. 2 auch die Erzeugnisse, die zur Fortführung der Wirtschaft gewonnen werden, z.B. das Saatgut.
4. Ferner fallen **Miet- bzw. Pachtzins** (§ 1123), **wiederkehrende Leistungen** (§1126) und **Versicherungsforderungen** (§ 1127) in den Haftungsverband.

337 Über den Wortlaut des § 1120 hinaus gelangt auch das **Anwartschaftsrecht am Eigentum an Zubehör und an sonstigen Bestandteilen** in den Haftungsverband. Als wesensgleiches Minus zum Eigentum wird es auch insofern wie das Eigentum behandelt.

275 Palandt/Herrler § 1147 Rn. 5 m.w.N.; vgl. zur Immobiliarvollstreckung mit Zahlungstiteln AS-Skript ZPO (2020), Rn. 481 ff.
276 S. zu den folgenden Begriffen Rn. 2 ff.

***Hinweis: Fremdes Zubehör** fällt zwar nicht in den Haftungsverband (§ 1120 a.E.), wird aber nach Maßgabe des **§ 55 Abs. 2 ZVG** gleichwohl wirksam versteigert.*

II. Enthaftung der erfassten Gegenstände

Gegenstände können im Wege der **Enthaftung** aus dem Haftungsverband ausscheiden, insbesondere nach den examensrelevanten **§ 1121, § 1122 sowie § 23 ZVG.** **338**

Weitere Enthaftungstatbestände: §§ 1123 Abs. 2, 1124 Abs. 1 S. 2 Hs. 1, 1126 S. 2, 1127 Abs. 2.

Es sind **drei Zeitabschnitte** zu unterscheiden:

1. Bis zur Beschlagnahme

Eine Enthaftung erfordert gemäß **§ 1121 Abs. 1 grundsätzlich**, dass die bewegliche Sache **veräußert** – also übereignet – und vom Grundstück **entfernt** wird. Veräußerungen sind dem Eigentümer unbeschränkt möglich. Die reine Zugehörigkeit zum Haftungsverband begründet **keine** die Berechtigung ausschließende **Verfügungsbeschränkung**. **339**

Ohne Veräußerung tritt eine Enthaftung unter den Voraussetzungen des **§ 1122** ein: **340**

- Trennung und dauerhafte Entfernung der **Erzeugnisse und Bestandteile** innerhalb der Grenzen einer ordnungsgemäßen Bewirtschaftung, **§ 1122 Abs. 1**, bzw.

  Beispiel: Ernte der Kartoffeln nebst Transport zum Händler

- Dauerhafte Aufhebung der Eigenschaft als **Zubehör** innerhalb der Grenzen einer ordnungsgemäßen Bewirtschaftung des Grundstücks, **§ 1122 Abs. 2**.

  Beispiele:[277] Verwendung des Gabelstaplers auf einem anderen Grundstück; Umwidmung des betrieblich genutzten Pkw zur privaten Nutzung; Umwidmung des Grundstücks (eine Kuh ist kein Zubehör nach § 98 Nr. 2 mehr, sobald die Weide zum Golfplatz wird)

Wird die bewegliche Sache **nur veräußert, aber nicht entfernt**, so bleibt sie trotz des Eigentümerwechsels im Haftungsverband. **341**

2. Von der Beschlagnahme bis zum Versteigerungsvermerk

Mit **Zustellung des Beschlagnahmebeschlusses** an den Eigentümer ist das Grundstück beschlagnahmt, §§ 20, 22 Abs. 1 S. 1 ZVG. Gemäß § 23 Abs. 1 S. 1 ZVG hat die Beschlagnahme die Wirkung eines **Veräußerungsverbots**. Der Grundeigentümer verliert seine Verfügungsbefugnis und daher die Berechtigung, über das Eigentum zu verfügen. Doch kann ein Dritter **Eigentum am Zubehör** erwerben, wenn er **bezüglich der Beschlagnahme gutgläubig** ist (§§ 136, 135 Abs. 2, 932 ff.).[278] **342**

Auch der Erwerb **anderer beweglicher Sachen** bei Gutgläubigkeit oder des **Grundstücks** bei Kenntnislosigkeit (§§ 136, 135 Abs. 2, 892 Abs. 1 S. 2) ist möglich. In Klausuren geht es aber i.d.R. ums Zubehör.

277 Nach MünchKomm/Lieder § 1122 Rn. 11 ff.

278 Vgl. zu §§ 135, 136 AS-Skript Sachenrecht 1 (2020), Rn. 231 ff.

343 Sie müssen zumindest folgende **zeitliche Reihenfolgen** unterscheiden:[279]

a) **Veräußerung ⇨ Beschlagnahme ⇨ Entfernung:** § 23 Abs. 1 S. 1 ZVG greift nicht, denn bei Veräußerung lag noch keine Beschlagnahme vor. Es greift aber **§ 1121 Abs. 2**. Ohne Bösgläubigkeit bezüglich der Beschlagnahme im **Zeitpunkt der Entfernung** tritt Enthaftung ein, § 1121 Abs. 2 S. 2. Die Gutgläubigkeit bezüglich des Bestehens der Hypothek ist hingegen unerheblich, § 1121 Abs. 2 S. 1.

b) **Entfernung ⇨ Beschlagnahme ⇨ Veräußerung:** Das Veräußerungsverbot des **§ 23 Abs. 1 S. 1 ZVG** greift, die Veräußerung ist grundsätzlich unwirksam. Es ist aber eine Enthaftung und damit ein Erwerb gemäß **§§ 136, 135 Abs. 2, 932 ff.** möglich, wenn im **Zeitpunkt der Veräußerung** keine Bösgläubigkeit vorliegt. Gemäß § 23 Abs. 2 S. 1 ZVG steht die (grob fahrlässige Un-)Kenntnis des Versteigerungsantrags der (grob fahrlässigen Un-)Kenntnis der Beschlagnahme gleich.

c) **Beschlagnahme ⇨ Entfernung und Veräußerung:** Die unter **a) und b)** erörterten Voraussetzungen müssen **kumulativ** vorliegen. Es gilt für die Veräußerung das Verbot des § 23 Abs. 1 S. 1 ZVG mit der Möglichkeit eines gutgläubigen Erwerbs gemäß §§ 136, 135 Abs. 2, 932 ff., wenn Gutgläubigkeit im **Zeitpunkt der Veräußerung** vorliegt. Der Erwerber muss zusätzlich gemäß § 1121 Abs. 2 S. 2 im **Zeitpunkt der Entfernung** gutgläubig sein.

Klausurhinweis: *Vergegenwärtigen Sie sich mittels eines **Zeitstrahls die Reihenfolge** der Beschlagnahme, der Entfernung und der Veräußerung in Ihrem Examenssachverhalt.*

3. Ab Eintragung des Versteigerungsvermerks

344 Sobald der Versteigerungsvermerk in das Grundbuch eingetragen worden ist, ist auch ein **gutgläubiger Erwerb ausgeschlossen**, da mit Eintragung des Versteigerungsvermerks die Beschlagnahme als bekannt gilt (§ 23 Abs. 2 S. 2 ZVG).

Eine **Enthaftung** ist dann **nur** noch möglich, soweit der Schuldner im Rahmen einer **ordnungsgemäßen Bewirtschaftung** über einzelne bewegliche Sachen verfügt (§ 23 Abs. 1 S. 2 ZVG), also **z.B.** wie jede Woche die übliche Menge geernteter Kartoffeln an den Großhandel verkauft.

Fall 22: Anwartschaftsrecht im Haftungsverband

Hotelier E hat sein Hotelgrundstück mit einer Hypothek zugunsten des H belastet. E kauft von V unter Eigentumsvorbehalt Möbel für den Speisesaal. E überträgt das Anwartschaftsrecht zur Sicherheit für eine andere Forderung auf K. Später zahlt E an V den vollen Kaufpreis. Das Grundstück wird etwa drei Monate später zwangsversteigert. X erhält den Zuschlag. Hat X Eigentum an den Möbeln erworben?

345 X hat gemäß **§ 90 Abs. 1 ZVG** das Grundeigentum kraft Hoheitsakts erworben. Zugleich hat er gemäß **§ 90 Abs. 2 ZVG** das Eigentum an den Sachen, auf die sich die Versteigerung erstreckt. Dazu könnten auch die Möbel gehören. Die Versteigerung erstreckt sich auf die Gegenstände, die von der Beschlagnahme (noch) erfasst sind (**§ 55 Abs. 1 ZVG**) und zudem auf schuldnerfremde Zubehörstücke, es sei denn, der Eigentümer hat sein Eigentum nach Maßgabe des § 37 Nr. 5 ZVG geltend gemacht (**§ 55 Abs. 2 ZVG**). Nach

279 Die sechs denkbaren Kombinationen sind z.B. dargestellt bei MünchKomm/Lieder § 1121 Rn. 22 ff.

§ 20 Abs. 2 ZVG umfasst die Beschlagnahme auch die Gegenstände, auf welche sich die Hypothek nach den **§§ 1120 ff.** unter Beachtung des **§ 21 ZVG** erstreckt.

Hinweis: *Merken Sie sich diese Kette (**§§ 90, 55, 20 ZVG, §§ 1120**).*

1. Eine **Rechtsposition** an den Möbeln, die i.S.d. § 97 Zubehör des Grundstücks sind, müsste also **in den Haftungsverband gelangt** sein. **346**

   a) Nach dem Wortlaut des **§ 1120 und des § 55 Abs. 1 ZVG** gelangt **nur Zubehör** in den Haftungsverband, das im **Eigentum des Grundstückseigentümers** steht. V hat an E aber nur aufschiebend bedingt übereignet und damit nur ein Anwartschaftsrecht des E begründet (Ersterwerb). Zwar wurde sodann der Kaufpreis gezahlt, wodurch das Anwartschaftsrecht zum Eigentum erstarkte. Zuvor hatte E aber sein Anwartschaftsrecht bereits an K weiterübertragen (Zweiterwerb), sodass nach h.M. K das Eigentum direkt und ohne Durchgangserwerb des E erworben hat.[280] E hatte an der Einrichtung mithin zu keiner Zeit Eigentum.

   b) Nach überwiegender Auffassung ist aber das **Anwartschaftsrecht des E** an der Einrichtung **in den Haftungsverband der Hypothek gelangt**, als die Möbel auf das Grundstück gebracht wurden.[281] Wenn das Eigentum an einer Sache in den Haftungsverband fällt, dann muss das auch für das Anwartschaftsrecht am Eigentum **als wesensgleiches Minus zum Eigentum** gelten.

   c) Ob zudem das **Eigentum des K** an den Möbeln zumindest nach **§ 55 Abs. 2 ZVG** in den Haftungsverband fällt, bedarf daher keiner Klärung.

(Jedenfalls) das Anwartschaftsrecht des E ist in den Haftungsverband gelangt.

2. Das Anwartschaftsrecht könnte **vor dem Zuschlag enthaftet** worden sein. **347**

   a) Bei Zubehör tritt gemäß **§ 1122 Abs. 2** eine Enthaftung ein, wenn die **Zubehöreigenschaft** innerhalb der Grenzen einer ordnungsgemäßen Wirtschaft vor der Beschlagnahme **aufgehoben** wird. Die Möbel werden jedoch nach wie vor zum Betrieb des Hotels, also als Zubehör, genutzt.

   b) Eine Enthaftung gemäß **§ 1121 Abs. 1** setzt voraus, dass das Anwartschaftsrecht veräußert und die Sache, an der das Anwartschaftsrecht besteht, vor der Beschlagnahme vom Grundstück **entfernt** worden ist. Da die Möbel sich weiterhin im Hotel befinden, ist keine Enthaftung gemäß § 1121 Abs. 1 eingetreten.

   c) Auch eine Enthaftung gemäß **§ 1121 Abs. 1, Abs. 2 S. 2** setzt voraus, dass die Sache (nach der Beschlagnahme) **entfernt** worden ist.

   Eine Enthaftung des Anwartschaftsrechts ist nicht eingetreten. **348**

3. Als das Anwartschaftsrecht bei K mit der Zahlung des Kaufpreises an V zum Vollrecht erstarkte, **setzte sich** zugunsten des künftigen Erstehers X **die hypothekarische Belastung des Anwartschaftsrechts am Eigentum fort**. Die Beschlagnahme erstreckt sich folglich auch auf das Eigentum an den Möbeln.

X hat mit dem Zuschlag das Eigentum an den Möbeln erworben.

280 Vgl. zum Direkt- und Durchgangserwerb AS-Skript Sachenrecht 1 (2020), Rn. 381 ff.

281 BGH NJW 1985, 376.

1. Abwandlung:

K hat die Möbel nach der Beschlagnahme, aber vor der Eintragung des Versteigerungsvermerks vom Grundstück des E geholt.

349 X ist nicht Eigentümer geworden, wenn das Anwartschaftsrecht enthaftet wurde.

I. **§ 1121 Abs. 1** betrifft **nicht** den Fall der **Entfernung nach der Beschlagnahme**.

350 II. Nach **§ 1121 Abs. 1, Abs. 2 S. 2** erfolgt die Enthaftung, wenn die **Entfernung nach der Beschlagnahme** erfolgte und der Erwerber **bei der Entfernung in Ansehung der Beschlagnahme nicht bösgläubig** war.

K hat die Möbel **vor Eintragung des Versteigerungsvermerks entfernt** und gilt daher **nicht** nach **§ 23 Abs. 2 S. 2 ZVG** als bösgläubig.

Im Übrigen war K bösgläubig, wenn er die **Beschlagnahme** (§ 1121 Abs. 2 S. 2) oder zumindest den **Versteigerungsantrag** (§ 23 Abs. 2 S. 1 ZVG) **kannte oder grob fahrlässig nicht kannte**. Grob fahrlässige Unkenntnis genügt trotz der Formulierung des § 23 Abs. 2 S. 1 ZVG („Kenntnis"), weil auch für die von § 1121 Abs. 2 S. 2 geforderte Bösgläubigkeit die Legaldefinition des § 932 Abs. 2 gilt.[282] Es ist nicht ersichtlich, dass K die Beschlagnahme oder den Versteigerungsantrag kannte oder grob fahrlässig nicht kannte. K war also nicht bösgläubig, sodass eine Enthaftung des Anwartschaftsrechts gemäß § 1121 Abs. 1, Abs. 2 S. 2 eingetreten ist.

X hat kein Eigentum an den Möbeln erworben.

2. Abwandlung:

E hat die unter Eigentumsvorbehalt erworbenen Möbel nicht an K veräußert. Als er liquide Mittel benötigt, vereinbart er mit V, dass der Kaufvertrag aufgehoben wird und er die Möbel von V mietet. Danach wird das Grundstück zwangsversteigert, wobei V sein Eigentum nach Maßgabe des § 37 Nr. 5 ZVG geltend macht. Erwirbt Ersteigerer X – erforderlichenfalls nach Zahlung an V – Eigentum an den Möbeln?

351 I. X könnte das Eigentum an den Möbeln gemäß **§§ 90 Abs. 2, 55 Abs. 2 ZVG** erworben haben. Gemäß § 55 Abs. 2 ZVG erstreckt sich die Versteigerung auch auf **Zubehörstücke, die einem Dritten gehören**, es sei denn, dieser hat sein **Recht nach Maßgabe des § 37 Nr. 5 ZVG geltend gemacht**. Letzteres hat Eigentümer V aber getan. X hat daher das Eigentum nicht gemäß §§ 90 Abs. 2, 55 Abs. 2 ZVG erworben.

352 II. Durch Zahlung an V würde ein zuvor nach **§§ 90 Abs. 2, 55 Abs. 1, 20 Abs. 2 ZVG, § 1120** auf X übergegangenes **Anwartschaftsrecht** an den Möbeln zum Eigentum erstarken. Das zunächst durch E von V ersterworbene Anwartschaftsrecht fiel zwar – wie ausgeführt – in den Haftungsverband, es könnte aber **enthaftet** worden sein.

1. Eine Enthaftung gemäß **§ 1121** setzt die **Entfernung** voraus, die nicht erfolgt ist.

282 Palandt/Herrler § 1121 Rn. 6 f.; MünchKomm/Lieder § 1121 Rn. 29.

2. Das Anwartschaftsrecht könnte **durch Aufhebung des Kaufvertrags erloschen** sein. Das Anwartschaftsrecht erlischt, wenn der **Bedingungseintritt unmöglich wird**. Mit Vertragsaufhebung wird die Kaufpreiszahlung als Inhalt der Bedingung unmöglich. Zweifelhaft ist aber, ob eine **Vertragsaufhebung möglich** war. **353**

   a) Nach einer in der **Literatur**[283] vertretenen Ansicht ist **§ 1276 Abs. 1 S. 1 analog** anzuwenden. Danach ist für die Aufhebung des Anwartschaftsrechts die – hier fehlende – Zustimmung des Hypothekeninhabers (hier: H) erforderlich. Die Aufhebung sei eine Verfügung über das im Haftungsverband stehende Anwartschaftsrecht. Die Interessenlage sei vergleichbar, da der **Hypothekeninhaber** bezüglich des Anwartschaftsrechts am Zubehör im Haftungsverband **einem Rechtspfandgläubiger i.S.d. §§ 1273 ff. gleichstehe**. **354**

   b) Insbesondere der **BGH**[284] lehnt eine analoge Anwendung des § 1276 ab. Diese Regelung schütze den Rechtspfandgläubiger stärker als den **Sachpfandgläubiger**. Dieser erhöhte Schutz sei bei einem Anwartschaftsrecht nicht angebracht, da das Eigentumsanwartschaftsrecht sich nicht aus einem sonstigen Recht, sondern aus dem Sacheigentum abspalte. Das Anwartschaftsrechte falle überhaupt nur nach § 1120 in den Haftungsverband, weil seine Begründung sich aus der (wenn auch bedingten) Übertragung von Sacheigentum ergebe. **355**

   Für die zweitgenannte Ansicht spricht zudem, dass letztlich **nicht das Anwartschaftsrecht aufgehoben** wird, sondern der Kaufvertrag. Von diesem **könnte** V – nach Maßgabe des § 323, aber unabhängig vom Willen des H – **ohnehin zurücktreten**, vgl. § 449 Abs. 2. Dann müssen erst recht V und E einvernehmlich den Kaufvertrag ohne Zustimmung des H aufheben können.

Das Anwartschaftsrecht ist somit erloschen und so aus dem Haftungsverband ausgeschieden. Es kann nicht durch Zahlung des X zum Eigentum erstarken.

D. Besondere Formen der Hypothek

Neben der „normalen“ Hypothek (**Verkehrshypothek**) gibt es **Sonderformen**. **356**

I. Sicherungshypothek, §§ 1184–1186

Die Sicherungshypothek ist ein **streng akzessorisches Buchrecht**: **357**

- Die Sicherungshypothek kann nur als **Buchrecht** bestellt werden (§ 1185 Abs. 1). Sie muss im Grundbuch als Sicherungshypothek bezeichnet werden (§ 1184 Abs. 2).
- Die Sicherungshypothek kann **nicht vom Nichtberechtigten zweiterworben** werden, soweit die **Forderung nicht besteht**. § 1138 Var. 1 gilt nicht (§ 1185 Abs. 2).

Hinweis: *Besteht hingegen die Forderung, aber die* ***Sicherungshypothek nicht****, ist der* ***Zweiterwerb*** *wie bei der Verkehrshypothek nach Maßgabe des § 892* ***möglich****.*

283 Palandt/Herrler § 1276 Rn. 5; Tiedtke NJW 1985, 1306.

284 BGH NJW 1985, 376.; Wilhelm Rn. 1562 ff.

- § 1156 ist nach § 1185 Abs. 2 nicht anwendbar, sodass die **§§ 406 ff. auch in Ansehung der Hypothek Anwendung** finden.
- Bei Geltendmachung der Sicherungshypothek wird **nicht vermutet**, dass die eingetragene zu sichernde **Forderung** besteht. §§ 1138, 891 gelten nicht (§ 1185 Abs. 2).

Eine besondere Form der Sicherungshypothek ist die **Wertpapierhypothek** (§§ 1187–1189).

II. Höchstbetragshypothek, § 1190

358 Die Höchstbetragshypothek ist eine **besondere Sicherungshypothek**, § 1190 Abs. 3:

- Es können **mehrere Forderungen**, auch Kontokorrentforderungen, gesichert werden. Nur der **Höchstbetrag**, für den das Grundstück maximal haften soll, wird im Grundbuch eingetragen. Es ist unschädlich, dass im Zeitpunkt der Bestellung der Höchstbetragshypothek die zu sichernden Forderungen noch unbestimmt sind.

  Auch **sämtliche Forderungen** gegen einen oder **mehrere Schuldner** können gesichert werden.[285]
- Bei Abtretung der Forderung(en) nach §§ 398, 1154 Abs. 3 geht die Hypothek nur **in Höhe der abgetretenen Forderung** über. Soweit deren Nennsumme unter dem Höchstbetrag liegt, verbleibt die restliche Hypothek beim Zedenten.
- Die gesicherten Forderungen können gemäß § 1190 Abs. 4 auch **formlos abgetreten** werden. Die Hypothek geht dann allerdings nicht mit über, die Forderung wird also aus dem gesicherten Forderungsverband herausgelöst.

III. Gesamthypothek, § 1132

359 Die Gesamthypothek ist **eine einzige Hypothek**, die **an mehreren Grundstücken** bestellt wird. Die Grundstücke haften für die gesamte Forderung und der Gläubiger kann wählen aus welchem Grundstück er sich wie hoch befriedigt, § 1130 Abs. 1. Die Gesamthypothek muss für alle Grundstücke einheitlich als Brief-, Buch- oder Sicherungshypothek bestellt werden (**Grundsatz der Einheit der Art**).[286]

Solange die zu sichernde **Forderung noch nicht entstanden** ist, gilt:

- Wenn die Gesamthypothek an **Grundstücken desselben Eigentümers** besteht, so hat er gemäß § 1163 Abs. 1 eine **Gesamteigentümergrundschuld**.
- Gehören die belasteten Grundstücke **verschiedenen Eigentümern**, so steht gemäß §§ 1172 Abs. 1, 1163 Abs. 1 den Eigentümern der Grundstücke die Gesamthypothek als **Eigentümergrundschuld in Bruchteilsgemeinschaft** zu.

Für die **Übertragung** der gesicherten Forderung gelten § 1154 und – außer bei der Gesamtsicherungshypothek, vgl. § 1185 Abs. 2 – § 1138 Var. 1.

Die Folgen einer **Zahlung** regeln die §§ 1173, 1174.

---

285 Staudinger/Wolfsteiner § 1190 Rn. 36.

286 MünchKomm/Lieder § 1132 Rn. 7.

Hypothek: Zahlungen und Haftungsverband

Zahlungen

Tilgungsbestimmung (§ 366 Abs. 1): Jeder zahlt grundsätzlich auf das, was ihn stört

- **Eigentümer = Schuldner**: Forderung erlischt (§ 362 Abs. 1)
- **Eigentümer zahlt** auf Hypothek: Forderung (§ 1143) und Hypothek (§§ 412, 401; § 1153 Abs. 1) gehen auf ihn über – Eigentümerhypothek, § 1177 Abs. 2
- **Schuldner zahlt** auf Forderung:
  - Forderung erlischt (§ 362 Abs. 1), Hypothek wird zur Eigentümergrundschuld (§§ 1163 Abs. 1 S. 2, 1177 Abs. 1)
  - Ausnahme, wenn Regressanspruch gegen Eigentümer: Forderung erlischt (§ 362 Abs. 1), Hypothek sichert Regressanspruch (§ 1164 Abs. 1)
- **Ablösungsberechtigter Dritter zahlt** (§§ 52 Abs. 1, 44 ZVG; § 57 a ZVG): Forderung (§§ 1150, 268 Abs. 3) und Hypothek (§§ 412, 401; § 1153 Abs. 1) gehen auf ihn über
- **Gesamtschuldner zahlt:** Übergang von Forderung (§ 426 Abs. 2) und Hypothek (§§ 412, 401; § 1153 Abs. 1) möglich
- **Wettlauf der akzessorischen Sicherungsgeber:** Von Gesetzes wegen hat der Zahlende vollen Regressanspruch gegen alle anderen. Nahezu unstreitig anteilige Kürzung analog § 426, nach a.A. allerdings nur zugunsten des Bürgen, nach h.M. auch zu seinen Lasten

Haftungsverband der Hypothek

Ersteigerer wird nach **§§ 90 Abs. 2, 55 Abs. 1, 20 Abs. 2 ZVG, § 1120** insbesondere auch **Eigentümer des Zubehörs** des Grundstückseigentümers sowie nach Maßgabe des § 55 Abs. 2 ZVG anderer Personen.

Enthaftung

- **bis Zustellung des Beschlagnahmebeschlusses** durch Veräußerung und Entfernung oder Aufhebung der Zubehöreigenschaft (§§ 1121 Abs. 1, 1122 Abs. 2)
- **danach:** Veräußerungsverbot (§ 23 Abs. 1 ZVG; Überwindung nach §§ 135, 136, 932 ff.); Enthaftung, wenn Gutgläubigkeit bezüglich Beschlagnahme bei Veräußerung und/oder Entfernung (§ 23 Abs. 2 ZVG bzw. § 1121 Abs. 2 S. 2)
- **ab Eintragung des Versteigerungsvermerks:** Beschlagnahme stets bekannt (§ 23 Abs. 2 S. 2 ZVG); Enthaftung nur nach § 23 Abs. 1 S. 2 ZVG weiter möglich

2. Abschnitt: (Sicherungs-)Grundschuld

360 Nach § 1191 Abs. 1 kann ein Grundstück mit einer Grundschuld in der Weise belastet werden, dass eine bestimmte Geldsumme aus dem Grundstück zu entrichten ist.

361 Nach h.M. ist auch die Grundschuld ein **dingliches Verwertungsrecht**, sodass sie einen **Anspruch auf Duldung der Zwangsvollstreckung** gemäß §§ 1192 Abs. 1, 1147 verleiht.[287] Für einen Zahlungsanspruch[288] spricht der Wortlaut der §§ 1191, 1193, 1194.

A. Abstraktheit ...

362 § 1191 Abs. 1 stimmt mit § 1113 Abs. 1 fast überein, es wird aber keine Forderung erwähnt. Im Unterschied zur Hypothek ist die Grundschuld **nicht von einer Forderung abhängig**. Sie ist kein akzessorisches, sondern ein **abstraktes Sicherungsmittel**.

363 Auf die Grundschuld sind gemäß § 1192 Abs. 1 **die für die Hypothek geltenden Vorschriften** anzuwenden, aber konsequenterweise nur „soweit sich nicht daraus ein anderes ergibt, dass die Grundschuld nicht eine Forderung voraussetzt". Die bloße Erwähnung der Forderung genügt nicht. Die Norm muss das **Schicksal von Forderung und Grundpfandrecht miteinander verweben**. Ereignisse auf der einen Seite müssen (spiegelbildliche oder andere) Auswirkungen auf der anderen Seite entfalten.

Beispiele: § 1153 verknüpft spiegelbildlich die Inhaberschaft und § 1163 Abs. 1 spiegelbildlich die Entstehung und das Erlöschen der Forderung mit der Hypothek. § 1143 Abs. 1 S. 1 verknüpft die Zahlung auf die Grundschuld mit dem Wechsel des Forderungsinhabers. Die Normen sind auf die Grundschuld nicht anwendbar (wobei die h.M. systemwidrig analog §§ 1143, 1163 eine Eigentümergrundschuld entstehen lässt, wenn der Eigentümer vollständig auf die gesamte Grundschuld zahlt, s. Rn. 424).

Gegenbeispiel: §§ 1115–1117 treffen Bestimmungen über den Grundpfandrechtsbrief als (zweiten) Publizitätsträger. Mangels Auswirkungen auf die Forderung kann über § 1192 Abs. 1 auch eine Grundschuld mit oder ohne Grundschuldbrief bestellt werden (s. Rn. 401 f.).

Eine **Besonderheit** stellen **§ 1154, § 268 Abs. 3 S. 1 und § 1155** dar. Nach ihrem Wortlaut entfaltet ein Umstand auf der einen Ebene Auswirkungen auf die andere Ebene, sodass sie nicht „1:1" im Grundschuldrecht anwendbar sind. Ihr Regelungsgehalt ist aber sinnvoll, daher werden die Regelungen im Grundschuldrecht mit der Maßgabe **analog anwendet**, dass **der Umstand auf Grundschuldseite sich nicht auf die Forderung, aber auf die Grundschuld auswirkt** (s. Rn. 445, 448 u. 440).

B. ... aber Verknüpfung über den Sicherungsvertrag

364 Da die Grundschuld keine Forderung voraussetzt, ist eine **isolierte Grundschuld** möglich. Sie kommt jedoch nur selten vor, insbesondere um einen Rang im Grundbuch zu sichern. Regelfall ist die **Sicherungsgrundschuld**, die – wie die Hypothek – der Sicherung einer Forderung dient, s. Legaldefinition des § 1192 Abs. 1 a Hs. 1.

Die **Sicherungsgrundschuld hat in der Praxis die Hypothek verdrängt**. Den Interessen des wirtschaftlich oft stärkeren Sicherungsnehmers (Bank) trägt die Sicherungsgrundschuld besser Rechnung:

- Die „normale" Hypothek (**Verkehrshypothek**) kann **nur zur Sicherung bestimmter Forderungen** bestellt werden. Neben Gläubiger und Schuldner werden auch Schuldgrund und -höhe im Grundbuch eingetragen. Ein Austausch mit einer anderen konkreten Forderung ist nur durch aufwendige Grundbucheintragung möglich (§ 1180 Abs. 2 S. 1 Hs. 1). Eine Globalsicherung aller Forderung aus

287 St. Rspr., z.B. BGH RÜ 2018, 557, 558 Rn. 25; Palandt/Herrler § 1147 Rn. 1.

288 So Staudinger/Wolfsteiner Vorbem. zu §§ 1191 ff. Rn. 2 u. § 1147 Rn. 4.

einer Geschäftsbeziehung ist mangels Bestimmtheit überhaupt nicht möglich. Bei der Grundschuld ist der Austausch hingegen formlos durch Änderung des Sicherungsvertrags möglich.

- Die **Höchstbetragshypothek** kann zwar alle Forderungen aus einer Geschäftsverbindung und nach h.A. auch eine Kontokorrentforderung sichern. Aber als **Sicherungshypothek** (§ 1190 Abs. 3) ist sie **nur eingeschränkt verkehrsfähig** (§ 1185 Abs. 2: §§ 1138 und 1156 nicht anwendbar).

Durch § 1192 Abs. 1 a,[289] in Kraft getreten am 19.08.2008, hat die Sicherungsgrundschuld allerdings erheblich **an Verkehrsfähigkeit eingebüßt**, da bezüglich der Einreden aus dem Sicherungsvertrag ein einredefreier Erwerb ausgeschlossen ist. Im Vergleich zur Hypothek bleiben aber als Vorteile der Grundschuld die Möglichkeiten der **Forderungsauswechslung** und des **Erwerbs vor Valutierung**.[290]

Die **Verknüpfung** zwischen der Sicherungsgrundschuld und der Forderung beruht – anders als bei der Hypothek – nicht auf einer gesetzlichen angeordneten Akzessorietät, sondern auf einem ihr zugrundeliegenden Verpflichtungsvertrag: dem **Sicherungsvertrag** (Sicherungsabrede, Zweckerklärung). 365

Hinweis: *Bevor Sie weiterlesen, sollten Sie bei Bedarf ihr Wissen zum Sicherungsvertrag auffrischen. Sie kennen ihn von anderen* ***abstrakten Sicherheiten****, nämlich der* ***Sicherungsabtretung*** *einer Forderung und der* ***Sicherungsübereignung*** *einer beweglichen Sache.*[291]

Der Inhalt des Sicherungsvertrags ist gesetzlich ***kaum normiert****. Wegen der* ***Privatautonomie*** *(Art. 2 Abs. 1 GG, § 311 Abs. 1) steht es den Parteien frei, den Inhalt des Sicherungsvertrags im Rahmen der zwingenden gesetzlichen Regelungen selbst festzulegen. Soweit die Parteien keine ausdrückliche Regelung treffen (oder soweit diese im* ***Klausursachverhalt*** *nicht abgedruckt sind), ist der Inhalt des Sicherungsvertrags mittels einer an §§ 133, 157, 242 orientierten* ***ergänzenden Auslegung*** *zu ermitteln.* 366

Hinweis: *Der hierfür maßgebliche hypothetische Parteiwille*[292] *gleicht regelmäßig demjenigen bei einer Hypothekenbestellung. Daher streben die Parteien regelmäßig* ***dasselbe wirtschaftliche Ergebnis wie bei der Hypothek an****. Soweit Vorschriften, die bei der* ***Hypothek ipso iure ein Ereignis auslösen*** *(Erlöschen oder Übergang von Forderung oder Hypothek) oder eine Einwendung begründen, nach § 1192 Abs. 1 nicht auf die Grundschuld anwendbar sind, können* ***aus dem Sicherungsvertrag*** *entsprechende* ***Ansprüche auf das Ereignis und Einreden gegen dem Ereignis zuwiderlaufende Ansprüche*** *hergeleitet werden.*

Beispielsweise führt bei der Hypothek eine Zahlung des vom Schuldner personenverschiedenen Eigentümers gemäß § 1143 Abs. 1 S. 1 dazu, dass die Forderung sofort ipso iure auf den Eigentümer übergeht (s. Rn. 320). Auf die Grundschuld ist § 1143 Abs. 1 S. 1 hingegen nicht anwendbar, weil er Ausdruck der Akzessorietät ist. Die Forderung bleibt daher beim Gläubiger, auch wenn der Eigentümer an den Gläubiger zahlt. Allerdings hat der Eigentümer wegen der Zahlung gegen den Gläubiger aus dem Sicherungsvertrag einen Anspruch auf Abtretung der Forderung,[293] sodass im Ergebnis (erforderlichenfalls nach Klage und Vollstreckung) der Eigentümer Inhaber der Forderung wird.

Wenn sich im Sicherungsvertrag eine Regelung findet, die ***vom üblichen Inhalt abweicht****, so ist zu prüfen, ob die Regelung gemäß §§ 134, 138, 242, 305 ff.* ***nichtig*** *ist.*[294] 367

289 Siehe zu § 1192 Abs. 1 a näher Rn. 467.

290 Wellenhofer JZ 2009, 1077, 1085.

291 Vgl. AS-Skript Schuldrecht AT 2 (2020), Rn. 455 ff. und AS-Skript Sachenrecht 1 (2020), Rn. 319 ff. Siehe ferner allgemein zum Sicherungsvertrag AS-Skript Schuldrecht BT 2 (2020), Rn. 312 ff. u. 322.

292 Näher zu den Voraussetzungen der ergänzenden Vertragsauslegung AS-Skript BGB AT 1 (2020), Rn. 291 ff.

293 Vgl. Rn. 431.

294 Vgl. etwa AS-Skript Schuldrecht AT 2 (2020), Rn. 459 zum ermessensunabhängigen Freigabeanspruch.

I. Parteien

368 Parteien des Sicherungsvertrags sind der Sicherungsgeber und der Sicherungsnehmer. In der Regel ist dabei der **Gläubiger** der gesicherten Forderung der **Sicherungsnehmer** und der **Eigentümer** des Grundstücks der **Sicherungsgeber**.

Der **Schuldner** der gesicherten Forderung und der **Sicherungsgeber alias Eigentümer** können – wie bei jeder dinglichen Sicherheit – **personenidentisch oder -verschieden** sein.

369 Denkbar ist aber auch, dass nicht der Eigentümer, sondern der von ihm **personenverschiedene Schuldner** der gesicherten Forderung der **Sicherungsgeber** ist.

Beispiele:[295] Der Schuldner überlässt seine Fremdgrundschuld am Grundstück des Eigentümers dem Gläubiger; oder der Schuldner vereinbart mit dem Gläubiger, dass er eine Grundschuld vom Eigentümer besorgen wird, während der Gläubiger mit dem Eigentümer keinen Vertrag schließt.

Möglich (aber sehr selten) ist auch, dass der **Forderungsgläubiger und der Grundschuldinhaber personenverschieden** sind.[296]

***Hinweis:** Die Funktion der Personen kann sich auch im Laufe der Zeit (d.h.: im Laufe einer Examensklausur) **ändern**.[297] Notieren Sie die Funktionen in Ihrer **Lösungsskizze**. Trennen Sie die jeweils zusammengehörigen Funktionspaare: **Sicherungsgeber und Sicherungsnehmer; Eigentümer und Grundschuldinhaber; Gläubiger und Schuldner der Forderung**.*

II. Schuldrechtliches Grundgeschäft für die Grundschuldbestellung

370 Der Sicherungsvertrag ist das schuldrechtliche Grundgeschäft **für die Grundschuldbestellung**. Aus ihm ergibt sich der **Anspruch auf Verschaffung der Grundschuld** durch Herbeiführung ihres Ersterwerbs oder Zweiterwerbs.

371 Folglich ist der Sicherungsvertrag **Rechtsgrund i.S.d. § 812 für die Inhaberschaft an der Grundschuld**. Aus seiner **Nichtigkeit** ergibt sich daher zweierlei:

- Der Sicherungsgeber hat gegen den Sicherungsnehmer einen **Anspruch aus § 812 Abs. 1 S. 1 Var. 1 bzw. S. 2 Var. 1**. Dieser ist wahlweise gerichtet auf Rückübertragung der Grundschuld, deren Aufhebung gemäß § 875 oder auf den Verzicht der Rechte aus der Grundschuld gemäß §§ 1192 Abs. 1, 1168.[298]
- Über **§ 821** ergibt sich i.V.m. diesem Anspruch die **Bereicherungseinrede**.[299] Nimmt also der Grundschuldinhaber alias Sicherungsnehmer den Eigentümer alias Sicherungsgeber aus der Grundschuld auf Vollstreckungsduldung in Anspruch, so kann der Sicherungsgeber diese Einrede entgegenhalten.

  ***Hinweis:** Das funktioniert unmittelbar aber eben nur, wenn die Parteien des Sicherungsvertrags **personenidentisch** mit Eigentümer und Grundschuldinhaber sind. Bei anfänglicher oder im Laufe des Falls entstehender **Personenverschiedenheit** bedarf es einer gesonderten Begründung, weshalb der Anspruch oder (klausurhäufiger) die Einrede auch für und gegen andere Personen wirkt. Dazu mehr im weiteren Verlauf.*

---

295 Nach BGH NJW 1991, 1821.

296 Palandt/Herrler § 1191 Rn. 16.

297 Vgl. als Beispiel BGH RÜ 2014, 688, insb. a.a.O. die Randbemerkung.

298 BGH NJW-RR 1996, 234, 235; vgl. zu den parallelen Inhalten des Anspruchs aus § 894 BGH RÜ 2015, 630, 631.

299 Vgl. zu § 821 AS-Skript Schuldrecht BT 3 (2019), Rn. 188 ff.

III. Inhalt und daraus folgende Ansprüche und Einreden

Ein wirksamer Sicherungsvertrag regelt die Rechte und Pflichten der Vertragsparteien. **372**
Die Einhaltung der **Pflichten i.S.d. § 241 Abs. 1** kann die jeweils andere Vertragspartei einklagen und bei einem Verstoß kommen **Schadensersatzansprüche nach den §§ 280 ff.** in Betracht. Zudem begründet ein Verstoß des Sicherungsnehmers gegen eine Pflicht aus dem Sicherungsvertrag oft eine **Einrede des Sicherungsgebers** gegen den Anspruch aus der Grundschuld.

Hinweis: *Diese* ***Einreden*** *aufgrund Pflichtverletzung haben die größte* ***Klausurrelevanz****. Sie werden sogleich knapp im Rahmen der jeweiligen Pflicht und sodann unten beim Erst- und Zweiterwerb der Grundschuld ausführlicher in klausurtypischen Fallkonstellationen dargestellt. Auch hier gilt, dass wegen der* ***Relativität der Schuldverhältnisse*** *die Ansprüche und Einreden aus dem Sicherungsvertrag nur mit gesonderter Begründung für und gegen Personen wirken, die nicht Partei des Sicherungsvertrags sind.*

Beachten Sie den ***Unterschied:*** *Eine* ***Einwendung oder Einrede gegen die Forderung*** *ergibt über den Sicherungsvertrag* ***(nur) eine Einrede gegen die Grundschuld. Hingegen*** *führen* ***bei der Hypothek*** *Einreden gegen die Forderung über § 1137 Abs. 1 S. 1 Var. 1 zu Einreden gegen die Hypothek, während Einwendungen gegen die Forderung gemäß § 1163 Abs. 1 S. 1 bzw. 2 zu Einwendungen gegen die Hypothek führen. Die Unterscheidung wird* ***beim Zweiterwerb relevant****. Ein nicht entstandenes bzw. erloschenes Grundpfandrecht kann nur nach Maßgabe des § 892 vom Nichtberechtigten erworben werden. Ein existierendes, aber einredebehaftetes Grundpfandrecht kann vom Berechtigten erworben werden, es stellt sich dann (nur) die Frage, ob ein einredefreier Erwerb erfolgte.*

Vorbehaltlich wirksamer abweichender Regelungen hat ein Sicherungsvertrag insbe- **373**
sondere folgenden **Inhalt** und die daraus folgenden **Einwendungen** und **Einreden**:

1. Zweckerklärung über die gesicherte(n) Forderung(en)

Der Sicherungsvertrag verknüpft die Grundschuld mit einer oder mehreren zu sichern- **374**
de Forderungen. Ist die gesicherte Forderung nicht eindeutig bestimmt, ist durch **Auslegung** zu ermitteln, welche Forderung(en) gesichert werden soll(en). Regelmäßig liegt eine **enge Zweckerklärung** vor, d.h. es wird/werden regelmäßig nur die Forderung(en) gesichert, die bei Bestellung der Grundschuld bestanden und die Anlass für die Bestellung der Grundschuld waren (**Anlassverbindlichkeiten**).[300]

Beispiel:[301] S hat mehrere Kredite bei B aufgenommen. S bestellt B an seinem Grundstück eine Sicherungsgrundschuld. Auch ohne ausdrückliche Zweckerklärung ist davon auszugehen, dass die Grundschuld alle im Zeitpunkt der Bestellung bestehenden Kreditforderungen der B gegen S sichern soll.

Umstritten ist, ob das Bestehen der zu sichernden Forderung als (aufschiebende oder auflösende) **Bedingung** i.S.d. § 158 für die Grundschuld vereinbart werden kann.[302] Ebenso besteht keine Einigkeit darüber, ob die Parteien vereinbaren können, dass die Grundschuld und das Forderungsgeschäft eine **Geschäftseinheit** i.S.d. § 139 darstellen.[303] Die Parallelproblematik kennen Sie bereits von der Verknüp-

300 Vgl. BGH NJW 2013, 2894 Rn. 12.

301 Nach BGH NJW-RR 1991, 305.

302 Bejahend: MünchKomm/Lieder § 1191 Rn. 88; a.A. Baur/Stürner § 45 Rn. 40.

303 Bejahend: MünchKomm/Lieder § 1191 Rn. 88; a.A. Baur/Stürner § 45 Rn. 39; Jäckle JZ 1982, 50, 54 ff.

fung der Verfügung mit der Verpflichtung.[304] Unstreitig liegt jedoch allein in der Sicherungsabrede keine konkludente Vereinbarung eines Bedingungszusammenhangs oder einer Geschäftseinheit.

a) Wechsel im Forderungsbestand (Revalutierung/Neuvalutierung)

375 Es kann die **Sicherung aller bestehenden und künftigen Forderungen**, also eines **Forderungskreises** vereinbart werden **(weite Zweckerklärung)**. Nach (Teil-)Erfüllung der Anlassverbindlichkeiten wird die Grundschuld dann bis zum Nennbetrag „wieder aufgefüllt" **(Revalutierung/Neuvalutierung)**, sobald und soweit neue Forderungen entstehen.[305] Individualvertraglich kann dies allenfalls in Extremfällen nach §§ 138, 242 nichtig sein. Banken verwenden aber oft an §§ 305 ff. zu messende **AGB**:[306]

376 ■ Unstreitig sind weite Zweckerklärungen an **§ 305c Abs. 1** zu messen. **Überraschend** sind sie, wenn sie von den Erwartungen des Vertragspartners deutlich abweichen und er mit ihnen den Umständen nach vernünftigerweise nicht zu rechnen braucht.

- Soweit nur bestehende oder künftige **Forderungen gegen den Sicherungsgeber** erfasst werden, ist die Klausel **nicht überraschend**. Der Sicherungsgeber muss damit rechnen, dass seine Schulden vollumfänglich besichert werden.
- **Überraschend** ist es grundsätzlich, wenn eine **konkret** zur Sicherung im Hinblick auf **einen Schuldner** bestellte Grundschuld **zugleich Forderungen gegen einen anderen Schuldner** sichern soll.[307] Insbesondere die Besicherung künftiger Ansprüche gegen Dritte ist überraschend.[308]

377 ■ Umstritten ist, ob zudem **§ 307 Abs. 1 u. 2** Anwendung findet.

- Nach ständiger **Rechtsprechung** findet für weite Zweckerklärungen **gemäß § 307 Abs. 3 S. 1 keine Inhaltskontrolle** statt. Da Inhalt und Umfang der Zweckbindung von Grundschulden gesetzlich nicht geregelt seien, **weiche** eine weite Zweckerklärung **nicht vom dispositiven Gesetzesrecht ab**.[309]
- In der **Literatur** wird eine Inhaltskontrolle gemäß § 307 befürwortet. Der Sicherungsvertrag sei regelmäßig Bestandteil eines anderen Vertrags, beispielsweise eines Darlehensvertrags. Die Zweckerklärung sei damit eine **der Inhaltskontrolle unterliegende Vertragsmodalität dieses (Darlehens-)Vertrags**. Ob ein Verstoß gegen § 307 Abs. 1 u. 2 vorliege, sei dann Frage des Einzelfalls.[310]

b) Austausch der Grundschuld

378 Grundsätzlich hat der Sicherungsgeber gegen den Sicherungsnehmer **keinen Anspruch auf Mitwirkung am Austausch der vereinbarten Sicherheit** durch eine andere Sicherheit. Die ausdrückliche Vereinbarung einer Sicherheit lässt keinen Raum für

---

304 S. AS-Skript BGB AT 1 (2020), Rn. 27 ff.

305 Vgl. BGH NJW 2013, 2894 Rn. 12; BGH NJW-RR 2015, 208; Böttcher NJW 2016, 844, 846.

306 Näher zu den §§ 305 ff. AS-Skript BGB AT 2 (2021), Rn. 408 ff.

307 BGH NJW 2001, 1416.

308 BGH NJW 1992, 1822.

309 BGH NJW 2001, 1417.

310 Staudinger/Wolfsteiner Vorbem. zu §§ 1191 ff. Rn. 56.

eine dahingehende ergänzende Vertragsauslegung oder Vertragsanpassung nach § 313 Abs. 1 bzw. 2. Ausnahmsweise kann allerdings ein solcher Anspruch aus § 242 bestehen, soweit der Sicherungsnehmer rein finanzielle Interessen hat, eine gleichwertige und -artige Sicherheit erhält und keine finanziellen oder sonstigen Nachteile erleidet.[311]

2. Abtretbarkeit von Forderung und Grundschuld

Eine Abtretung der Forderung führt nicht ipso iure zum Übergang der Grundschuld auf den Zessionar. Die Grundschuld ist **abstrakt**; § 401 nennt sie nicht und § 1153 Abs. 1 ist auf sie nicht anwendbar. Für den **Zweiterwerb der Grundschuld** ist ein **eigenständiges Verfügungsgeschäft** erforderlich (näher Rn. 444 ff.), welches **dinglich betrachtet** weder an denselben Erwerber wie die Forderungsabtretung gerichtet noch zur selben Zeit oder überhaupt stattfinden muss. 379

Dementsprechend ergibt sich **keine Einrede** gegen den **Inhaber der Grundschuld** daraus, dass er **nicht zugleich Inhaber der Forderung** ist. Der Eigentümer wird hinreichend über die Verknüpfungswirkung des Sicherungsvertrags geschützt, die zudem auch bei Inhaberwechseln zu erhalten ist (s. sogleich 3.). Der Schutz des Sicherungsvertrags besteht unabhängig von der Verteilung der Inhaberschaften an Grundschuld und Forderung, daher kommt es auf diese Verteilung auch nicht an.[312]

Beispiel: G tritt seine Forderung an X und seine Grundschuld an Y ab. G ist bezüglich beider Rechte verfügungsbefugt, daher wechseln beide Rechte den Inhaber. Sobald der Sicherungsvertrag es zulässt (s. 4., Eintritt des Sicherungsfalls), kann Y aus der Grundschuld die Vollstreckungsduldung verlangen, obwohl er nicht Inhaber der Forderung ist.

Der **Sicherungsvertrag** enthält aber regelmäßig die Vereinbarung, dass **Grundschuld und Forderung nur gleichzeitig und an denselben Erwerber übergehen sollen**. Dadurch wird nach h.M. regelmäßig nur eine **Verpflichtung i.S.d. § 137 S. 2** begründet, deren Verletzung einen Anspruch aus § 280 Abs. 1 begründen kann,[313] nicht aber ein gemäß §§ 413, 399 Var. 2 (in Ausnahme zu § 137 S. 1) dinglich wirkendes Abtretungsverbot. **Der Gläubiger darf die Grundschuld nicht isoliert abtreten, er kann es aber**. 380

Im obigen **Beispiel** sind beide Übertragungen wirksam. Ob der Sicherungsgeber von G Schadensersatz verlangen kann, ist nach §§ 280, 249 ff. BGB und der Differenzhypothese (Vergleich Vollstreckung durch Y mit hypothetischer Situation, wenn G die Grundschuld noch innehätte) zu ermitteln.

Ein dinglich wirkendes, die Verfügungsbefugnis und daher die Berechtigung beseitigendes **Abtretungsverbot** i.S.d. §§ 413, 399 Var. 2 erfordert eine **ausdrückliche Vereinbarung** und – als Inhaltsänderung der Grundschuld i.S.d. §§ 877, 873 Abs. 1 – deren **Eintragung im Grundbuch**.[314]

Es ist **umstritten**, ob **nur auf die Grundschuld bezogene und/oder auf Grundschuld und Forderung gemeinsam bezogene Abtretungsverbote** eintragungsfähig sind.[315] Gegen die zwingende Gemeinsamkeit spricht die prinzipielle Abstraktheit der Grundschuld, dafür spricht aber die faktische Bindung der Sicherungsgrundschuld an die Forderung über den Sicherungsvertrag.

311 BGH RÜ 2018, 6 (Ausnahme verneint); BGH NJW 2004, 1730 (Ausnahme bejaht).

312 BGH RÜ 2018, 557.

313 MünchKomm/Lieder § 1191 Rn. 115.

314 BGH NJW-RR 1991, 305.

315 Vgl. Bamberger/Roth/Rohe § 1192 Rn. 86 (nur gemeinsam zulässig); Staudinger/Wolfsteiner § 1191 Rn. 16 (jedenfalls isoliert unzulässig); MünchKomm/Lieder § 1191 Rn. 113 (wohl: isoliert zulässig).

Unabhängig davon können die Parteien natürlich hinsichtlich der **Forderung** ein Abtretungsverbot nach Maßgabe des § 399 Var. 2 und des § 354 HGB vereinbaren.

3. Übertragung der vertraglichen Pflichten bei Inhaberwechsel

381 Zum Schutz des Eigentümers alias Sicherungsgeber enthält der Sicherungsvertrag regelmäßig die **Verpflichtung des Sicherungsnehmers, dem Zweiterwerber der Grundschuld die Bindungen aus dem Sicherungsvertrag aufzuerlegen**. Das kann im Wege einer Vertragsübernahme geschehen, die die Hinzuziehung des Sicherungsgebers erfordert. Es genügt aber auch eine bilaterale Vereinbarung zwischen Sicherungsnehmer und Zweiterwerber der Grundschuld i.S.d. § 328 zugunsten des Sicherungsgebers. **Anderenfalls** ergibt sich Folgendes:

382 - **Materiell-rechtlich** kann der Zweiterwerber der Grundschuld seinen **Duldungsanspruch auch ohne Eintritt in den Sicherungsvertrag durchsetzen**. Soweit er dies tut, schuldet der Sicherungsnehmer dem Sicherungsgeber **Schadensersatz** nach **§ 280 Abs. 1** wegen Verletzung der Auferlegungspflicht aus dem Sicherungsvertrag.

  Einreden aus dem Sicherungsvertrag wegen konkreter Ereignisse, z.B. der Zahlung auf die Forderung, muss der Zweiterwerber sich allerdings auch ohne Vertragseintritt nach Maßgabe der **§§ 1157, 1192 Abs. 1 a** entgegenhalten lassen. Näher dazu Rn. 458 ff.

383 - **Vollstreckungsrechtlich** kann der Zweiterwerber der Grundschuld allerdings einen **Vollstreckungstitel des Sicherungsnehmers** – insbesondere eine notarielle Unterwerfungserklärung nach § 794 Abs. 1 Nr. 5 ZPO, s. Rn. 396 – **ohne Eintritt in den Sicherungsvertrag nicht nutzen**.

  Die hierfür erforderliche **qualifizierte Vollstreckungsklausel** muss ihm **nach § 726 ZPO bzw. § 727 ZPO versagt** werden. Wird sie dennoch erteilt, kann sie mit der Klage nach § 768 ZPO angegriffen werden.[316] Zulässig ist allerdings die Vollstreckung durch den ehemaligen Inhaber der Grundschuld alias Sicherungsnehmer, wenn der Zweiterwerber der Grundschuld ihn hierzu im Wege der **gewillkürten Prozessstandschaft** ermächtigt hat, da dann wieder der durch den Sicherungsvertrag Gebundene aus der Grundschuld vorgeht.[317]

  ***Hinweis:** Merken Sie sich **fürs erste Examen** „Zweiterwerber der Grundschuld hat Anspruch auch ohne Eintritt in den Sicherungsvertrag" (siehe Rn. 382). Der Inhalt dieser Rn. hier wird hingegen vertiefend erst im **zweiten Examen** gefordert, aber für die höchsten Punkteränge schadet seine Kenntnis auch im ersten Examen nicht.*

4. Durchsetzbarkeit erst nach Kündigung und Sicherungsfall

384 **Bevor** der Inhaber **aus seiner Grundschuld vorgeht**, muss zweierlei geschehen:

- Zum einen muss der **Sicherungsfall eintreten**, d.h. die **gesicherte Forderung muss bestehen, fällig und durchsetzbar** sein. Er ist also (noch) nicht eingetreten bei Nichtentstehen, insbesondere Nichtvalutierung, oder Erlöschen der Forderung, dilatorischen Einreden gegen die Forderung oder fehlender Fälligkeit der Forderung.[318]

---

316 BGH RÜ 2010, 428 (§ 727 ZPO); BGH RÜ 2011, 562 (§ 726 ZPO); AS -Skript Vollstreckungsrecht in der Assessorklausur (2020), Rn. 261; Palandt/Herrler § 1191 Rn. 32, 34, § 1192 Rn. 3; näher zu § 727 ZPO AS-Skript ZPO (2020), Rn. 391

317 BGH RÜ2 2019, 6; OLG Hamm RÜ2 2019, 103; näher zur Prozessstandschaft AS-Skript ZPO (2020), Rn. 145 ff.

318 BGH WM 1985, 953, 954.

- Zum anderen werden nach § 1193 Abs. 1 Kapital und (analog §§ 1234, 1193)[319] Zinsen der Grundschuld **erst bei Kündigung der Grundschuld fällig**, wobei die Kündigungsfrist sechs Monate beträgt. Bei der Sicherungsgrundschuld ist eine abweichende Vereinbarung gemäß § 1193 Abs. 2 S. 2 nicht zulässig, wenn die Sicherungsgrundschuld nach dem 19.08.2008 bestellt wurde (Art. 229 § 18 Abs. 3 EGBGB).

Der Sicherungsnehmer ist aus dem Sicherungsvertrag **verpflichtet, die Kündigung** der Grundschuld **zu unterlassen**, solange der **Sicherungsfall nicht eingetreten** ist, d.h.: 385

- Ist die **Kündigung der Grundschuld** – nach § 1193 oder BGB AT – **unwirksam**, so ist die Grundschuld gemäß § 1193 Abs. 1 S. 1 ohnehin (noch) nicht fällig und der Duldungsanspruch ohnehin (noch) nicht durchsetzbar.
- Ist die **Kündigung der Grundschuld zwar wirksam**, erfolgte sie **aber vor Eintritt des Sicherungsfalls**, so hat der Sicherungsnehmer gegen seine Pflicht verstoßen, die Kündigung bis zum Eintritt des Sicherungsfalls zu unterlassen. Dem Sicherungsgeber steht dann aus dem Sicherungsvertrag gegen den (wenn auch fälligen) Duldungsanspruch die **Einrede der mangelnden Verwertungsreife (auch: des [noch] nicht eingetretenen Sicherungsfalls)** zu.[320]

5. Nichtentstehung oder Fortfall des Sicherungszwecks

Wird die **Forderung(smehrheit)** erfüllt oder **erlischt** sie anderweitig, so hat der Sicherungsnehmer kein schützenswertes Interesse mehr an der Grundschuld. Der **Sicherungszweck der Grundschuld entfällt** abhängig von der **Zweckerklärung**:[321] 386

- Bei einer **engen Zweckvereinbarung** entfällt der Sicherungszweck bei Tilgung der Anlassverbindlichkeit(en).
- Bei einer **weiten Zweckvereinbarung** entfällt der Sicherungszweck erst, wenn eine Revalutierung der Grundschuld endgültig ausscheidet. Das ist regelmäßig erst bei Ende der Geschäftsbeziehung zwischen Sicherungsnehmer und Schuldner der Fall.

Auch sobald feststeht, dass **überhaupt keine Forderung entstehen wird**, besteht kein Sicherungsinteresse mehr. Eine vorübergehende „Startphase" ist aber unschädlich. 387

Beispiel: S unterschreibt bei Bank B einen Darlehensvertrag und bestellt B noch vor Valutierung des Darlehens eine Grundschuld. –
Solange die Valutierung absehbar ist, hat B ein schützenswertes Sicherungsinteresse – insbesondere, wenn vertraglich vereinbart ist, dass S die Valuta im Laufe der nächsten Monate in mehrere Teilbeträgen nach seiner Wahl abrufen darf. Wenn hingegen der Darlehensvertrag vor Valutierung erlischt (etwa durch Anfechtung, Widerruf, Aufhebung,...), dann erlischt auch das Sicherungsinteresse der B.

Sobald und soweit die Forderung **teilweise erlischt oder feststehend teilweise nicht entstehen wird**, entfällt das Sicherungsinteresse des Sicherungsnehmers teilweise.[322] 388

---

319 BGH RÜ 2017, 567.

320 Meyer Jura 2009, 561, 563.

321 BGH NJW 2013, 2894, Rn. 12; siehe zur engen und zur weiten Zweckvereinbarung Rn. 374 f.

322 Vgl. BGH RÜ 2018, 83, 83 Rn. 24.

a) Ermessensunabhängiger Rückübertragungsanspruch

389 Bereits mit Abschluss des Sicherungsvertrags entsteht ein **ermessensunabhängiger** Anspruch des Sicherungsgebers auf **Rückübertragung der Grundschuld**, und zwar als i.S.d. § 158 Abs. 1 **aufschiebend auf den Entfall des Sicherungszwecks bedingter Anspruch (nachträgliche Übersicherung).**[323]

Inhalt des Rückübertragungsanspruchs ist wahlweise (§§ 262 ff.) die **Rückübertragung** der Grundschuld durch Abtretung an den Sicherungsgeber oder einen Dritten, **Verzicht** auf die Grundschuld (§§ 1192 Abs. 1, 1168) oder deren **Aufhebung** (§ 875).[324]

Der Anspruch wächst **mit jeder Teilzahlung** an (vgl. Rn. 388). In der Regel werden Teilansprüche wegen der **Kosten** und des **Aufwands** für den Inhaberwechsel der Grundschuld (Notar, Grundbuchamt) aber nicht durchgesetzt. Sie sind aber zur Generierung einer Teileinrede wichtig, s. sogleich b).

390 Der Anspruch ist **abtretbar.** In der **Veräußerung des Grundstücks** liegt im Zweifel eine **konkludente Abtretung** an den Käufer, wenn er die **Darlehensschuld übernimmt** (oft unpräzise formuliert: „die Grundschuld übernimmt").

Beispiel:[325] S hat sein Darlehen i.H.v. 50.000 € bei B per Grundschuld in selber Höhe besichert. S verkauft das Grundstück (Wert: 300.000 €) an K, zum Preis von 250.000 €. –
I. Grundsätzlich **bleibt S der Darlehensschuldner.** Dann soll **S** auch **Inhaber des Anspruchs auf Rückgewähr der Grundschuld bleiben.** Denn wenn S das Darlehen an B zurückzahlt, soll S von B die Grundschuld zurückerhalten, als Kompensation für den Preisnachlass gegenüber K. K und S müssen sich dann darüber verständigen, ob S die Grundschuld dauerhaft behalten soll, oder ob S sie dem K gegen Zahlung von 50.000 € als Eigentümergrundschuld überträgt bzw. auf sie verzichtet bzw. ihrer Aufhebung zustimmt. Im Ergebnis ist so gewährleistet, dass K für ein Grundstück ohne Lasten Dritter den vollen Preis i.H.v. 300.000 € zahlt.
II. Wenn S und K (unter Mitwirkung der B, §§ 414 f.) vereinbaren, dass **K die Darlehensschuld des S übernimmt,** dann **tritt** S im Zweifel dem K den **Anspruch auf Rückübertragung der Grundschuld** ab. Anderenfalls könnte B den K aus Grundschuld und Forderung in Anspruch nehmen. So muss K der B 50.000 € auf die Darlehensforderung zahlen. K kann dann die Grundschuld von B zurückverlangen.

Hinweis: *Hier wird also das* ***Eigentum am belasteten Grundstück übertragen.*** *Im Eifer der Klausur dürfen Sie diese Konstellation nicht mit der* ***Übertragung der Grundschuld*** *verwechseln. Näher dazu unter D. beim Zweiterwerb der Grundschuld.*

391 Der Sicherungsnehmer darf die Grundschuld **nur an den Inhaber des Rückgewähranspruchs übertragen**, auch wenn ein anderer Eigentümer des Grundstücks ist.[326]

Im vorherigen **Beispiel** muss B unter II. an K (der zugleich Eigentümer ist) und unter I. an S (der nicht mehr Eigentümer ist) abtreten.

Tritt der Sicherungsnehmer die Grundschuld anderweitig ab, so schuldet er dem Anspruchsinhaber nach Maßgabe der §§ 280 Abs. 1 u. 3, 283 **Schadensersatz wegen nachträglicher Unmöglichkeit der Abtretung an den Anspruchsinhaber.**

Beispiel:[327] Das Grundstück des E ist mit einer Grundschuld zur Sicherung eines Darlehens von A an E sowie mit einer weiteren Grundschuld zur Sicherung eines Darlehens von B an E belastet. E und A haben im Sicherungsvertrag vereinbart, dass E seinen (künftigen oder bedingten) Rückübertragungsanspruch

---

323 BGH RÜ 2018, 83, 84 Rn. 11; vgl. zur nachträglichen Übersicherung und dem Freigabeanspruch AS-Skript Schuldrecht AT 2 (2020), Rn. 457 ff.

324 BGH RÜ 2018, 83, 84 Rn. 11, BGH RÜ 2014, 688, 690; ebenso BGH RÜ 2015, 630, 631 zum Anspruch aus § 894.

325 Nach BGH RÜ 2018, 83, 84 Rn. 19.

326 BGH RÜ 2018, 83, 84 Rn. 13 (für die sich aus dem Anspruch ergebende Einrede, dazu sogleich unter b]).

327 Nach BGH NJW 2013, 2894.

gegen B an A abtritt. A setzt B von dieser Abtretung in Kenntnis. E zahlt das Darlehen an B zurück und die beiden beenden ihre Geschäftsbeziehungen. B tritt die Grundschuld am Grundstück des A an X ab, um ein Darlehen des X an B zu sichern. X ist zu einer Rückabtretung der Grundschuld nicht bereit. –
A hat gegen B einen Anspruch aus **§§ 280 Abs. 1 u. 3, 283**:
I. Zwischen A und B besteht zwar kein **Schuldverhältnis**. A ist aber wegen der Abtretung durch E Inhaber des sich aus der Sicherungsabrede zwischen E und B – einem Schuldverhältnis – ergebenden Rückübertragungsanspruches gegen B. Eine Verletzung dieses Anspruchs begründet einen Schadensersatzanspruch des aktuellen Anspruchsinhabers, hier A.
II. Die **aufschiebende Bedingung** des Rückgewähranspruchs ist zwischenzeitlich **eingetreten**. E und B haben ihre Geschäftsbeziehungen beendet, sodass selbst bei einer weiten Zweckvereinbarung keine Revalutierung der **Grundschuld** möglich ist und B sie daher **zurückgewähren muss**.
III. Die Erfüllung des unbedingten Rückgewähranspruchs ist dem B mit der Abtretung der Grundschuld an X i.S.d. § 275 Abs. 1 **nachträglich unmöglich** geworden.
IV. B **exkulpiert** sich für die Übertragung der Grundschuld an X **nicht**. Im Gegenteil tat B dies vorsätzlich trotz Kenntnis von der Anspruchsabtretung E an A.
V. Als **Rechtsfolge** schuldet B dem A Ersatz des Schadens, der ihm durch die unterbliebene Abtretung der Grundschuld an ihn entsteht. Eine Naturalrestitution (§ 249 Abs. 1) ist nicht möglich, sodass B dem A gemäß § 251 Abs. 1 Entschädigung in Geld schuldet.

b) Einrede gegen den Anspruch aus der Grundschuld

Dem **Duldungsanspruch** des Grundschuldinhabers gegen den Eigentümer kann also **392**
der **Grundschuldrückgewähranspruch gegenüberstehen**. Wie stets bei konnexen Ansprüchen verschiedenen Inhalts ergibt sich eine **Einrede nach § 273**. Der Eigentümer muss so weit nicht dulden, wie der Rückgewähranspruch geht, vgl. Rn. 388 f.

Mit einer **Teileinrede** ist dem Eigentümer allerdings **praktisch wenig geholfen**. Auch wenn er nicht mehr in anfänglicher Höhe die Vollstreckung dulden muss, sondern „nur" noch soweit die Forderung noch nicht erfüllt wurde, so wird doch das gesamte Grundstück versteigert – so wäre es ja auch, wenn von Anfang an nur eine geringere Forderung besichert worden wäre. Vom Erlös erhält der Grundschuldinhaber dann natürlich weniger und der (bisherige) Eigentümer entsprechend mehr, aber das Grundeigentum ist an den Ersteigerer gemäß § 90 ZVG verloren. Um diesen Eigentumsverlust zu vermeiden, muss die Forderung vollständig erfüllt werden, sodass der Duldungsanspruch komplett einredebehaftet ist, oder der Eigentümer muss nach § 1142 vollständig auf die Grundschuld zahlen.

Klausurhinweis: *Im Examen wird* ***häufiger*** *nach den* ***Ansprüchen des (vermeintlichen) Grundschuldinhabers*** *als nach denen des Eigentümers gefragt. Zunächst prüfen Sie dann, ob der Anspruchsteller per Erst- oder Zweiterwerb (dazu C. und D.) eine Grundschuld erhalten und diese nicht wieder verloren hat. Danach prüfen Sie die Einrede aus § 273, in dieser* ***inzident*** *den Rückgewähranspruch und als dessen Voraussetzung wiederum* ***inzident*** *Entstehung und Erlöschen der gesicherten Forderung.*

Hinweis: *Bei einer* ***Hypothek*** *bedarf es des Kniffes über § 273 nicht: Ohne Forderung hat gemäß § 1163 Abs. 1 ohnehin der Eigentümer die Hypothek inne (sodann § 1177 Abs. 1).*

c) Gegebenenfalls: Einrede gegen die gesicherte Forderung

(Natürlich nur) vor Erfüllung der Forderung ergibt sich aus dem (dann noch nicht ent- **393**
standenen) Rückgewähranspruch i.V.m. **§ 273** eine **Einrede gegen die Forderung**. Da durch Erfüllung der Forderung der Rückgewähranspruch entstünde, muss die **Forderung nur Zug-um-Zug gegen Rückgewähr der Grundschuld erfüllt werden**.[328]

328 Staudinger/Wolfsteiner Vorbem. zu §§ 1191 ff. Rn. 165.

Diese Verteidigungsposition ergibt sich aus dem **Grundeigentum**, der **Schuldnerstellung bezüglich der Forderung** und der **Gläubigerstellung bezüglich des Rückgewähranspruchs**. Daher müssen diese drei Rechtspositionen **in einer Person zusammentreffen** – sei es von Anfang an oder nach entsprechenden Abtretungen.[329]

Im **Beispiel** in Rn. 390 fallen unter II. alle drei Positionen bei K zusammen.

Hinweis: *Auch dies spielt bei der Hypothek keine Rolle. Sobald die Forderung erfüllt wird, geht die Hypothek gemäß § 1163 Abs. 1 S. 1 auf den Eigentümer über (sodann § 1177 Abs. 1).*

IV. Anwendbarkeit der §§ 312 ff. oder der §§ 491 ff.?

394 Der Sicherungsvertrag ist ein Vertrag über eine **entgeltliche Leistung** im Sinne des § 312 Abs. 1, wenn der Sicherungsgeber die Verpflichtung zur Grundschuldbestellung in der Erwartung übernimmt, ihm oder einem bestimmten Dritten werde daraus ein Vorteil erwachsen. Bei einem **außerhalb von Geschäftsräumen geschlossenen Vertrag** kann dem Sicherungsgeber daher ein Widerrufsrecht nach §§ 312 b Abs. 1 S. 1 Nr. 1, 312 g Abs. 1, 355 zustehen.[330] Wird der Sicherungsvertrag widerrufen, so ist die Grundschuld gemäß § 357 Abs. 1 zurückzuübertragen.

395 Der Sicherungsvertrag ist aber **kein Darlehensvertrag** (§ 488) und **keine** sonstige **Finanzierungshilfe** (§ 506). Die §§ 491 ff. greifen daher nicht für den Sicherungsvertrag (gegebenenfalls aber natürlich für die gesicherte Forderung).[331]

V. Exkurs: Erklärung der Vollstreckungsunterwerfung

396 Es ist üblich, dass sich der Eigentümer im Sicherungsvertrag **wegen der Ansprüche aus der Grundschuld der sofortigen Zwangsvollstreckung notariell unterwirft.**

Für die Bank hat das den **Vorteil**, dass sie zur Durchsetzung ihrer Ansprüche nicht zunächst ein rechtskräftiges Urteil (§ 704 ZPO) einklagen muss. Sie kann vielmehr **sofort vollstrecken**, die Unterwerfungserklärung ist ein **Titel** (§ 794 Abs. 1 Nr. 5 ZPO). Will der Eigentümer sich hiergegen wehren, so muss er sich in die nachteilige **Angreiferrolle** begeben und Vollstreckungsabwehrklage erheben (§§ 767, 795 S. 1 ZPO), wobei gemäß § 797 Abs. 4 ZPO die Beschränkung des § 767 Abs. 2 ZPO nicht greift. Die Unterwerfungserklärung wirkt grundsätzlich nur gegen den Eigentümer, der sie abgibt. Soll sie **auch gegen künftige Eigentümer** wirken, ist dies **im Grundbuch einzutragen**, § 800 Abs. 1 S. 1 u. 2 ZPO.

Die formularmäßige Vollstreckungsunterwerfung jedenfalls desjenigen, der **sowohl Kreditnehmer als auch Eigentümer** des Grundstücks ist, stellt **keine unangemessene Benachteiligung** gemäß § 307 Abs. 1 dar. Die Bank hat ein schützenswertes Interesse daran, den Anspruch aus der Grundschuld zügig durchzusetzen, wenn die Forderung ausfällt. Der Eigentümer setzt in seiner Eigenschaft als Kreditnehmer hingegen regelmäßig die Ursache für den Zugriff der Bank auf die Grundschuld. Er ist ausreichend durch die Rechtsbehelfe des Zwangsvollstreckungsverfahrens geschützt.[332]

Wird die so titulierte Grundschuld **abgetreten**, kann ihr neuer Inhaber nur mit einer **Klausel** nach § 726 bzw. § 727 ZPO vollstrecken. Dieses erfordert seinen **Eintritt in den Sicherungsvertrag**, s. Rn. 383.

329 BGH NJW 1991, 1821.

330 BGH NJW 1996, 55 (zu § 1 Abs. 1 HWiG); Palandt/Grüneberg § 312 Rn. 6.

331 BGH NJW 1997, 1442; Tiedtke DStR 2001, 257, 265 (jeweils zu § 1 VerbrKrG).

332 BGH RÜ 2010, 428.

C. Anspruch aus der Grundschuld bei deren Bestellung (Ersterwerb)

Wie bei der Hypothek muss der Anspruchsteller die Grundschuld **innehaben** und dem Duldungsanspruch dürfen **keine Einreden** entgegenstehen. **397**

Aufbauschema Anspruch aus der Grundschuld bei Ersterwerb
I. Grundschuld wirksam bestellt
1. Einigung (§ 873 Abs. 1) mit dem Inhalt des § 1191
Buchgrundschuld: Einigung über Briefausschluss (§§ 1192 Abs. 1, 1116 Abs. 2 S. 3)
2. Eintragung der Grundschuld im Grundbuch
Buchgrundschuld: Eintragung des Briefausschlusses (§§ 1192 Abs. 1, 1116 Abs. 2 S. 3)
3. Briefübergabe bei einer Briefgrundschuld
4. Berechtigung des Bestellers
Ggf.: Erwerb vom Nichtberechtigten gemäß § 185 Abs. 2, § 878 oder § 892
II. Kein Verlust der Grundschuld
III. Keine Einreden
1. Einreden **ohne Bezug zum Sicherungsvertrag**
2. Einreden **mit Bezug zum Sicherungsvertrag**
a) Nichtbestehen der Forderung
b) Einreden **gegen die bestehende Forderung**

I. Wirksame Bestellung

Die Voraussetzungen sind mit denen der **Hypothek identisch**, abgesehen davon, dass **eine Forderung nicht erforderlich** ist. § 1163 Abs. 1 S. 1 ist nicht anwendbar. **398**

1. Einigung

Der Sicherungsgeber und der Sicherungsnehmer müssen sich über die Bestellung einer Grundschuld einigen. Gemäß §§ 1192 Abs. 1, 1116 ist der gesetzliche **Regelfall die Briefgrundschuld**. Bei Ausschluss der Brieferteilung entsteht eine **Buchgrundschuld**. **399**

Die Einigung kann bei einer Sicherungsgrundschuld nach § 138 Abs. 1 wegen **anfänglicher Übersicherung** nichtig sein. Diese setzt voraus, dass bereits bei Bestellung der Grundschuld feststeht, dass im Verwertungsfall ein auffälliges Missverhältnis zwischen dem realisierbaren Wert der Sicherheiten und der gesicherten Forderung besteht.[333] **400**

Hinweis: *Bei der* ***Hypothek*** *ist eine anfängliche Übersicherung nicht möglich. Wegen der Akzessorietät entsteht sie ohnehin nur in Höhe der gesicherten Forderung, § 1113 Abs. 1.*

2. Eintragung im Grundbuch

Gemäß §§ 873, 1191 ist die **Grundschuld** im Grundbuch **einzutragen**. Bei Buchgrundschulden wird auch der **Briefausschluss** eingetragen, §§ 1192 Abs. 1, 1116 Abs. 2 S. 3. **401**

333 BGH NJW 2001, 1417; näher zur anfänglichen Übersicherung AS-Skript Schuldrecht AT 2 (2020), Rn. 461.

3. Briefübergabe

402 Eine Briefgrundschuld erwirbt der Sicherungsnehmer gemäß §§ 1192 Abs. 1, 1117 erst mit der **Übergabe** des Grundschuldbriefs bzw. mit dem entsprechenden **Surrogat**.

4. Berechtigung oder Überwindung der fehlenden Berechtigung

403 Die Grundschuldbestellung ist eine **belastende Verfügung über das Grundeigentum**. Der Besteller muss daher verfügungsbefugter Eigentümer des belasteten Grundstücks sein oder mit Ermächtigung kraft Gesetzes bzw. gemäß § 185 Abs. 1 handeln.

404 Ein Erwerb vom **Nichtberechtigten** ist gemäß § 185 Abs. 2, § 878 oder § 892 möglich.

II. Kein Verlust der Grundschuld

405 Der Duldungsanspruch steht dem Anspruchsteller nur zu, **solange er Inhaber der Grundschuld** ist. Er kann die Grundschuld insbesondere verlieren

- durch **Abtretung der Grundschuld** nach Maßgabe des § 1154 (s. sogleich D.),
- durch **Übergang auf den zahlenden Sicherungsgeber** nach §§ 1192 Abs. 1, 1150, 268 Abs. 3 (vgl. Rn. 321 f. zur Hypothek und sogleich Rn. 439 ff. zur Grundschuld),
- durch **ausnahmsweisen Übergang auf den Eigentümer** ipso iure (dazu Rn. 420),

  Hinweis: *Der **Forderungsverlust** (z.B. durch Erfüllung oder Abtretung) führt **grundsätzlich nicht** zum Grundschuldverlust. §§ 1163 Abs. 1 S. 2, 1153, 401 sind nicht anwendbar.*
- wegen **lastenfreien Eigentumserwerbs eines Dritten**, § 892 Abs. 1 S. 1(s. Rn. 98)
- und bei **Aufhebung** bzw. **Verzicht** (vgl. Rn. 242 zur Hypothek).

III. Keine Einreden

406 § 1192 Abs. 1 verweist nicht auf § 1137. Einreden gegen den Duldungsanspruch können sich **nicht unmittelbar aus der Forderung** ergeben. Sie können nur aus **von der Forderung unabhängigen Umständen** (dazu 1.) oder **aus dem Sicherungsvertrag** stammen, wobei über diesen mittelbar das Schicksal der Forderung relevant ist (dazu 2.).

Hinweis: *Der **Ersterwerber** muss sich **unterschiedslos alle** sogleich dargestellten Einreden entgegenhalten lassen. Für den **Zweiterwerber** ist die Unterscheidung der Einredearten hingegen ergebnisrelevant, weil **bestimmte Einredearten nicht greifen**.*[334]

1. Einreden ohne Bezug zum Sicherungsvertrag

407 Einreden ohne Bezug zum Sicherungsvertrag (auch: **„gegen die Grundschuld"**) könnten auch **ohne den Sicherungsvertrag** – etwa bei einer nicht zu Sicherungszwecken bestellten isolierten Grundschuld – bestehen. Ihre Einordnung ist zum Teil umstritten:

408 - Die Einrede der **fehlenden Fälligkeit der Grundschuld mangels Kündigung** hat keinen Bezug zum Sicherungsvertrag, wenn die gesetzliche Kündigungsregelung in

334 Näher Rn. 454 ff.

§ 1193 Abs. 1 gilt. Soweit der Sicherungsvertrag eine abweichende Vereinbarung enthält (vgl. § 1193 Abs. 2 S. 1), hat die Einrede Bezug zum Sicherungsvertrag.

- Die **Einrede nach § 853** wegen **deliktischen Erwerbs der Grundschuld** hat keinen erkennbaren Bezug zum Sicherungsvertrag.[335] **409**
- Nach einer Ansicht hat die **Einrede nach § 821** (vgl. Rn. 371) keinen Bezug zum **Sicherungsvertrag**, weil sie eben nur besteht, wenn dieser **nichtig** ist.[336] Nach anderer Ansicht genügt es, dass diese Einrede sich mittelbar aus dem (gescheiterten) Sicherungsvertrag ergebe, sodass die Einrede Bezug zum Sicherungsvertrag habe.[337] **410**
- Zweifelhaft ist die Einordnung von Einreden, die aus einer **schuldrechtlichen Abrede**, die **nicht** mit dem **Sicherungsvertrag** identisch ist, stammen. Die **nachträgliche Stundung oder Verwertungsbeschränkung des Duldungsanspruchs** wird teilweise als Einrede ohne Bezug zum Sicherungsvertrag gesehen.[338] Fasst man sie allerdings als Änderung des Sicherungsvertrages auf, dann hat sie den Bezug.[339] **411**

Hinweis: *Die in den zwei Absätzen zuvor jeweils erstgenannte Ansicht schützt wegen § 1192 Abs. 1 a den* ***Zweiterwerber****, der die Einrede nicht kennt, und erhöht so die* ***Verkehrsfähigkeit*** *der Sicherungsgrundschuld (näher Rn. 458 ff.). Die zweite Ansicht schützt hingegen den* ***Eigentümer****. Generelles Argument gegen den Bezug einer „grenzwertigen" Einrede zum Sicherungsvertrag ist, dass es* ***Einreden ohne diesen Bezug geben muss****, weil sonst die Beschränkung des § 1192 Abs. 1 a auf Einreden mit diesem Bezug keinen Sinn ergeben würde.*

2. Einreden mit Bezug zum Sicherungsvertrag

Einreden mit Bezug zum Sicherungsvertrag ergeben sich **häufig** aus **Unzulänglichkeiten der Forderung**. Über den Sicherungsvertrag können sie auch der Grundschuld entgegengehalten werden.[340] **412**

Hinweis: *Über das „Scharnier des Sicherungsvertrags" werden* ***sowohl Einwendungen*** *(dazu a] und b])* ***als auch Einreden*** *(dazu c])* ***gegen die Forderung*** *zu* ***Einreden gegen die Grundschuld****. Wiederholen Sie bei Bedarf die Begriffe „Einwendung" und „Einrede".*[341]

Hinweis: *Auch eine Einrede, die mit der Forderung nichts zu tun hat, kann Bezug zum Sicherungsvertrag haben (z.B. nach e.A. die nachträgliche Stundung der Grundschuld, s. Rn. 411). Die hergebrachten Floskeln* ***„gegen die Forderung" und „gegen die Grundschuld" können daher in die Irre führen*** *und sie liefern auch keinen Erkenntnisgewinn. Wegen § 1192 Abs. 1a ist der* ***Bezug zum Sicherungsvertrag*** *das* ***entscheidende Kriterium*** *(näher dazu beim Zweiterwerb Rn. 454 ff.).*

335 Dem dürfte auch BGH NJW 2015, 619, 620 Rn. 12 nicht entgegenstehen. Der BGH lehnt dort zwar einen Fall des § 1192 Abs. 1 a (nur) mit Verweis auf den zeitlichen Anwendungsbereich ab, aber daraus ergibt sich nicht zwingend, dass alle anderen Voraussetzungen der Norm (hier: Bezug zum Sicherungsvertrag) vorliegen.

336 Weller JuS 2009, 969, 974.

337 Palandt/Herrler § 1192 Rn. 4 m.w.N.

338 Palandt/Herrler § 1192 Rn. 4; Meyer Jura 2009, 561, 566; Baur/Stürner § 45 Rn. 67.

339 Westermann/Gursky/Lieder § 115 Rn. 16.

340 Aufzählung der folgenden Fallgruppen bei BGH RÜ 2018, 557, 558 Rn. 26 unter Verweis auf BT-Drucks 16/9821, S. 16 f.

341 S. AS-Skript BGB AT 1 (2020), Rn. 10 ff.

a) Einrede des Nichtentstehens der Forderung

413 Soweit die Forderung aufgrund einer **rechtshemmenden Einwendung** nicht entsteht, gewährt der Sicherungsvertrag eine Einrede gegen den Anspruch aus der Grundschuld. Die Forderung entsteht insbesondere nicht, wenn der **Darlehensvertrag nichtig** ist oder **Darlehen endgültig nicht valutiert** wird (s. Rn. 384 u. 387).

Fall 23: Nicht ausgezahlt

E hat an seinem Grundstück dem G zur Sicherung eines dem S noch zu gewährenden Darlehens eine Buchgrundschuld bestellt. Es kommt zu Unstimmigkeiten zwischen S und G. G weigert sich endgültig, das Geld an S auszuzahlen. Rechte des E und des G?

414 A. E kann Zustimmung zur **Grundbuchberichtigung gemäß § 894** verlangen, wenn das Grundbuch unrichtig, also G trotz Eintragung nicht **Grundschuldinhaber** ist.

I. E und G haben sich gemäß § 873 mit dem Inhalt der §§ 1191, 1192, 1116 Abs. 2 über das Entstehen der Buchgrundschuld geeinigt, dies ist nebst Briefausschluss eingetragen worden und E war als verfügungsbefugter Eigentümer zur Bestellung berechtigt. Daher ist die **Grundschuld für G entstanden** (Ersterwerb).

415 II. Das **Nichtentstehen der zu sichernden Forderung** aus § 488 Abs. 1 S. 2 muss für den Bestand der Grundschuld **unerheblich** sein.

Nach **§ 1163 Abs. 1 S. 1** setzt zwar die Hypothek eine Forderung voraus. Als Ausdruck der Akzessorietät ist aber diese Norm nach § 1192 Abs. 1 Hs. 2 auf die Grundschuld **nicht anwendbar**.

Zweifelhaft ist allerdings, ob das **Bestehen der zu sichernden Forderung als** (aufschiebende oder auflösende) **Bedingung** i.S.d. § 158 für die Einigung vereinbart werden kann oder ob Forderung und Grundschuldbestellung eine **Geschäftseinheit i.S.d. § 139** bilden.[342] Unstreitig müsste dies aber in der Sicherungsabrede **ausdrücklich vereinbart** sein, was nicht geschehen ist.

Obwohl die zu sichernde Forderung nicht entstanden ist, hat G mithin eine Grundschuld erworben und diese auch nicht wieder verloren. Das Grundbuch ist richtig. E hat gegen G keinen Anspruch aus § 894.

***Hinweis:** Ob E eine **Einrede** gegen den Duldungsanspruch hat, spiel hier **keine Rolle**.*

416 B. G hat aus seiner Grundschuld gegen E einen **Anspruch aus §§ 1147, 1192 Abs. 1**, der (nach h.M.) auf Duldung der Zwangsvollstreckung gerichtet ist. Diesem Anspruch könnte aber eine **Einrede** des E entgegenstehen.

Ohne Valutierung des Darlehens hat der Sicherungsgeber die **Einrede der Nichterfüllung des Sicherungszwecks**. Sie ergibt sich – auch ohne besondere Vereinbarung – aus der Auslegung des Sicherungsvertrags i.V.m. § 273, und zwar **auch wenn noch nicht endgültig feststeht**, ob es noch zur Valutierung kommen wird.

342 Vgl. Rn. 379.

Der Duldungsanspruch des G gegen E ist daher nicht durchsetzbar.

C. E könnte gegen G einen **Anspruch auf Rückübertragung der Grundschuld** haben. **417**

Bereits mit Abschluss des Sicherungsvertrags und i.S.d. § 158 Abs. 1 **aufschiebend bedingt auf das sichere Nichtentstehen der zu sichernden Forderung** hat der Sicherungsgeber **aus dem Sicherungsvertrag** einen Rückübertragungsanspruch.

G hat sich endgültig geweigert, das Darlehen an S auszuzahlen, die Bedingung ist also eingetreten. E kann mithin von G aus dem Sicherungsvertrag Rückübertragung der Grundschuld verlangen.

---

b) Einrede des Erlöschens der Forderung, insbesondere Zahlung

Nach der Idealvorstellung des Sicherungsvertrags ist der Sicherungsnehmer sowohl Forderungsgläubiger als auch Grundschuldinhaber. **Zahlungen** an ihn können daher **entweder die Forderung oder die Grundschuld oder beides** angreifen. **418**

Hinweis: *Das Folgende gilt entsprechend für die Erfüllungssurrogate der **Aufrechnung und Hinterlegung**, die gemäß §§ 1192 Abs. 1, 1142 Abs. 1 auch hinsichtlich der Grundschuld **einer Zahlung gleichstehen**.*

- Wird zur **Erfüllung der gesicherten Forderung** gezahlt (oder besteht eine andere **rechtsvernichtende Einwendung**), führt dies gemäß **§ 362 Abs. 1** zu deren Erlöschen. Die **Grundschuld bleibt** gleichwohl **bestehen**, denn § 1163 Abs. 1 S. 2 ist Ausdruck der Akzessorietät und findet daher auf die Grundschuld keine Anwendung. Aus dem Sicherungsvertrag ergibt sich aber – wie in Fall 23 beim Nichtentstehen der Forderung – der (bis dahin aufschiebend bedingte) **Anspruch auf Rückgewähr der Grundschuld** und damit gemäß § 273 eine **Einrede gegen die Grundschuld**.[343] **419**

  Gemäß § 418 Abs. 1. S. 2 analog i.V.m. §§ 1168 Abs. 1, 1192 Abs.1 wird die Sicherungsgrundschuld beim **Schuldnertausch zur Eigentümergrundschuld**, **es sei denn**, der Eigentümer hat in den Schuldnertausch **eingewilligt** (§ 418 Abs. 1 S. 3 analog). § 418 gilt für die Sicherungsgrundschuld trotz der Abstraktheit analog, weil auch hier das Grundstück nicht für einen Schuldner haften soll, den der Eigentümer sich bei Abschluss des Sicherungsvertrags nicht ausgesucht hat.[344]

- Nach §§ 1192 Abs. 1, 1142 Abs. 1 zulässige **Zahlungen auf die Grundschuld** führen nicht zum Forderungsübergang – § 1143 Abs. 1 ist nicht anwendbar. Aber es entsteht unstreitig **ipso iure eine Eigentümergrundschuld**. Nach h.M.[345] ergibt sich das aus § 1143 analog, nach a.A.[346] aus § 1163 Abs. 1 S. 2. Argument dafür ist, dass der Grundschuldinhaber nach Empfang der Zahlung keinerlei Schutz mehr benötigt, während der Eigentümer dinglich (und nicht nur durch einen ansonsten zu konstruierenden Rückgewähranspruch aus dem Sicherungsvertrag) geschützt werden soll. **420**

---

343 Vgl. Rn. 386.

344 BGH RÜ 2015, 630; vgl. bezüglich der Hypothek bereits Rn. 243.

345 BGH NJW-RR 2003, 11; Palandt/Herrler § 1191 Rn. 10.

346 Wilhelm Rn. 1796.

***Hinweis:** Auch bei **Zahlungen auf die Hypothek** entsteht (zusammen mit dem Forderungsübergang) ein **Grundpfandrecht des Eigentümers** (Eigentümerhypothek nach § 1143 Abs. 1, §§ 412, 401 und § 1153 Abs. 1 sowie § 1177 Abs. 2, s. Rn. 320).*

421 Worauf gezahlt wird, bestimmt sich (wie bei der Hypothek) in erster Linie nach der **Tilgungsbestimmung** des Leistenden, § 366 Abs. 1. Das Verhalten des Zahlenden ist **auszulegen**. Der Schuldner will die Forderung erlöschen lassen und der Eigentümer will über §§ 1142 Abs. 1, 1192 Abs. 1 verhindern, dass sein Grundstück versteigert wird. Es haben sich in folgenden Fallgruppen **regelmäßige Auslegungsergebnisse** gebildet:

***Hinweis:** Die unter **cc) und dd)** geschilderten Zahlungen lassen **keine Einreden** entstehen. Wegen des Sachzusammenhangs werden sie aber bereits hier dargestellt.*

aa) Eigentümer und Schuldner sind personenidentisch

422 Zu differenzieren ist zunächst nach dem **Umfang** der Zahlung:

423 ■ **Ratenzahlungen** (auch die Schlussrate) erfolgen **nur auf die Forderung**.[347] Ein Bedürfnis für die Tilgung der Grundschuld besteht nicht, weil von dieser (bei pünktlicher Zahlung) keine Gefahr ausgeht. Dem Nachteil des Schuldners, anstatt des Teilerlöschens der Grundschuld (Einwendung) nur einen Teilrückgewähranspruch nebst Teileinrede (§ 273 i.V.m. dem Teilrückübertragungsanspruch) zu erlangen, steht der Vorteil gegenüber, das Darlehen in Raten zurückzahlen zu können. Ferner kann ein neues Darlehen oder ein Forderungskreis (Kontokorrent, alle künftigen Forderungen) beim gleichen Kreditgeber leichter besichert werden (Neuvalutierung bzw. Revalutierung, s. Rn. 375 ff.), weil dieser nach wie vor Inhaber der Grundschuld ist.[348] Zudem müsste ansonsten das Grundbuch nach jeder Rate kostenpflichtig angepasst werden, selbst wenn das nicht gewollt ist.

Folglich **erlischt die Forderung** gemäß § 362 Abs. 1 anteilig. Bei weiten Zweckabreden entsteht der **Rückgewähranspruch** erst, wenn eine Revalutierung sicher ausgeschlossen ist, insbesondere bei Ende der Geschäftsbeziehungen. Bei engen Zweckabreden wächst zwecks Vermeidung einer nachträglichen Übersicherung der unbedingte Teil des ermessensunabhängigen Rückgewähranspruchs mit jeder Zahlung, er kann aber auch schrumpfen, wenn die Höhe der besicherten Forderung sich wieder erhöht. Die **Einrede aus § 273** nimmt den entsprechenden Verlauf.[349]

Angesichts des **Aufwandes** und der **Kosten** bei ratenweiser Geltendmachung und Erfüllung des Rückgewähranspruchs unterbleibt dies aber in der Praxis in aller Regel. Der Sicherungsgeber gibt sich mit seiner Einrede zufrieden und der Sicherungsnehmer respektiert diese, s. Rn. 389.

424 ■ Wird die **gesamte geschuldete Summe** auf einmal gezahlt, so wird hingegen **auf Forderung und Grundschuld** gezahlt.[350] Der Schuldner hat den Vorteil der Ratenzahlung nicht und der Kreditgeber hat kein schützenswertes Interesse daran, die Grundschuld zu behalten.

---

347 BGH RÜ 2003, 406; MünchKomm/Lieder § 1191 Rn. 114 f.

348 Staudinger/Wolfsteiner Vorbem. zu §§ 1191 ff. Rn. 144.

349 MünchKomm/Lieder § 1191 Rn. 135; BGH RÜ 2014, 688, 693 (insb. Randbemerkung); BGH NJW 2013, 2894, Rn. 12.

350 BGH NJW 1992, 3228; Palandt/Herrler § 1191 Rn. 35.

Daher **erlischt die Forderung** und eine **Eigentümergrundschuld** analog § 1143 bzw. analog § 1163 Abs. 1 S. 2 entsteht wie in Rn. 420 ausgeführt.

Zahlt der Eigentümer ohne Kenntnis an einen im Grundbuch **als Inhaber der Grundschuld eingetragenen Nichtberechtigten**, wird er gemäß § 893 Var. 1 **von seiner dinglichen Haftung frei**. Die **gesicherte Forderung bleibt bestehen**, da § 893 nur für Leistungen auf Grund der Grundschuld gilt, also für die Forderung nicht eingreift.[351] **425**

bb) Eigentümer und Schuldner sind personenverschieden

Bei **Personenverschiedenheit** ist entscheidend, wer zahlt. **426**

(1) Zahlung des Schuldners

Der **Schuldner** zahlt regelmäßig auf die gesicherte **Forderung**. **427**

Für sein **Verhältnis zum Gläubiger und zum Grundschuldinhaber** gilt dasselbe wie bei der Ratenzahlung im Fall der Personenidentität (Rn. 423): **Erlöschen der Forderung, Rückgewähranspruch und Einrede** bezüglich der Grundschuld. **428**

Für sein **Verhältnis zum Eigentümer alias Sicherungsgeber** gilt: **429**

- **In der Regel** ist der Schuldner gegenüber dem Eigentümer verpflichtet, die Forderung zu tilgen. Der Schuldner soll daher vom Eigentümer **keinen Regress** nehmen. Zahlt der Schuldner, so steht die Grundschuld wie dargestellt entweder dem Eigentümer bzw. dem Sicherungsnehmer, aber jedenfalls nicht dem Schuldner zu.

- **Ausnahmsweise** kann im Innenverhältnis zwischen dem Schuldner und dem Eigentümer der Eigentümer zur Befriedigung des Gläubigers verpflichtet sein. Zahlt der Schuldner, so soll er **beim Eigentümer Regress nehmen können**. Ein entsprechender Anspruch kann sich aus der (ergänzenden) Auslegung der Vereinbarungen ergeben.

  Beispiel: A verkauft sein mit einer Sicherungsgrundschuld zugunsten G belastetes Grundstück an E. E verpflichtet sich unter Anrechnung auf den Kaufpreis, die Darlehensforderung des G gegen A zu tilgen. G genehmigt die Schuldübernahme nicht. Als E nicht zahlt, tilgt A die Forderung des G. –
  I. Mit Zahlung des Schuldners A ist die Forderung des G durch **Erfüllung** erloschen, § 362 Abs. 1.
  II. § 1164 Abs. 1 S. 1 findet auf die Grundschuld keine Anwendung. A hat aber aus dem Sicherungsvertrag mit G einen Anspruch auf **Rückübertragung der Grundschuld**.
  III. A hatte ferner gegen E einen Anspruch auf Schuldbefreiung aus § 415 Abs. 3 S. 1, welcher sich durch die Zahlung des A an G in einen **Erstattungsanspruch** aus § 670 umgewandelt hat.[352]
  IV. Eine **Auslegung des Kauf- und Schuldübernahmevertrags** zwischen A und E ergibt, dass die **Grundschuld** fortan **den Erstattungsanspruch** des A gegen E **sichert**. E und A waren sich einig, dass E einen geringeren Kaufpreis zahlt, weil das Grundstück mit der Grundschuld belastet war und weil E die gesicherte Forderung tilgen sollte. Nach übereinstimmender Vorstellung sollte E entweder das Darlehen zurückzahlen oder das Grundstück haften lassen, sodass jedenfalls den A, der schon den geringeren Kaufpreis akzeptierte, keine weitere finanzielle Einbuße trifft. Für E macht es demgegenüber keinen Unterschied, ob G oder A ihn in Anspruch nimmt.

  Hinweis: *Wenn G dem A die Grundschuld abtritt, dann hat A im Ergebnis die Rechtspositionen, die er bei der* ***Hypothek gemäß § 1164 Abs. 1 S. 1 ipso iure*** *hat (s. Rn. 319).*

351 BGH NJW 1996, 1207; a.A. Tiedtke NJW 1997, 851, 852.
352 MünchKomm/Bydlinski § 415 Rn. 18.

(2) Zahlung des Eigentümers

430 Der Eigentümer **zahlt im Regelfall auf die Grundschuld**, um gemäß §§ 1142 Abs. 1, 1192 Abs. 1 die Zwangsversteigerung zu verhindern. Es entsteht wie in Rn. 420 ausgeführt eine **Eigentümergrundschuld** analog § 1143 bzw. § 1163 Abs. 1 S. 2.

431 Hinsichtlich der **Forderung** gilt:

- Sie **erlischt** bei der Zahlung auf die Grundschuld durch den Eigentümer **nicht**.[353]
- Sie **geht** auch **nicht** kraft Gesetzes gemäß § 1143 Abs. 1 auf den Eigentümer **über**, da die Norm nach § 1192 Abs. 1 auf die Forderung nicht anwendbar ist.[354]

  Hinweis: § 1143 *findet also (nach h.M.) hinsichtlich der* ***Grundschuld*** *analoge Anwendung, auf die* ***Forderung*** *hingegen nicht – weder über § 1192 Abs. 1 noch analog.*

- Der Eigentümer hat allerdings aus dem Sicherungsvertrag einen **Anspruch auf Abtretung** der Forderung.[355] Denn der Gläubiger alias Sicherungsnehmer ist bereits befriedigt und benötigt die Forderung nicht mehr, während der Eigentümer seinen Verlust durch Inanspruchnahme des Schuldners ausgleichen können soll.

  Ob der Eigentümer seine Forderung nach der Abtretung sodann gegen den Schuldner **durchsetzen kann**, ist danach zu beurteilen, wer letztlich den Gläubiger zu befriedigen hatte. Dies ist in der Regel der Schuldner, ausnahmsweise aber der Eigentümer, etwa wenn er beim Kauf des Grundstücks einen Preisnachlass erhalten hat. Hätte also im Beispielsfall bei Rn. 429 nicht der Schuldner A, sondern der Eigentümer E gezahlt, so könnte E von G die Abtretung der Forderung verlangen, sie aber gegen A wegen der Absprache bei Kaufvertragsschluss nicht durchsetzen.[356]

cc) Exkurs: Einer von mehreren Sicherungsgebern zahlt – „Stillstand der Sicherungsgeber"

432 Sind von verschiedenen Personen Sicherheiten gewährt worden, so erwirbt der zuerst Zahlende **kraft Gesetzes** die übrigen **akzessorischen Sicherheiten** (§ 401). Aus dem Sicherungsvertrag ist der Sicherungsnehmer **verpflichtet, die abstrakten Sicherheiten an den zahlenden Sicherungsgeber zu übertragen**. Der Sicherungsnehmer hat kein schützenswertes Interesse mehr an den Sicherheiten, während der zahlende Sicherungsgeber bei den anderen Sicherungsgebern Regress nehmen können soll.

433 Bei einer **Mehrfachsicherung durch eine Grundschuld und eine Bürgschaft** entsteht eine Problematik, die der bei einer Mehrfachsicherung durch eine Hypothek und eine Bürgschaft entspricht (s. Rn. 325 ff.), wobei die h.M. § 426 nicht analog zur Anspruchskürzung, sondern zur Anspruchsbegründung heranzieht:

---

353 BGH NJW 1988, 2730.

354 BGH NJW 1988, 2730.

355 BGH NJW-RR 1999, 504; Palandt/Herrler § 1191 Rn. 36.

356 Siehe allerdings OLG Celle OLG-Report 2000, 233, welches ohne Begründung bereits den Abtretungsanspruch des Eigentümers gegen den Gläubiger für nicht gegeben hält, wenn der Eigentümer beim Schuldner keinen Regress nehmen kann. Für den Abtretungsanspruch spielt es aber wegen der Relativität der Schuldverhältnisse keine Rolle, ob der Eigentümer beim Schuldner Regress nehmen kann.

Fall 24: Der Stillstand der Sicherungsgeber

E hat zur Sicherung einer Darlehensforderung des G gegen S eine Grundschuld bestellt. B hat sich verbürgt. Welche Rechtsfolgen treten ein, wenn S auf die Forderung oder B auf die Bürgschaft zahlt?

Frage 1: Zahlung auf die Forderung 434

I. Die **Forderung** erlischt gemäß § 362 Abs. 1 durch Erfüllung.

II. Die **Bürgschaft** geht als streng akzessorisches Recht unter, § 767 Abs. 1 S. 1.

III. Die **Grundschuld** ist nicht akzessorisch und bleibt daher bestehen. § 1163 Abs. 1 S. 2 gilt nicht. Aber E hat aus dem Sicherungsvertrag einen Anspruch gegen G auf Rückübertragung der Grundschuld sowie damit zusammenhängend eine Einrede nach § 273 gegen eine Inanspruchnahme aus der Grundschuld.

Frage 2: Zahlung auf die Bürgschaft 435

I. Die Verpflichtung aus der **Bürgschaft** (§ 765 Abs. 1) erlischt gemäß § 362 Abs. 1 durch Erfüllung.

II. Die **Forderung** bleibt bestehen und geht im Wege der cessio legis gemäß § 774 Abs. 1 S. 1 auf den Bürgen B über.

III. Die **Grundschuld** geht nicht gemäß § 401 auf den Bürgen B über, weil die Grundschuld kein akzessorisches Recht ist. Wenn B zahlt, kann er also bei E mangels Grundschuld **keinen Regress** nehmen.

Hinweis: *Jedoch ist G aus der sicherungsvertraglichen Komponente im Bürgschaftsvertrag zwischen B und G* ***verpflichtet, die Grundschuld*** *auf B* ***zu übertragen****. Kommt G dieser Verpflichtung nach, kann B bei E aus der Grundschuld Regress nehmen. Diesen Anspruch wird man – wie beim Zusammentreffen von Hypothek und Bürgschaft – entsprechend § 426 anteilig kürzen müssen. Das* ***bleibt*** *im Folgenden aber* ***außer Betracht****.*

IV. Ein **Vergleich** mit der Situation, die eintritt, wenn E gemäß §§ 1142 Abs. 1, 1192 Abs. 1 **auf die Grundschuld zahlt**, zeigt aber, dass dies nicht interessengerecht ist: 436

1. E wird regelmäßig auf die **Grundschuld** zahlen. Diese würde analog § 1143 oder § 1163 Abs. 1 S. 2 zur Eigentümergrundschuld des E.
2. Die **Forderung** des G bliebe bestehen, § 1143 Abs. 1 S. 1 findet auf die Grundschuld keine Anwendung.
3. E würde daher auch nicht nach § 401 Gläubiger der **Bürgschaft** werden.

Wenn E zahlt, kann er bei B mangels Bürgschaft ebenfalls **keinen Regress** nehmen.

Hinweis: *Aus dem Sicherungsvertrag zwischen E und G könnte E von G aber die* ***Abtretung der gesicherten Forderung verlangen*** *(s. Rn. 431). Gemäß § 401 würde die* ***Bürgschaft*** *dann auf E* ***übergehen****. Dann könnte E bei B Regress nehmen. Diesen Anspruch wird man – wie beim Zusammentreffen von Hypothek und Bürgschaft – entsprechend § 426 anteilig kürzen müssen. Das* ***bleibt*** *im Folgenden aber* ***außer Betracht****.*

Es stünde also der jeweils **zahlende Sicherungsgeber ohne Regressmöglichkeit** gegen den jeweils anderen Sicherungsgeber da.

Hinweis: *Die Ausgangslage ist also* ***entgegengesetzt zur Hypothek****. Bei der Hypothek kann der zuerst Zahlende vollen Regress nehmen, sodass ein* ***Wettlauf der Sicherungsgeber*** *droht. Bei der Grundschuld kann demgegenüber – wenn man den Übertragungsanspruch des Zahlenden gegen den Sicherungsnehmer außer Betracht lässt – der zuerst Zahlende keinen Regress nehmen, es droht quasi ein* ***Stillstand der Sicherungsgeber****.*

Bei der **Hypothek** wird diskutiert, ob der **volle Regressanspruch** des Bürgen (§§ 774 Abs. 1 S. 1, 412, 401, 1147) bzw. des Eigentümers (§§ 1143 Abs. 1 S. 1, 412, 401, 1153 Abs. 1, 765) aufgrund der Wertung des § 426 anteilig **zu kürzen** ist. Bei der **Grundschuld** besteht demgegenüber (vor der Erfüllung des Übertragungsanspruchs) keine Regresspflicht, sodass zu erwägen ist, ob **§ 426 einen anteiligen Regressanspruch begründet**.

437 V. Interessengerecht ist (nach h.M.) die Bejahung **anteiliger Ausgleichansprüche**. Insbesondere genügt es im Rahmen des § 421, dass Grundschuld und Bürgschaft auf das **gleiche Leistungsinteresse** gerichtet sind. Zudem ist die Bürgschaft nicht vorrangig, sondern mit der Grundschuld **gleichrangig**.[357]

1. Dem folgend hat B gegen E jedenfalls einen Anspruch aus **§ 426 Abs. 1**. Der Anspruch ist grundsätzlich auf das vom anderen Gesamtschuldner Geleistete gerichtet,[358] das wäre hier die Geldzahlung von B an G. Es muss aber berücksichtigt werden, dass E dem G nach §§ 1192 Abs. 1, 1147 nur Duldung der Zwangsvollstreckung schuldet. Daher kann auch B von E **nur Duldung verlangen** (und G kann an B gemäß §§ 1192 Abs. 1, 1142 **freiwillig zahlen**).[359]

2. Konsequenterweise könnte man gemäß **§ 426 Abs. 2** aufgrund der Zahlung des B an G den Übergang des Duldungsanspruchs des G gegen E aus §§ 1147, 1192 Abs. 1 auf B bejahen. Dem ließe sich aber entgegenhalten, dass dann der Anspruch von der ihn ergebenden Grundschuld getrennt würde.

   Hinweis: *Der BGH hat sich bislang zu* ***§ 426 Abs. 2*** *nicht geäußert, da bereits aus § 426 Abs. 1 der eingeklagte Anspruch folgte.*[360] *Gleichwohl hält der BGH eine Ausgleichspflicht „entsprechend den Regeln über die Gesamtschuld"*[361] *für geboten, was für einen kompletten Gleichlauf sprechen könnte.*

---

438 Für die Höhe der Regressansprüche ist das übernommene **abstrakte Haftungsrisiko** maßgeblich (s. Rn. 333). Die Ansprüche bestehen analog § 774 Abs. 2 **ab dem ersten an den Gläubiger gezahlten Euro** (s. Rn. 332).

---

357 Vgl. zu allen Ansichten die entsprechenden Ausführungen zum Wettlauf der Sicherungsgeber in Rn. 325.

358 Palandt/Grüneberg § 426 Rn. 6, unter Verweis auf BGH RÜ 2009, 617.

359 Vgl. Staudinger/Herresthal Eckpfeiler des Zivilrechts, L Rn. 73.

360 Vgl. etwa BGH NJW 1992, 3228, und BGH RÜ 2009, 151.

361 BGH NJW 1992, 3228, 3229.

dd) Exkurs: Zahlung des ablösungsberechtigten Dritten

Wie bei der Hypothek (s. Rn. 321 f.) haben gemäß §§ 1192 Abs. 1, 1150, 268 Abs. 1 **Gläubiger des Grundstückseigentümers, denen ein Rechtsverlust droht, ein Ablösungsrecht**, wenn der Inhaber der Grundschuld die Befriedigung aus dem Grundstück verlangt. Insbesondere nach §§ 52 Abs. 1, 44 ZVG kann ein Verlust drohen. **439**

Zahlt ein ablösungsberechtigter Dritter an den die Befriedigung verlangenden Grundschuldinhaber, so **geht die Grundschuld** des die Befriedigung Verlangenden (nicht wie bei der Hypothek: die Forderung!) gemäß §§ 1192 Abs. 1, 1150, 268 Abs. 3 S. 1 auf den ablösungsberechtigten Dritten **über**. § 1192 Abs. 1 verbietet zwar den Schluss von einem Ereignis auf Grundpfandseite auf eine Folge auf Forderungsseite. Folgen auf der Seite des Ereignisses (hier: Grundpfandseite) steht § 1192 Abs. 1 indes nicht entgegen, zumal wenn es sich – so wie § 268 Abs. 3 – um eine interessengerechte Regelung handelt, die lediglich ein Rechtsobjekt „auf der falschen Seite" betrifft (s. Rn. 363). **440**

Dabei bleiben alle Einreden gegen die Grundschuld bestehen, es findet **kein einredefreier Erwerb der Grundschuld** nach §§ 1192 Abs. 1, 1157 S. 2, 892 statt. Der ablösungsberechtigte Dritte erwirbt die Grundschuld **kraft Gesetzes**, § 892 erfordert aber einen rechtsgeschäftlichen Erwerb.[362]

Umstritten ist das Schicksal der gesicherten **Forderung** des die Befriedigung verlangenden Grundschuldinhabers gegen den Schuldner. **Teilweise**[363] wird angenommen, dass die gesicherte Forderung **beim Gläubiger bestehen bleibe**, sodass der ablösende Dritte ihre Abtretung vom Gläubiger verlangen könne, soweit er hierauf (z.B. aus seinem Sicherungsvertrag) einen Anspruch habe. Dafür spricht zudem, dass auch bei einer Zahlung durch den Eigentümer die gesicherte Forderung nicht erlischt. Die **Gegenansicht**[364] nimmt ein **Erlöschen der Forderung** an. Wenn § 268 Abs. 3 S. 1 über § 1192 Abs. 1 bereits auf die Grundschuld anzuwenden ist und daher bereits diese übergehe, dann dürfe nicht auch noch die Forderung übergehen. **441**

Beispiel: E hat G zur Sicherung eines Darlehens an dritter Stelle eine Grundschuld eingeräumt. A, dem eine Grundschuld an fünfter Stelle zusteht, zahlt an G, als G die Zwangsvollstreckung betreiben will.–
I. Da die nachrangigen Rechte nicht in das geringste Gebot (§ 44 Abs. 1 ZVG) fallen, läuft der A durch die Zwangsvollstreckung des G Gefahr, sein Recht zu verlieren (§ 52 Abs. 1 S. 2 ZVG). A ist daher ablösungsberechtigt (§§ 1192 Abs. 1, 1150, 268 Abs. 1).
II. Mit der Zahlung geht die **Grundschuld** des G gemäß §§ 1192 Abs. 1, 1150, 268 Abs. 3 auf A über.
II. Ob die **Forderung** erlischt, ist umstritten. Wenn sie bestehen bleibt, dann kann A von G aus ihrem Sicherungsvertrag Abtretung verlangen, weil G nach der Zahlung kein schützenswertes Interesse mehr an der Forderung hat, während A beim Schuldner Regress nehmen können soll.

c) Einreden gegen die bestehende Forderung/Gestaltbarkeit

§ 1137 Abs. 1 ist in beiden Varianten auf die Grundschuld nicht anzuwenden. Aus dem Sicherungsvertrag ergibt sich aber regelmäßig, dass **Einreden gegen die** (entstandene, nicht erloschene) **Forderung** und konsequenterweise (wohl) auch die **Gestaltbarkeit** ihres Entstehungsgrundes eine **Einrede gegen den Duldungsanspruch** ergeben.[365] **442**

Beispiele: Stundung der Forderung; (wohl) Anfechtbarkeit des Darlehensvertrags

---

362 BGH RÜ 2005, 396.

363 Palandt/Herrler § 1150 Rn. 6, § 1191 Rn. 36; BGH NJW 1988, 2730.

364 MünchKomm/Lieder § 1191 Rn. 128.

365 Palandt/Herrler § 1192 Rn. 23, und MünchKomm/Lieder § 1191 Rn. 95, allerdings ohne Nennung der Gestaltbarkeit.

443 Die **Verjährung der Forderung** hemmt hingegen gemäß § 216 Abs. 1 nicht einmal den Duldungsanspruch aus der akzessorischen Hypothek, sodass sie erst recht **nicht** dem Duldungsanspruch aus **der Grundschuld entgegengehalten werden kann.**[366]

D. Anspruch aus der Grundschuld bei Übertragung (Zweiterwerb)

444 Die Grundschuld geht nicht wie die Hypothek mit der Abtretung der Forderung über. § 1153 ist auf die Grundschuld nicht anwendbar. Es ist eine **eigenständige verfügende Übertragung der Grundschuld** erforderlich. Daneben kann die Forderung nach § 398 übertragen werden, die Grundschuld ist aber **auch isoliert übertragbar** (dazu V.).

Anspruch aus der Grundschuld bei Übertragung (Zweiterwerb), §§ 873, 1192 Abs. 1, 1154, 1147

A. Zweiterwerb der Grundschuld durch Übertragung

I. Einigung über Übertragung der Grundschuld unter Wahrung des § 1154

III. Berechtigung (verfügungsbefugter Inhaber der Grundschuld oder von diesem gemäß § 185 Abs. 1 bzw. kraft Gesetzes ermächtigt) **oder Überwindung der fehlenden Berechtigung** (§ 185 Abs. 2, § 878 oder § 892)

B. Kein Verlust der Grundschuld

C. Keine Einreden, originär oder **gegenüber ehemaligem Inhaber bestehend:**

I. Einreden gegen ehemaligen Inhaber mit Bezug zum Sicherungsvertrag, insbesondere Einwendungen i.w.S. **„gegen die Forderung"**

Beispiel: Darlehen zurückgezahlt (§ 362); Darlehensvertrag unwirksam; aber auch Stundung des Duldungsanspruchs (str.)

Gelten auch gegen den Erwerber; kein einredefreier Erwerb, soweit Übertragung der Sicherungsgrundschuld nach dem 19.08.2018 (§ 1192 Abs. 1a S. 1), im Übrigen möglich nach §§ 1192, 1157 S. 2, 892

II. Einreden des ehemaligen Inhabers ohne Bezug zum Sicherungsvertrag, „gegen die Grundschuld", d.h. direkt gegen den Duldungsanspruch

Beispiel: Sicherungsvertrag nichtig, also Ersterwerb ohne Rechtsgrund (§ 821, str.); § 853

Gelten auch gegen den Erwerber, § 1192 Abs. 1, 1157 S. 2; aber **einredefreier Erwerb** möglich, §§ 1192, 1157 S. 2, 892

I. Einigung unter Wahrung des § 1154

445 Die **Einigung über die Grundschuldübertragung** muss die **Form- und Publizitätsanforderungen der §§ 1192 Abs. 1, 1154** wahren. § 1192 Abs. 1 verbietet zwar den Schluss von einem Ereignis auf Grundpfandseite auf eine Folge auf Forderungsseite. Folgen auf der Seite des Ereignisses (hier: Grundpfandseite) steht § 1192 Abs. 1 indes

366 Palandt/Ellenberger § 216 Rn. 3.

nicht entgegen, zumal wenn es sich – so wie § 1154 – um eine interessengerechte Regelung handelt, die lediglich ein Rechtsobjekt „auf falscher Seite" betrifft (s. Rn. 363).

Hinweis: *Ob man das* ***Erfordernis der Einigung*** *aus § 1154 oder aus § 873 Abs. 1 nimmt und dabei von* ***„Abtretung"*** *oder* ***„Übertragung"*** *spricht, ist eine rein dogmatisch-begriffliche Frage. Unstreitig muss jedenfalls – wie für jede Verfügung – eine Einigung vorliegen. Sie muss auf den Wechsel der Inhaberschaft an der Grundschuld (Zweiterwerb) gerichtet sein und die Anforderungen des § 1154 wahren. Wichtig ist, dass Sie die* ***Übertragung/Abtretung der Grundschuld von der Übertragung/Abtretung der Forderung unterscheiden****.*

Für die **Briefgrundschuld** gilt gemäß §§ 1192 Abs. 1, 1154 Abs. 1 S. 1 u. Abs. 2: Zur Abtretung der *Grundschuld* ist die Erteilung der Abtretungserklärung in schriftlicher Form und Übergabe des *Grundschuld*briefs erforderlich; die Vorschrift des § 1117 findet Anwendung. Die schriftliche Form der Abtretungserklärung kann dadurch ersetzt werden, dass die Abtretung in das Grundbuch eingetragen wird. **446**

Für die **Buchgrundschuld** bestimmen §§ 1192 Abs. 1, 1154 Abs. 3:
Ist die Erteilung des *Grundschuld*briefs ausgeschlossen, so finden auf die Abtretung der *Grundschuld* die Vorschriften der §§ 873, 878 entsprechende Anwendung.

Die **Abtretung der Forderung** ist demgegenüber nach § 398 **formlos** möglich. § 1154 findet nur auf Forderungen Anwendung, die von einer Hypothek gesichert werden, nicht jedoch auf solche, die von einer Grundschuld gesichert werden. Es bleibt daher bei dem aus der Privatautonomie und aus einem Umkehrschluss aus § 125 folgenden Grundsatz, dass die Forderung formlos abgetreten werden kann.

II. Berechtigung oder Überwindung der fehlenden Berechtigung

Die Übertragung der Grundschuld (Zweiterwerb) ist eine Verfügung über die Grundschuld. **Berechtigt** zu dieser Verfügung ist daher der verfügungsbefugte **Inhaber der Grundschuld** sowie der von ihm nach § 185 Abs. 1 oder der kraft Gesetzes Ermächtigte. **447**

Hinweis: *Beim* ***Ersterwerb*** *der Grundschuld wird die Berechtigung vom* ***Eigentum*** *abgeleitet (belastende Verfügung über das Eigentum), während sie sich beim* ***Zweiterwerb*** *aus der Inhaberschaft der Grundschuld speist (übertragende Verfügung über die Grundschuld).*

Beispiele für die fehlende Berechtigung:

- Die Grundschuld ist nie entstanden, da Einigung über Bestellung anfänglich unwirksam.
- Der Verfügende hat die Grundschuld vor der Übertragung verloren (s. Rn. 405), sei es durch Erlöschen (Aufhebung, Verzicht) oder durch Übergang auf einen anderen, egal ob durch rechtsgeschäftliche Übertragung (Zweiterwerb) oder kraft Gesetzes (insbesondere als Eigentümergrundschuld).
- Der Verfügende ist Grundschuldinhaber, aber das Insolvenzverfahren ist über sein Vermögen eröffnet (§ 81 Abs. 1 S. 1 InsO) oder die Übertragbarkeit (ganz oder ohne Forderung) wurde – wirksam, insbesondere mit Grundbucheintragung – ausgeschlossen (§§ 413, 399 Var. 2, 877, 873, s. Rn. 380). Zur Erinnerung: Im zweiten Fall kommt insbesondere eine Überwindung nach § 892 Abs. 1 S. 2 und im ersten Fall nach § 878 sowie nach § 81 Abs. 1 S. 2 InsO, § 892 Abs. 1 S. 2 in Betracht.

Eine **fehlende Berechtigung** ist nach Maßgabe der üblichen Normen unbeachtlich: Die Verfügung über Buch- und Briefgrundschuld kann gemäß **§ 185 Abs. 2 S. 1** wirksam werden. Bei einer Buchgrundschuld kann gemäß §§ 1192 Abs. 1, 1154 Abs. 3 eine Verfügungsbeschränkung nach Antragstellung gemäß **§ 878** unerheblich sein. Buch- und Briefgrundschuld können nach **§ 892** erworben werden. **448**

§ 892 wird nach Maßgabe der **§§ 1192 Abs. 1, 1155 S. 1** auch angewendet, wenn der Übertragende zwar nicht aus dem Grundbuch legitimiert, aber im **Besitz des Grundschuldbriefs** nebst einer auf den eingetragenen Grundschuldinhaber zurückführenden **Reihe beglaubigter Grundschuldübertra-**

gungserklärungen (!) ist.[367] Auf eine Reihe von Forderungsabtretungen kommt es nicht an, denn nach § 1192 Abs. 1 müssen Ereignis und Folge des § 1155 beide auf Grundschuldseite liegen (s. Rn 363).

449 Anders als bei der Hypothek ist **irrelevant**, ob der Übertragende **Inhaber der Forderung** ist. Die Grundschuld ist ein abstraktes Sicherungsmittel, auch beim Zweiterwerb.

Hinweis: *Die Übertragung einer Sicherungsgrundschuld ohne gleichzeitige Forderungsübertragung verstößt allerdings regelmäßig gegen den Sicherungsvertrag, sodass entsprechende Einreden gegen den Anspruch aus der Grundschuld ausgelöst werden.*

III. Kein Verlust der Grundschuld

450 Natürlich darf auch der Zweiterwerber der Grundschuld diese im Zeitpunkt der Geltendmachung seines Anspruchs **nicht wieder verloren** haben (Fallgruppen s. Rn. 405).

Fall 25: Doppeltes Spiel

E hat G zur Sicherung einer Forderung in Höhe von 20.000 € eine Briefgrundschuld bestellt. Nach einem Jahr zahlt E 20.000 € an G. Gleichwohl tritt G die Grundschuld schriftlich und unter Übergabe des Grundschuldbriefs an Z ab, wobei Z keine Kenntnis von der Zahlung des E hat. Hat Z eine Grundschuld erworben?

451 Z könnte die Grundschuld von G durch **Übertragung** (Zweiterwerb) erworben haben.

I. G und Z haben sich **über die Übertragung der Grundschuld geeinigt**.

II. Die gemäß §§ 1192 Abs. 1, 1154 Abs. 1 S. 1 erforderliche **schriftliche Übertragungserklärung** nebst **Übergabe des Grundschuldbriefs** liegen vor.

452 III. Zur Übertragung einer Grundschuld **berechtigt** ist u.a. der im Zeitpunkt der Übertragung **verfügungsbefugte Inhaber der Grundschuld**.

1. Zunächst hatte G eine Grundschuld **erworben** (Ersterwerb), als G und der dazu als verfügungsbefugter Eigentümer berechtigte E sich über die Bestellung einigten (§§ 873 Abs. 1, 1191 Abs. 1), dies im Grundbuch eingetragen (§§ 873 Abs. 1, 1191 Abs. 1) und nach §§ 1192 Abs. 1, 1117 G der Grundschuldbrief übergeben wurde.

2. Sodann zahlte jedoch E an G. Eine **Zahlung (auch) auf die Grundschuld** hätte analog § 1143 bzw. § 1163 Abs. 1 S. 2 dazu geführt, dass sich die Fremdgrundschuld des G in eine Eigentümergrundschuld des E umgewandelt hätte. E könnte aber auch **nur auf die Forderung gezahlt** haben.

   Eine ausdrückliche **Tilgungsbestimmung** i.S.d. § 366 Abs. 1 hat E nicht getroffen, daher ist das Zahlungsziel durch **Auslegung** zu ermitteln. Zahlt der Eigentümer, der wie hier mit dem Schuldner der Forderung identisch ist, die gesamte geschuldete Summe auf einen Schlag, so will er gleichzeitig die Forderung beseitigen und sich die Grundschuld einverleiben. Diesem Ziel steht keinerlei Schutzwürdigkeit einer anderen Person entgegen, insbesondere ist der Gläubiger alias Sicherungsnehmer befriedigt (vgl. Rn. 420). Mit der Zahlung ist die Grundschuld des G

367 OLG Naumburg WM 2005, 173, 175; OLG Frankfurt NJOZ 2014, 161; siehe zu § 1155 Rn. 288 ff.

daher zur Eigentümergrundschuld des E geworden. G war folglich zur Übertragung an Z nicht (mehr) berechtigt.

V. Die fehlende Berechtigung des G könnte aber **gemäß § 892 Abs. 1 S. 1 überwunden** worden sein. Es liegt ein Verkehrsgeschäft vor. Das Grundbuch ist insofern unrichtig, als dass eine Fremdgrundschuld des G eingetragen ist, während tatsächlich E eine Eigentümergrundschuld hat. G ist durch diese Eintragung im Grundbuch als (vermeintlicher) Inhaber der Grundschuld legitimiert. Z kannte die Zahlung nicht, und wusste daher nichts vom Inhaberwechsel der Grundschuld und daher nichts von der Unrichtigkeit des Grundbuchs. Es ist auch kein Widerspruch eingetragen. **453**

Die Voraussetzungen des § 892 Abs. 1 S. 1 sind erfüllt. Die fehlende Berechtigung des G ist überwunden. Z hat die Grundschuld im Wege des Zweiterwerbs von G erworben.

Hinweis: *Wäre nach dem Duldungsanspruch des Z gefragt, so wäre nun zu erörtern, dass die* ***Zahlung (auch) auf die Forderung*** *zum Wegfall des Sicherungszwecks führte, sodass E gegen G aus dem Sicherungsvertrag einen Rückübertragungsanspruch und daher eine* ***Einrede*** *gegen den Duldungsanspruch hatte. Nach Maßgabe des § 1192 Abs. 1 a S. 1 – in Ausnahme zu §§ 1157 S. 2, 892 – muss auch Z sich die Einrede entgegenhalten lassen, s. nun IV.*

IV. Keine Einreden

Der Eigentümer darf keine Einreden gegen den Duldungsanspruch haben. Wie bei der Hypothek können diese **originär** gegenüber dem neuen Grundschuldinhaber bestehen, etwa wenn dieser „die Grundschuld" (d.h. den Duldungsanspruch) stundet. **454**

Interessanter sind aber auch hier die **alten Einreden, die bereits gegenüber dem früheren Grundschuldinhaber** bestanden. Gemäß § 1192 Abs. 1, 1157 S. 1 können sie **grundsätzlich** auch dem Zweiterwerber der Grundschuld entgegengehalten werden. Mit **„Rechtsverhältnis"** meint § 1157 S. 1 nämlich die **gesamten Rechtsbeziehungen** zwischen dem Eigentümer und dem früheren Grundschuldinhaber, also **sowohl den Sicherungsvertrag als auch andere Umstände**. **455**

Gemäß § 1192 Abs. 1a S. 2 ist **§ 1157 S. 1 auch anwendbar, soweit § 1157 S. 2** gemäß § 1192 Abs. 1a S. 1 Hs. 2 **nicht anwendbar** ist.

Hinweis: *Bei der* ***Hypothek*** *ist zwischen* ***Einreden gegen die Forderung*** *(§ 1137) und* ***sonstigen Einreden aus dem Rechtsverhältnis*** *(§ 1157) zu differenzieren. Bei der* ***Grundschuld*** *ist § 1137 nicht anwendbar und* ***alle alten Einreden*** *sind nach §§ 1157, 1192 Abs. 1 (ggf. i.V.m. § 1192 Abs. 1a) zu beurteilen. Diese erfassen (§ 1157 : auch; § 1192 Abs. 1 a: nur) Einreden mit Bezug zum Sicherungsvertrag, und der Sicherungsvertrag gewährt u.a. dann eine Einrede, wenn gegen die Forderung eine Einrede besteht.*

Ausnahmsweise verliert aber der Eigentümer seine bisherigen Einreden gegen den früheren Grundschuldinhaber, wenn der Zweitwerber von ihm die Grundschuld **einredefrei** erwirbt. Ob und unter welchen Voraussetzungen dies möglich ist, hängt davon ab, ob die Einrede **Bezug zum Sicherungsvertrag** (Begriff und Beispiele: Rn. 407 ff.) hat: **456**

1. Einreden ohne Bezug zum Sicherungsvertrag: §§ 1192 Abs. 1, 1157 S. 2, 892

457 Nach §§ 1192 Abs. 1, 1157 S. 2 gilt **§ 892** auch für „diese" (also: die in § 1157 S. 1 erwähnten, schon gegenüber dem früheren Grundschuldinhaber bestehenden) Einreden. Es ist also insbesondere zu prüfen, ob das **falsche, ohne Widerspruch** versehene Grundbuch den Verfügenden **zur Übertragung einer lastenfreien Grundschuld legitimiert** hat und ob er **das Bestehen der Einrede kannte**.

Beispiel:[368] Der Ersterwerber einer Sicherungsgrundschuld hat sich diese durch Betrug verschafft. Er muss sich die Einrede des § 853 i.V.m. § 823 Abs. 2 i.V.m. § 263 StGB entgegenhalten lassen. Gegen den Zweiterwerber greift die Einrede hingegen nur nach Maßgabe der §§ 1157 S. 2, 892 Abs. 1 S. 1.

2. Einreden mit Bezug zum Sicherungsvertrag

458 Bei Einreden mit Bezug zum Sicherungsvertrag ist entscheidend, ob es sich um den **Zweiterwerb einer Sicherungsgrundschuld nach dem 19.08.2008** handelt:

a) Sicherungsgrundschuld, junger Zweiterwerb: § 1192 Abs. 1 a

459

Aufbauschema § 1192 Abs. 1 a S. 1

I. **Zeitlicher Anwendungsbereich** gemäß Art. 229 § 18 Abs. 2 EGBGB: jeder Erwerb von Sicherungsgrundschulden nach dem 19.08.2008

II. **Sachlicher Anwendungsbereich:** Sicherungsgrundschuld

III. **Einreden des Eigentümers mit Bezug zum Sicherungsvertrag**

1. Einreden, die dem Eigentümer **aufgrund des Sicherungsvertrags zustehen**, also bei Abtretung der Grundschuld schon bestanden
2. Einreden, die sich **aus dem Sicherungsvertrag ergeben**, also die im Zeitpunkt der Abtretung schon begründet waren, deren Tatbestand aber erst später vollständig verwirklicht wurde

IV. **Rechtsfolge:** Einrede gilt gegen Erwerber. § 1157 S. 2 findet keine Anwendung.

Am 19.08.2008 ist **§ 1192 Abs. 1 a S. 1** in Kraft getreten. Danach kann der Eigentümer dem Zweiterwerber einer Sicherungsgrundschuld sämtliche **Einreden mit Bezug zum Sicherungsvertrag** entgegenhalten. § 1157 S. 2 findet keine Anwendung, sodass ein **einredefreier Zweiterwerb stets ausgeschlossen** ist.

aa) Zeitlicher Anwendungsbereich

460 Der **Zweiterwerb** der Grundschuld muss **nach dem 19.08.2008** erfolgt sein, Art. 229 § 18 Abs. 2 EGBGB. Unerheblich ist, wann sie bestellt wurde (Ersterwerb).

Klausurhinweis: *Sind in Klausuren keine Zeitangaben enthalten, gilt das aktuelle Recht. Bei* ***Sachverhalten ohne Zeitangaben*** *ist daher § 1192 Abs. 1 a anwendbar. Da Grundschuld-*

368 Nach BGH NJW 2015, 619.

*fälle sich aber oft über einen langen Zeitraum erstrecken, sollten Sie ausnahmsweise das entsprechende **Übergangsrecht des EGBGB** kennen. Praktischerweise verweist **im Schönfelder die Fußnote** zu § 1192 Abs. 1 auf Art. 229 § 18 EGBGB.*

Wird eine einredebehaftete Grundschuld vor dem 19.08.2008 einredefrei zweiterworben, so **lebt die Einrede** durch einen weiteren Zweiterwerb nach dem 19.08.2008 **nicht wieder auf**, selbst wenn der zweite Zweiterwerber die Einrede kannte.[369]

bb) Sachlicher Anwendungsbereich

Es muss sich um eine **Sicherungsgrundschuld** handeln, also um eine Grundschuld, die **zur Sicherung eines Anspruchs verschafft** wurde (Legaldefinition). Maßgeblich ist dabei die **tatsächliche Zweckrichtung** der Parteien des Ersterwerbs. Ob der Sicherungsvertrag wirksam ist, ist irrelevant.[370] **461**

***Hinweis:** Daher fällt auch die **Einrede aus § 821** in den **sachlichen Anwendungsbereich** der Norm. Eine **andere, umstrittene Frage** ist allerdings, ob man ihr auch **Bezug zum (nichtigen) Sicherungsvertrag** zubilligt, s. Rn. 410.*

cc) Einrede mit Bezug zum Sicherungsvertrag

Nach § 1192 Abs. 1 a besteht der Bezug zum Sicherungsvertrag in **zwei Fällen:** **462**

- Erfasst sind Einreden, die dem Eigentümer **zustehen**, also solche, die im Zeitpunkt des Zweiterwerbs bereits **verwirklicht waren**.

  Beispiele: Einreden der Nichtvalutierung, des vollständigen oder teilweisen Erlöschens der Forderung vor Übertragung der Sicherungsrundschuld oder der fehlenden Fälligkeit der Forderung

- Erfasst sind ferner Einreden, die sich aus dem Sicherungsvertrag **ergeben**. Das sind solche, die im Zeitpunkt des Zweiterwerbs im Sicherungsvertrag **bereits begründet** waren, deren Tatbestand aber **erst später vollständig verwirklicht** wurde.

  Beispiel:[371] Erlöschen der Forderung nach Übertragung der Sicherungsgrundschuld

Fall 26: Refinanzierung

E hat am 07.08.2008 zur Sicherung einer Darlehensforderung der B-Bank gegen S in Höhe von 40.000 € der B eine Briefgrundschuld in gleicher Höhe an seinem Grundstück bestellt. Zur Refinanzierung tritt B am 29.02.2021 die Darlehensforderung und die Grundschuld schriftlich und mit Briefübergabe an die R-Bank ab. Die Abtretung wird gegenüber E und S nicht offengelegt. S zahlt zunächst bis zur Insolvenz weiter an B, sodann springt E mit Teilzahlungen an B ein. Ansprüche der R gegen S und E?

A. R könnte gegen S einen Zahlungsanspruch aus §§ 488 Abs. 1 S. 2, 398 S. 2 haben. **463**

R hat den Zahlungsanspruch zwar gemäß § 398 S. 2 **durch** Einigung (§ 398 S. 1) über die **Abtretung** mit der verfügungsbefugten Anspruchsinhaberin B **erworben**. Die

369 BGH RÜ 2014, 84.

370 Dieckmann NZM 2008, 865, 871; Bülow ZJS 2009, 1, 5.

371 Nach BT-Drucks. 16/9821 S. 16/17; Staudinger/Wolfsteiner § 1192 Rn. 43.

Zahlungen des S an B, die S (konkludent) **auf die** ihn bedrohende **Forderung** geleistet hat, könnten diese aber zum **(teilweisen) Erlöschen** gebracht haben.

I. Die Forderung ist nicht nach **§ 362 Abs. 1 bzw. Abs. 2 i.V.m. § 185 Abs. 1** erloschen. B war nämlich weder weiterhin Gläubigerin der Forderung, noch hatte die Gläubigerin R die B zum Einzug der Forderung ermächtigt.

II. Jedoch muss R, da S von der Abtretung der Forderung nichts wusste, die Zahlung von S an B wie eine Erfüllung gegen sich gelten lassen, **§ 407 Abs. 1 Var. 1**. Die Anwendbarkeit dieser Norm ist **nicht nach §§ 1156 S. 1, 1192 Abs. 1 ausgeschlossen**, welche **nur zulasten des Eigentümers nur in Ansehung der Grundschuld**, nicht aber zulasten des Schuldners in Ansehung der Forderung greifen.

R hat gegen S keinen Zahlungsanspruch (mehr), soweit S an B gezahlt hat.

464 B. R kann von E gemäß §§ 1192 Abs. 1, 1147 Duldung der Zwangsvollstreckung verlangen, soweit sie **Inhaberin einer einredefreien Grundschuld** ist.

I. R kann die Grundschuld von B durch Übertragung (Zweiterwerb) **erworben** haben.

B und R haben sich über die Übertragung der Grundschuld gemäß § 873 Abs. 1 **geeinigt**. Die Anforderungen an **Form und Publizität** des § 1154 Abs. 1 S. 1 sind mit der schriftlichen Abtretungserklärung und der Briefübergabe erfüllt. B ist die Grundschuld vom verfügungsbefugten Eigentümer E nach §§ 1191, 1192 Abs. 1, 873 Abs. 1 bestellt worden (Ersterwerb) und eine Verfügungsbeschränkung der B ist nicht ersichtlich, sodass B zur Übertragung der Grundschuld berechtigt war.

R hat die Grundschuld von B erworben.

II. E könnten **Einreden gegen den Anspruch aus der Grundschuld** zustehen.

1. Zunächst könnte E eine **originäre Einrede** gegen die Grundschuld deshalb zustehen, weil E nach der Abtretung (konkludent) **auf die Grundschuld gezahlt** hat, um gemäß §§ 1142 Abs. 1, 1192 Abs. 1 die ihm drohende Inanspruchnahme aus der Grundschuld abzuwenden. Jedoch zahlte E an B, die zu diesem Zeitpunkt **nicht mehr Inhaberin der Grundschuld** war.

Mangels Ermächtigung nach §§ 362 Abs. 2, 185 Abs. 1 kann die Zahlung nur über **§§ 407 Abs. 1 Var. 1, 413** gegen R wirken. Dem stehen aber **§§ 1156 S. 1, 1192 Abs. 1** entgegen. Danach findet u.a. **§ 407 Abs. 1 Var. 1 in Ansehung der Grundschuld keine Anwendung**, d.h. der neue Grundschuldinhaber (R) muss eine Zahlung auf die Grundschuld an den alten Grundschuldinhaber (B) nicht gegen sich gelten lassen. Insofern hat E gegen R also keine Einrede.

Das gilt auch dann, wenn die **Übertragung der Grundschuld unentgeltlich oder rechtsgrundlos** erfolgt ist. Der Gedanke der „Schwäche des unentgeltlichen Erwerbs" aus §§ 816 Abs. 1 S. 2, 988 ist im eindeutigen Wortlaut des § 1156 S. 1 nicht verankert.[372]

465 2. Ferner kann E der R alle **Einreden mit Bezug zum Sicherungsvertrag** zwischen E und B entgegenhalten, soweit **§ 1192 Abs. 1 a S. 1 Hs. 1** erfüllt ist.

372 BGH RÜ 2018, 364 (zur Aufrechnung gegenüber dem neuen Inhaber der Grundschuld und Forderung mit einer Forderung gegen den alten Inhaber der Grundschuld, vgl. § 406).

a) Gemäß Art. 229 § 18 Abs. 2 EGBGB findet § 1192 Abs. 1a nur Anwendung, wenn der **Zweiterwerb der Grundschuld nach dem 19.08.2008** erfolgt ist. Die Grundschuldbestellung (Ersterwerb) ist irrelevant. R hat die Grundschuld am 29.02.2021 zweiterworben. Die Norm ist **zeitlich anwendbar**. **466**

b) Die Grundschuld wurde B zur Sicherung ihrer Darlehensforderung gegen S verschafft. Es handelt sich also um eine **Sicherungsgrundschuld**, sodass die Norm **sachlich anwendbar** ist.

c) Die **Zahlungen** des S lassen eine Einrede mit Bezug zum Sicherungsvertrag entstehen, obwohl sie – **mit Erfüllungswirkung** gegenüber R, s. A. II. – **auf die Forderung** erfolgt sind. Die Erfüllung der Forderung lässt nämlich den **Sicherungszweck der Grundschuld** und gleichsam das Interesse des Grundschuldinhabers an der Durchsetzung der Grundschuld **erlöschen**.

   Wären die **Zahlungen vor der Grundschuldübertragung** geschehen, so hätte die Einrede dem E i.S.d. § 1192 Abs. 1 a S. 1 Hs. 1 Var. 1 **zugestanden**. Bei den vorliegenden **Zahlungen nach Grundschuldübertragung ergibt** sich die Einrede aus dem Sicherungsvertrag, § 1192 Abs. 1a S. 1 Hs. 1 Var. 2.

   Hinweis: *Wegen derselben Rechtsfolgen ist diese* ***Unterscheidung nicht ergebnisrelevant****. Im Gutachten schadet es aber nicht, zu zeigen, dass man den differenzierenden Wortlaut der Norm kennt und ausdefinieren kann.*

d) Nach **§§ 1192 Abs. 1 a, 1157 S. 2, 892 Abs. 1 S. 1** können Einreden aus dem Rechtsverhältnis zwischen E und B – dazu gehört auch der Sicherungsvertrag – der Erwerberin R nicht entgegengehalten werden, es sei denn, R hatte **Kenntnis von der Einrede**. Ob R Kenntnis hatte, kann offenbleiben (näher Rn. 469), denn jedenfalls ist **§ 1157 S. 2** gemäß § 1192 Abs. 1 a S. 1 Hs. 2 **nicht anwendbar**.

Demnach kann E die Einrede der Zahlung auf die Forderung gemäß § 1192 Abs. 1 a Hs.1 Var. 2 auch R entgegenhalten. R kann E aus der Grundschuld nicht in Anspruch nehmen, soweit S an B auf die Forderung gezahlt hat.

Hinweis: *Für den Sicherungsgeber ist also* ***nach der Abtretung*** *eine* ***Zahlung an den alten Grundschuldinhaber auf die Grundschuld risikobehafteter als auf die Forderung****. Zahlungen auf die Grundschuld muss der neue Inhaber sich nach §§ 1156 S. 1, 1192 Abs. 1 nicht entgegenhalten lassen, Zahlungen auf die Forderung nach Maßgabe des § 407 i.V.m. § 1192 Abs. 1 a S. 1 Hs. 2 („sich ergebende Einrede") hingegen schon.* **467**

Bei **Zahlungen vor der Abtretung** ist es ähnlich. Wären in Fall 25 Sicherungsgeber und Schuldner personenverschieden gewesen, dann hätte eine **vollständige Zahlung des Eigentümers auf die Grundschuld** ihm zwar eine Eigentümergrundschuld verschafft. Bis zur Berichtigung der Publizitätsträger hätte der kenntnislose Zweiterwerber Z aber nach **§ 892 Abs. 1 S. 1** die Grundschuld erworben. Eine **Zahlung des Schuldners auf die Forderung** hätte hingegen „nur" die Einrede aus dem Sicherungsvertrag gegen G entstehen lassen, diese müsst Z sich nach **§ 1192 Abs. 1 a S. 1** („zustehende Einreden") entgegenhalten lassen. Im Ergebnis wird also eine „starke" Einwendung (Verlust der Grundschuld) überwunden, während eine schwache Einrede (Zahlung auf die gesicherte Forderung) bestehen bleibt.

Eine **Korrektur** dieser Unterschiede und Widersprüche durch **Nichtanwendung weiterer Normen analog § 1192 Abs. 1 a S. 1 Hs. 2** wird man mangels planwidriger Regelungslücke **ablehnen müssen**. Hätte der Gesetzgeber den Sicherungsgeber auch bei Zahlungen auf die Grundschuld vor einem Grundschulderwerb vom Nichtberechtigten schützen wollen, so hätte er § 892 bzw. § 1156 S. 1 neben § 1157 S. 2 für unanwendbar erklären können.[373]

b) Sicherungsgrundschuld, alter Zweiterwerb: §§ 1192 Abs. 1, 1157 S. 2, 892

468 Wurde die Sicherungsgrundschuld hingegen bis zum 19.08.2008 übertragen, so ist § 1192 Abs. 1 a S.1 Hs. 2 nicht einschlägig. Ein einredefreier Erwerb ist dann nach Maßgabe der §§ 1192 Abs. 1, 1157 S. 2, 892 möglich.

469 Hinsichtlich der Einreden mit Bezug zum Sicherungsvertrag stellt sich dann die Frage, was der **Bezugspunkt der Kenntnis** des Erwerbers ist. Nach h.M.[374] schließt **nicht bereits das Wissen** davon, dass es sich um eine (aufgrund des Sicherungsvertrag einem verstärkten Einrederisiko unterliegende) **Sicherungsgrundschuld** handelt, den einredefreien Zweiterwerb aus. Es schadet vielmehr **nur** die **Kenntnis der konkreten Einrede**. Dafür wird angeführt:

- Oft ist dem Erwerber bekannt, dass er eine Sicherungsgrundschuld erwirbt. Dann muss er zwar damit rechnen, dass jederzeit aus dem Sicherungsvertrag eine Einrede entstehen kann. Ein **„Damitrechnenmüssen"** begründet aber **allenfalls den Vorwurf (grob) fahrlässiger Unkenntnis** (vgl. § 122 Abs. 2), nicht jedoch der Kenntnis. Daran anknüpfend wäre die **Verkehrsfähigkeit der Sicherungsgrundschuld stärker eingeschränkt als die der Hypothek**. Gegen die in der Regel als solche erkannte Sicherungsgrundschuld müsste der Erwerber sich stets das Erlöschen der Forderung entgegenhalten lassen. Der Hypothek hingegen kann nach § 1156 S. 1 das Entfallen der Forderung in den genannten Fällen nicht entgegenhalten werden.
- Zudem sind jegliche Hinweise auf den **Sicherungscharakter der Grundschuld** (Bezeichnung „Sicherungsgrundschuld"; Nennung der Forderung) nach h.M. **nicht eintragungsfähig.**[375] Wenn aber der Sicherungscharakter dem Publizitätsträger nicht entnommen werden kann, dann kann er auch nicht Bezugspunkt der Kenntnis sein.

  Auch nach Einführung des § 1192 Abs. 1 a wird man den **Sicherungscharakter** und darüber hinaus sogar die **konkreten** („zustehenden") **Einreden** als **nicht eintragungsfähig** ansehen müssen. Die Norm greift ohnehin bei jeder objektiv vorliegenden Sicherungsgrundschuld und kenntnisunabhängig, sodass es keinerlei Bedürfnis dafür gibt, mit einer Eintragung diese Umstände dem Erwerber zur subjektiven Kenntnis zu bringen.[376] Soweit allerdings ein nach § 1192 Abs. 1 a zu beurtei-

373 Vgl. Palandt/Herrler § 1192 Rn. 4 u. § 1191 Rn. 24; Weller JuS 2009, 969, 974; a.A. Bülow ZJS 2009, 1, 5.

374 Grundlegend BGH NJW 1972, 1463.

375 Palandt/Herrler § 1191 Rn. 13; BGH NJW 1986, 53.

376 Olbrich ZfIR 2013, 405; Palandt/Herrler § 1192 Rn. 3 m.w.N.

lender Fall vorliegt, kann der hier dargestellte Streit zu § 1157 S. 2 ohnehin offenbleiben, weil § 1157 S. 2 nicht anwendbar ist.

Beispiel: R erwirbt von B im Juli 2008 eine Grundschuld. R weiß dabei, dass die Grundschuld eine Forderung der B gegen S besichert, aber nicht, dass S bereits vollständig auf die Forderung gezahlt hat. – R war die Einrede aus dem Sicherungsvertrag (Erfüllung der Forderung) nach h.M. nicht bekannt. Also muss B sie sich nicht entgegenhalten lassen.

Klausurhinweis: *Soweit § 1192 Abs. 1 a einschlägig ist, gibt es zwei Darstellungswege:* **470**

- Entweder prüft man **zuerst § 1157 S. 2** und dann **§ 1192 Abs. 1 a S. 1 Hs. 2 als Ausnahme**. Diese Denkweise liegt vielen älteren Prüfern näher, die das Grundschuldrecht vor 2008 gelernt haben. Zudem lässt sich dann die Problematik aus Rn. 469 diskutieren. Diese Darstellungsweise sollten Sie daher auf jeden Fall wählen, wenn der Sachverhalt Anlass dafür bietet (insbesondere: konkrete Einrede war nicht bekannt).
- Oder man stellt – wie in Fall 26 getan – das **Fortbestehen der Einrede nach § 1192 Abs. 1 a S. 1 Hs. 1** in den Vordergrund und erwähnt dann nur am Rande, dass sich aus § 1192 Abs. 1 a S. 1 Hs. 2 ergibt, dass die Regelung **abschließendes lex specialis** zu § 1157 S. 2 ist. Diese Denkweise entspricht dem Wortlaut. Jedenfalls, wenn man sich mit ihr keine Probleme zu § 1157 S. 2 abschneidet, erscheint sie vorzugswürdig.

V. Getrennte Abtretung von Forderung und Grundschuld

Mangels Akzessorietät können die **Grundschuld und Forderung verschiedene Inhaber haben** – entweder weil nur eines der beiden Rechtsobjekte übertragen wird, oder wegen **Übertragungen an verschiedene Personen**. **471**

Das kann dazu führen, dass **weder Forderung noch Grundschuld durchsetzbar** sind.[377] Schuldner und Sicherungsgeber stehen besser als ohne die Übertragungen:

Fall 27: Getrennte Abtretung

G hat eine Forderung in Höhe von 40.000 € gegen den S aus einem Kaufvertrag. S bestellt an seinem Grundstück für G eine Briefgrundschuld. Bald darauf gerät G selbst in Vermögensschwierigkeiten und nimmt bei A und B je ein Darlehen auf. G überträgt zur Sicherheit die Forderung gegen S an A und dann die Grundschuld mit schriftlicher Erklärung und Briefübergabe an B. Nachdem über das Vermögen des G das Insolvenzverfahren eröffnet worden ist, verlangen B und A Befriedigung von S.

I. B könnte gegen S **aus der Grundschuld** gemäß §§ 1192 Abs. 1, 1147 einen Anspruch auf Duldung der Zwangsvollstreckung haben. **472**

1. B ist **Inhaber der Grundschuld** geworden. G hat ihm die Grundschuld formgerecht gemäß §§ 873 Abs. 1, 1192 Abs. 1, 1154 übertragen (Zweiterwerb). G war hierzu als verfügungsbefugter Inhaber der Grundschuld aufgrund Ersterwerbs von S als verfügungsbefugtem Eigentümer auch berechtigt. Ein dingliches Abtretungsverbot bestand jedenfalls mangels Eintragung im Grundbuch (vgl. §§ 877, 873 Abs. 1) nicht.

377 MünchKomm/Lieder § 1191 Rn. 115.

473 2. S könnte eine **Einrede** zustehen. Gemäß § 1192 Abs. 1 a S. 1 Hs. 1 Var. 1 kann S dem B die Einreden entgegenhalten, die **im Zeitpunkt der Abtretung aufgrund des Sicherungsvertrags bestanden**. In Betracht kommt die Einrede des **Wegfalls des Sicherungszwecks**.

Im Zeitpunkt der Übertragung der Grundschuld war die Forderung bereits isoliert an A abgetreten. Ob durch eine **isolierte Abtretung der Forderung** der **Sicherungszweck der Grundschuld erhalten** bleibt, ist durch **Auslegung** zu ermitteln. Die Beteiligten können vereinbaren, dass die Grundschuld weiterhin die dem Abtretungsempfänger zustehende Forderung sichert.[378] Ohne eine solche Vereinbarung entfällt aber grundsätzlich der Sicherungszweck der Grundschuld,[379] denn mit der Trennung der gemeinsamen Inhaberschaft von Forderung und Grundschuld entfällt das schützenswerte Interesse des Grundschuldinhabers daran, die Grundschuld weiterhin innezuhaben.

Vorliegend kommt hinzu, dass G die Grundschuld zur Besicherung des Anspruchs von B gegen G aus § 488 Abs. 1 S. 2 nutzen wollte, sodass der Anspruch von G gegen S aus § 433 Abs. 2 Var. 1 nicht mehr gesichert werden sollte. S kann mithin die Einrede des Wegfalls des Sicherungszwecks gemäß § 1192 Abs. 1 a S. 1 Hs. 1 Var. 1 dem B entgegenhalten. §§ 1192 Abs. 1, 1157 S. 2, 892 ändert daran nichts, da § 1157 S. 2 gemäß § 1192 Abs. 1 a S. 1 Hs. 2 nicht anwendbar ist.

B hat gegen S keinen durchsetzbaren Anspruch aus der Grundschuld.

474 II. A könnte gegen S einen Zahlungsanspruch **aus der Forderung** gemäß §§ 398 S. 2, 433 Abs. 2 Var. 1 haben.

1. G und A haben sich gemäß § 398 S. 1 **geeinigt**, dass die Forderung des G gegen S auf A übergehen soll. Dies war im Umkehrschluss zu § 125 formlos möglich.

2. Es fehlt an der erforderlichen **Berechtigung** des G trotz seiner Inhaberschaft der Forderung, wenn die Forderung überhaupt nicht oder nur zusammen mit der Grundschuld abtretbar und G daher nicht **verfügungsbefugt** war. Ein **Abtretungsverbot** i.S.d. § 399 Var. 2 wurde aber nicht ausdrücklich vereinbart und es ist **nicht automatisch konkludent in jedem Sicherungsvertrag** enthalten. G war daher verfügungsbefugt und somit berechtigt, die Forderung abzutreten.

   A ist daher durch Abtretung gemäß § 398 S. 2 Inhaber der Forderung geworden.

475 3. A kann die Forderung aber nicht durchsetzen, soweit dem S **Einreden** zustehen. Nach **§ 404** kann S dem A die Einreden entgegenhalten, die zur Zeit der Abtretung der Forderung **gegen den bisherigen Gläubiger** G **begründet** waren.

   a) Aus dem Sicherungsvertrag hatte S gegen G einen durch Tilgung der Forderung i.S.d. § 158 Abs. 1 **aufschiebend bedingten Anspruch auf Rückgewähr der Grundschuld**. S hätte daher an G gemäß **§ 273 nur Zug um Zug gegen Rückgewähr der Grundschuld** zu zahlen brauchen. Er hätte erst nach Aus-

378 BGH NJW-RR 1991, 305.

379 BGH NJW 1985, 800, 801.

händigung der zur Umschreibung der Grundschuld erforderlichen Unterlagen zahlen müssen.[380] Die Einrede bestand also gegen G.

b) **„Begründet" i.S.d. § 404** ist eine Einrede bereits, wenn ihre **Rechtsgrundlage bei Abtretung schon besteht**. Nicht erforderlich ist, dass die Einrede bei Abtretung schon erhoben werden konnte, es schadet aber natürlich auch nicht. Die hier in Rede stehende Einrede entstammt dem vor der Abtretung geschlossenen Sicherungsvertrag. Die Rechtsgrundlage der Einrede bestand damit schon im Zeitpunkt der Abtretung, sie war also „begründet".[381] **476**

Hinweis: *§ 404 erfasst daher hinsichtlich des Entstehungszeitpunkts dieselben Einreden wie **§ 1192 Abs. 1 a S. 1 Hs. 1** („zustehen" und „sich ergeben"). § 404 differenziert hier nicht, gemeint ist aber dasselbe. § 404 erfasst darüber hinaus auch die sich nach Abtretung ergebenden Einwendungen.*[382]

S kann mithin A die Einrede entgegenhalten. A hat keinen durchsetzbaren Anspruch gegen S aus der Forderung.

Hinweis: *A und B können die **Einreden zum Erlöschen bringen**, indem sie sich **zusammentun** und die Grundschuld an S gegen Zahlung des S auf die Forderung zurückübertragen. Wie sie das Geld verteilen, müssen A und B miteinander ausmachen. Ob sie mögliche Verluste von G als Schadenersatz (§§ 280 Abs. 1 ff. i.V.m. den Sicherungsverträgen G–A und G–B) fordern können, hängt davon ab, inwiefern G sein doppeltes Spiel vor Vertragsschluss aufgedeckt hat. Und auch S kann gegen G Schadensersatzansprüche haben (§ 280 Abs. 1 i.V.m. dem Sicherungsvertrag S–G, da nur gemeinsame Übertragung zulässig, s. Rn. 380).* **477**

E. Eigentümergrundschuld

Der **Grundeigentümer** kann **selbst eine Grundschuld** innehaben. **478**

I. Entstehen der Eigentümergrundschuld (Ersterwerb)

Der verfügungsbefugte Eigentümer kann durch **Erklärung** gegenüber dem Grundbuchamt und **Grundbucheintragung** eine Eigentümergrundschuld bestellen, **§ 1196**. So kann er einen hohen **Rang sichern** (näher 6. Abschnitt), um für eine spätere Forderungssicherung ein attraktives Sicherungsmittel vorzuhalten. **479**

Beispiel: E bestellt sich eine erstrangige Eigentümergrundschuld. Dann besichert E eine Forderung der X mit einer zweitrangigen Hypothek. Später nimmt E bei B ein Darlehen auf, vereinbart mit B im Sicherungsvertrag die Verschaffung einer erstrangigen Grundschuld und überträgt die Grundschuld auf B.

Der **Löschungsanspruch** aus § 1179 a oder § 1179 b gilt für diese Eigentümergrundschuld erst, wenn sie zwischenzeitlich einem Dritten als Fremdgrundpfandrecht zugestanden hat (§ 1196 Abs. 3).

---

380 Vgl. BGH NJW 1991, 1821; Baur/Stürner § 45 Rn. 68.

381 Vgl. BGH NJW 1991, 1821; Erman/H.P. Westermann § 404 Rn. 5.

382 Vgl. zu § 404 AS-Skript Schuldrecht AT 2 (2020), Rn. 430 ff.

480 Wird eine **Hypothek** bestellt, entsteht nach § 1177 Abs. 1 eine Eigentümergrundschuld,

- gemäß § 1163 Abs. 1 soweit und solange bzw. sobald die **Forderung nicht entsteht** (auch: künftige Forderung oder aufschiebend bedingter Entstehungsgrund) **oder später erlischt** (auch: auflösend bedingter Entstehungsgrund),
- gemäß § 1163 Abs. 2 im Falle der Bestellung einer Briefhypothek vorläufig solange der Eigentümer den **Hypothekenbrief noch nicht** an den Hypothekengläubiger **ausgehändigt** hat [383] und
- wenn die Hypothek für eine aufschiebend bedingte oder künftige Forderung bestellt wurde, solange die Bedingung oder das künftige Ereignis noch nicht eingetreten sind.

II. Inhaberwechsel (Zweiterwerb)

481 Der Eigentümer kann seine **Eigentümergrundschuld** gemäß §§ 873 Abs. 1, 1192 Abs. 1, 1154 **verfügend übertragen**. Sie **wird zur Fremdgrundschuld**. Ein Erwerb vom Nichtberechtigten ist unter den Voraussetzungen der §§ 185 Abs. 2, 878, 892 möglich.

Übereignet der Eigentümer das mit einer Eigentümergrundschuld belastete **Grundstück** und wird keine Abrede bezüglich der Eigentümergrundschuld getroffen, so **verbleibt die Grundschuld** (als Fremdgrundschuld) **beim vormaligen Eigentümer**.

482 Eine **Fremdgrundschuld wird zur Eigentümergrundschuld**, wenn auf sie gezahlt wird, nach h.M. analog § 1143, nach a.A analog § 1163 Abs. 1 S. 2 (Rn. 420 u. 430).

III. Keine Vollstreckung gegen sich selbst

483 Der **Eigentümer kann nicht selbst die Zwangsvollstreckung betreiben**, § 1197. Damit soll verhindert werden, dass der Eigentümer nachrangige Grundpfandrechte zum Erlöschen bringt (§§ 52 Abs. 1, 44 ZVG, s. Rn. 439 u. Rn. 321).

484 **Pfändungspfandgläubiger**, die die Eigentümergrundschuld gepfändet haben (§§ 857 Abs. 1 u. 6, 830, 837 ZPO), oder die **Pfandgläubiger**, die sich die Eigentümergrundschuld rechtsgeschäftlich haben verpfänden lassen (§§ 1291, 1273 ff.), **können** hingegen **nach h.M. vollstrecken**. Sie unterliegen nicht den Beschränkungen des § 1197 Abs. 1. Er enthält keine unüberwindbare Inhaltsbeschränkung i.S.d. Art. 14 Abs. 1 S. 2 GG der Eigentümergrundschuld gegenüber der Fremdgrundschuld, sondern eine nur den Eigentümer **persönlich** treffende **Ausübungsbeschränkung** zum Schutze der nachrangigen Realgläubiger.[384]

---

383 MünchKomm/Lieder § 1113 Rn. 64 u. 72 (Verweis dort auf Rn. 65 wohl versehentlich falsch).

384 MünchKomm/Lieder § 1197 Rn. 6.

Sicherungsgrundschuld

Sicherungsvertrag

- Grundgeschäft für die Grundschuldbestellung. Bei Nichtigkeit § 812 Abs. 1 bzgl. Grundschuld
- Festlegung der gesicherte(n) Forderung(en): weite Zweckabrede ggf. überraschend i.S.d. § 305 c Abs. 1, i.Ü. Inhaltskontrolle jedoch nicht eröffnet (§ 305 Abs. 3 S. 1); Revalutierung möglich
- Forderung und Grundschuld dürfen nur zusammen abgetreten werden (Verstoß: Schadensersatz); dingliches Abtretungsverbot i.S.d. §§ 137 S. 1, 399 Var. 2 aber nur bei ausdrücklicher Vereinbarung und bzgl. Grundschuld nur bei Eintragung (§§ 877, 873 Abs. 1)
- Verpflichtung, im Fall der Übertragung dem Erwerber auch die Bindungen aus dem Sicherungsvertrag aufzuerlegen. Verstoß allerdings materiell-rechtlich unbeachtlich (aber Titel des Zedenten erhält keine auf den Zessionar lautende Klausel, §§ 726, 727 ZPO).
- Verpflichtung, Grundschuld nur im Sicherungsfall geltend zu machen, bis dahin Einrede. Sicherungsfall erfordert Nichtzahlung trotz bestehender, fälliger und einredefreier Forderung.
- Rückübertragungsanspruch und Einrede bei Entfallen des Sicherungszwecks

Anspruch nach Ersterwerb

- Grundschuld wirksam bestellt: Einigung; Eintragung, ggf. Briefübergabe; Berechtigung (Eigentum) oder Überwindung nach § 185 Abs. 2, § 878 oder § 892
- Einwendungen, insbesondere Zahlung auf die Grundschuld, weil diese dann zur Eigentümergrundschuld wird (h.M. analog § 1143);
  andere Zahlungen können Einrede/Ansprüche begründen:
  - Ratenzahlung auf Forderung: Forderung erlischt; Anspruch auf Rückgewähr der Grundschuld und Einrede (§ 273)
  - Ggf. Ansprüche aus Sicherungsvertrag auf Abtretung der Forderung bzw. der Grundschuld; Ziel: Herstellung der Rechtslage, die bei der Hypothek ipso iure besteht
- Einreden: gleich ob mit oder ohne Bezug zum Sicherungsvertrag

Anspruch nach Zweiterwerb

- Grundschuld wirksam übertragen: Einigung; Form/Publizität §§ 873 Abs. 1, 1192 Abs. 1, 1154; Berechtigung (Inhaberschaft der Grundschuld usw.)
- Einwendungen, insbesondere Zahlung auf Grundschuld nach Übertragung
- Einreden ohne Bezug zum Sicherungsvertrag (z.B. § 821 [str.], § 853, § 1193):
  §§ 1192 Abs. 1, 1157 S. 1, einredefreier Erwerb gemäß §§ 1192 Abs. 1, 1157 S. 2, 892 möglich
- Einreden mit Bezug zum Sicherungsvertrag, § 1192 Abs. 1 a (gilt seit 20.08.2008):
  Kein einredefreier Erwerb möglich, § 1157 S. 2 nicht anwendbar

3. Abschnitt: Dienstbarkeiten

485 Dienstbarkeiten an Grundstücken sind beschränkt dingliche Rechte, die die **Befugnis** enthalten, das **Grundstück** im weitesten Sinn **zu nutzen**.

A. Grunddienstbarkeit, §§ 1018 ff.

486 Die **Grunddienstbarkeit** (§ 1018) gewährt dem **jeweiligen Eigentümer** des **herrschenden Grundstücks** das Recht, das **belastete Grundstück** zu nutzen.

Aufbauschema Entstehen einer Grunddienstbarkeit (Ersterwerb)
I. Einigung (§ 873 Abs. 1) mit dem Inhalt der §§ 1018, 1019
1. Inhalt des § 1018
a) Variante 1: Recht, das Grundstück in einzelnen Beziehungen zu nutzen
b) Variante 2: Verbot, auf dem Grundstück gewisse Handlungen vorzunehmen
c) Variante 3: Ausschluss der Ausübung eines Rechts
2. Keine hauptsächliche Leistungsverpflichtung, §§ 1021, 1022
3. Vorteilsregel des § 1019
II. Eintragung im Grundbuch
III. Berechtigung (verfügungsbefugter Eigentümer des belasteten Grundstücks oder kraft Gesetzes bzw. nach § 185 Abs. 1 Ermächtigter) oder **Überwindung** (§§ 185 Abs. 2, 878, 892)

I. Einigung

487 Zur Entstehung der Grunddienstbarkeit ist gemäß § 873 Abs. 1 grundsätzlich eine verfügend-belastende **Einigung** erforderlich ist. Ihre **Parteien** sind der Eigentümer des belasteten Grundstücks und der Eigentümer des herrschenden Grundstücks.

Die Einigung kann auch **bedingt** werden (arg. e con. § 925 Abs. 2), solange sie dadurch **nicht unbestimmt** wird. Zulässig ist es **beispielsweise**, den Eintritt der (wegen § 104 hinreichend bestimmten) Geschäftsunfähigkeit als Bedingungsereignis zu vereinbaren.[385]

Ausnahmsweise ist die **einseitige Bestellung** einer **Eigentümergrunddienstbarkeit analog § 1196** zulässig, wenn wegen einer beabsichtigten Veräußerung ein Bedürfnis hierfür besteht.[386]

Die **Erklärung(en) nebst Eintragung** sind natürlich einer **Auslegung** zugänglich. Es dürfen wegen des **Publizitätsprinzips** dabei nur Umstände berücksichtigt werden, die sich aus der **Grundbucheintragung** und ggf. ihren Inbezugnahmen (insbesondere der Eintragungsbewilligung, vgl. § 874) oder aus den **tatsächlichen Verhältnissen** ergeben. Unbeachtlich sind daher in der Regel die schuldrechtlichen Grundgeschäfte.[387]

385 OLG München NJW-RR 2017, 589.

386 BGH NJW 1964, 1226; Staudinger/Weber § 1018 Rn. 19.

387 BGH MDR 2021, 61, 62; BGH MDR 2021, 77.

Beispiel:[388]Ein Wegerecht nach § 1018 Var. 1 kann auch von Personen ausgeübt werden, die zum Eigentümer des herrschenden Grundstücks in besonderer Beziehung stehen, etwa Verwandten, Hausgenossen, Besuchern, Kunden sowie Mietern und Pächtern.

Beispiel:[389] Das Recht, nach § 1018 Var. 1 ein Grundstück „als Übergang zu benutzen" berechtigt auch zur Überquerung mit Kraftfahrzeugen.

Beispiel:[390] Das Recht, nach § 1018 Var. 1 einen „auf dem Grundstück befindlichen Kessel zu benutzen", erfasst nicht nur den bei Bestellung vorhandenen Kessel, sondern auch einen späteren Ersatz.

1. Drei Varianten des § 1018

§ 1018 gestattet **drei Inhaltsarten:** 488

- Mit der ersten Variante wird dem Eigentümer des herrschenden Grundstücks das Recht eingeräumt, das Grundstück **„in einzelnen Beziehungen" zu nutzen.** 489

  Beispiele: Wegerechte; Leitungsrechte für Gas, Wasser usw.; Recht zum Abbau von Tonerde[391]

  Das Benutzungsrecht darf den Eigentümer des beherrschten Grundstücks **nicht auf eine nur unwesentliche Nutzung einschränken** oder sie ihm gar **völlig verbieten.**

  Beispiel:[392] Nutzungsrecht unter Ausschluss des Eigentümers inklusive jedweder Bebauung

- Eine Dienstbarkeit mit dem Inhalt, dass auf dem Grundstück **„gewisse Handlungen nicht vorgenommen werden dürfen"**, muss den **tatsächlichen Gebrauch des Grundstücks** betreffen. Beschränkungen der allgemeinen Handlungsfreiheit oder der rechtlichen Verfügungsfreiheit sind nicht zulässig.[393] 490

  Zulässige Beispiele: Bauverbote, Baubeschränkungen, Verbot der Errichtung bestimmter Betriebe

  Hinweis: *Zu der insoweit* ***identischen Problematik*** *bei einer* ***beschränkt persönlichen Dienstbarkeit*** *gemäß §§ 1090 Abs. 1, 1018 Var. 2 noch unten Fall 29.*

- Weiterhin kann die **„Ausübung eines Rechts ausgeschlossen"** werden, das sich aus dem Eigentum am belasteten Grundstück gegenüber dem herrschenden Grundstück ergibt. Dies kann sowohl die **Unterlassung** einer nach §§ 903 ff. **erlaubten Einwirkung auf das herrschende Grundstück** als auch die **Duldung** einer nach §§ 906 ff. **nicht zu duldenden Einwirkung vom herrschenden Grundstück** sein. 491

  Regelmäßig geht es dabei um **Immissionen**. Dem Eigentümer des belasteten Grundstücks können Immissionen untersagt werden, die nach § 906 zulässig wären oder dem Eigentümer des herrschenden Grundstücks können Immissionen erlaubt werden, die vom Eigentümer des belasteten Grundstücks nicht nach § 906 zu dulden wären. Zu § 906 noch näher in Rn. 592 ff.

  Die Pflicht, einen **Überbau zu dulden**, der ohne Verschulden und ohne zeitnahen Widerspruch errichtet wurde, ist **nicht eintragungsfähig**. Über sie wird regelmäßig nicht die für eine Grunddienstbarkeit erforderliche Einigung nach § 873 erzielt, sondern sie ergibt sich bereits aus § 912. Sie kann aber **eingetragen werden**, wenn sie **Zweifel** darüber beseitigen soll, **welches Grundstück** als **Stammgrundstück** und welches Grundstück als **überbautes Grundstück** anzusehen ist. Sol-

388 Nach BGH RÜ 2019, 493, Rn. 51.

389 Nach BGH MDR 2021, 61.

390 Nach BGH MDR 2020, 158.

391 Zum Abbaurecht BGH NJW 2002, 3021; zum Überleitungsrecht BGH RÜ 2018, 624.

392 Nach BGH NJW-RR 2015, 208.

393 BGH NJW 1959, 670.

che Zweifel können sich insbesondere ergeben, wenn der Überbau errichtet wird, während beide Grundstücke im Eigentum derselben Person stehen (sog. **Eigengrenzüberbau**).[394]

2. Keine Leistungsverpflichtung

492 Nach den drei Varianten des § 1018 kann nur ein Recht auf **Dulden oder Unterlassen** (Haupt-)Inhalt einer Dienstbarkeit sein. Wie sich aus den §§ 1021, 1022 ergibt, können aber **Nebenleistungspflichten** zum Inhalt einer Dienstbarkeit gehören.

Beispiel für unzulässige Hauptleistungspflicht: Verpflichtung, ein Gebäude zu errichten

Beispiel für zulässige Nebenleistungspflicht: Pflicht des Eigentümers des beherrschten Grundstücks, den aufgrund eines Wegerechts angelegten Weg instandzuhalten, vgl. § 1021 Abs. 1 S. 1.

3. Vorteilsregel (§ 1019)

493 Die Grunddienstbarkeit kann nach § 1019 nur in einer Belastung bestehen, die **für die Benutzung des herrschenden Grundstücks vorteilhaft**, d.h. objektiv nützlich ist.

Beispiel: Der Eigentümer einer Ziegelei will für den Betrieb Lehm vom Nachbargrundstück entnehmen.

Gegenbeispiel: Der Eigentümer will vom Nachbargrundstück Lehm entnehmen, um ihn an die Ziegelei eines Dritten zu verkaufen. Diese Vereinbarung kann **allerdings** Gegenstand einer **beschränkt persönlichen Dienstbarkeit** (dazu B.) sein.

II. Rechtsstellung der Beteiligten

494 Zwischen den Beteiligten bestehen **mehrere Rechtsbeziehungen**.

1. Schuldrechtliche Ebene: zwei Verpflichtungen möglich

495 Regelmäßig kommt zunächst ein formfreier[395] **Verpflichtungsvertrag** zustande, in dem sich eine Partei gegenüber der anderen Partei **zur Bestellung** der Grunddienstbarkeit **verpflichtet**. Damit ist es zugleich Rechtsgrund i.S.d. § 812 für Grunddienstbarkeit.

Der **Bestellungsanspruch** ist auf die belastende Verfügung über das Grundeigentum gerichtet. Er kann daher **vorgemerkt** werden, soweit er hinreichend bestimmt ausgestaltet ist.[396]

496 Daneben kann ein **Verpflichtungsvertrag** zustande kommen, der die Beteiligten **zur Nutzung** des Grundstücks (z.B. Miete, Pacht) oder **zu Unterlassungen verpflichtet**.

Dieser Vertrag kann **inhaltlich auf das Pflichtenprogramm der Dienstbarkeit Bezug nehmen**. Umgekehrt ist dies jedoch nicht möglich, weil die Bestellungserklärungen und die Publizierung im Grundbuch dann nicht hinreichend bestimmt wären. Die **Beendung dieses Vertrags** kann **auflösende Bedingung bzw. Endbefristung der Dienstbarkeit** sein (arg. e con. § 925 Abs. 2).[397]

Soweit beide Eigentümer das beherrschte Grundstück (bzw. den betroffenen Teil) nach dem Inhalt der Dienstbarkeit **gleichberechtigt mitbenutzen** dürfen, aber über die **Unterhaltspflicht** keine Vereinbarung getroffenen wurde, sind sie **analog § 745 Abs. 2 einander verpflichtet**, eine an den §§ 748, 742 orientierte **Kostenvereinbarung** zu treffen.[398]

394 Vgl. BGH RÜ 2014, 149.

395 Palandt/Herrler § 1018 Rn. 33.

396 OLG Hamm FGPrax 2017, 157 (verneint hinsichtlich einer beschränkt persönlichen Dienstbarkeit, bei welcher der Begünstigte noch von einem Dritten bestimmt werden soll).

397 Palandt/Herrler, Überbl v § 1018 Rn. 2.

398 BGH RÜ 2019, 357.

2. Dingliche Ebene: Dienstbarkeit und gesetzliches Schuldverhältnis

Unstreitig ergeben sich aus den §§ 1018 ff. **einzelne Rechte und Pflichten sowie Inhaltsgestaltungen der Dienstbarkeit**: 497

- Der **Eigentümer des belasteten Grundstücks** muss die Ausübung der Dienstbarkeit **dulden** und störende Handlungen unterlassen (§ 1018). Er kann nach Maßgabe des **§ 1023** die **Verlegung** der Stelle der Dienstbarkeit verlangen, wenn die Ausübung an der zunächst vereinbarten Stelle für ihn **besonders beschwerlich** ist.[399] 498

  Wurde die **Verlegung auf ein anderes Grundstück vereinbart** (sei es freiwillig oder angesichts § 1023), so kann der Berechtigte regelmäßig eine inhaltsgleiche Grunddienstbarkeit an dem anderen Grundstück verlangen. Bis zu ihrem Entstehen durch Eintragung im Grundbuch hat er gegen den anderen einen inhaltsgleichen schuldrechtlichen Duldungsanspruch aus der Vereinbarung.[400]

- Der **Eigentümer des herrschenden Grundstücks** ist – als Ausprägung des § 242 – zur **schonenden Ausübung** seiner Dienstbarkeit verpflichtet (§ 1020 S. 1). Die Grenze ist im Einzelfall durch Abwägung der beiderseitigen Interessen zu bestimmten. Die Ausübung muss **im erforderlichen Maße reduziert** werden. Je nachteiliger die Ausübung, umso größer die Schonungspflicht. 499

  Beispiel:[401] Der Eigentümer des beherrschten Grundstücks errichtet einen Zaun/eine Absperrkette nebst Holztor auf dem Dienstbarkeitsweg, sodass dieser zur Sackgasse wird, ohne dass ersichtlich ist, dass er ausnahmsweise ein schützenswertes Interesse hierfür hat.

  Weitere **Beispiele** (zu beschränkt persönlichen Dienstbarkeiten) finden Sie in Rn. 509.

  Er kann hingegen **nicht** bei besonderer **Beschwerlichkeit** die **Verlegung** verlangen – **§ 1023 gilt nicht analog**. Er ist eine Ausnahmevorschrift, weil er den Eigentümer des herrschenden Grundstücks zwangsenteignet, sodass bereits keine Regelungslücke vorliegt. Zudem ist die Interessenlage nicht vergleichbar, weil der Eigentümer des belasteten Grundstücks im Einzelfall durch eine Verlegung geschützt werden muss, während der Eigentümer des herrschenden Grundstücks von vornherein den Umfang seiner Dienstbarkeit kennt und mit diesem zurechtkommen muss. 500

  Beispiel:[402] Zugunsten des Grundstücks des S besteht eine Dienstbarkeit am Grundstück des E, gemäß welcher S einen Streifen entlang der Grundstücksgrenze als Weg nutzen darf. S möchte aber einen von der Grenze entfernten Weg nutzen, weil entlang der Grundstücksgrenze Bäume und Mauern stehen, die S zunächst auf eigene Kosten (§ 1020 S. 2) entfernen müsste.

Nach h.M.[403] besteht **zudem ein gesetzliches „Begleitschuldverhältnis“**[404] („verdinglichtes Binnenschuldverhältnis“[405]) **zwischen den Eigentümern**. Der Kanon der Dienstbarkeitsinhalte, Rechten und Pflichten (insbesondere aus §§ 1020–1023 ff.) ist so umfassend, dass die Schwelle zur Sonderbeziehung überschritten ist. Daher ist das **allgemeine Schuldrecht** – vorbehaltlich vorrangiger Regelungen in §§ 1018 ff. – **anwendbar**. 501

---

399 Vgl. dazu ausführlich Lühmann NJW 2016, 2454.

400 BGH MDR 2016, 512.

401 Nach BGH RÜ 2019, 493.

402 Nach BGH RÜ 2015, 362

403 BGH RÜ 2019, 357; grundlegend BGH NJW 1985, 2944, unter Aufgabe der früheren Rechtsprechung.

404 Begriff genannt bei BGH RÜ 2019, 357.

405 Begriff genannt bei Staudinger/Weber § 1018 Rn. 134, dort auch Nachweise zu beiden Ansichten.

Hinweis: *Auch das* ***Eigentümer-Besitzer-Verhältnis*** *nach §§ 985 ff. ist ein solches Schuldverhältnis, dass zwischen dem Eigentümer und dem Besitzer besteht. Auch dort ist das allgemeine Schuldrecht grundsätzlich anwendbar, insbesondere § 285 allerdings nicht.*[406]

Fall 28: Wer erneuert den Weg?

E bestellt zugunsten des Nachbargrundstücks des N ein Wegerecht zulasten des Grundstücks des E. Zugleich vereinbaren sie privatschriftlich, dass der jeweilige Eigentümer des (derzeit) E gehörenden Grundstücks den Weg instandhalten muss. E veräußert das Grundstück an A. Der Pächter P des N befährt – wie er wusste – den dafür nicht geeigneten Weg über Jahre mit einem Lkw, obwohl er auch eine asphaltierte Zufahrt auf dem Grundstück des N hätte nutzen können. Ist A gegenüber N oder N gegenüber A zur erforderlichen Grunderneuerung des Weges verpflichtet?

502 I. Aus dem **Instandhaltungsvertrag** zwischen N und E können sich keine Ansprüche des **N gegen A** ergeben. Wegen der **Relativität der Schuldverhältnisse** kann ohne Einwilligung des A kein Vertrag zu seinen Lasten geschlossen werden. A hat auch nicht die Pflicht des E gegenüber N gemäß §§ 414, 415 übernommen.

503 II. **N** könnte **gegen A** einen Instandhaltungsanspruch aufgrund der **Dienstbarkeit** gemäß **§ 1021 Abs. 1** haben.

Eine Unterhaltungspflicht des Eigentümers des dienenden Grundstücks kann gemäß § 1021 Abs. 1 **als Inhalt der Dienstbarkeit vereinbart** werden. Sie wirkt dann **dinglich für und gegen die jeweiligen Eigentümer**. Wegen dieser absoluten Wirkung muss sie allerdings im Grundbuch **eingetragen** werden.[407]

N und E haben zwar eine Unterhaltspflicht zulasten des jeweiligen Eigentümers des beherrschten Grundstücks vereinbart. Sie wurde aber nicht eingetragen und begründet daher keinen Anspruch des N gegen A.

504 III. **A** könnte **gegen N** einen gegenläufigen Instandhaltungsanspruch aus **§ 1020 S. 2** haben. Nach dieser Norm trifft nämlich ohne Vereinbarung nach § 1021 Abs. 2 den Eigentümer des herrschenden Grundstücks die **Instandhaltungspflicht**, wenn er **Halter der Anlage** auf dem beherrschten Grundstück ist. Der Weg ist eine für gewisse Dauer bestimmte, von Menschenhand zur Benutzung des Grundstücks geschaffene Einrichtung,[408] also eine Anlage. N müsste aber auch ihr Halter sein. Halter ist, wer die Anlage **im eigenen Interesse tatsächlich und ausschließlich benutzt**.[409]

Der Weg wurde aber nicht von N, sondern von seinem Pächter P mit dem Lkw genutzt. Die Haltereigenschaft des N wäre daher allenfalls dann zu bejahen, wenn P **keine andere Alternative zwecks pachtvertragsgemäßer Grundstücksnutzung** gehabt hätte, denn dann hätte N die Nutzung des in Rede stehenden Weges durch P sehenden Auges in Kauf genommen und sie würde ihm zugerechnet werden.[410]

406 AS-Skript Sachenrecht 1 (2020), Rn. 500 ff.
407 Palandt/Herrler § 1021 Rn. 1.
408 Vgl. BGH RÜ 2019, 357.
409 Staudinger/Weber § 1020 Rn. 13.
410 BGH NJW 2011, 1351, 1352 Rn. 16.

Es bestand aber ein anderer, asphaltierter Weg. N ist daher nicht Halter des Wegs und somit dem A nicht aus § 1020 S. 2 verpflichtet.

Ob **P** der Halter ist, ist irrelevant, da P nicht der Inhaber des Dienstbarkeit ist.

IV. Ein Schadensersatzanspruch des **A gegen N** aus **§ 823 Abs. 1** scheitert daran, dass N selbst das Eigentum des A **nicht schuldhaft geschädigt** hat. 505

V. Der schuldhaft Handelnde P ist **kein weisungsgebundener Verrichtungsgehilfe** des N, sodass kein Schadensersatzanspruch des **A gegen N** aus **§ 831 Abs. 1** besteht.

VI. **A** könnte **gegen N** einen Schadensersatzanspruch aus **§ 280 Abs. 1** haben. 506

Zwischen A und N besteht nämlich (nach h.M.) aufgrund und neben der Dienstbarkeit ein **gesetzliches Schuldverhältnis**. Aus diesem trifft den N gemäß **§ 1020 S. 1** die **Pflicht zur schonenden Ausübung der Dienstbarkeit**. Die Lkw-Fahrten haben den Weg beschädigt und stellen somit eine Verstoß gegen diese Pflicht dar. Sie geschahen auch **vorsätzlich** und sind daher gemäß § 276 Abs. 1 Hs. 1 zu vertreten.

Jedoch ist nicht N als Partei des Schuldverhältnisses mit dem Lkw gefahren, sondern P. N muss sich aber das pflichtverletzende Verhalten (§ 278 S. 1 Var. 2 analog) und das Verschulden (§ 278 S. 1 Var. 2 Wortlaut) seines **Erfüllungsgehilfen** P zurechnen lassen.[411] P ist mit Wissen und Wollen des N in dessen sich aus § 1020 S. 1 ergebendem Pflichtenkreis tätig geworden.

Mithin hat A gegen N einen Anspruch aus § 280 Abs. 1, nach Maßgabe der §§ 249 ff. auf Ausbesserung des Weges bzw. Erstattung der erforderlichen Kosten.

B. Beschränkt persönliche Dienstbarkeit, §§ 1090 ff.

Die beschränkt persönliche Dienstbarkeit unterscheidet sich von der Grunddienstbarkeit dadurch, dass nicht der jeweilige Eigentümer eines Grundstücks, sondern **eine bestimmte Person berechtigt** ist. 507

Es können folgende **Inhalte** vereinbart werden: 508

- gemäß § 1090 Abs. 1 Var. 1 das Recht einer Person, das Grundstück in einzelnen Beziehungen **zu nutzen**,
- gemäß §§ 1090 Abs. 1 Var. 2, 1018 Var. 2 die Belastung, dass auf dem Grundstück gewisse **Handlungen nicht vorgenommen werden dürfen**,
- gemäß §§ 1090 Abs. 1 Var. 2, 1018, Var. 3 der **Ausschluss der Ausübung eines Rechts**, das sich aus dem Eigentum an dem belasteten Grundstück ergibt und
- gemäß § 1093 das **Wohnrecht** an einem Gebäude oder einem Teil davon.

Gemäß § 1090 Abs. 2 gelten einige **Normen der Grunddienstbarkeit**, insbesondere nach §§ 1090 Abs. 2, 1020 S. 1 die **Schonungspflicht** (s. Rn. 499). 509

411 Vgl. BGH NJW 1985, 2944, 2945.

Beispiel:[412] Ein Wohnrechtsinhaber, der den Eigentümer des beherrschten Grundstücks oder eine ihm nahestehende Person vorsätzlich tötet und mit diesen auf demselben Grundstück wohnt, darf sein Wohnrecht nicht mehr selbst ausüben, weil dies nicht zumutbar ist. Gleichwohl behält er aber sein Wohnrecht, er darf es daher andere für ihn ausüben lassen, z.B. seine Mieter.

Beispiel:[413] B ist aus einer Dienstbarkeit berechtigt, eine Hochspannungsleitung über das Grundstück des K zu führen. Später stellt K unter der Leitung Fahrzeuge ab. Auf der Leitung sitzen Vögel, deren ätzender Kot den Lack der Fahrzeuge stark und dauerhaft beschädigt. K verlangt, dass B dies durch geeignete Maßnahmen künftig verhindert. Im Gespräch ist insbesondere die Errichtung eines Carports. – K hat keinen solchen Anspruch aus §§ 1004, 1027, 1090 Abs. 2, 1020 S. 1. B nutzt die Dienstbarkeit schonend. Zwar ist die Beeinträchtigung erheblich. Sie geht aber nicht von einer typischen Betriebsgefahr der Leitung (wie z.B. „Elektrosmog") aus. Sie beruht vielmehr auf einem zwar allgemein bekannten, jedoch nicht stets in gleicher Intensität auftretenden Naturereignis. Zudem bestanden Dienstbarkeit und Leitung bereits, als K sich entschied, die Fahrzeuge dort zu parken. Und sobald K sich entschließen würde, die Fahrzeuge anderweitig zu parken, wäre ein Carport überflüssig und daher wirtschaftlich sinnlos.

510 Per Handlungsuntersagung (§§ 1090 Abs. 1 Var. 2, 1018 Var. 2) wird oft versucht, **Wettbewerbsbeschränkungen** (wie **Verkaufsbeschränkungen**) dinglich abzusichern. Hier wird relevant, dass die Untersagung **Grundstücksbezug** haben muss:

Fall 29: Tankstellen-Dienstbarkeit

Der Grundstückseigentümer E und die S vereinbaren schriftlich: „E gestattet der S, auf dem Grundstück Parzelle 138 eine Tankstelle zu errichten und zu betreiben. E darf auf dem Grundstück keine Tankstelle errichten. Weder E noch ein anderer darf auf dem Grundstück des E andere Motorenbetriebsstoffe sowie Fette und Öle als die der S vertreiben. Dafür erhält E als Entgelt jährlich 14.600 €."

Kann diese Vereinbarung durch eine Dienstbarkeit gesichert werden?

511 Da der Begünstigte aus dem Recht **eine bestimmte Person**, nämlich die S, sein soll, kommt eine **beschränkt persönliche Dienstbarkeit** gemäß § 1090 Abs. 1 in Betracht.

I. Soweit E **Errichtung und Betrieb der Tankstelle duldet**, räumt er der S das Recht ein, sein Grundstück in einer bestimmten Weise zu nutzen (§ 1090 Abs. 1 Var. 1).

II. Soweit E sich **verpflichtet, keine Tankstelle zu errichten**, darf er auf dem Grundstück eine bestimmte Handlung nicht vornehmen (§§ 1090 Abs. 1 Var. 2, 1018 Var. 2).

512 III. E soll verpflichtet sein, **keine anderen Motorenbetriebsstoffe sowie Öle und Fette als die der S** auf seinem Grundstück **zu vertreiben** oder vertreiben zu lassen. Auch hierbei könnte es sich um eine Beschränkung in der Form handeln, dass „gewisse Handlungen nicht vorgenommen werden dürfen" (§§ 1090 Abs. 1 Var. 2, 1018 Var. 2). Da Grunddienstbarkeiten und beschränkt persönliche Dienstbarkeiten eine Einschränkung der Rechte des Grundstückseigentümers darstellen, müssen sie auf eine **Einschränkung des tatsächlichen Gebrauchs des Grundstücks** gerichtet sein. Sie dürfen nicht nur Beschränkungen der rechtlichen Verfügungsfreiheit enthalten.[414]

412 Nach BGH NJW-RR 2017, 140.

413 Nach BGH RÜ 2018, 624.

414 BGH NJW 1959, 670.

E soll zwar zur Unterlassung verpflichtet sein, doch ist der Inhalt der Unterlassungspflicht nicht darauf gerichtet, dem E schlechthin das Lagern und Vertreiben bestimmter einzelner Produkte zu verbieten, sondern es sollen **nur die Produkte der Wettbewerber** ausgeschlossen werden. Bei der Beurteilung der Frage, ob **Wettbewerbsklauseln und Verkaufsbeschränkungen**, die vor allem im Brauerei- und Gaststättengewerbe sowie im Tankstellengewerbe üblich sind, Inhalt einer Dienstbarkeit sein können, ist nach herrschender Ansicht zu differenzieren:

1. Soll es untersagt sein, **überhaupt bestimmte Produkte** zu lagern, zu vertreiben usw., dann wird der Eigentümer in seinem Eigentum beschränkt. Er muss es unterlassen, auf seinem Grundstück bestimmte Handlungen vorzunehmen bzw. anderen die Vornahme zu gestatten. Derartige Dienstbarkeiten sind **zulässig**.[415]

2. Darf hingegen ein bestimmtes Produkt gelagert und vertrieben werden, aber **nur von einem bestimmten Hersteller**, dann handelt es sich um eine **reine Wettbewerbsbeschränkung**. Sie kann **nicht Inhalt einer Dienstbarkeit** sein.[416]

   Dazu der **BGH:** „Entscheidend ist der Gesichtspunkt, dass die Dienstbarkeit eine Grundstücksbelastung darstellt, die das Eigentumsrecht am Grundstück einschränkt. Das **Recht zur freien Auswahl eines Warenlieferanten ist kein Ausfluss des Eigentumsrechts** am Grundstück."[417]

Danach kann die **vorliegende** Unterlassungspflicht, keine anderen Produkte als die der S zu vertreiben, nicht Inhalt der Dienstbarkeit sein.

Hinweis: *Es gibt aber einen* ***anderen Weg****. E bestellt der S eine* ***beschränkt persönliche Dienstbarkeit****, die* ***schlechthin*** *auf die Unterlassung des Vertriebs gerichtet ist.* ***Schuldrechtlich*** *wird vereinbart, dass der Verkauf von Produkten der S* ***ausnahmsweise gestattet*** *ist. Das ist zulässig, insbesondere liegt keine Gesetzesumgehung und kein Scheingeschäft vor.*[418] *Auch schadet es nicht, dass das Grundstück nur wirtschaftlich sinnvoll genutzt werden kann, wenn Produkte der S vertrieben werden können. Allerdings muss der* ***schuldrechtliche Ausnahmevertrag wirksam sein.*** *Würde sein Inhalt etwa gegen die §§ 307 ff. verstoßen, wäre es der S* ***gemäß § 242 verwehrt, sich auf die Dienstbarkeit zu berufen****, etwa durch Aufforderung nach §§ 1027, 1004, den Vertrieb von Produkten der Konkurrenz zu unterlassen (schuldrechtliche Blockierung des dinglichen Unterlassungsanspruchs).*[419] **513**

C. Nießbrauch, §§ 1030 ff.

Eine beschränkt persönliche Dienstbarkeit gestattet gemäß § 1090 die Benutzung des Grundstücks nur „in einzelnen Beziehungen". Gemäß § 1030 kann aber auch eine **bestimmte Person** („derjenige, zu dessen Gunsten die Belastung erfolgt") als Nießbraucher zur **grundsätzlich umfassenden Nutzung** („die Nutzungen") berechtigt sein. Einzelne Nutzungen können ausgeschlossen werden, § 1030 Abs. 2. **514**

---

415 BGH NJW 1985, 2474, 2475; Palandt/Herrler § 1018 Rn. 23 ff.

416 BGH NJW 1985, 2474; Erman/Grziwotz § 1090 Rn. 8; Palandt/Herrler § 1018 Rn. 23 ff.

417 BGH NJW 1959, 670.

418 BGH NJW 1985, 2474 (hinsichtlich Bierbezug); BGH WM 1984, 820 (hinsichtlich Fernwärmebezug); BGH NJW 2013, 1963 (hinsichtlich Bezug von Pflegeleistungen); a.A. MünchKomm/Mohr § 1090 Rn. 22 f.

419 Vgl. BGH NJW 2013, 1963.

Gemäß § 1068 kann ein Nießbrauch **an Rechten** bestellt werden. Nach § 1085 ist auch ein Nießbrauch **am Vermögen** einer Person möglich.

515 **Erlischt** der Nießbrauch, etwa gemäß § 1061 Abs. 1 durch den **Tod des Nießbrauchers**, so ist der **Eigentümer grundsätzlich nicht Rechtsnachfolger** des Nießbrauchers, insbesondere nicht hinsichtlich dessen **Ansprüchen** aus § 1065 i.V.m. §§ 985, 1004 auf Herausgabe und Störungsbeseitigung **gegen Dritte**. **Ausnahmsweise** gehen diese Ansprüche aber auf den Eigentümer über, wenn der **Dritte den Rückgabeanspruch** des Eigentümers aus § 1055 Abs. 1 **behindert** und wenn die Ansprüche bereits **rechtshängig** i.S.d. § 261 Abs. 1 ZPO oder gar **tituliert** sind.

Rein **materiell-rechtlich** benötigt der Eigentümer diese Ansprüche nicht, denn er hat sie ohnehin direkt aus §§ 985, 1004. Wenn aber der Nießbraucher zu Lebzeiten die Ansprüche tituliert hat, dann kann der Eigentümer als Rechtsnachfolger den **Titel gemäß § 727 ZPO auf sich umschreiben lassen**. Er muss also nicht erneut „von vorne" klagen. Für die Rechtsnachfolge spricht also die **Prozessökonomie**.

Beispiel:[420] S bestellt V einen Nießbrauch an dem zuvor von V an S schenkweise übereigneten Grundstück. D errichtet dort einen Überbau, dessen Beseitigung im konkreten Fall im Rahmen der ordnungsgemäßen Wirtschaft (vgl. § 1036 Abs. 2) geboten ist und daher vor der Rückgabe (§ 1055 Abs. 1) erfolgen muss. V klagt gegen D aus § 1065 i.V.m. §§ 985, 1004 und erhält ein Urteil. V stirbt. S lässt das Urteil nach § 727 ZPO auf sich umschreiben und kann nun gegen D auf Beseitigung vollstrecken.

4. Abschnitt: Reallast, §§ 1105 ff.

516 Der Reallastberechtigte kann gemäß § 1105 von dem jeweiligen Eigentümer des belasteten Grundstücks **eine wiederkehrende Leistung aus dem Grundstück** verlangen. Anders als bei den Dienstbarkeiten können vom Verpflichteten **aktive Handlungen** verlangt werden, die **nicht im Zusammenhang mit dem Grundstück** stehen müssen.

Beispiele: Verpflichtungen zu Rentenzahlungen oder zu Pflegeleistungen

517 **Inhaber** einer Reallast kann eine **bestimmte Person** (§ 1105 Abs. 1 S. 1) oder der **jeweilige Eigentümer** eines Grundstücks (§§ 1105 Abs. 2, 1110) sein.

518 Soweit in § 1105 Abs. 1 S. 1 von Leistungen „aus dem Grundstück" die Rede ist, ist dies nur ein Hinweis darauf, dass das Grundstück in der Zwangsvollstreckung **dinglich haftet**, wenn der Verpflichtete nicht freiwillig handelt, vgl. §§ 1107, 1147.[421] Nach § 1108 Abs. 1 haftet der Eigentümer für die während der Dauer seines Eigentums fällig werdenden Leistungen nämlich **auch persönlich**.

Miteigentümer des belasteten Grundstücks haften im **Außenverhältnis** als Gesamtschuldner auf den vollen Betrag. Im **Innenverhältnis** haften sie einander nicht nach der Grundregel des § 426 zu gleichen Teilen, sondern analog §§ 1109 Abs. 1 S. 2 Hs. 2, 748 entsprechend des Wertes ihrer Eigentumsanteile. Analog § 1132 Abs. 1 ist es auch möglich, hinsichtlich einer Forderung eine **Gesamtreallast** an mehreren Grundstücken zu bestellen, auch dann besteht eine gesamtschuldnerische Haftung.[422]

420 Nach BGH RÜ 2016, 353.

421 Palandt/Herrler § 1105 Rn. 4.

422 BGH RÜ 2017, 489 (insb. S. 490 unten).

5. Abschnitt: Dingliches Vorkaufsrecht, §§ 1094 ff.

Das **dingliche Vorkaufsrecht** berechtigt dem Eigentümer gegenüber zum Vorkauf, § 1094 Abs. 1. Im Gegensatz zum **schuldrechtlichen Vorkaufsrecht** gilt insbesondere: 519

dingliches Vorkaufsrecht	schuldrechtliches Vorkaufsrecht
■ Verpflichtet: jeder Eigentümer	■ Verpflichtet: nur der Versprechende
■ Inhaber: bestimmte Person oder jeweiliger Eigentümer (§ 1094)	■ Inhaber: Vertragspartner oder nach § 328 Dritter
■ Dingliches Recht: wirkt absolut, ggf. sogar für weitere Vorkaufsfälle, § 1097 Hs. 2	■ Verpflichtung: wirkt nur inter partes
■ Inhalt: vorgegeben (Typenzwang)	■ Inhalt: frei vereinbar (Vertragsfreiheit)
■ Wirkt wie Vormerkung, § 1098 Abs. 2	■ Vormerkbar, §§ 883, 885

Die wesentlichsten Vorteile des dinglichen Vorkaufsrechts sind die **absolute Wirkung** und die **Vormerkungswirkung** nach § 1098 Abs. 2. 520

Hinweis: *§ 1098 Abs. 2 eignet sich als **Aufhänger für Klausuren**, deren eigentliche Probleme bei den **Wirkungen einer Vormerkung** liegen (s. zur Vormerkung Rn. 150 ff.).*

Hinweis: *Mit **„Vorkaufsrecht“** ist im Folgenden das **dingliche Vorkaufsrecht** gemeint.*

A. Bestellung (Ersterwerb)

Das Vorkaufsrecht **entsteht (Ersterwerb)** – wie jedes beschränkt dingliche Recht an Grundstücken – gemäß § 873 Abs. 1 durch **Einigung und Eintragung**. Berechtigt zu dieser **belastenden Verfügung über das Eigentum** ist der verfügungsbefugte Eigentümer und der nach § 185 Abs. 1 oder kraft Gesetzes Ermächtigte. 521

Die Einigung ist nach § 873 Abs. 1 **formlos** wirksam. § 311 b Abs. 1 S. 1 gilt nur für das zugrunde liegende Verpflichtungsgeschäft. Zudem ist gemäß § 925 Abs. 1 nicht einmal die Auflassung zu beurkunden.[423]

Soll der Vorkaufsberechtigte bereits **ohne Eintragung** ein Vorkaufsrecht erhalten, dann ergibt eine **Auslegung** der Einigung nach § 873 Abs. 1 regelmäßig, dass **zusätzlich** ein **schuldrechtliches Vorkaufsrecht** vereinbart wurde.[424]

Es ist nach h.M. **nicht** zulässig, ein **Vorkaufsrecht für Gesamtgläubiger** i.S.d. § 428 zu bestellen, also in der Form, dass jeder Gläubiger es vollständig ausüben darf. Angesichts §§ 1098 S. 1, 472 S. 1 kann es **nur gemeinschaftlichen Gläubigern** i.S.d. § 432 bestellt werden, also zur Ausübung zur gesamten Hand. Eine hiernach unzulässige Bestellung ist aber nicht unwirksam, vielmehr ergibt die **Auslegung** in der Regel, dass ein Vorkaufsrecht für gemeinschaftliche Gläubiger entsteht.[425]

Eine **fehlende Berechtigung** wird nach §§ 185 Abs. 2, 878, 892 überwunden. 522

---

423 BGH RÜ 2016, 562; s. zu § 925 Rn. 48.

424 BGH RÜ 2014, 209.

425 BGH NJW 2017, 1811 m.w.N. zu allen Ansichten; vgl. zu §§ 428 u. 432 AS-Skript Schuldrecht AT 2 (2020), Rn. 500 ff.

B. Übertragung (Zweiterwerb)

523 Ein **subjektiv-persönliches Vorkaufsrecht** (§ 1094 Abs. 1) für eine bestimmte Person kann **gemäß § 873 Abs. 1 übertragen** werden (verfügende Übertragung des Vorkaufsrechts; berechtigt ist der verfügungsbefugte Inhaber des Vorkaufsrechts usw.). Allerdings muss die Übertragbarkeit mit dem Besteller des Vorkaufsrechts vereinbart und ins Grundbuch eingetragen worden sein (§§ 1098 Abs. 1 S. 1, 473 S. 1).

Die **Übertragbarkeit** kann auch **nachträglich** durch verfügende **Inhaltsänderung** vereinbart werden. Nach §§ 877, 873 ist auch dann die Eintragung im Grundbuch erforderlich.[426]

Ein **subjektiv-dingliches Vorkaufsrecht** (§ 1094 Abs. 2) für den jeweiligen Eigentümer eines herrschenden Grundstücks geht bei **Übereignung des herrschenden Grundstücks** (§§ 873, 925) ipso iure auf den neuen Eigentümer über.[427]

C. Rechte und Pflichten der Beteiligten im Vorkaufsfall

524 Seine Wirkungen entfaltet das Vorkaufsrecht im Vorkaufsfall, also wenn der **Verpflichtete** das Grundstück **an einen Dritten verkauft**, §§ 1098 Abs. 1 S. 1, 463.

Miteigentümer sind Dritte, wenn das Vorkaufsrecht **für einen Miteigentumsanteil** bestellt ist; besteht das Vorkaufsrecht hingegen einheitlich **für alle Miteigentumsanteile**, dann ist der Miteigentümer, der einen (weiteren) Anteil erwirbt, nicht Dritter.[428]

Der Verkauf an die **gesetzlichen Erben** ist im Zweifel nicht erfasst, §§ 1098 Abs. 1 S. 1, 470; per Vereinbarung **kann** also der Vorkaufsfall hierauf **erstreckt werden**. Bei Verkauf im Rahmen einer **Insolvenz oder Zwangsvollstreckung** ist das Vorkaufsrecht gemäß §§ 1098 Abs. 1 S. 1, 471 **ausgeschlossen**.

Das Vorkaufsrecht wirkt **nicht**, wenn das Grundstück **verschenkt, getauscht oder in eine Gesellschaft eingebracht** wird.[429] Soll auch in diesen Fällen ein vorrangiger Erwerb einer bestimmten Person gesichert werden, so muss ein entsprechender **Verpflichtungsvertrag** abgeschlossen und die Übertragungspflicht **mit einer Vormerkung abgesichert** werden.

I. Übereignungsanspruch des Vorkaufsberechtigten

525 Im Vorkaufsfall kann der **Inhaber sein Vorkaufsrecht** nach Maßgabe der §§ 1098 Abs. 1 S. 1, 464 Abs. 1 **ausüben**. Die Ausübung muss gemäß §§ 1098 Abs. 1 S. 1, 469 **ab Mitteilung** des Inhalts des Kaufvertrags mit dem Dritten **binnen zwei Monaten** oder einer vorrangig **vereinbarten anderen Frist** geschehen.

Damit eine **vereinbarte Frist** nicht nur für das schuldrechtliche, sondern auch für das dingliche Vorkaufsrecht wirkt, muss sie **verdinglicht**, also **im Grundbuch eingetragen** werden, wobei auch hier gemäß § 874 die Bezugnahme auf die Eintragungsbewilligung genügt. Eine **bestimmte Form der fristauslösenden Mitteilung** kann **hingegen nicht verdinglicht** werden. Für das schuldrechtliche Vorkaufsrecht können die Parteien nämlich zwar den dispositiven § 469 um ein privatautonom vereinbartes Formerfordernis ergänzen. Für das dingliche Vorkaufsrecht wird **§ 469 jedoch über § 1098 Abs. 1 S. 1 auf die dingliche Ebene gehoben**, auf welcher wegen des **Typenzwangs** nur solche Abweichungen möglich sind, die das Gesetz ausdrücklich zulässt. Da vor diesem Hintergrund ein **Formerfordernis nicht ins Grundbuch** eingetragen werden darf, wird der kaufende Dritte, der auf die Einhaltung dieser Form vertraut, **nicht über § 892 Abs. 1 S. 1 geschützt**.[430]

---

426 OLG Hamm FGPrax 2017, 156.

427 Palandt/Herrler § 1094 Rn. 6.

428 Palandt/Herrler § 1095 Rn. 2.

429 Palandt/Herrler § 1097 Rn. 2.

430 KG, ZfIR 2019, 347; Böttcher, NJW 2020, 819, 823 f.

Beispiel:[431] R hat ein dingliches Vorkaufsrecht am Grundstück des E für alle Fälle (vgl. § 1097 und Rn. 527), welches laut Grundbucheintragung „binnen drei Monaten ab Zugang einer beglaubigten Abschrift des Kaufvertrags" ausgeübt werden muss. E veräußert das Grundstück an A, ohne dass R sein Vorkaufsrecht ausübt. Sodann veräußert A das Grundstück an B. A schickt R am 9.5. eine einfache Kopie und am 30.05. eine beglaubigte Abschrift des Kaufvertrags mit B. R übt sein Vorkaufsrecht am 23.08. aus. – R hat sein Vorkaufsrecht nicht rechtzeitig ausgeübt. Zwar wurde die Ausübungsfrist nach §§ 1098 Abs. 1 S. 1, 469 Abs. 2 wirksam auf drei Monate festgelegt. Die Formvereinbarung ist jedoch unwirksam. Die Frist begann daher am 10.05. zu laufen und endete mit Ablauf des 09.08., §§ 187 Abs. 1, 188 Abs. 2. Die Unkenntnis von A und/oder B von der Unwirksamkeit führt nicht zu deren Schutz nach § 892 Abs. 1 S. 1.

Bei fristgemäßer Ausübung entsteht ein **Kaufvertrag zu den Bedingungen, die der Verpflichtete mit dem Dritten vereinbart** hat, §§ 1098 Abs. 1 S. 1, 464 Abs. 1.

II. Verfügungen des Vorkaufsverpflichteten zugunsten eines Dritten

Hinsichtlich **Verfügungen des Berechtigten an einen Dritten** – etwa Belastung mit einer Grundschuld oder gar Übereignung – wirkt das Vorkaufsrecht gemäß § 1098 Abs. 2 **wie eine Vormerkung**. 526

Siehe Rn. 153 f.: Die Verfügung ist gegenüber dem Inhaber des Vorkaufsrechts gemäß §§ 1098 Abs. 2, 883 Abs. 2 **relativ unwirksam**. Dem Eigentümer ist es also weiterhin möglich, an den Inhaber des Vorkaufsrechts zu übereignen. Der Dritte muss nach Maßgabe der §§ 1098 Abs. 2, 888 zustimmen.

D. Erlöschen; Bestellung für einen oder mehrere Vorkaufsfälle

Gemäß § 1097 kann das Vorkaufsrecht für einen oder für mehrere Vorkaufsfälle bestellt 527
werden. Daraus ergibt sich, dass das **für einen Vorkaufsfall bestellte Vorkaufsrecht** nach dessen Eintritt **erlischt, gleich ob es fristgemäß ausgeübt wird oder nicht**.

Weitergehend erlischt das für einen Vorkaufsfall bestellte Vorkaufsrecht auch dann, wenn eine **Veräußerung** stattfindet, die **keinen Verkauf** i.S.d. §§ 1098 Abs. 1 S. 1, 463 darstellt, etwa beim Zuschlag nach § 90 ZVG oder den in §§ 470, 471 genannten Fällen. **Hingegen erlischt es nicht**, wenn zwar ein Verkauf stattfindet, aber der Käufer **nicht Dritter** ist.[432]

6. Abschnitt: Rang der beschränkt dinglichen Rechte

Beschränkt dingliche Rechte am selben Grundstück stehen im Rangverhältnis. Das 528
Rangverhältnis entscheidet darüber, ob das eine oder andere Recht **bevorzugt** zu behandeln oder ob eine **Gleichbehandlung** geboten ist. Insbesondere gilt:

- Wenn das **Zwangsversteigerungsverfahren** durchgeführt und dem Ersteher gemäß § 90 ZVG der Zuschlag erteilt worden ist, dann bleiben nach § 52 Abs. 1 S. 1 ZVG nur die beschränkt dinglichen **Rechte bestehen**, die in das geringste Gebot fallen. Das sind gemäß § 44 Abs. 1 ZVG die Rechte, die dem betreibenden Gläubiger vorgehen. Alle übrigen **Rechte erlöschen** (§ 52 Abs. 1 S. 2 ZVG) und werden **in der Rangfolge befriedigt** (§§ 109 Abs. 2, 10 Abs. 1 Nr. 4, 11 Abs. 1 ZVG, vgl. Rn. 244). Es findet also **keine anteilsmäßige Verteilung** statt.
- Bei **Dienstbarkeiten** werden die **Nutzungen** ebenso verteilt (§§ 1024, 1060, 1090).

431 Nach KG ZfIR 2019, 347; s. zur Fristberechnung AS-Skript BGB AT 2 (2021) Rn. 515 ff.

432 Palandt/Herrler § 1097 Rn. 5; MünchKomm/Westermann § 1097 Rn. 5.

A. Anfängliche Rangbestimmung gemäß § 879

529 Nach § 879 Abs. 3 können die Parteien durch **Einigung und Eintragung** einen **freien (!) Rang** bestimmen, den das Recht bekommen soll.

Bei entsprechendem, **eingetragenem Rangvorbehalt** (§ 881) kann das auch der erste Rang sein.

530 Wenn die Parteien keine Rangvereinbarung treffen, so gilt die **gesetzliche Rangbestimmung** gemäß § 879 Abs. 1. Danach ist allein der **Zeitpunkt der Eintragung** des Rechts maßgebend (**Prioritätsprinzip**). Es kommt also weder auf den Zeitpunkt der Einigung noch auf den Zeitpunkt des Entstehens des Rechts an.

Dies wird durch **§ 879 Abs. 2** klargestellt. Danach ist die Eintragung auch dann maßgebend, wenn die nach § 873 erforderliche Einigung erst nach der Eintragung zustande gekommen ist.

- Sind die beschränkt dinglichen Rechte **in derselben Abteilung** eingetragen, so gilt nach h.M.[433] die **zeitliche Reihenfolge der Eintragung** (und nicht die räumliche).

  Regelmäßig werden die Rechte zeitlich und räumlich nacheinander eintragen. Ein Auseinanderfallen ist denkbar, wenn der Grundbuchbeamte z.B. irrtümlich ein Blatt/eine Zeile freigelassen hat und erst später in diesem freigelassenen Raum Eintragungen vornimmt. Sollen die Rechte in derselben Abteilung den gleichen Rang haben, muss ein **Gleichrangvermerk** eingetragen werden.[434]

- Sind die Rechte **in verschiedenen Abteilungen** eingetragen – also in Abteilung II und III –, so ist das Datum der Eintragung maßgebend **(Datumsprinzip)**.[435] Alle Eintragungen vom selben Datum sind gleichrangig, § 879 Abs. 1 S. 2 Hs. 2.

  Beispiel: E einigt sich am 01.10. mit G über die Bestellung einer Grunddienstbarkeit. Am 05.10. bewilligt E zugunsten des H eine Grundschuld. Der Antrag auf Eintragung des G geht am 15.10., der Antrag des H am 20.10. beim Grundbuchamt ein. Beide Rechte werden am 11.11. eingetragen. – Mangels Rangvereinbarung (§ 879 Abs. 3) bestimmt sich das Rangverhältnis nach § 879 Abs. 1. Danach gilt für die beschränkt dinglichen Rechte in verschiedenen Abteilungen das **Datumsprinzip**. Da die Grunddienstbarkeit des G in Abt. II und die Grundschuld des H in Abt. III am 11.11. eingetragen worden sind, haben die Rechte **gleichen Rang**. Nach § 17 GBO hätte der Grundbuchbeamte zwar zunächst den Antrag des G und dann den Antrag des H an verschiedenen Tagen erledigen müssen oder bei Erledigung am selben Tag einen Gleichrangvermerk eintragen müssen. Für die materielle Rangbestimmung ist es aber **unerheblich**, dass der Grundbuchbeamte die rein formellrechtliche Vorschrift des **§ 17 GBO verletzt** hat.[436]

  Hinweis: *G hat keine Möglichkeit, gemäß § 812 Abs. 1 S. 1 Var. 2 von H Vorrangeinräumung zu verlangen, weil § 879 den Rang endgültig zuordnet und daher nach h.A. einen Rechtsgrund darstellt.*[437]

B. Nachträgliche Änderung, § 880

531 Nach § 880 kann das Rangverhältnis **nachträglich geändert** werden.

C. Rangvorbehalt, § 881

Gemäß § 881 kann sich der Eigentümer bei der Belastung eines Grundstücks die **Befugnis vorbehalten**, ein anderes, bestimmtes Recht vorrangig eintragen zu lassen.

433 Staudinger/Kutter § 879 Rn. 31, m.w.N. auch zur Gegenansicht.
434 MünchKomm/Kohler § 879 Rn. 29.
435 Siehe zu den Abteilungen des Grundbuchs Rn. 220.
436 KG FGPrax 2012, 238.
437 BGH NJW 1956, 1314.

5. Teil: Wohnungseigentum, Teileigentum, Erbbaurecht

Das **Erbbaurecht** ist ein **grundstücksgleiches Recht**, d.h. eine Teilberechtigung, die prinzipiell wie Eigentum behandelt wird. **Wohnungseigentum** und **Teileigentum** sind nach h.M. keine grundstücksgleichen Rechte.[438] 532

Der Streit ist rein begrifflicher Natur. **Weitere grundstücksgleiche Rechte** sind z.B. das Bergwerkseigentum (§ 9 Abs. 1 BBergG) und landesrechtliche Abbau- und Nutzungsrechte wie Fischereirechte.[439]

1. Abschnitt: Wohnungseigentum und Teileigentum

Das Wohnungseigentum ist Sonderform des Grundeigentums. Das Wohnungseigentumsgesetz (WEG[440]) **durchbricht die Regelung der §§ 93, 94** und lässt **Alleineigentum an einer Wohnung oder an Geschäftsräumen** auch dann zu, wenn hinsichtlich des Grundstücks und Gemeinschaftsräumen wie Fluren oder dem Keller nur eine **Miteigentümerposition (Bruchteilseigentum)** besteht (§ 3 Abs. 1 i.V.m. § 1 Abs. 1 WEG). 533

A. Begriff des Wohnungseigentums und des Teileigentums

Wohnungseigentum setzt sich zusammen aus dem **Sondereigentum** genannten Alleineigentum an einer **Wohnung** und dem **Miteigentumsanteil** an dem gemeinschaftlichen Eigentum, zu dem es gehört (§ 1 Abs. 2 WEG). 534

Teileigentum ist das **Sondereigentum** an **nicht zu Wohnzwecken dienenden Räumen** eines Gebäudes in Verbindung mit dem **Miteigentum** an dem gemeinschaftlichen Eigentum, zu dem es gehört (§ 1 Abs. 3 WEG). 535

Die Vorschriften zum Wohnungseigentum gelten entsprechend für das Teileigentum (§ 1 Abs. 6 WEG). Für Teileigentum an Geschäftsräumen ist auch der Begriff **„Gewerbeeinheit"** üblich. Das Teileigentum i.S.d. § 1 Abs. 3 WEG ist vom sog. Bruchteilseigentum (Miteigentum) i.S.d. §§ 1008 ff. abzugrenzen.

Sondereigentum und Miteigentumsanteil sind gemäß § 6 WEG **untrennbar** und weder isoliert veräußerlich noch belastbar. 536

Wohnungseigentum ist **„'echtes Eigentum' im Sinne von § 903 S. 1"**,[441] wie auch der gleichlautende § 13 Abs. 1 WEG zeigt. Es sind daher die für das Eigentum geltenden **Vorschriften des BGB anzuwenden**, soweit das WEG keine Sonderregelung enthält. 537

B. Begründung (Ersterwerb)

Wohnungseigentum kann **vertraglich eingeräumt** werden (vgl. §§ 3 u. 4 Abs. 1 u. 2 WEG), indem sich die **Miteigentümer** eines Grundstücks über die **Einräumung von Sondereigentum in der Form des § 925 einigen** und die **Eintragung im Grundbuch** erfolgt. Die fehlende **Berechtigung** wird nach §§ 185 Abs. 2, 878 und 892 überwunden.[442] 538

Die Eintragung erfolgt auf einem besonderen Grundbuchblatt (**Wohnungsgrundbuch**), das für jeden Miteigentumsanteil angelegt wird (§ 7 Abs. 1 WEG). Für den **Verpflichtungsvertrag** ist gemäß § 4 Abs. 3 WEG, § 311 b Abs. 1 S. 1 die notarielle Beurkundung erforderlich.

---

438 Nachweise bei Staudinger/Gursky Vorbem. zu §§ 873 ff. Rn. 23 und MünchKomm/Kohler Vor § 873 Rn. 6.

439 Staudinger/Gursky Vorbem. zu §§ 873 ff. Rn. 23.

440 Schönfelder Ordnungsziffer 37.

441 BGH RÜ 2014, 8, Rn. 15.

442 BGH MDR 2017, 203 (zu § 878).

539 Der **alleinige Eigentümer** kann sein **ungeteiltes Grundstück** durch **einseitige Erklärung** in der Form des § 29 GBO gegenüber dem Grundbuchamt **teilen** (vgl. § 8 WEG).

540 Auch ohne gesetzliche Regelung ist anerkannt, dass auch **bestehendes Wohnungseigentum** in weitere, „kleinere" Wohnungseigentumsteile **aufgeteilt** werden kann.[443]

C. Übertragung (Zweiterwerb)

541 Die Übertragung von Wohnungseigentum geschieht nach **§§ 873, 925** durch **Einigung und Eintragung. Berechtigt** ist der verfügungsbefugte Inhaber des Wohnungseigentums sowie der kraft Gesetzes oder nach § 185 Abs. 1 Ermächtigte. Es kann allerdings als Inhalt des Sondereigentums **verfügungsbeschränkend** vereinbart sein, dass es der **Zustimmung anderer Wohnungseigentümer** oder Dritter bedarf (§ 12 WEG).

Für den **Verpflichtungsvertrag** gilt **§ 311 b Abs. 1 direkt**. Der Verweis in § 4 Abs. 3 WEG betrifft nicht den Erwerb von Wohnungseigentum, sondern nur von ausschließlich Sondereigentum ohne Miteigentum. Eine isolierte Veräußerung von Sondereigentum ist zwar gemäß § 6 Abs. 1 WEG unzulässig, die Norm erfasst aber z.B. den Tausch von Sondereigentum innerhalb der Gemeinschaft.[444]

D. Rechtsfähigkeit; Rechte und Pflichten

542 Hinsichtlich der **Gemeinschaft** und den **Eigentümern** ist zu differenzieren:[445]

- Die **Gemeinschaft** ist **partiell rechts- und prozessfähig,** § 10 Abs. 6 S. 1 u. 5 WEG. Sie kann **eigene Rechte** gegenüber Dritten oder den Eigentümern haben.

  Beispiele: Vertrag mit Reinigungsfirma, vgl. § 21 Abs. 1 WEG; Anspruch auf Zahlung der Instandhaltungsrücklage (vgl. § 21 Abs. 5 Nr. 4)

- Die **Gemeinschaft** nimmt ferner die **Rechte der Eigentümer** wahr, sofern dies erforderlich ist (**geborene Ausübungsbefugnis,** § 10 Abs. 6 S. 3 Hs. 1) oder der Sache zumindest förderlich ist und von den Eigentümern die Wahrnehmung mehrheitlich beschlossen wurde (**gekorene Ausübungsbefugnis,** § 10 Abs. 6 S. 3 Hs. 2).

  Beispiele: Rechte/Ansprüche aus §§ 906-923 bezüglich Gemeinschaftseigentum (geboren);[446] Schadensersatzansprüche bezüglich Gemeinschaftseigentum grundsätzlich geboren (da Festlegung auf Anspruchsziel nach §§ 249 ff. erforderlich), in Kombination mit § 1004 aber gekoren (da bei § 1004 der Schuldner den Anspruchsinhalt konkretisiert, s. noch Rn. 652)[447]

- Bezüglich **Sondereigentum** hat der **Eigentümer** eigene Rechte (§ 13 Abs. 1 WEG).

  Beispiel: § 985; § 823 bzw. §§ 987 ff.; § 1004, wenn nur Sondereigentum betroffen[448]

543 Hinsichtlich der Rechtsstellung der **Wohnungseigentümer zueinander** gilt:

- Mit dem **Sondereigentum** kann der Wohnungseigentümer – als Alleineigentümer – grundsätzlich nach seinem Belieben verfahren (bewohnen, vermieten, verpachten, vgl. § 13 Abs. 1 WEG). Allerdings finden seine Rechte ihre Grenzen in den Eigentümer-

---

443 BGH NJW 1968, 499.

444 Bärmann/Armbrüster, § 1 Rn. 74 u. § 4 Rn. 30.

445 Insgesamt zum Folgenden Bärmann/Suilmann § 10 Rn. 244 ff.

446 Bärmann/Suilmann § 10 Rn. 287 f.

447 Nach BGH MDR 2019, 284, unter Aufgabe von BGH NJW 2014, 1090 Rn. 17; vgl. auch BGH NJW 2020, 921, 922 Rn. 6.

448 Vgl. zur Anwendung des § 1004 auf das Wohnungseigentum Rn. 666 und BGH RÜ 2014, 8, Rn. 15.

rechten der anderen Wohnungseigentümer, die sich aus den besonderen Regeln des WEG (insbesondere §§ 10–19 WEG) und subsidiär aus allgemeinen Regeln ergeben.

- Bezüglich des **Miteigentums** gelten die Regeln der Gemeinschaft (§§ 741 ff.), soweit sich nicht aus den Vorschriften des WEG (§§ 10–19 WEG) oder aus abweichenden Vereinbarungen der Wohnungseigentümer anderes ergibt (§ 10 WEG).

  Als Vorschriften des **WEG** sind **insbesondere** zu nennen: § 11 WEG (Unauflöslichkeit der Gemeinschaft); § 13 Abs. 2 WEG (Mitgebrauchsrecht); § 18 f. WEG (Veräußerungszwang)

  Auch **Vereinbarungen über die Gemeinschaft** (z.B. über das Gebrauchsrecht) können als Inhalt des Sondereigentums im Grundbuch eingetragen werden. Vereinbarungen sind aber nur zulässig, soweit nicht das WEG ausdrücklich etwas anders bestimmt (§ 10 Abs. 1 WEG). Es könnte z.B. nicht die Auflösbarkeit der Gemeinschaft vereinbart werden.

E. Dauerwohnrecht gemäß §§ 31 ff. WEG

Das Dauerwohnrecht ist ein **dingliches Nutzungsrecht an einem fremden Grundstück**. Nach seiner rechtlichen Natur ist es eine Dienstbarkeit, seiner wirtschaftlichen Bedeutung nach eine Art verdinglichte Miete. Der Berechtigte ist befugt, auf beschränkte oder unbeschränkte Zeit eine Wohnung ausschließlich zu nutzen. Das Dauerwohnrecht ist veräußerlich und vererblich (im Gegensatz zum Nießbrauch und zum Wohnrecht des BGB). Es kann auch durch Vermietung ausgeübt werden. **544**

2. Abschnitt: Erbbaurecht

Das Erbbaurecht ist „das veräußerliche und vererbliche **Recht, auf oder unter der Oberfläche des Grundstücks ein Bauwerk zu haben**" (§ 1 Abs. 1 ErbbauRG[449]). Der Grundstückseigentümer gewährt also die Möglichkeit, das Grundstück in der Weise zu bebauen, dass **der Erbbauberechtigte Eigentümer des Bauwerks wird**. Abweichend von den §§ 93, 94 wird also nicht der Grundeigentümer Eigentümer der Gebäude. **545**

Bildlich gesprochen **steht das Gebäude** nicht auf dem Grundstück, sondern **auf dem Erbbaurecht**. Der **Erbbauberechtigte** hat den **Vorteil**, dass er für das Grundstück nur den Erbbauzins (§ 9 ErbbauRG) zahlen muss und daher mehr Kapital für das Gebäude übrig hat. Er kann dabei das Erbbaurecht als Sicherheit für ein Darlehen verpfänden (§§ 18 ff. ErbbauRG). Aufseiten des **Grundeigentümers** besteht der **Vorteil** darin, dass er Eigentümer des Bodens bleibt, sodass ihm ein Wertzuwachs zugutekommt. Er erhält den Erbbauzins und nach Erlöschen des Erbbaurechts (i.d.R. 99 Jahre) fällt ihm das Bauwerk gegen eine Entschädigung zu (§ 27 ErbbauRG).

Die **Entstehung** (Ersterwerb) erfolgt durch belastende Verfügung über das Grundeigentum, § 1 ErbbauRG i.V.m. § 873 Abs. 1. Die **Übertragung** (erfolgt) durch übertragende Verfügung über das Erbbaurecht gemäß § 873 (nicht: § 925), vgl. § 11 Abs. 1 ErbbauRG. **546**

Das Erbbaurecht **erlischt** durch Zeitablauf oder durch Aufhebung durch den Berechtigten, § 875, unter Zustimmung des Grundstückseigentümers, § 26 ErbbauRG.[450] **547**

Da das Erbbaurecht ein grundstücksgleiches Recht ist, wird es **im Übrigen grundsätzlich wie das Grundeigentum** und nicht wie ein beschränkt dingliches Recht behandelt. **548**

---

449 Schönfelder Ordnungsziffer 41.

450 Palandt/Herrler ErbbauRG § 11 Rn. 8.

6. Teil: Abwehr von Eigentumsbeeinträchtigungen gemäß § 1004

549 Nach § 903 S. 1 kann der Eigentümer mit seiner Sache nach Belieben verfahren und **Einwirkungen anderer ausschließen**. Er hat daher einen **Beseitigungsanspruch** (§ 1004 Abs. 1 S. 1) und einen präventiven **Unterlassungsanspruch** (§ 1004 Abs. 1 S. 2).

Hinweis: *§ 1004 ist* ***stark geprägt*** *von* ***Fallgruppen und Kasuistik****, insbesondere bei* ***Güterabwägungen****. Es werden daher* ***viele Beispiele*** *genannt, oft aus der RÜ. Lesen Sie dort nach, um ein* ***Gefühl für die Norm und den „großen Fall"*** *zu bekommen.*

Aufbauschema § 1004
I. **Beeinträchtigung** (nicht: Vorenthaltung/Entziehung, unrichtige Grundbuch) **des Eigentums** (oder entsprechend/analog erfasster Rechte)
II. **Keine Duldungspflicht**
III. **Anspruchsgegner:** Zustands- oder Handlungsstörer
IV. **Anspruchsinhalt:** Beseitigung oder Unterlassen

1. Abschnitt: Verhältnis zu anderen Regelungsbereichen

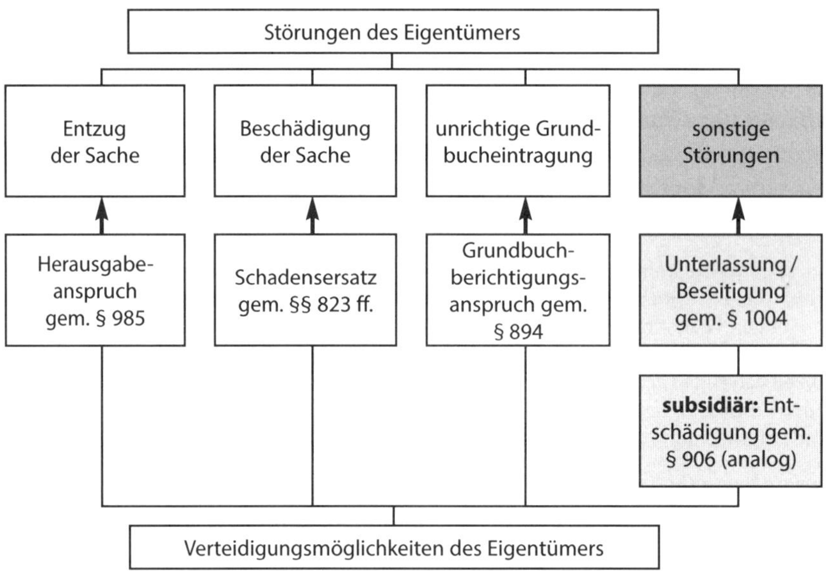

550 Bei Eigentumsbeeinträchtigungen durch **Vorenthaltung** oder **Entziehung des Besitzes** ist **§ 985 lex specialis** (Wortlaut § 1004 Abs. 1 S. 1). Bei Nutzung der entzogenen Sache oder Teilbesitzentziehung stehen § 985 und § 1004 aber nebeneinander.[451]

551 Die **Unrichtigkeit des Grundbuchs** ist eine Eigentumsbeeinträchtigung, für welche die Zustimmungsansprüche aus **§ 894 und § 812** (dazu Rn. 83 ff.) **leges speciales**.

451 Palandt/Herrler § 1004 Rn. 5.

Nach einer Ansicht[452] stellen Schäden keine Eigentumsbeeinträchtigung i.S.d. § 1004 dar, da ansonsten durch den **verschuldensunabhängigen Beseitigungsanspruch** die Voraussetzungen des **verschuldensabhängigen Schadensersatzanspruchs** nach § 823 umgangen würden. Nur der Akt des Eingriffs selbst, das „Zufügen der Substanzverletzung", sei eine Eigentumsbeeinträchtigung, nicht jedoch die zugefügte Verletzung. Dem hält die **h.M.**[453] entgegen, dass dann drohende Beschädigungen nicht nach § 1004 Abs. 1 S. 2 abgewendet werden könnten, was aber gerade der Hauptzweck der Norm sei. Auch **Schäden unterfallen daher dem Tatbestand des § 1004**. **552**

Klausurhinweis: *Gleichwohl führt § 1004 im Ergebnis nicht zu einer (verschuldensunabhängigen und daher § 823 unterlaufenden) vollständigen Schadenskompensation. Die h.M. begrenzt den Anspruch aus § 1004 aber erst auf* ***Rechtsfolgenseite*** *(näher Rn. 645 ff.).*

§ 1004 und Ansprüche nach **Staatshaftungsrecht** stehen **nebeneinander**. Der BGH ist allerdings bestrebt, sie **zu harmonisieren.**[454] Regelmäßig ist daher eine Eigentumsbeeinträchtigung entweder in beiden Fällen oder in keinem Fall rechtswidrig. **553**

Hinweis: *Beide Bereiche sollten daher arbeitsökonomisch* ***vernetzt gelernt*** *werden.*[455]

Besitzende Eigentümer können aus **§§ 861 f.**[456] **neben § 1004** Ansprüche haben. **554**

2. Abschnitt: Wortlaut, entsprechend, analog – quasinegatorischer Beseitigungs- und Unterlassungsanspruch

§ 1004 gilt nach seinem **Wortlaut** bei Beeinträchtigung des **Eigentums an beweglichen und unbeweglichen Sachen**. **555**

§ 1004 wird **kraft gesetzlicher Anordnung entsprechend** auf viele **beschränkt dingliche Rechte** angewendet. **556**

Nämlich: Dienstbarkeiten[457] §§ 1027, 1090 Abs. 2; Nießbrauch § 1065; Pfandrechte § 1227 (i.V.m. § 1257); Erbbaurecht § 11 ErbbauRG; Dauerwohnrecht § 34 Abs. 2 WEG

§ 1004 greift **analog**, wenn ein nach § 823 Abs. 1 und § 823 Abs. 2 geschütztes Rechtsgut beeinträchtigt wird (**quasinegatorischer Beseitigungs- und Unterlassungsanspruch**). Es besteht hinsichtlich dieser Rechtsfolgen eine Regelungslücke. Die Interessenlage ist vergleichbar, da sämtliche absolute Rechtsgüter nicht erst bei Beschädigung restituiert, sondern bereits bei drohender Beschädigung geschützt werden sollen. **557**

Beispiel Körper, Gesundheit, Freiheit:[458] M belästigt die von ihm inzwischen getrennt wohnende F. – § 2 Abs. 1 GewSchG[459] gilt nur für gemeinsam bewohnte Wohnungen.

Beispiel Gesundheit:[460] A raucht auf seinem Balkon. Der Rauch zieht in die Wohnung des B.

Beispiel Totenfürsorgerecht:[461] A wird verboten, die Grabstätte seiner Eltern zu gestalten.

---

452 Staudinger/Thole § 1004 Rn. 16 ff. m.w.N., insbesondere Rn. 33 u. 47 („in Fortführung der Vorauflage von GURSKY").

453 Bamberger/Roth/Fritzsche § 1004 Rn. 35 m.w.N.

454 Siehe Rn. 598.

455 Ausführlich zum Staatshaftungsrecht AS-Skript Verwaltungsrecht AT 2.

456 Näher AS-Skript Sachenrecht 1 (2020), Rn. 60 ff.

457 Vgl. dazu BGH RÜ 2019, 493.

458 Nach BGH RÜ 2014, 354.

459 Schönfelder Ergänzungsband Ordnungsziffer 49.

460 Nach BGH RÜ 2015, 502.

461 Nach BGH NJW-RR 2019, 727.

Beispiele allgemeines Persönlichkeitsrecht: Zeitung Z berichtet über das Privatleben ehemaliger öffentlicher Personen;[462] In der Stadt des A, der Jude ist, wird eine judenfeindliche Skulptur im öffentlichen Raum zur Schau gestellt; [463] Veröffentlichung von Zitaten aus einem vertraulichen Schreiben[464]

Beispiele Recht am eingerichteten und ausgeübten Gewerbebetrieb: Tierschützer veröffentlichen heimlich angefertigte Aufnahmen aus einem Tierstall;[465] Regelmäßige präventive „Informationsschreiben" eines Prominenten an einen Zeitungsverlag mit dem Ziel, Berichterstattungen zu unterbinden[466]

Beispiel zu § 823 Abs. 2:[467] Verstoß gegen nachbarschützende Vorschriften des öffentlichen Baurechts, ohne dass es einer weiteren „Gefahrenträchtigkeit" bedarf.

558 ***Hinweis:*** *Im Examen hat § 1004* ***vor allem Bedeutung*** *bezüglich des* ***Grundeigentums*** *(dies wird im Folgenden in den Fokus gerückt) und der* ***Rahmenrechte*** *(welche eine* ***Güter- und Interessenabwägung*** *erfordern, dazu vor allem AS-Skript Schuldrecht BT 4).*[468]

3. Abschnitt: Eigentumsbeeinträchtigung

559 Beeinträchtigungen des Eigentums lassen sich in **zwei große Fallgruppen** einteilen.

A. Tatsächliche Einwirkung auf die Sache

560 Zum einen kann auf die Sache **tatsächlich eingewirkt** werden.

I. Einwirkung auf den Sachkörper

561 Offensichtlich ist dies, wenn der Sachkörper **beschädigt, verändert** oder unbefugt bzw. über die eingeräumte Befugnis hinaus **benutzt** wird.

Beispiele: X leitet Regenwasser von seinem Grundstück auf das Grundstück des E;[469] Y lässt seine Kunden einen Weg über das Grundstück des E für Fahrten zu neu errichteten Gewächshäusern benutzen, obwohl ihm nur ein Wegerecht zu den ursprünglichen Gebäuden zusteht;[470] Z parkt sein Auto auf dem Grundstück des E.

II. Unwägbarer Stoffe und ähnliche Einwirkungen, § 906 Abs. 1 S. 1

562 Aus § 906 Abs. 1 S. 1 ergibt sich, dass die grenzüberschreitende Zuführung **unwägbarer, also ungreifbarer Stoffe** (**Imponderabilien**: Gas, Dampf, Geruch, Rauch, Ruß, Wärme, Geräusche, Erschütterungen) eine Beeinträchtigung des Grundeigentums darstellt.

Hinweis: *Die §§ 906 ff. normieren vornehmlich* ***Duldungspflichten*** *(dazu im 4. Abschnitt), lassen aber auch Rückschlüsse auf* ***Eigentumsbeeinträchtigungen*** *zu.*

Beispiele: Musizieren;[471] Verbrennen von Abfall, Zigarettenrauch, Grillen; Sprengung im Steinbruch

---

462 Nach BGH RÜ 2017, 225 (Gesundheitszustand Rennfahrer) und BGH RÜ 2018, 280 (Einkauf des Bundespräsidenten).

463 Nach BGH RÜ 2020, 424 (hier keine Beeinträchtigung wegen Infotafel des Eigentümers mit kritischer Distanzierung).

464 Nach BGH RÜ 2020, 225 (zwar u.a. Recht am eigenen Wort betroffen, aber konkrete Güterabwägung fiel zugunsten der Meinungs- und Pressefreiheit aus).

465 Nach BGH RÜ 2018, 426.

466 Nach BGH RÜ 2019, 365.

467 Nach BGH RÜ 2021, 88 u. BGH RÜ 2020, 364.

468 S. dazu auch AS-Skript Schuldrecht BT 4 (2021), Rn. 107 ff.

469 Nach NJW 1995, 1033.

470 Nach BGH RÜ 2003, 493.

471 Nach BGH RÜ 2019, 92.

Nach § 906 Abs. 1 können **nicht oder nur unwesentlich beeinträchtigende Immissionen** nicht verboten werden. Sieht man § 906 Abs. 1 als eine **Inhaltsbestimmung** i.S.d. Art. 14 Abs. 1 S. 2 GG an, dann sind derartige Immissionen schon keine Eigentumsbeeinträchtigung. Entnimmt man der Norm nur eine **Duldungspflicht** bezüglich dieser Immissionen, dann stellen sie eine (hinzunehmende) Beeinträchtigung dar.[472] Auf das Ergebnis hat das materiell-rechtlich keinen Einfluss. Auch prozessual besteht Einigkeit, dass der Anspruchsteller nur die Zuführung an sich beweisen muss. Die fehlende oder nur unwesentliche Beeinträchtigung muss unstreitig der Anspruchsgegner beweisen.[473]

Zu den ähnlichen Einwirkungen i.S.d. § 906 Abs. 1 S. 1 zählen auch weitere **unwägbare** 563
Gegebenheiten, die **im Wortlaut nicht ausdrücklich genannt** werden.

Beispiele: blendendes Licht;[474] elektromagnetische Strahlung etwa durch Mobilfunk-Sendeanlagen;[475] nicht blendende Projektion von Text („Gen-Milch") auf eine Wand (einer Molkerei)[476]

Zu den ähnlichen Einwirkungen zählen ferner **Körper**, die zwar **fest**, aber aufgrund ihres 564
geringen Umfangs vergleichbar sind.[477]

Beispiele: Blätterflug vom Nachbarbaum;[478] Staub vom angrenzenden Zementwerk;[479] Bienen des Nachbarn bestäuben Blumen, wodurch diese schneller verwelken.[480]

III. Zuführen wägbarer Stoffe, § 906 Abs. 1 S. 1 (erst-Recht)

Die Zuführung wägbarer Stoffe auf ein Grundstück (**grenzüberschreitende Grobim-** 565
missionen) ist erst Recht eine Beeinträchtigung. Wägbar ist ein Stoff im Umkehrschluss zu § 906 Abs. 1 S. 1, wenn es sich um eine **größere festkörperliche Sache** handelt.[481]

Beispiele: Steinflug bei Sprengung im Steinbruch; Hund wird für sein „Geschäft" auf Wiese geführt.

Hinweis: *Es spielt hier keine Rolle, ob ein Stoff „noch" unwägbar (Rn. 563) oder „schon" wägbar (Rn. 564) ist. Im Rahmen der* ***Duldungspflicht*** *kann die Größe relevant werden.*

IV. Gefährdende Maßnahmen oder Vorrichtungen, §§ 907 ff.

Ein Grundstück kann beeinträchtigt werden, **ohne dass ein Stoff die Grenze über-** 566
schreitet, wenn auf anderen Grundstücken Veränderungen geschehen oder Vorrichtungen erschaffen werden. Eine **nicht abschließende Aufzählung** liefern **§§ 907 ff.**

Beispiel: drohender Einsturz des Nachbarhauses, § 908; drohender Erdrutsch wegen Baugrube, § 909

Nach h.M. tritt das **Selbsthilferecht des Eigentümers gegen eindringende Wurzeln** 567
und Äste aus **§ 910 neben** den Anspruch aus **§ 1004.**[482] § 910 soll die Rechtsstellung des beeinträchtigten Eigentümers durch Einräumung eines Wahlrechts verbessern.

Beispiel:[483] Auf dem Grundstück des E verläuft ein Abwasserrohr. Auf dem Grundstück des S stehen mehrere Eichen, deren Wurzeln in das Abwasserrohr hineinwachsen, es beschädigen und verstopfen. –

---

472 Vgl. Staudinger/Thole § 1004 Rn. 68 m.w.N. zu beiden Ansichten.
473 Staudinger/Thole § 1004 Rn. 69.
474 Nach OLG Zweibrücken MDR 2001, 984: (nach oben strahlender „Skybeamer", wobei die „Zuführung" zweifelhaft ist).
475 Nach OLG Düsseldorf MDR 2002, 755.
476 Nach BGH NJW 2004, 1317, und OLG Dresden RÜ 2006, 101.
477 Bamberger/Fritzsche § 906 Rn. 28.
478 Nach BGH RÜ 2004, 67.
479 Nach BGH NJW 1974, 987.
480 Nach BGH NJW 1992, 1389.
481 Palandt/Herrler § 1104 Rn. 5.
482 BGH RÜ 2004, 128; a.A. Armbrüster NJW 2003, 3087, 3089
483 Nach BGH RÜ 2004, 128.

I. E **darf** die Wurzeln selbst entfernen, ohne dass S dies nach § 1004 verhindern oder nach § 823 Abs. 1 Schadensersatz verlangen kann, denn § 907 Abs. 1 S. 1 begründet eine Duldungspflicht des S in Form eines **Selbsthilferechts** des E und ist zudem **Rechtfertigungsgrund**.
II. S **muss** die Störung beseitigen, wenn E seinen **Anspruch** aus § 1004 geltend macht (zum Umfang insbesondere in den „Wurzelfällen" unten Fall 31).

V. Nicht: ideelle Einwirkungen ohne Grenzüberschreitung

568 Grobimmissionen und Immissionen unwägbarer Stoffe i.S.d. § 906 sind infolge der Grenzüberschreitung auf dem beeinträchtigten Grundstück physisch spürbar. Umstritten ist, ob **nicht grenzüberschreitende** und daher **nicht spürbare** Beeinträchtigungen unter § 1004 fallen. Dazu zählen insbesondere **ideelle Einwirkungen**, die nur das **Schamgefühl** oder das **ästhetische und seelische Empfinden** tangieren.

- Nach der **h.M.**[484] ist die Auslegung der „Beeinträchtigung" i.S.d. § 1004 am **Einwirkungsbegriff des § 906 orientiert**. Der Eigentümer könne nur Einwirkungen verbieten, die entweder schädigend einwirkten oder zumindest derart belästigten, dass das gesundheitliche Wohlbefinden gestört oder ein körperliches Unbehagen hervorgerufen werde. Ästhetische oder seelische Beeinträchtigungen seien **nicht erfasst**.
- Die **Gegenansicht**[485] definiert „Beeinträchtigen" **von § 903 ausgehend**. Dort heiße es „jede Einwirkung", sodass **auch ideelle Einwirkungen** unter § 1004 fielen.

Beispiel:[486] A betreibt auf ihrem Grundstück ein Bordell. Der Grundstücksnachbar E will dagegen vorgehen, weil er befürchtet, dass seine minderjährigen Kinder sittlich gefährdet werden. –
I. Ein Anspruch aus **§ 1004** wegen Beeinträchtigung des **Eigentums** liegt nach der h.M. nicht vor, denn die Beeinträchtigung ist nur seelischer Natur.
II. Ein Anspruch **analog §§ 1004, 823** wegen Verletzung des **allgemeinen Persönlichkeitsrechts** besteht nicht, weil sich die Prostitution nicht gegen die Person des E oder seiner Kinder richtet.
III. Ein Anspruch **analog §§ 1004, 823 Abs. 2** besteht ebenfalls nicht. Außerhalb des Geltungsbereichs einer nach Art. 297 EGStGB ergangenen Sperrbezirksverordnung ist die Prostitution – auch in Wohngebieten – nicht ohne Weiteres **strafbar oder ordnungswidrig**. Das zeigt auch das ProstG, das Prostituierte im Gegenteil schützt. Soweit § 12 ProstSchG eine Erlaubnispflicht regelt, bezieht diese sich zwar auf den organisierten Betrieb von Bordellen, aber anders als immissionsschutzrechtliche Genehmigungspflichten schützt diese nicht die Nachbarn, sondern ebenfalls die Prostituierten.[487]

Beispiel:[488] Ein Schrottplatz neben einem Luxushotel ist eine rein ästhetische Beeinträchtigung. Er kann nach öffentlichem Recht (Baurecht, Immissionsschutzrecht, Gewerberecht, Abfallrecht) unzulässig sein. § 1004 ist nur bei weiteren Umständen (z.B. grenzüberschreitenden Stoffen) einschlägig.

VI. Nicht: negative Einwirkungen

569 Das **Fernhalten erwünschter Einflüsse** von einem Grundstück kann mitunter ebenso unerwünscht sein wie die Zufuhr unerwünschter Einflüsse. Es ist aber keine Eigentumsbeeinträchtigung i.S.d. § 1004.[489] Der Interessenausgleich ist insofern **in § 906 abschließend geregelt**, der nur die Zufuhr unerwünschter Einflüsse sanktioniert.

---

484 BGH RÜ 2003, 439; MünchKomm/Raff § 1004 Rn. 143 ff.
485 Erman/Ebbing § 1004 Rn. 22; Baur/Stürner § 25 Rn. 26.
486 Nach BGH NJW 1985, 2823.
487 Näher zum ProstG und zum ProstSchG AS-Skript BGB AT 2 (2021), Rn. 134 f.; näher zum Immissionsschutzrecht Rn. 597.
488 Nach BGH NJW 1970, 1541.
489 BGH RÜ 2018, 156, 157; MünchKomm/Raff § 1004 Rn. 135 ff.

Beispiel: E errichtet auf seinem Grundstück ein gewaltiges Hochhaus. Auf das Grundstück des Nachbarn N treffen seither weder Sonnen- noch Handynetzstrahlen. Auch die Luftzufuhr aus dem nahegelegenen Wald ist versiegt. Auch hier mag das öffentliche Baurecht usw. weiterhelfen, nicht jedoch § 1004.

Ausnahmsweise kann sich aus den Grundsätzen des **nachbarlichen Gemeinschaftsverhältnisses** ein **Unterlassungsanspruch unmittelbar aus § 242** ergeben. Dazu muss es für den störenden Grundstückseigentümer eine **gleichwertige Nutzungsmöglichkeit** geben, die die **erhebliche Beeinträchtigung** des Nachbarn **deutlich abmildert**. **570**

Beispiel:[490] Wird ein mit einer unter Denkmalschutz stehenden Burg bebautes Grundstück geteilt, kann der Erwerber des einen Teils verpflichtet sein, den Anbau eines Wintergartens, der die Fenster des anderen Teils verdecken würde, zu unterlassen bzw. weniger beeinträchtigend durchzuführen.

Gegenbeispiele: Erheblicher, aber weder ganzjähriger noch das ganze Grundstück betreffender Schattenwurf durch Bäume mit doppeltem Mindestgrenzabstand (z.B. nach § 41 NachbarG NRW);[491] dito unabhängig von der Intensität des Schatten-, Laub- und Blattwurfs und einfachem Mindestabstand[492]

B. Eingriffe in das Eigentum als Rechtsposition

Eine Beeinträchtigung kann auch **ohne Sacheinwirkung** aus **jedem Handeln** eines anderen oder der **Aufrechterhaltung eines Zustands** resultieren.[493] **571**

I. Behinderung des Besitzes

Auch in der **Beeinträchtigung des Besitzes** bzw. der **Nutzbarkeit** kann eine nach § 1004 abwehrbare Eigentumsbeeinträchtigung sein. Sie muss allerdings einerseits **vollumfänglich** sein (und keine bloße Unannehmlichkeit) und darf andererseits **keine vollständige Besitzentziehung** sein (sonst § 985 vorrangig, s. Rn. 550). **572**

Beispiel:[494] Die Angestellten des S stellen ihre Fahrzeuge auf der öffentlichen Straße so ab, dass die einzige Zufahrt zum Grundstück des E blockiert wird (Beeinträchtigung des Grundeigentums). Anders wenn es weitere Zufahrten gäbe (Unannehmlichkeit) oder wenn das Haus besetzt worden wäre (§ 985).

Beispiel:[495] Der Wagen des E wird durch die Fahrzeuge von S1, S2 und S3 zugeparkt (Beeinträchtigung des Eigentums am Fahrzeug). Anders, wenn E zwar nicht mehr vorwärts, aber weiterhin rückwärts ausparken kann (Unannehmlichkeit) oder wenn S1 das Auto des E entwendet hätte (§ 985).

Beispiel:[496] Das Schiff des E kann eine kleine Bucht nicht verlassen, weil der S die Zufahrt zum angrenzenden Kanal mit Barken versperrt (Beeinträchtigung des Eigentums des E). Anders, wenn E auf einem großen See lediglich einen Schlenker um die Barken fahren müsste (Unannehmlichkeit).

Beispiel:[497] X parkt auf einer Schiene, sodass die Straßenbahn der S nicht mehr fahren kann.

Gegenbeispiel (zum Recht am eingerichteten und ausgeübten Gewerbebetrieb):[498]Ein Unfall auf der Autobahn direkt vor der Abfahrt verhindert, dass Kunden eine Raststätte erreichen können. –
Die Beeinträchtigung ist zwar vollumfänglich, aber das Rahmenrecht ist nicht verletzt, weil der Eingriff nicht betriebsbezogen ist.

---

490 Nach BGH RÜ 2003, 439.

491 Nach BGH MDR 2015, 1175.

492 Nach BGH RÜ 2020, 86 (Problematik im Rahmen der Störereigenschaft diskutiert).

493 Baur/Stürner § 12 Rn. 5.

494 Nach Staudinger/Thole § 1004 Rn. 93.

495 Nach Dörner JuS 1978, 666, 667.

496 Nach BGH NJW 1971, 886 („Fleet Fall“) und BGH RÜ 2016, 623 (zu § 823).

497 Nach NZV 2018, 334 (zu § 823).

498 Nach BGH RÜ 2015, 149 (zu § 823).

Hinweis: *In den Beispielen* ***erledigt sich der Anspruch aus § 1004****, sobald der Störer das* ***Hindernis freiwillig beseitigt****. Die zitierten Urteile ergingen daher zumeist zu § 823 Abs. 1.*

II. Angriffe auf die Eigentümerstellung

573 Auch **Angriffe auf die Rechtsposition** des Eigentümers fallen unter § 1004:[499]

- **Verfügungen über fremdes Eigentum** ohne anderweitige Berechtigung

  Beispiel: L ist knapp bei Kasse und will eine von E geleaste Druckmaschine veräußern.

- Bestreiten der Eigentümerstellung gegenüber Dritten

  Beispiel: E verhandelt mit K über den Verkauf eines Gemäldes. X teilt K wahrheitswidrig mit, das Gemälde sei seinem Bekannten gestohlen worden. Daraufhin lässt K von dem Kauf ab.

574 Hingegen ist das **Bestreiten der Eigentümerstellung gegenüber dem Eigentümer keine Eigentumsbeeinträchtigung**. Ein solcher Streit muss notfalls gerichtlich durch eine Prüfung der Eigentumslage geklärt werden. Das kann inzident im Rahmen einer **Leistungsklage** (z.B. gestützt auf § 985) oder im Rahmen einer **negativen Feststellungsklage** (§ 256 Abs. 1 ZPO „Nichtbestehen eines Rechtsverhältnisses") geschehen.

Beispiel:[500] A will eine Grenzmauer abreißen. B ist unter Verweis auf sein Miteigentum dagegen und droht mit gerichtlichen Schritten. A ist eingeschüchtert und reißt zunächst nicht ab. –
A kann B nicht nach § 1004 auf Unterlassen des Bestreitens des Alleineigentums des A in Anspruch nehmen, aber negative Feststellungsklage gegen B erheben. Nimmt anders herum B den A nach § 1004 auf Unterlassen des Abrisses der Mauer in Anspruch, so behauptet B, es drohe eine Eigentumsbeeinträchtigung durch Substanzverletzung und es wäre inzident zu prüfen, ob B Miteigentum an der Mauer hat.

III. Eingriffe in das Verwertungsrecht vs. Panoramafreiheit

575 § 1004 schützt auch das Recht, das **Eigentum wirtschaftlich zu verwerten**.

Fall 30: Der Fotograf

E ist Eigentümer eines denkmalgeschützten Schlosses nebst Parkanlage. Das Schloss kann man von der öffentlichen Straße her nicht sehen. Der Park und das Schloss von außen können besichtigt und entsprechende Ansichtskarten erworben werden. S betreibt einen Bildverlag. Er zahlt den Eintrittspreis, geht in den Park und macht Fotos vom Schloss und verkauft sie als Ansichtskarten. Ansprüche des E nach BGB?

576 A. Ein Anspruch des E aus **§ 823 Abs. 1** erfordert eine **Verletzung** des Eigentums. Dazu zählen Substanzverletzungen, Besitzentziehungen der Sache; Einwirkungen, die die Benutzung verhindern und Verfügungen über das Eigentum ohne Berechtigung.[501] Die Erstellung und der Verkauf der Fotos fallen nicht hierunter.

577 B. E könnte einen Anspruch aus **§ 812 Abs. 1 S. 1 Var. 2** haben.

I. **Erlangtes Etwas** können auch **Nutzungsvorteile** sein, für die ein Entgelt hätte gezahlt werden müssen, für die also eine **Aufwendung erspart** wurde.[502] S hat

---

499 Zum Folgenden Staudinger/Thole § 1004 Rn. 84 ff.

500 Nach OLG Köln NJW 1996, 1290; vgl. auch Staudinger/Gursky § 1004 Rn. 87.

501 Näher zur Eigentumsverletzung AS-Skript Schuldrecht BT 4 (2021), Rn. 15 ff.

502 Palandt/Sprau § 812 Rn. 11; AS-Skript Schuldrecht BT 3 (2019), Rn. 142 ff.

das Schloss des E fotografiert und die Bilder veräußert. Ohne das Schloss des E hätte S hierfür entweder selbst ein Schloss kaufen bzw. bauen müssen oder ein Schloss anmieten müssen. Das hat sich durch Nutzung des Eigentums des E erspart, sodass er insofern bereichert ist.

II. Dieses „Etwas" hat S **in sonstiger Weise, auf Kosten** des E und **ohne Rechtsgrund** erlangt. **578**

Hinweis: *Ein* ***Eingriff*** *in das Eigentum i.S.v.* ***§ 812*** *ist nicht ausgeschlossen, nur weil keine* ***Verletzung*** *i.S.v.* ***§ 823 Abs. 1*** *gegeben ist. Die* ***Zielrichtung*** *ist eine andere:*[503]
§ 823 Abs. 1 sanktioniert rechtswidriges und schuldhaftes Verhalten*. Der Eigentümer soll über die Differenzhypothese so gestellt werden, wie er ohne die Schädigung stünde. Es soll also der* ***mutmaßliche heutige Zustand*** *hergestellt werden.*
Demgegenüber soll mit der Eingriffskondiktion des ***§ 812 Abs. 1 S. 1 Var. 2*** *die von der Rechtsordnung getroffene* ***Güterzuordnung geschützt*** *werden. Es soll der „status quo ante" wiederherstellen, also der* ***damalige Zustand*** *vor dem Eingriff wiederhergestellt werden. Das Eigentum hat hier die Funktion, den vermögensrechtlichen Einflussbereich abzustecken.*
§ 1004 *ist übrigens auch auf den* ***status quo ante*** *gerichtet, dazu Rn. 645 ff.*

III. S kann das Erlangte nicht in Natur herausgeben, daher muss er gemäß § 818 Abs. 2 **Wertersatz** leisten. Nach h.M. muss er den Betrag entrichten, der üblicherweise an den Eigentümer zu zahlen ist, wenn er das Fotografieren seines Eigentums zur gewerblichen Nutzung gestattet (**fiktive Lizenzgebühr**).[504]

C. E könnte gemäß **§ 1004 Abs. 1 S. 2** einen Anspruch auf Unterlassung des Verkaufs der Ansichtskarten haben. **579**

I. Der Verkauf müsste eine **Beeinträchtigung des Eigentums** des E darstellen.

1. Da S weder auf den **Sachkörper** eingewirkt, noch die **Rechtsposition** des E infrage gestellt hat, verneinen manche eine Eigentumsbeeinträchtigung.[505]

2. Doch mit dem **unbefugten gewerblichen Vertrieb** von Fotografien fremden Eigentums wird das **wirtschaftliche Verwertungsrecht** des Eigentümers beeinträchtigt. Erträge sind nämliche als Früchte i.S.d. § 99 Abs. 3 Teil des Eigentumsrechts. Grundsätzlich liegt daher eine Beeinträchtigung vor.[506]

   Ausnahmsweise zulässig ist aber gemäß § 59 Abs. 1 UrhG[507] der Vertrieb von Fotografien, die von einer **allgemein zugänglichen Stelle** aus aufgenommen wurden (**Panoramafreiheit oder Straßenbildfreiheit**).

   Das Werk muss sich gemäß § 59 Abs. 1 S. 1 „bleibend an öffentlichen Wegen" befinden, aber nicht zwingend stets an derselben Stelle. Die Panoramafreiheit gilt daher **auch für nicht ortsfeste Werke**, die **von verschiedenen öffentlichen Orten** aus gesehen werden können. Panoramafrei ist daher das grundsätzlich geschützte Logo einer Reederei auf einem Schiff,

503 Vgl. Ruhwedel JuS 1975, 242, 245.
504 BGH NJW 2010, 2354; MünchKomm/Schwab § 818 Rn. 94.
505 Staudinger/Thole § 1004 Rn. 226, 229.
506 BGH RÜ 2011, 217; BGH RÜ 2013, 425; Palandt/Herrler § 1004 Rn. 8 u. 11.
507 Schönfelder Ordnungsziffer 65.

wenn das Bild vom öffentlich zugänglichen Hafengelände aus angefertigt wurde.[508] Ebenso wird man die **„virtuelle Platzierung" von Medieninhalten auf Gebäuden per Augmented Reality** (z.B. im Spiel Pokémon Go) als panoramafrei ansehen können, jedenfalls solange die Spieler sich dabei auf öffentlichem Grund befinden.[509]

Vorliegend ist das Schloss von der Straße aus nicht einsehbar. S musste den Park betreten, um die Fotografien anzufertigen. Der Vertrieb der Schlossfotografien fällt daher nicht unter § 59 Abs. 1 UrhG und stellt somit eine Eigentumsbeeinträchtigung i.S.d. § 1004 dar.

580 II. Eine **Duldungspflicht** des E besteht nicht und S ist **Handlungsstörer**.

III. Es besteht die ernsthafte Gefahr weiterer Beeinträchtigungen durch weitere Kartenverkäufe (**Wiederholungsgefahr**). E hat daher gegen S aus § 1004 Abs. 1 S. 2 einen Anspruch auf Unterlassung des Vertriebs der Ansichtskarten.

Ein Anspruch auf Herausgabe der Bilder aus **§ 1004 Abs. 1 S. 1** stünde E dagegen nicht zu. Es fehlt die für den **Beseitigungsanspruch** erforderliche **drohende oder fortdauernde Eigentumsbeeinträchtigung**. Durch den bloßen **Besitz** des S an den Ansichtskarten wird das Eigentum nicht beeinträchtigt. Eine mögliche Beeinträchtigung durch das **Fotografieren** hätte damals verhindert werden können, jetzt ist sie aber bereits abgeschlossen.

Ansprüche aus **§§ 97 ff. UrhG** waren nicht zu prüfen.

---

581 Diskutiert wird, ob die **systematische Ablichtung und Darstellung von Straßenzügen** (z.B. in Google Street View) nach § 1004 abgewehrt werden kann. Zwar fallen auch diese Aufnahmen unter die **Panoramafreiheit**. Aber sie können **Straftaten** (insb. Einbruchsdiebstähle) **ermöglichen** und gefährden somit das Eigentum wesentlich stärker als einzelne manuelle Aufnahmen. Zweifelhaft ist, ob diese Gefährdung relativiert wird, wenn einzelne Gebäude auf Antrag unkenntlich gemacht (verpixelt) werden.[510]

IV. Schuldrechtlich vorbehaltener Restbesitz

582 Der BGH[511] meint, der Eigentümer könne sich auch bei **Überlassung der Sache zu bestimmten Zwecken** durch Vereinbarung mit dem unmittelbaren Besitzer **mit dinglicher Wirkung** einen Einfluss auf einen in diesen Zweck fallenden Gebrauch **vorbehalten**. Gegen Dritte, die diesen Bereich beeinträchtigten, könne er nach § 1004 vorgehen. Diese Rechtsfigur des **„schuldrechtlich vorbehaltenen Restbesitzes"** wird kritisiert.[512] Eine Beeinträchtigung des absolut geschützten Eigentums sei nicht anhand einer schuldrechtlichen Vereinbarung zu beurteilen.

Beispiel:[513] E beliefert K mit Flüssiggas und stellt ihm die Gastanks gegen Entgelt zur Verfügung. K verpflichtet sich im Gegenzug, Flüssiggas nur bei E zu beziehen. Lässt K den Behälter von einem anderen Lieferanten befüllen, beeinträchtige dieser Lieferant (!; nicht: K) das Eigentum des E, so der BGH.

---

508 BGH GRUR 2017, 798.

509 MünchKomm/Raff § 1004 Rn. 134.

510 Ablehnend MünchKomm/Raff § 1004 Rn. 129 ff. m.w.N.

511 BGH NJW-RR 2006, 566.

512 König NJW 2005, 191.

513 Nach BGH NJW-RR 2006, 566.

V. Werbung

Werbung sind alle Äußerungen über die bloße Kontaktaufnahme hinaus mit dem **auch nur mittelbaren Ziel, den Absatz** von Waren oder Dienstleistungen **zu fördern.**[514] 583

Beispielsweise verfolgt eine **Kundenzufriedenheitsbefragung** (Sinngemäß: „Sie haben bei uns ... gekauft. Bitte bewerten Sie unseren Service unter diesem Link.") auch den Zweck, die Kundenbindung zu stärken und so künftige Geschäftsabschlüsse zu fördern; sie ist also Werbung.[515]

Neben den Ansprüchen des Empfängers stehen **Ansprüche von Mitbewerbern** aus **§§ 7 u. 8 UWG.**[516]

Die Zusendung **unverlangter physischer Werbung** beeinträchtigt das **Eigentum an der Empfangsvorrichtung.** 584

Beispiel:[517] Bei **Hausbriefkästen** ist allerdings davon auszugehen, dass die Werbung erwünscht ist, solange dies nicht (etwa durch einen **Aufkleber**) allgemein oder speziell untersagt wird. Das Verbot gilt dann auch für **Werbung politischer Parteien,**[518] was verfassungsrechtlich nicht bedenklich ist.[519]

Beispiel:[520] Unaufgefordert zugesandte **Werbefaxe** beeinträchtigen das Eigentum am Faxgerät (§ 1004). Sie verletzen ferner das Eigentum am Papier und Toner (§ 823 Abs. 1).

Unverlangte digitale Werbung (per E-Mail,[521] SMS, WhatsApp usw.) beeinträchtigt zwar nach h.M. nicht das Eigentum am Empfangsgerät, aber das **allgemeine Persönlichkeitsrecht.** Sie kann daher analog § 1004 abgewehrt werden (s. Rn. 557). Sie gilt insbesondere nicht als unverlangt, wenn der Empfänger zuvor seine Mailadresse bzw. Handynummer dem Absender zu Werbezwecken übermittelt, der Absender eine Bestätigungsnachricht an den Empfänger sendet und dieser sodann auf diese Bestätigungsnachricht antwortet **(Double-opt-in-Verfahren).**[522] 585

4. Abschnitt: Duldungspflicht

Die Beeinträchtigung ist **nicht abwehrbar**, wenn sie zu dulden ist. Manche Duldungspflichten sind **sehr konkret** im Gesetz geregelt. Andere Duldungspflichten sind generell formuliert, sie muss der Rechtsanwender durch die **Auslegung unbestimmter Rechtsbegriffe** oder eine **umfassende Güterabwägung** mit konkretem Leben füllen. 586

Klausurhinweis: *Das Merkmal entspricht der* ***Rechtswidrigkeit/Widerrechtlichkeit*** *bei anderen Tatbeständen (z.B. „erforderlich" in § 32 StGB; „widerrechtlich" in § 123). Wie dort ist auch hier die* ***Konkretisierung unbestimmter Tatbestände sehr punkteträchtig.***

A. Privatrechtliche Duldungspflicht

Eine Duldungspflicht kann sich aus dem **Privatrecht** ergeben. 587

514 BGH RÜ 2018, 768, 769 f. (Rn. 18).
515 BGH RÜ 2018, 768.
516 Schönfelder Ordnungsziffer 73.
517 Nach BGH NJW 1989, 902.
518 KG NJW 2002, 379.
519 BVerfG NJW 2002, 2938.
520 AG Hamburg-Harburg K&R 2004, 95.
521 Grundlegend BGH WM 2004, 1049 ff.; ausführlich Härting CR 2004, 119.
522 Vgl. BGH NJW 2011, 2657.

I. Duldungspflicht kraft Rechtsgeschäfts

588 Der Eigentümer kann sich im Rahmen der Vertragsfreiheit **relativ** gegenüber seinem Vertragspartner **verpflichten**, auf seinem Grundstück bestimmte Maßnahmen zu dulden bzw. Immissionen hinzunehmen. Außerdem kann sich aus **ergänzender Vertragsauslegung** oder gemäß **§ 242** eine vertragliche **Nebenpflicht zur Duldung** ergeben.

Beispiele:[523] Der Vermieter kann verpflichtet sein, Haustiere des Mieters zu dulden, das Abstellen eines Fahrzeugs zu gestatten, das Aufstellen von Haushaltsmaschinen hinzunehmen usw.

589 Der Eigentümer kann sein Grundstück mit einem **absolut** (d.h. auch gegen seinen Rechtsnachfolger) wirkenden **beschränkt dinglichen Recht** belasten, sodass der Rechtsinhaber bestimmte Maßnahmen bezüglich des Grundstücks treffen darf.

Beispielsweise muss die Zwangsvollstreckung aus einer Grundschuld geduldet werden.

II. Duldungspflicht kraft zivilrechtlicher Vorschriften

590 Gesetzliche Duldungspflichten ergeben sich zuvorderst aus **§§ 904 ff.**

Sofern die Normen **Beseitigungsansprüche** normieren und die „Schmerzgrenze" für den Anspruch überschritten ist, folgt daraus i.d.R. zugleich, dass **keine Duldungspflicht** besteht, s. Rn. 567. Daneben sind in den Normen Güterverteilungen (vgl. § 923 Abs. 1) und **weitere Ansprüche** normiert, etwa auf **Mitwirkung** und **Kompensation**.

1. Notstand, § 904 S. 1

591 Der Eigentümer muss gemäß § 904 S. 1 eine Beeinträchtigung hinnehmen, wenn sie zur **Abwehr einer gegenwärtigen Gefahr notwendig** ist und der **drohende Schaden unverhältnismäßig größer** als der dem Eigentümer entstehende Schaden ist.

Der Eigentümer erhält eine **Entschädigung** (§ 904 S. 2), nach h.M.[524] aber nur bei **bewusster und gewollter Einwirkung**. Eine reine Kausalhaftung als allgemeine Aufopferung sehe die Norm nicht vor.

2. Unwesentliche Beeinträchtigung durch Stoffe, § 906 Abs. 1

592 Nach § 906 Abs. 1 muss der Eigentümer die **Zuführung unwägbarer Stoffe**, die lediglich zu einer **unwesentlichen** (s. sogleich Rn. 594) Beeinträchtigung führen, dulden.

3. Wesentliche Beeinträchtigung durch Stoffe, § 906 Abs. 2 S. 1

593 Auch eine **wesentliche Beeinträchtigung** ist gemäß § 906 Abs. 2 S. 1 zu dulden, soweit sie **ortsüblich** und durch wirtschaftlich zumutbare Maßnahmen **nicht verhinderbar** ist.

Hinweis: *Ist eine wesentliche Beeinträchtigung nach § 906 Abs. 2 S. 1 zu dulden, kann dem Eigentümer nach **§ 906 Abs. 2 S. 2** ein **Ausgleichsanspruch** zustehen (näher 7. Abschnitt).*

a) Wesentlichkeit

594 Wesentlich sind Beeinträchtigungen, die der **„Durchschnittseigentümer"** der beeinträchtigten Sache nach **Dauer, Stärke und Eigenart** als störend empfindet.[525]

---

523 Nach Palandt/Weidenkaff § 535 Rn. 20 ff.

524 MünchKomm/Brückner § 904 Rn. 7 m.w.N.; a.A. Konzen JZ 1985, 181 ff.

525 BGH NZM 2004, 957 ff.; BGH RÜ 2001, 505; Bamberger/Roth/Fritzsche § 906 Rn. 36.

Es gilt also ein **differenziert objektiver Maßstab**, sodass nicht das subjektive Empfinden des jeweiligen Eigentümers maßgebend ist. Er ist wandelbar, z.B. durch technische Entwicklungen, steigendes Umweltbewusstsein und das Interesses an einer kindergerechten Umgebung.[526]

Vor Gericht wird oft darum gestritten, wo die **Grenze zur Wesentlichkeit** liegt. Soweit die Nachbarn sich nicht vergleichen, müssen die Gerichte im **konkreten Einzelfall unter Berücksichtigung aller Umstände** eine Grenze ziehen. Mitunter entstehen dabei in gewissem Maße **verallgemeinerungsfähige Richtschnüre**. Klassiker ist neben dem Grillen das **häusliche Musizieren**. Mit einer Trompete ist dieses **beispielsweise**[527] sowohl bei Hobby- und bei Berufsmusikern gleichermaßen in gewissem Umfang zu dulden. Es darf in den Haupträumen stattfinden, auch wenn es etwa im Keller weniger störend wäre. Die **Ruhezeiten** sind **generalisierend** zu bestimmen, unabhängig vom konkreten Anspruchsteller, daher kann trotz Arbeit im Schichtdienst eine strikte Ruhe nur nachts und eventuell mittags verlangt werden. Je nach Lautstärke und Art der Töne sowie den räumlichen Gegebenheiten bilden zwei bis drei Stunden am Werktag und ein bis zwei Stunden an Sonn- und Feiertagen einen groben Richtwert.

§ 906 Abs. 1 S. 2 und 3 **harmonisieren** privates und öffentliches **Immissionsschutzrecht**, indem sie eine **Beweiswürdigungsregel** aufstellen, nach der bei Einhaltung bestimmter Grenz- und Richtwerte „in der Regel" (nicht: stets) eine unwesentliche Beeinträchtigung vorliegt. So hat etwa die Einhaltung bzw. Überschreitung der **Richtwerte der 26. BImSchVO** eine **Indizwirkung** dahin, dass eine nur unwesentliche bzw. schon wesentliche Beeinträchtigung vorliegt.[528] **595**

Beispiel:[529] Bei der Beurteilung eines Open-Air-Rockkonzerts kommt es auch auf Häufigkeit derartiger Veranstaltungen, ihre historische, kulturelle oder kommunale Bedeutung und Ablauf, Lautstärke und Zeit des Ereignisses an. Selbst wenn die Richtwerte überschritten werden, kann ein hoher Geräuschpegel daher in bestimmtem zeitlichem Rahmen noch (zivilrechtlich) unwesentlich sein.

Eine vergleichbare Indizwirkung entfalten z.B. auch die **Landesnachbargesetze** i.V.m. Art. 124 EGBGB[530] und die **Nichtraucherschutzgesetze**[531] der Länder. Für Beeinträchtigungen durch elektromagnetische Wellen durch Funkanlagen untereinander gelten Besonderheiten nach dem **TKG**, insbesondere gemäß § 74 TKG die Schonung bestehender Anlagen zulasten neuer Anlagen.

Ferner ist die **situationsbezogene Vorbelastung** zu berücksichtigen. Wer sich in (grob fahrlässiger Un-)Kenntnis **an einer bestehenden Immissionsquelle ansiedelt**, für den können grenzwertkonforme (!) Immissionen in aller Regel nicht wesentlich sein.[532] **596**

b) Ortsüblichkeit

Ortsüblich sind Einwirkungen von **mehreren gebietsprägenden Grundstücken**. **597**

Es muss also in dem Vergleichsbezirk eine Mehrheit von Grundstücken so benutzt werden, dass sie nach Art und Umfang annähernd gleich beeinträchtigende Wirkung haben. Maßgeblich ist somit der **Vergleich der Nutzung des störenden** – nicht des gestörten – **Grundstücks mit der Nutzung von anderen Grundstücken** des Bezirks. Ausnahmsweise kann auch ein einzelnes Grundstück für eine Gegend **gebietsprägenden Charakter** haben, z.B. Mülldeponie, Fabrik, Flughafen usw.[533]

526 Bamberger/Roth/Fritzsche § 906 Rn. 35 m.w.N; MünchKomm/Brückner § 906 Rn. 72.

527 Nach BGH RÜ 2019, 92.

528 BGH RÜ 2020, 364, 367 Rn. 34; BGH RÜ 2004, 26, 27; BGH RÜ 2001, 505, 506.

529 Nach BGH RÜ 2004, 26.

530 BGH MDR 2015, 1175, zu § 41 NachbarG NRW (Abstandsflächen für Bäume) und BGH RÜ 2015, 763, zu § 37 LNRG Rh.-Pf. („Übertritt" von Niederschlagswasser sowohl als oberirdischer Zufluss als auch als unterirdische Versickerung).

531 BGH RÜ 2015, 502.

532 BGH NJW 1993, 1656; Staudinger/Roth § 906 Rn. 184.

533 Palandt/Herrler § 906 Rn. 25.

598 Keine Ortsüblichkeit ist laut BGH jedenfalls gegeben, wenn die beeinträchtigende Anlage nicht über die für sie erforderliche behördliche Genehmigung verfügt, also **formell rechtswidrig** ist. Dafür spricht das Anliegen, privates und öffentliches Immissionsschutzrecht zu harmonisieren.[534] Dem wird allerdings entgegengehalten, auf formelle Fragen könne es zivilrechtlich nicht ankommen, es schade alleine die Unzulässigkeit der Anlage nach dem öffentlichen Recht, also ihre **materielle Rechtswidrigkeit**.[535]

599 Auch wenn die Anlage, von der die Störung ausgeht, **genehmigt** und daher **formell rechtmäßig** ist, kann **im Einzelfall keine Duldungspflicht** bestehen. Dies belegt ebenfalls § 906 Abs. 1 S. 2 und 3: Wenn der Gesetzgeber sogar öffentlich-rechtlichen Normen keine privatrechtsgestaltende, sondern **nur eine Indizwirkung** zuerkennt, dann kann das für behördliche Genehmigungen nicht anders sein.[536]

Beispiel:[537] S betreibt in einem Mischgebiet (§ 6 BauNVO) eine Tennisanlage mit behördlicher Genehmigung und unter Einhaltung der Grenzwerte der einschlägigen Lärmschutzverordnung. –
Die Anlage ist genehmigt, also formell rechtmäßig, und sie wahrt die Grenzwerte (materielle Rechtmäßigkeit). Das hat aber nur Indizwirkung. Letztlich maßgebend ist, ob die Lärmbelästigung mit den von den übrigen Anlagen ausgehenden Geräuschen vergleichbar ist:
Die Geräusche des Tennisspiels sind aufgrund ihrer **Impulshaftigkeit** – Schlagen und Aufprallen der Bälle auf dem Boden – im Vergleich zu den regelmäßig gleichbleibenden Lärmbelästigungen durch die üblicherweise in Mischgebieten angesiedelten Gewerbebetriebe besonders auffällig und lästig. Außerdem ist der Lärm der Gewerbebetriebe auf die übliche Arbeitszeit an Werktagen beschränkt, während das Tennisspiel gerade außerhalb dieser Zeiten **nach Feierabend und an Wochenenden** betrieben wird. Der Tennislärm ist daher nicht ortsüblich. Es besteht keine Duldungspflicht gemäß § 906 Abs. 2 S. 1.

600 Das **öffentliche Recht** hat allerdings nicht nur Indizwirkung, sondern ist abschließend maßgeblich, wenn sein **Vorrang ausdrücklich angeordnet** ist.

Beispiele, siehe auch noch Rn. 611 f.: § 14 BImSchG; § 75 Abs. 2 S. 1 VwVfG

c) Durch wirtschaftlich zumutbare Maßnahmen nicht verhinderbar

601 Die **wirtschaftliche Zumutbarkeit** ist nach den nachbarrechtlichen Verhältnissen, den Vor- und Nachteilen, den technischen und organisatorischen Möglichkeiten und der Leistungsfähigkeit des durchschnittlichen Benutzers des emittierenden Grundstücks zu ermitteln. Mit **„verhinderbar"** ist nicht die gänzliche Beseitigung aller Einwirkungen gemeint, sondern nur ihre **Herabsetzung in den Bereich der Unwesentlichkeit**.[538]

4. Überhang, § 910

602 Aus § 910 Abs. 2 folgt, dass der Eigentümer eindringende **Wurzeln** und herüberragende **Zweige** nur dulden muss, wenn sie die Grundstücksnutzung **nicht beeinträchtigen**.

Beeinträchtigung ist dabei sowohl eine **unmittelbare** (Ast in 1 Meter Höhe) als auch eine **mittelbare** (Ast in 4 Meter Höhe wirft Blätter ab) Störung. **Irrelevant** ist die **Ortsüblichkeit und/oder die Wesentlichkeit**; anders als bei § 906 ist der Überhang per se eine nicht ordnungsgemäße Bewirtschaftung.[539]

534 BGH RÜ 1999, 147; BGH RÜ 2020, 364, 368 Rn. 43 (hier lag neben der formellen auch materielle Rechtswidrigkeit vor).
535 Wenzel NJW 2005, 241, 245.
536 Wenzel NJW 2005, 241, 245.
537 Nach BGH NJW 1983, 751.
538 Palandt/Herrler § 906 Rn. 25.
539 BGH RÜ 2020, 86; BGH NJW-RR 2019, 1356.

5. Überbau, §§ 912–915

Der Eigentümer muss den Überbau,[540] der **ohne grobes Verschulden** erfolgt, dulden, wenn er nicht vor oder sofort nach der Errichtung **Widerspruch** erhebt, § 912 Abs. 1. **603**

§ 912 gilt gemäß § 916 entsprechend bei **Beeinträchtigung eines Erbbaurechts oder einer Dienstbarkeit**. Er ist analog anzuwenden, wenn sich die Grenzmauer eines Gebäudes erst nach der Errichtung über die Grenze **neigt**.[541] Ebenso gilt eine Analogie, wenn bei **Veränderung** eines Gebäudes erstmals über die Grenze gebaut wird,[542] und zwar auch wenn der **Anbau** komplett auf dem fremden Grundstück entsteht, aber mit dem Hauptgebäude auf dem eigenen Grundstück eine Einheit bildet.[543]

Der **Abbruch des Gebäudeteils auf dem Stammgrundstück** lässt die **Duldungspflicht** des Nachbarn **entfallen**, aber das **Eigentum am Überbau ändert sich** jedenfalls bei einheitlichem Abbruchvorhaben **nicht** und es ergibt sich auch **kein Besitzrecht** (arg. § 914 Abs. 1 S. 2). Wenn **beispielsweise** E sein Gebäude komplett abbricht, soweit es auf seinem Grundstück steht und vom Nachbarn N hinsichtlich des Abbruchs des überbauten Teils zunächst gehindert wird, dann muss einerseits N den Überbau nicht mehr dulden und E kann andererseits von N nach § 985 Herausgabe des Überbaus (zwecks Abbruch) verlangen.[544]

Die Duldungspflicht wird durch **Geldrente** nach §§ 912 Abs. 2, 914, 916 kompensiert. Die Höhe richtet sich nicht nach der konkreten Beeinträchtigung, sondern nach dem abstrakten **Wert**.[545]

Aus § 912 folgt allerdings **nicht** die Pflicht, dem Überbauenden die **sinnvolle Nutzung des Überbaus** zu ermöglichen. Hierfür benötigt er einen gesonderten Anspruch.

Beispiel:[546] Auch wenn der Eigentümer den Überbau einer Garage zu dulden hat, ist er nicht dazu verpflichtet, dem Berechtigten die Zufahrt zu ihr über sein Grundstück zu ermöglichen. Ein solches Zufahrtsrecht kann sich z.B. aus einer Grunddienstbarkeit (§§ 1027, 1004 Abs. 1) oder aus § 917 ergeben.

6. Notweg, §§ 917 u. 918

Zentrale Voraussetzung des Notwegrechts ist gemäß §§ 917 Abs. 1 S. 1, 918 Abs. 1, dass ein **Grundstück von öffentlichen Wegen nicht erreicht** werden kann, **ohne** dass dies auf **Willkür seines Eigentümers** beruht. Der Notweg muss aus Sicht des begünstigten Grundstücks **notwendig** sein und über den Wortlaut hinaus muss das beeinträchtigte Grundstück **geeignet** und seine Heranziehung **erforderlich** und **angemessen** sein.[547] **604**

Regelmäßig ist ein Grundstück bereits erreichbar, wenn es **an irgendeiner Stelle** mit dem Kfz angefahren werden kann. Der Eingangsbereich des Hauses muss nicht direkt anfahrbar sein, wenn er von einem anfahrbaren Punkt auch zu Fuß und mit sperrigen Gegenständen erreicht werden kann.[548]

Bei **Teilveräußerungen** gilt § 918 Abs. 2 ergänzend. §§ 917 f. gelten **analog** bei fehlender **Erschließbarkeit** über öffentliche Wege (**Notleitungsrecht**).[549] Gemäß § 917 Abs. 2 ist **Geldrente** geschuldet.

Trotz des Wortlauts („kann ... verlangen") sind nach h.M. die **Geltendmachung** sowie die **Einräumung** des Rechts (freiwillig oder eingeklagt) **Tatbestandsvoraussetzungen**.[550] **605**

540 Vgl. zur Eigentumszuordnung am Überbau nach §§ 93 f. Rn. 12 ff.
541 BGH NJW 1986, 2639; Erman/Lorenz § 912 Rn. 4.
542 BGH RÜ 2008, 758.
543 BGH NJW-RR 2016, 1489.
544 BGH RÜ 2020, 768.
545 BGH RÜ 2019, 162.
546 Nach BGH RÜ 2014, 149; der BGH verneint im konkreten Fall das Zufahrtsrecht.
547 Palandt/Herrler § 917 Rn. 5–6a.
548 BGH RÜ 2014, 81.
549 BGH RÜ 2018, 423.
550 BGH RÜ 2019, 221; Palandt/Herrler § 917 Rn. 13 f.

Hinweis: *Ohne Geltendmachung und Einräumung besteht also* ***keine Duldungspflicht****. Nutzt der Betroffene trotzdem das Nachbargrundstück, begeht er* ***verbotene Eigenmacht*** *nach § 858, soweit nicht ausnahmsweise ein Fall des* ***Notstands*** *nach § 904 vorliegt.*

7. Grundstücksgrenze, §§ 919–923

606 Die **Mitbenutzung gemeinschaftlicher Grenzanlagen** ist zu dulden, §§ 922 S. 1, 921.

Eine solche Anlage erfordert, dass beide Nachbarn ihrer Errichtung **willentlich zugestimmt** haben. Das wird allerdings über den Wortlaut des § 921 hinaus **vermutet**, wenn es sich objektiv um eine Grenzanlage handelt. Das konkrete Erscheinungsbild ist Teil der Anlage, daher muss eine **Umgestaltung** durch einen der Nachbarn **nicht geduldet** werden.[551]

Die **Beseitigung** einer bestehenden Anlage kann verlangt werden, wenn dies zur Erfüllung eines **Anspruchs aus Landesnachbarrecht** auf Errichtung einer **ortsüblichen Einfriedung** erforderlich ist.[552]

8. Nachbarschaftliches Gemeinschaftsverhältnis

607 Die §§ 906 ff. zeigen, dass Nachbarn **erhöhte Duldungspflichten** im Vergleich zu Beeinträchtigungen von dritter Seite treffen. Daraus lässt sich über § 242 die **eng begrenzte Ausnahme** herleiten, dass kein Nachbar vom anderen **Unzumutbares** verlangen darf. Ein Interessenausgleich über die §§ 906 ff. hinaus muss aber **zwingend geboten** sein, um **ungewöhnlich schwere** und **nicht hinnehmbare Beeinträchtigungen** abzuwehren[553]

Beispiel für Duldungspflicht: A ist Inhaber eines Steinbruchs mit einer ca. 5 Hektar großen Abbaufläche, in welchem er Steine nur mit mechanischen Grab- und Fräsmaschinen abbaut. E ist Eigentümer eines unterhalb liegenden landwirtschaftlich genutzten Grundstücks. Gelegentlich rollen kleinere Steine auf das Grundstück des E, obwohl A stets große Vorsicht walten lässt und Auffangzäune errichtet hat. –
1. § 906 scheidet aus, weil § 906 nur für Einwirkungen durch unwägbare Stoffe gilt.
2. Eine Duldungspflicht gemäß **§ 14 BImSchG**[554] besteht, wenn der Steinbruch genehmigungspflichtig und unanfechtbar genehmigt ist. Da die Abbaufläche kleiner als 10 Hektar ist und A keinen Sprengstoff verwendet, ist der Steinbruch aber nicht genehmigungspflichtig, vgl. § 4 Abs. 1 S. 3 BImSchG i.V.m. Anhang 1 zur 4. BImSchV Nr. 2.1. Aus § 14 BImSchG ergibt sich daher keine Duldungspflicht.
3. Wenn A aber aufgegeben würde, den Abbau einzustellen, käme der Betrieb zum Erliegen und es müssten Arbeiter entlassen werden. Demgegenüber wird E durch die Steine auf dem landwirtschaftlich genutzten Grundstück kaum beeinträchtigt. Es ergibt sich ausnahmsweise eine Duldungspflicht gemäß § 242 aus dem **nachbarschaftlichen Gemeinschaftsverhältnis**.

Beispiel gegen Duldungspflicht:[555] E baut ein Haus und vereinbart mit N, dass die Wasserversorgung nicht von der öffentlichen Straße, sondern von dessen Haus kommen soll. Eine Dienstbarkeit wird nicht im Grundbuch eingetragen. N veräußert sein Grundstück an X, dieser kappt die Wasserversorgung. –
1. Die **Vereinbarung** zwischen E und N wirkt nicht absolut. Sie bindet X also nicht.
2. Ein von X **analog § 917 Abs. 1** einzuräumendes **Notleitungsrecht** würde X zur Duldung verpflichten. X hat ein solches Recht aber nicht eingeräumt, und angesichts der Erschließbarkeit von der öffentlichen Straße aus liegen auch die Voraussetzung für die Einräumung des Rechts nicht vor.
2. Das **nachbarschaftliche Gemeinschaftsverhältnis** gebietet nicht zwingend eine Duldung. Es ist E zumutbar, sein Grundstück von der öffentlichen Straße aus zu erschließen. E hat den derzeitigen Zustand selbst verursacht und bewusst auf eine dingliche Absicherung der Vereinbarung mit N verzichtet.

551 BGH NJW-RR 2018, 528.
552 BGH MDR 2019, 265 (zu § 14 NachbG HE).
553 BGH RÜ 2020, 86 Rn. 21.
554 Siehe hierzu sogleich Rn. 611.
555 Nach BGH NJW-RR 2019, 78.

Hinweis: *Das nachbarschaftliche Gemeinschaftsverhältnis ist nach h.M.* ***kein Schuldverhältnis*** *ist, weil Nachbarn* ***nur nebeneinander, nicht aber miteinander*** *leben. Primäransprüche (§ 241 Abs. 1) oder Ansprüche nach §§ 280 ff. folgen aus ihm daher nicht.*[556] 608

B. Duldungspflicht kraft öffentlichen Rechts

Eine Duldungspflicht kann sich aus dem **öffentlichen Recht** ergeben. 609

I. Duldungspflicht kraft öffentlich-rechtlicher Vorschriften

Aus bestimmten öffentlich-rechtlichen Vorschriften folgt **direkt** eine Duldungspflicht, 610
sodass es des Rückgriffs auf § 906 i.V.m. einer Indizwirkung (s. Rn. 595) nicht bedarf.

1. § 14 BImSchG

Eine nach § 4 BImSchG[557] **genehmigungspflichtige und genehmigte Anlage** ist gemäß § 14 BImSchG zu dulden. Ihr Nachbar kann nur Vorkehrungen verlangen, die die beeinträchtigende Wirkung ausschließen, soweit diese technisch möglich und wirtschaftlich vertretbar sind. Andernfalls kann er lediglich Schadensersatz verlangen. 611

§ 14 BImSchG gilt entsprechend für **Flughäfen** und **Kernbrennstoffe** (§ 11 LuftVG; § 7 Abs. 6 AtG).

2. § 75 Abs. 2 S. 1 VwVfG

Nach § 75 Abs. 2 S. 1 VwVfG werden durch einen unanfechtbaren **Planfeststellungsbeschluss** alle Ansprüche auf Unterlassung des Vorhabens, auf Beseitigung oder Änderung der Anlagen oder auf Unterlassung der Benutzung ausgeschlossen. 612

3. Grundrechte sowie §§ 22 u. 23 KunstUrhG

Das Merkmal „zur Duldung verpflichtet" des § 1004 Abs. 2 ist verfassungskonform, insbesondere **grundrechtskonform auszulegen**. Grundrechte binden nicht nur den Staat gegenüber dem Bürger. Als objektiver Wertekanon strahlen sie in das gesamte Zivilrecht aus (**mittelbare Drittwirkung der Grundrechte**).[558] Erforderlich ist eine **einzelfallbezogene Abwägung** der Rechte des Störers und des Betroffenen. 613

Beispielsweise stehen sich bei einem Hausverbot, dessen Rechtmäßigkeit dann Ansprüche aus §§ 862, 1004 auf Verlassen der Örtlichkeit begründet, insbesondere Art. 3 Abs. 1 GG und Art. 14 Abs. 1 GG gegenüber. Einer Begründung bedarf das Verbot nur, wenn die Örtlichkeit in erheblichem Umfang über die Teilnahme am gesellschaftlichen Leben entscheidet, was bei einer Therme nicht der Fall ist.[559] Gewaltbereitschaft der Besucher (z.B. Fußball„fans") spricht für die Rechtmäßigkeit des Verbots.[560]

Besonders gilt das beim Anspruch aus § 1004 analog für **Rahmenrechte**. Klassiker ist der vom Betroffenen nicht gestattete (!) Privatsphäreeingriff unter Berufen auf Art. 5 GG. 614

Dabei dürfen Beiträge, die ursprünglich nicht veröffentlicht werden durften, auch in einem **Online-Archiv** nicht bereitstehen.[561]

---

556 Vgl. AS-Skript Schuldrecht AT 1 (2020), Rn. 45.

557 Sartorius Ordnungsziffer 296.

558 Grundlegend BVerfG NJW 1958, 254 (Lüth); näher AS-Skript Grundrechte (2021), Rn. 38 ff.

559 NJW 2020, 3382.

560 BVerfG, RÜ 2018, 443, 446 f.

561 BGH NJW-RR 2017, 31 und BGH RÜ 2017, 225.

Beispiel:[562] Eine Klatschzeitschrift veröffentlicht Luftaufnahmen und Wegbeschreibungen zum Wohnhaus einer berühmten Person in einem Artikel über „Die geheimen Adressen der Stars".– Beeinträchtigung des Rechts auf informationelle Selbstbestimmung (Art. 2 Abs. 1 i.V.m. Art. 1 Abs. 1 GG), abzuwägen mit der Pressefreiheit (Art. 5 Abs. 1 S. 2 GG). Im Ergebnis keine Duldungspflicht bezüglich der Wegbeschreibung, aber bezüglich Luftaufnahmen, weil mit letzteren Wohnort nicht ermittelbar. Als der BGH im Jahr 2003 hierüber entschied, waren Satellitenbilder (z.B. per Google Maps oder Microsoft Bing) zwecks Abgleichs mit den Luftaufnahmen noch nicht für jedermann leicht zugänglich. Inzwischen könnte eine Duldungspflicht auch bezüglich der Veröffentlichung der Luftaufnahme zu verneinen sein.

Beispiel:[563] Der Aufruf an eine Bank, einem Tierzüchter das Konto zu kündigen, greift als Boykottaufruf in dessen allgemeines Persönlichkeitsrecht ein (Art. 2 Abs. 1, 1 Abs. 1 GG). Er kann aber aufgrund der Meinungsfreiheit (Art. 5 Abs. 1 S. 1 GG) gerechtfertigt sein.

Beispiel:[564] Eine Hostess auf einer Messe willigt konkludent darin ein, fotografiert zu werden.

Weitere **Beispiele** m.w.N. in Rn. 558 u. 583 ff.

615 Für Verbreitung und Veröffentlichung von **Bildnissen** konkretisieren **§§ 22, 23 KunstUrhG** die Abwägung: Insbesondere dürfen auch ohne Einwilligung Bildnisse von **absoluten Personen der Zeitgeschichte** stets und von **relativen Personen der Zeitgeschichte** im Zusammenhang mit dem Ablichtungsereignis veröffentlicht werden, soweit nicht **berechtigte Interessen** (§ 23 Abs. 2 KunstUrhG) entgegenstehen.[565]

Ein **Bildnis** setzt dabei Erkennbarkeit der Person voraus, wobei diese auch ohne Abbildung der Gesichtszüge aufgrund anderer Merkmale gegeben sein kann. Eine Berichterstattung über den Verdacht einer Straftat der so abgebildeten Person mit dem Aufruf an die Leser, die Person zu identifizieren, kann insbesondere bei sehr hohem öffentlichen Informationsinteresse gerechtfertigt sein (**beispielsweise**: Ausschreitungen beim G20-Gipfel in Hamburg im Jahr 2017).[566]

Der Versehung eines (werbenden oder redaktionellen) Textes zwecks Aufmerksamkeitserheischung mit dem Bild einer berühmten Person, die vom Textinhalt nicht betroffen ist (**Clickbaiting**) stehen in der Regel berechtigte Interessen entgegen. **Beispielsweise** besteht keine Duldungspflicht des Schauspielers, der früher in einer Serie einen Kapitän gespielt hat, hinsichtlich eines Kreuzfahrtgewinnspiels mit seinem Bild, oder des Moderators J hinsichtlich eines Berichts mit dem Bild des J über die Krebserkrankung des Moderators W mit der sinngemäßen Überschrift „Einer dieser Moderatoren hat Krebs".[567]

Bei einem **kombinierten Wort- und Bildbericht** kann eine **Duldungspflicht nur hinsichtlich einer Komponente** bestehen. **Beispielsweise** kann bei einem nicht zu intimen Wortbericht über das Scheidungsverfahren einer berühmten Schauspielerin, die auf einem Bild vorm Gerichtssaal vermummt und daher erkennbar nicht ablichtungsbereit zu sehen ist, nur der Wortbericht zu dulden sein.[568]

4. Kommunale Satzungen, Art. 111 EGBGB

616 Art. 111 EGBGB gestattet die **satzungsmäßige Regelung privatrechtlicher Eigentumsschranken** im öffentlichen Interesse. Es können sich Duldungspflichten ergeben. Eine **mögliche Ausnahmegenehmigung** für die Beseitigung der Störungsquelle muss der Störer allerdings zuvor **erfolglos beantragt** haben.[569]

562 Nach BGH RÜ 2004, 182.
563 Nach BGH NJW 2016, 1584.
564 Nach BGH NJW 2015, 1450.
565 Näher AS-Skript Schuldrecht BT 4 (2021), Rn. 123 ff.
566 BGH GRUR 2021, 106.
567 BGH GRUR-RS 2021, 548 (Kreuzfahrtgewinnspiel) und BGH, GRUR-RS 2021, 2186 (Krebserkrankung).
568 BGH RÜ 2021, 16.
569 BGH RÜ 2018, 156, 159.

Beispiel:[570] Soweit eine Baumschutzsatzung das Baumfällen verbietet und die Eigentümer keine Ausnahmegenehmigung zum Fällen erhalten, müssen Nachbarn den Laubfall von diesen Bäumen dulden.

Prozessual hat das Zivilgericht selbst zu prüfen, ob die Voraussetzungen für eine (Ausnahme-)Genehmigung vorliegen. Ist dies der Fall, hat das Zivilgericht **unter dem Vorbehalt der Genehmigungserteilung zur Unterlassung bzw. Beseitigung zu verurteilen**. Ist das Zivilgericht nicht der Auffassung, dass die Voraussetzungen für eine Genehmigungserteilung vorliegen, ist die Klage abzuweisen.[571] **617**

II. Duldungspflicht aufgrund eines Verwaltungsakts

Eine Duldungspflicht ergibt sich aus der (nicht gemäß § 80 Abs. 2 bzw. Abs. 5 VwGO in ihrer Wirkung suspendierten) **Widmung** eines Grundstücks durch Verwaltungsakt zu einem öffentlichen Zweck, insbesondere **zum Gemeingebrauch**. **618**

Beispiel: Widmung eines Weges als öffentliche Straße

Soweit anderen Personen **eine öffentlich-rechtliche Erlaubnis** erteilt wird, werden im Regelfall die **privatrechtlichen Rechtsbeziehungen nicht berührt**.[572]

Beispiel: Die rein öffentlich-rechtliche Schankerlaubnis eines Gastwirts begründet keine Pflicht des Nachbarn, die mit dem Ausschank einhergehenden Beeinträchtigungen zu dulden.

Eine **Baugenehmigung** wird sogar ausdrücklich unbeschadet der privaten Rechte Dritter erteilt,[573] aber Achtung, hier besteht eine **Stolperfalle:** Bei Erteilung der Baugenehmigung werden (auch) **nachbarschützende Vorschriften** geprüft. Diese begründen zwar unmittelbar (nur) subjektiv-öffentliche Rechte. Sie sind aber zumeist **Schutzgesetze**, sodass sie **über die Brücke des § 823 Abs. 2 zu Privatrechten werden** (s. Rn. 557). Soweit über sie im behördlichen oder verwaltungsgerichtlichen Verfahren entschieden wurde, schlägt dies daher auf die Beteiligten im Zivilrecht durch; eine festgestellte Legalität begründet dann eine Duldungspflicht.

Gegenbeispiel:[574] E beantragt eine (nachträgliche) Baugenehmigung für seinen genehmigungspflichtigen Pferdestall. Die Behörde genehmigt nicht und das Verwaltungsgericht weist die Klage nach Beiladung des Nachbarn N wegen eines Verstoßes gegen das Gebot der Rücksichtnahme ab. –
Der Verstoß gegen das Rücksichtnahmegebot steht zwischen E und N als Beteiligte (vgl. § 63 Nr. 1 u. 3 VwGO) auch zivilrechtlich fest. Das Gebot wird analog § 1004 i.V.m. § 823 Abs. 2 geschützt und N muss den Verstoß nicht anderweitig dulden, sodass er Beseitigung und Unterlassung von E verlangen kann.

III. Duldungspflicht aus überwiegendem öffentlichen Interesse

Soweit Immissionen von einem **unmittelbar dem öffentlichen Interesse dienenden Betrieb** ausgehen und die Beseitigung mit der Einstellung oder einer **erheblichen funktionsmäßigen Beeinträchtigung** verbunden wäre, besteht eine Duldungspflicht. Der gestörte Nachbar kann nur abschwächende Schutzmaßnahmen verlangen. **619**

Anstelle des Verlusts oder der Einschränkung des Abwehranspruchs erhält der gestörte Nachbar einen Entschädigungsanspruch (**bürgerlich-rechtlicher Aufopferungsanspruch**).[575]

Beispiele: Linienbushaltestelle vor Büroeingang; Notarztsirene vom Krankenhaus neben Wohnhaus.

570 Nach OLG NJW-RR 1991, 1364.
571 BGH NZM 2005, 318 ff.
572 Staudinger/Thole § 1004 Rn. 522
573 Vgl. z.B. § 74 Abs. 4 BauO NW.
574 Nach BGH RÜ 2021, 88 u. BGH RÜ 2020, 364; näher zum Rücksichtsnahmegebot AS-Skript Öff. Baurecht (2020) Rn. 121.
575 BGH NJW 1984, 1242; Staudinger/Thole § 1004 Rn. 538.

5. Abschnitt: Störer als Anspruchsgegner

620 Nur der Störer ist nach § 1004 zur Beseitigung oder Unterlassung verpflichtet. Dieser wird **anders als im Polizei- und Ordnungsrecht definiert**;[576] anders als dort gibt es im Rahmen des § 1004 auch **keine Haftung des Nichtstörers**.

Der **Nichtstörer** kann im Falle der **Selbsthilfe** (§§ 229 ff.) oder des **Notstands** i.S.d. § 904 **zur Duldung verpflichtet** sein. Diese Normen sind aber **keine Anspruchsgrundlagen**.

621 Die im Normwortlaut nicht enthaltene klassische **Unterteilung in Handlungs- und Zustandsstörer** wird z.B. von *Raff* **als entbehrlich bezeichnet**. **Einheitlich definiert** sei Störer, wem die von ihm **beseitigbare** Beeinträchtigung **zuzurechnen** sei.[577] *Herrler* hält (wohl) an ihr fest, weist allerdings zutreffend darauf hin, dass es zu Überschneidungen kommen kann und stellt ebenfalls – zwecks Abgrenzung von § 823 – die **wertende Zurechenbarkeit** der Beeinträchtigung in den Vordergrund.[578]

Klausurhinweis: *Ihnen sei empfohlen,* ***in diesen Fallgruppen zu lernen****, weil sich so das Wissen leichter behalten lässt. Im Gutachten sollten Sie – natürlich – beim* ***Wortlaut*** *der Norm beginnen („Störer"), bei dessen* ***Definition(en)*** *das Erfordernis* ***der wertenden Zurechnung*** *in den Vordergrund stellen und hierunter* ***subsumieren****. Dabei sollten Sie dann die* ***Schlagwörter*** *„Handlungsstörer" und „Zustandsstörer" erwähnen, aber dabei – wie stets – beachten, dass Schlagwörter nicht die inhaltliche Erörterung/Prüfung ersetzen.*[579]

A. Handlungsstörer

622 Handlungsstörer ist, wer die Eigentumsbeeinträchtigung durch seine Handlung, also **aktives Tun oder pflichtwidriges Unterlassen, adäquat kausal** verursacht hat.[580]

Der **BGH** hält (anders als für den mittelbaren Handlungsstörer und für den Zustandsstörer) für den **unmittelbaren Handlungsstörer keine wertende Zurechnung oder sonstige Sachgründe** für erforderlich.[581] Da man aber bei einer unmittelbar kausalen Handlung wohl regelmäßig auch eine wertungsmäßige Zurechnung bejahen wird, wirkt sich dies regelmäßig nicht aufs Ergebnis aus.

I. Positives Tun und Unterlassen

623 Ein **positives Tun** ist **stets** und ein **Unterlassen** nur tatbestandsmäßig, soweit es gegen eine **Handlungspflicht** verstößt. Es gelten dieselben Fallgruppen wie bei § 823.[582]

Beispiel:[583] Wer Fotos von Gemälden ankauft, muss vor ihrem Weiterverkauf prüfen, ob sie mit Zustimmung des Inhabers des Urheberrechts an den Gemälden entstanden sind. Ausnahmsweise besteht diese Prüfpflicht aber nicht, wenn Alter der Gemälde und Qualität der Aufnahmen den Schluss rechtfertigen, dass die Aufnahmen nur mit der (nicht vorliegenden) Zustimmung entstanden sein können.

---

576 Näher zum ordnungsrechtlichen Störerbegriff AS-Skript Polizei- und Ordnungsrecht.

577 MünchKomm/Raff § 1004 Rn. 162.

578 Palandt/Herrler § 1004 Rn. 15.

579 Vgl. dazu AS-Basiswissen Methodik der Fallbearbeitung im Studium und Examen (2020) S. 98 f.

580 Palandt/Herrler § 1004 Rn. 16 f.

581 BGH RÜ 2019, 691, 693 Rn. 25; vgl. auch Palandt/Herrler § 1004 Rn. 15.

582 S. hierzu AS-Skript Schuldrecht BT 4 (2021), Rn. 142 ff.

583 Nach BGH NJW 2015, 2037.

II. Mehrere handelnde Personen

Beeinträchtigen mehrere Personen das Eigentum, so muss bei **parallelen Handlungen** jeder nur seinen **konkreten Beitrag** beseitigen. Beruht die Beeinträchtigung hingegen auf dem **Zusammenwirken mehrerer Tatbeiträge**, so haften die Störer auf **volle Störungsbeseitigung als Gesamtschuldner**.[584] **624**

Beispiel: N ist Nachbar der beiden Steinbrüche von R und G. Bei Sprengungen werden regelmäßig von R rote Steine und von G gelbe Steine auf das Grundstück des N geschleudert. Als eines Tages R und G zufällig gleichzeitig sprengen, löst sich ein großer orangener Fels und rollt zu N. –
R haftet bezüglich der roten Steine, G bezüglich der gelben. Hinsichtlich des orangen Felsens sind sie Gesamtschuldner.

III. Einschaltung Dritter; mittelbarer Handlungsstörer

Schaltet jemand einen Dritten als unmittelbar Handelnden ein, so kann **auch oder nur der im Hintergrund Stehende** der Störer sein (**mittelbare Handlungsstörer**). Die Frage der wertenden, auf Sachgründen fußenden **Zurechenbarkeit** ist dabei entscheidend. Es haben sich hierfür **Fallgruppen** herausgebildet: **625**

- Verübt ein selbstständiger Unternehmer störende Arbeiten im fremden Auftrag, so sind grundsätzlich **Unternehmer und Besteller** Störer. **626**

  Beispiel:[585] E beauftragt Handwerker H mit der Reparatur des Daches seines Wohnhauses und fährt in den Urlaub. H verursacht einen Brand, der das Haus des Nachbarn N in Mitleidenschaft zieht. –
  H ist unmittelbarer Handlungsstörer E ist mittelbarer Handlungsstörer. Durch Beauftragung des H hat er der Ursache für den Brand den Boden bereitet. Sachgründe sprechen für seine Haftung, denn es liegt nur im Einfluss des E, ob und von wem sein Dach repariert wird. Zudem hat er als Bewohner und Eigentümer des Hauses einen Nutzen von den Arbeiten, dann soll er auch für ihr Risiko haften.

- Soweit ein **Arbeitnehmer** bei der Erfüllung seiner Vertragspflicht einen **eigenen Entscheidungsspielraum** hat, ist er unmittelbarer Handlungsstörer **und** sein **Arbeitgeber** (bei Zurechenbarkeit) mittelbarer Handlungsstörer. **Ohne eigenen Entscheidungsspielraum** ist **nur** der Arbeitgeber unmittelbarer Handlungsstörer. **627**

  Beispiel:[586] S recycelt gewerblich Bauschutt. Sein Angestellter A zerkleinert nach Weisungsvorgabe den Schutt; dabei explodiert eine sich im Schutt befindliche Kriegsbombe. Nachbar N wird gestört. –
  (Nur) S ist unmittelbarer Handlungsstörer. Einer Wertung bedarf es (nach Ansicht des BGH) nicht.

- Grundsätzlich bestimmt der **Mieter** eines Grundstücks, wie er es nutzt, sodass grundsätzlich nur er unmittelbarer Handlungsstörer ist. Der **Eigentümer bzw. Vermieter** ist neben dem Mieter nur mittelbarer Handlungsstörer, wenn er die störenden Handlungen erlaubt oder gegen ihm bekannte Störungen nicht einschreitet.[587] **628**

  Gegen den Mieter besteht ein **Hilfsanspruch** aus § 1004 auf **Duldung von Störungsbeseitigungen**, wenn die **Störungen vom Eigentümer bzw. Vermieter** ausgehen.[588]

---

584 BGH, NVwZ 2020, 1207; BGH NJW 1976, 797, 799; Palandt/Herrler § 1004 Rn. 26.
585 Nach BGH RÜ 2018, 359, mit RÜ-Video unter t1p.de/mwcf; s. auch OLG Hamm, NJOZ 2020, 389 (Grenzaufschüttung).
586 Nach BGH RÜ 2019, 691.
587 Palandt/Herrler § 1004 Rn. 18; BGH RÜ 2018, 359 Rn. 13, mit RÜ-Video unter t1p.de/mwcf.
588 BGH RÜ 2007, 88.

B. Zustandsstörer

629 Zustandsstörer ist, wer **Eigentümer oder Besitzer** des Gegenstands ist, von dem die Störung ausgeht und **zudem wertungsmäßig** für diese **verantwortlich** ist. In der Kasuistik war früher oft maßgeblich, ob die Beeinträchtigung **zumindest mittelbar auf den Willen** der Person zurückzuführen ist. Seit einiger Zeit stellt die Rechtsprechung aber auch auf andere **Sachgründe** ab und fragt insbes. nach einer **Sicherungspflicht**.[589]

Im **Ordnungsrecht** sind Eigentum bzw. Besitz hinreichende Voraussetzungen des Zustandsstörers.[590]

I. Natürliche Immissionen

630 Bei **Naturereignissen** wird besonders deutlich, dass eine Haftung ohne Beeinträchtigungswillen oder sonstige Sachgründe unbillig ist.

Beispiel: Auf dem Grundstück des A kommt es völlig unerwartet zu einem Vulkanausbruch. Nachbar B kann von A nicht die Entfernung der herübergeflossenen Lava und Aufhalten künftiger Lava verlangen.

1. Naturkräfte aufgrund erschaffener Gefahrenquelle

631 Bei **willentlicher Schaffung einer Gefahrenquelle** liegt ein Zustandsstörer vor.

Beispiel:[591] Auf dem Grundstück des S steht seit jeher eine Lärche. Diese ist in erheblichem Umfang von Wollläusen befallen, die auf die Kiefern des Nachbarn E übergegriffen haben. –
S ist kein Zustandsstörer, es handelt sich um ein reines Naturereignis.

Gegenbeispiel:[592] E und S sind Eigentümer angrenzender Hanggrundstücke. Vom Grundstück des S fallen wiederholt Steine auf das Grundstück des E. S hatte dort früher einen Steinbruch betrieben. –
S ist Zustandsstörer. Er hat willentlich das Terrain verändert, sodass ihn eine Sicherungspflicht trifft.

Beispiel und Gegenbeispiel:[593] S legt auf seinem Grundstück einen Gartenteich an. Dort siedeln sich Frösche an, durch deren Quaken die Grundstücksnachbarn insbesondere in ihrer Nachtruhe erheblich gestört werden. Auf dem Grundstück befindet sich ferner ein natürlich gewachsener Graben, der von einem Biberdamm so aufgestaut wird, dass Wasser auf die Nachbargrundstücke fließt. –
S ist Störer hinsichtlich der Frösche, da er die Lärmeinwirkung – das Froschquaken – durch das Anlegen und Unterhalten des Teichs als konkrete Gefahrenquelle mitverursacht hat. S ist hingegen hinsichtlich des Biberdamms kein Störer, da sich rein kausal die allgemeine, von jedem Wassergrundstück ausgehende Gefahr realisiert hat. Zudem hat S nicht einmal den Graben selbst angelegt.

2. Verletzung von (nachbarrechtlichen) Sicherungspflichten

632 Insbesondere aus dem **nachbarschaftlichen Gemeinschaftsverhältnis** kann sich eine **Sicherungspflicht** zur Verhinderung von Beeinträchtigungen ergeben.[594] Maßgeblich sind die **Verkehrsauffassung** und die **Wertungsentscheidungen der §§ 903 ff.** Von **Bedeutung** sind dabei

- die **Wesentlichkeit** der Beeinträchtigung,
- ihre **Ortsüblichkeit**,

589 BGH RÜ 2020, 86, 88 Rn. 8; OLG Hamm NJOZ 2020, 389, 391; Palandt/Herrler § 1004 Rn. 19; a.A. Prütting Rn. 574.
590 Näher AS-Skript Polizei- und Ordnungsrecht.
591 Nach BGH NJW 1995, 2633; krit. dazu Herrmann NJW 1997, 153 f.
592 Nach NJW-RR 1996, 659.
593 Nach BGH NJW 1993, 925 (Frösche) und OLG Nürnberg RÜ 2015, 156 (Biber).
594 BGH RÜ 2004, 128; BGH RÜ 2004, 67.

- die Möglichkeit und Zumutbarkeit von **Vorkehrungen zur Störungsunterbindung**
- sowie ob die Beeinträchtigung aus **ordnungsgemäßer Bewirtschaftung** folgt.

Beispiel 1:[595] S und E sind Nachbarn. S hat zwei Bäume angepflanzt und aufgezogen. Infolge eines ungewöhnlich heftigen Sturms stürzt ein Baum auf das Grundstück des E. Gegenüber üblichen Stürmen wäre der Baum hinreichend widerstandsfähig gewesen. Einige Wochen später stürzt der andere Baum aus Altersschwäche, die S hätte erkennen können, ebenfalls auf das Grundstück des E. –
S ist nur hinsichtlich des zweiten Baums als Zustandsstörer verantwortlich. Das bloßen Anpflanzen und Aufziehen widerstandsfähiger Bäume begründet keine Sicherungspflicht. Sie entsteht erst dann, wenn eine Gefährdung objektiv konkret erkennbar wird.

Beispiel 2:[596] Vom Grund des S ragen Zweige von Kiefern, die schon bei Grunderwerb standen, über die Grenze. Die Kiefern verlieren Nadeln und unterschreiten den Mindestabstand nach Nachbarrecht. –
S ist Zustandsstörer. Er hat die Bäume zwar nicht willentlich gepflanzt, aber ihn trifft eine Sicherungspflicht. Es kommt nicht darauf an, wer die Bäume gepflanzt hat (arg. e §§ 910 u. 907 Abs. 2 i.V.m. Abs. 1). Entscheidend ist vielmehr, dass wegen der Unterschreitung des Mindestabstands die Bäume weder ortsüblich sind noch eine ordnungsgemäße Bewirtschaftung des Grundstücks des S darstellen.

Beispiel 3:[597] Vom Grundstück des S sind Wurzeln über die Grundstücksgrenze gewachsen und haben die Gehwegplatten, die auf dem Weg zum Hauseingang des E liegen, angehoben.–
S ist Zustandsstörer. § 910 zeigt, dass er eine Sicherungspflicht hat (näher zu § 910 sogleich in Fall 31).

Beispiel 4:[598] A hat eine Grenzwand, an welche B sein Gebäude ohne eigene Grenzwand anbaut. B reißt später sein Gebäude ab, um einen Neubau zu errichten. Die Grenzwand des A wird durch Regen nass. –
B ist Zustandsstörer. Aus §§ 920, 921 folgt, dass eine Grenzwand nur ohne Beeinträchtigung des Nachbarn genutzt werden darf. Nutzung in diesem Sinne ist auch der Abriss.

Rechtssubjekte des öffentlichen Rechts treffen in ihrem **Zuständigkeitsbereich** Sicherungspflichten. **633**

Beispielsweise ist der Straßenbauträger dazu verpflichtet, bei einer Straßensanierung für eine ordnungsgemäße Entwässerung zum Schutze der Anlieger zu sorgen. Soweit die Straßen mehrerer Straßenbauträger involviert sind, haften diese wie in Rn. 624 beschrieben je nach Einzelfall nur für ihren Verantwortungsbereich oder als Gesamtschuldner.[599]

3. Nicht bei Unmöglichkeit, insbesondere hoheitlichem Zwang

Soweit die Beseitigung unmöglich ist, liegt kein Zustandsstörer vor. Dazu zählt auch die rechtliche Unmöglichkeit wegen **hoheitlichen Zwangs zur Aufrechterhaltung**. **634**

Abwandlung zu Beispiel 2 aus Rn. 632:[600] S ist kein Zustandsstörer, wenn eine Baumschutzsatzung das Fällen der Kiefern verbietet und S die beantragte ausnahmsweise Fällgenehmigung versagt wurde.

II. Technisches Versagen

Die Überlegung zur Sicherungspflicht hinsichtlich Naturkräften wird übertragen auf technisches Versagen. Nach den **Wertungen des Nachbarrechts** ist zu ermitteln, ob der Eigentümer bzw. Besitzer für den gefahrträchtigen Zustand **verantwortlich** ist. **635**

595 Nach BGH NJW 1993, 1855 und BGH RÜ 2003, 256.
596 Nach BGH RÜ 2004, 67, BGH RÜ 2018, 156 und BGH RÜ 2020, 86.
597 Nach BGH RÜ 2004, 128.
598 Nach BGH RÜ 2016, 347.
599 Vgl. BGH NVwZ 2020, 1207 (Bundesstraße und Gemeindeweg).
600 Nach BGH RÜ 2018, 156 und BGH NJW-RR 2019, 1356.

Beispiel:[601] Die Stadtwerke S betreiben privatrechtlich im öffentlichen Straßenraum eine Wasserleitung, die entlang der Grundstücksgrenze des E verläuft. Aufgrund eines Rohrbruchs wird das Grundstück des E überschwemmt. Nach der Beseitigung bricht ein Rohr im Badezimmer des Nachbarn N und es kommt bei E erneut zur Überschwemmung. –
S und N sind Zustandsstörer. Rohrbrüche stehen einem „Ablösen von Teilen" i.S.d. § 836 gleich. Für dies sind S bzw. N verantwortlich. Ein Rohrbruch ist vermeidbar und kein unabwendbares Naturereignis.

C. Veräußerung störender Sachen vs. Betriebsaufgabe/Dereliktion

636 Bei **Veräußerung einer störenden Sache** entfällt der Beseitigungsanspruch aus § 1004 gegen den bisherigen Eigentümer.[602] Bereits nach **Übergang der umfassenden Sachherrschaft** ist der bisherige Eigentümer und Besitzer nicht mehr in der Lage, die Störung zu beseitigen. **Anspruchsgegner** ist dann der **neue Inhaber der Sachherrschaft**.

Umstritten ist, ob diese Haftung **originär** aus dem (neuen) Besitz abgeleitet wird, oder ob es sich um eine **derivative** Haftungsableitung kraft **materieller Sonderrechtsnachfolge** handelt.[603]

Beispiel:[604] S verkauft und übergibt ein mit einer für D bestehenden Grunddienstbarkeit belastetes Grundstück an K. Inhalt der Dienstbarkeit ist, dass der Eigentümer kein Benzin lagert und vertreibt. Noch vor Eintragung des K im Grundbuch beginnt K, Benzin zu verkaufen. –
Gemäß §§ 1090 S. 2, 1027, 1004 kann D (nur) von K (und nicht von S) Unterlassung verlangen. K ist Zustandsstörer. S hatte das Grundstück an K übergeben, also konnte nur noch K die Nutzungsart des Grundstücks bestimmen. Dabei ist unerheblich, dass S mangels Eintragung des K noch formal Eigentümer ist. Gemäß § 446 S. 2 stehen K nämlich bereits ab Übergabe die Nutzungen zu und er muss die Lasten der Sache tragen. Das Nutzungsrecht des K ist – mangels abweichender Vereinbarung – bereits so umfassend wie sein zukünftiges Eigentum. Daher haftet K auch bereits wie ein Eigentümer.

Im **Beispiel** unter Rn. 631 würde S also auch aus § 1004 haften, wenn nicht er, sondern ein ehemaliger Eigentümer den Steinbruch betrieben hätte.

Gegenbeispiel:[605] E leiht X seinen Pkw. X parkt auf dem Parkplatz des P. P ermittelt E als Halter und erfragt von ihm die Identität des ihm unbekannten Fahrers. E schweigt. P verlangt von E Beseitigung. –
E ist Zustandsstörer (neben X als Handlungsstörer). E hat X den Pkw willentlich gegeben. Zudem kann er gemäß § 604 und § 985 den Pkw von X zurückverlangen, sodass er die umfassende Sachherrschaft nicht endgültig verloren hat. Zudem ist das Schweigen des E ein Sachgrund dafür, den E als Zustandsstörer anzusehen, denn es ist kein schützenswertes Interesse des E für sein Schweigen erkennbar, während es unbillig wäre, dem P faktisch einen Schuldner für seinen Anspruch aus § 1004 zu verweigern. Es darf kein „Haftungsvakuum" entstehen, s. auch sogleich Rn. 637.
Ergänzung:[606] Einen Anspruch auf **Zahlung einer Vertragsstrafe** („Bei unberechtigtem Parken wird ein erhöhtes Parkentgelt von 30 Euro erhoben") hätte P nur gegen den Fahrer, hier X. Wenn dieser allerdings nicht bekannt ist und E ihn nicht benennt, dann wird E prozessual als Fahrer angesehen und muss zahlen (§ 138 ZPO i.V.m. den Grundsätzen der prozessualen sekundären Darlegungslast).

637 Der Eigentümer kann sich nach h.M. einer Haftung **nicht durch Dereliktion** (§ 928 bzw. § 959) **oder durch Betriebsaufgabe entziehen**.[607] Anders als bei der Veräußerung der Sache entstünde ansonsten ein unbilliges „Haftungsvakuum", da niemand haften würde.

Die a.A. hält die **Usurpationstheorie** entgegen, laut der nicht nur die Gläubigerstellung (dazu Rn. 646), sondern auch die Schuldnerstellung eng mit dem Eigentum verknüpft sind.

---

601 Nach BGH RÜ 2003, 450 und BGH WM 1985, 1041.

602 BGH RÜ 2007, 356, 359, Rn. 10.

603 Für ersteres Staudinger/Thole § 1004 Rn. 341 m.w.N. zu beiden Ansichten.

604 Nach BGH RÜ 1999, 11.

605 Nach BGH RÜ 2016, 218.

606 Nach BGH RÜ 2020, 205.

607 BGH RÜ 2007, 356; BGH RÜ 2005, 251; a.A. Staudinger/Thole § 1004 Rn. 288 ff.

6. Abschnitt: Verjährung

Für den Anspruch aus § 1004 gilt die **regelmäßige Verjährungsfrist** nach §§ 195, 199. **638**

Soweit der Anspruch nach § 1004 Abs. 1 S. 2 auf **Unterlassung** gerichtet ist, kommt es für den **Fristbeginn** nicht auf die Entstehung, sondern auf die **Zuwiderhandlung** an (§ 199 Abs. 5).

Nach h.M. ist der Anspruch aus § 1004 hinsichtlich der Störung der Ausübung eingetragener Grundstücksrechte **nicht nach § 902 Abs. 1 S. 1 unverjährbar**. Er habe nämlich i.S.d. § 902 Abs. 1 S. 2 schadensersetzende Wirkung[608] – obgleich seine Rechtsfolge gerade nicht auf vollständigen Schadensersatz gerichtet ist, s. Rn. 641 ff.

Die in § 924 genannten Ansprüche **verjähren** hingegen **nicht**.

Im (Regel-)Fall der **dauerhaften, sich stetig wiederholenden** (und nicht nur punktuellen) **Beeinträchtigung** entsteht der Anspruch allerdings ständig neu, sodass die **Verjährungsfrist** des § 195 bereits **nicht in Gang gesetzt** wird.[609]

7. Abschnitt: Rechtsfolge – Beseitigung und Unterlassung

Der Rechtsinhaber strebt in der Regel die **Beseitigung gegenwärtiger** und das **Unterlassen künftiger Störungen** an. **639**

A. Beseitigungsanspruch, § 1004 Abs. 1 S. 1

Der Anspruchsgegner muss nach § 1004 Abs. 1 S. 1 die zur Beseitigung der Störung **erforderlichen Maßnahmen** treffen. Der Anspruch ist also grundsätzlich auf **Beseitigung in Natur** gerichtet und nicht auf Geldzahlung. **640**

Hinweis: *Insofern besteht eine* ***Parallele zum Schadensersatz*** *(§ 249 Abs. 1).*

Die Sache muss grundsätzlich in den Zustand versetzt werden, den sie vor der Störung hatte **(status quo ante)**. Grundsätzlich ist gerade **nicht** derjenige Zustand herzustellen, der jetzt bestünde, wenn die Störung nicht erfolgt wäre **(Differenzhypothese)**. Allerdings sind insofern die Grenzen fließend und umstritten – dazu sogleich.

Hinweis: *Insofern ist vom Grundgedanken her die Rechtsfolge von § 1004* ***geringer als die Rechtsfolge des Schadensersatzes****. Dafür erfordert § 1004 aber auch* ***kein Verschulden****.*

I. Erforderliche Maßnahmen bei Immissionen

Die auf das Grundstück gelangten Immissionen müssen **entfernt** werden, soweit sie sich nicht sofort von selbst verflüchtigen. **641**

Umstritten ist der Umfang der Beseitigungspflicht bei **Beschädigungen**: **642**

- Zweifelhaft ist, ob auch der **Schaden am Sachkörper** beseitigt werden muss, oder ob es ausreichend ist, die Einwirkungshandlung aufzugeben.
- Zudem stellt sich die Frage, inwieweit **erst durch die Beseitigung der Störung entstehende Schäden** ebenfalls zu beheben sind.

---

608 Vgl. zum Meinungsstand Staudinger/Thole § 1004 Rn. 423 m.w.N.

609 BGH NJW-RR 2019, 1356; näher zur Verjährung AS-Skript BGB AT 2 (2021) Rn. 527 ff.

***Hinweis:** Hierfür ist entscheidend, wie man **§ 1004 von den §§ 823 ff. abgrenzt**. Die h.M. nimmt diese Abgrenzung auf der Rechtsfolgenseite vor, vgl. Rn. 552.*

Fall 31: Die verwurzelte Abwasserleitung

E ist Eigentümer eines Grundstücks, an dessen Grenze eine Abwasserleitung verläuft. Nach kräftigen Regengüssen kommt es wiederholt zu Verstopfungen der Abwasserleitung, in deren Folge der Keller des E überflutet wird. Es stellt sich heraus, dass in das Abwasserrohr Baumwurzeln einer 100-jährigen Eiche eingedrungen sind, die auf dem Nachbargrundstück des S nahe der Grenze steht. E verlangt von S Beseitigung der Wurzeln und Reparatur des Rohrs. Zudem möchte er, dass nach den Arbeiten sein Rosenbeet über dem Rohr wieder hergerichtet wird. Zu Recht?

643 A. Ein Schadensersatzanspruch wegen Eigentumsverletzung gemäß **§ 823 Abs. 1** scheitert (abgesehen von der Frage, ob den unterlassenden S überhaupt eine Handlungspflicht traf) jedenfalls daran, dass S **nicht schuldhaft** gehandelt hat. Die Ursache für die Verstopfung war erst bei deren Auftreten feststellbar, sodass eine Schädigung des Abwasserrohrs durch die Eiche nicht vorhersehbar und ihre Verursachung daher nicht fahrlässig i.S.d. § 276 Abs. 2 war.

644 B. E könnte gemäß **§ 1004 Abs. 1 S. 1** ein Anspruch auf Beseitigung der Störung durch Entfernung der Wurzeln, Reparatur des Rohrs und Instandsetzung des Gartens zustehen.

I. § 1004 ist **neben § 910 Abs. 1 anwendbar**. § 910 soll die Rechtsstellung des beeinträchtigten Eigentümers verbessern und ihm die eigenhändigen Abhilfe ermöglichen, ihn aber nicht zu dieser zwingen.

II. Weiterhin müsste das **Eigentum** des E **beeinträchtigt** werden. Gemäß § 903 kann der Eigentümer alle Einwirkungen ausschließen, also auch das Eindringen von Wurzeln. Die Wurzeln dringen auch nicht in einer Tiefe ein, die ein Interesse an ihrer Beseitigung ausschließt, § 905 S. 2, denn E hat ein schützenswertes Interesse an einer wenige Meter unter der Oberfläche liegenden, intakten Abwasserleitung. Auch Substanzschäden – hier die Beschädigung des Rohrs – stellen Eigentumsbeeinträchtigungen dar, sodass in dem Herüberwachsen der Wurzeln und der Beschädigung des Rohrs Beeinträchtigungen des Eigentums des E liegen.

III. Eine **Duldungspflicht** des E i.S.d. § 1004 Abs. 2 besteht **nicht**.

IV. S müsste **Zustandsstörer** sein, obwohl die Beeinträchtigung **ohne seinen Willen** eintrat. Zwar beruhen die Beeinträchtigungen in erster Linie auf dem natürlichen Wurzelwachstum. S könnte aber **aufgrund einer Sicherungspflicht verantwortlich** sein. Aus **§ 910** folgt, dass ein Eigentümer dafür Sorge tragen muss, dass keine Wurzeln in das Nachbargrundstück hinüberwachsen. S ist Zustandsstörer.

645 V. Zweifelhaft ist, wie weit der **Umfang** der von § 1004 Abs. 1 S. 1 angeordneten Beseitigungspflicht bei einer **Beschädigung des Sachkörpers** reicht.

1. Nach einer Ansicht[610] fallen Schäden generell nicht unter die nach § 1004 geschuldete Beseitigung. Sonst würden die **Voraussetzungen des verschuldensabhängigen Schadensersatzanspruchs** gemäß § 823 durch den verschuldensunabhängigen Beseitigungsanspruch **umgangen**. Der Störer müsse sich nur „aus dem fremden Rechtskreis zurückziehen" und die „Usurpation" fremden Eigentums aufgeben **(Usurpationstheorie)**. S müsste hiernach nur die Quelle der Störung, also die Wurzeln entfernen. **646**

2. Nach h.M.[611] ist auch die **Reparatur der Rohrleitung** vom Beseitigungsanspruch umfasst. Dadurch werde auch keine reine Kausalhaftung unter Umgehung des Deliktsrechts begründet. Die verschuldensunabhängige Haftung gründe nicht auf dem bloßen Unterhalten des Baumes, sondern auf der Verletzung der sich mittelbar aus § 910 ergebenden **Pflicht, ein Hinüberwachsen der Wurzeln zu verhindern.**[612] **647**

3. Letzterer Auffassung ist zuzustimmen: Die eigentlich spürbare Störung besteht weniger in dem über Jahre unbemerkten Eindringen der Wurzeln auf das fremde Grundstück, sondern vielmehr in der dadurch verursachten **Funktionsunfähigkeit des Abwasserrohrs**. Ein nicht funktionierendes Abwasserrohr ist die Quelle neuer Beeinträchtigungen. **648**

   Im Übrigen erfasst der Beseitigungsanspruch damit keineswegs die Gesamtheit der schädlichen Auswirkungen auf das Vermögen des Grundstückseigentümers. Die Naturalrestitution erfasst nach der **Differenzhypothese** insbesondere gemäß § 252 zusätzlich den Ersatz des heute hypothetisch bestehenden, entgangenen Gewinn sowie Nutzungsausfall. Bei der von S alleine geschuldeten Wiederherstellung des ursprünglichen Zustands (**status quo ante)** werden diese Posten hingegen definitionsgemäß nicht berücksichtigt. Die Grenze zwischen Naturalrestitution und Beseitigung wird daher nicht vollständig aufgehoben. Es kommt nur zu einer **„partiellen Überlappung beider Ansprüche"**,[613] die – wie auch sonst bei Anspruchskonkurrenz – hinzunehmen ist.

4. Ebenfalls umfasst ist nach dieser Auffassung die **Wiederherstellung des Rosenbeets** des E. Dieses wird zwar erst durch die zur Beseitigung der Störung erforderlichen Handlungen (Freilegen des Rohrs) in Mitleidenschaft gezogen, doch der Beseitigungsanspruch ist nicht auf die isolierte Beseitigung der Störungsquelle beschränkt. Die Beseitigungspflicht umfasst die **„spurenlose" Wiederherstellung des ursprünglichen Zustands (status quo ante).**[614] **649**

E kann von S gemäß § 1004 Abs. 1 S. 1 die Beseitigung der Wurzeln, die Reparatur des Abwasserrohrs und abschließend die Wiederherstellung des Rosenbeets verlangen.

610 Staudinger/Thole§ 1004 Rn. 349 ff.; Neuner JuS 2005, 385, 391; Hufeld JuS 2005, 865, 872.

611 BGH RÜ 2004, 128.

612 BGH NJW 1996, 845.

613 BGH NZM 2019, 256, 257 Rn. 7.

614 BGH RÜ 2005, 251; BGH NZM 2019, 256; Wenzel NJW 2005, 241, 243.

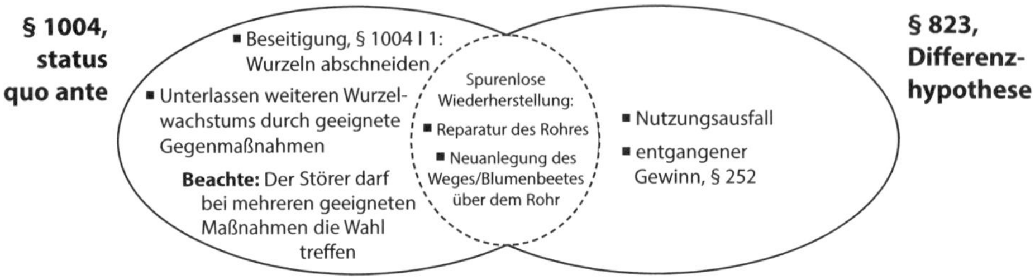

II. Anwendung des Schuldrechts

650 Auch auf das **Schuldverhältnis, das sich mit Entstehen des Anspruchs aus § 1004 ergibt**, ist grundsätzlich das allgemeine Schuldrecht anzuwenden. Es gilt insbesondere:

- Bestehen Gegenrechte des Störers, so kann sich dieser auf ein **Zurückbehaltungsrecht** gemäß § 273 berufen.
- Bei **Unmöglichkeit** entfällt die Beseitigungspflicht gemäß § 275. Auch die in § 275 Abs. 2 geregelte Einrede der Unverhältnismäßigkeit kann erhoben werden.[615]

  Bei einem Verstoß gegen **nachbarschützende Brandschutzvorschriften**, der analog §§ 1004, 823 Abs. 2 abgewehrt werden kann, steht allerdings auch ein hoher finanzieller Aufwand des Störers nicht im groben Missverhältnis zum Beseitigungsinteresse des Gestörten.[616]
- Gerät der Störer mit dem Beseitigungsanspruch in **Verzug**, so ist er gemäß §§ 280 Abs. 2, 286 zum Ersatz des Verzögerungsschadens verpflichtet.[617]
- § 254 ist nach h.M. entsprechend anwendbar, wenn den gestörten Eigentümer eine **Mitverantwortung** für die Beeinträchtigung trifft.[618]
- Wegen der Annäherung des Beseitigungsanspruchs an einen Schadensersatzanspruch sind nach h.M. die Grundsätze über den **Vorteilsausgleich**, die eine Ausprägung von Treu und Glauben sind, anzuwenden. Bei Reparaturen kann daher ein **Abzug „neu für alt“** vorgenommen werden.[619]

651 ***Hinweis:*** *Auch beim öffentlich-rechtlichen **Folgenbeseitigungsanspruch**, der auf Wiederherstellung in Natur gerichtet ist, finden § 254 und § 275 nach h.M. Anwendung. Liegt ein Mitverschulden oder Unmöglichkeit der Wiederherstellung vor, so wandelt er sich in einen **Folgenersatzanspruch** bzw. **Folgenentschädigungsanspruch** auf (anteilige) Geldzahlung.*[620] *Im Zivilrecht ist so ein Anspruch in § 906 Abs. 2 S. 2 vorgesehen, dazu sogleich.*

615 BGH RÜ 2008, 483.

616 BGH RÜ 2020, 364.

617 Staudinger/Thole § 1004 Rn. 411 ff.; Palandt/Herrler § 1004 Rn. 48.

618 BGH NJW 1997, 2234.

619 BGH NJW 1997, 2234; vgl. zum Vorteilsausgleich und zu „neu für alt“ AS-Skript Schuldrecht BT 4 (2021), Rn. 457 u. 463.

620 Vgl. AS-Skript Verwaltungsrecht AT 2 (2019), Rn. 458.

III. Prozessuales

Der Anspruch ist materiell-rechtlich abstrakt auf die Beseitigung gerichtet. **Es ist dem Störer überlassen, wie er die Störung ausschaltet**. Er kann unter verschiedenen Möglichkeiten die Maßnahme wählen, die ihn am wenigsten belastet.[621] Daher gilt:[622] **652**

- § 253 Abs. 2 Nr. 2 ZPO erfordert keine konkrete Angabe, welche Maßnahme der Beklagte zur Beseitigung der Beeinträchtigung ergreifen soll, sondern nur die **bestimmte Bezeichnung der Beeinträchtigung** selbst.
- Umgekehrt hat ein **Antrag auf Verurteilung zu einer konkreten Maßnahme in der Regel keinen Erfolg**, es sei denn, andere Maßnahmen sind unmöglich oder vernünftigerweise nicht in Betracht zu ziehen (Rechtsgedanke des § 275 Abs. 1 u. 2). Aber auch in diesem Fall ist eine bloße Bezeichnung der Beeinträchtigung ausreichend.

  Beispiel:[623] Es darf im Einzelfall zur Beseitigung eines Baumes verurteilt werden, auch wenn theoretisch eine Kappung auf halber Höhe und ein fortwährender Rückschnitt ausreichen würden, dies aber der Beklagte aus optischen und wirtschaftlichen Gründen eindeutig nicht tun würde.

Bei Abwehransprüchen gegen Nachbarn ist in vielen Bundesländern vor Erhebung der Klage ein **obligatorisches Güteverfahren** i.S.d. § 15 a EGZPO[624] durchzuführen.[625] **653**

B. Unterlassungsanspruch, § 1004 Abs. 1 S. 2

§ 1004 Abs. 1 S. 2 flankiert den Anspruch auf Beseitigung vorhandener Störungen mit einem Anspruch auf **Unterlassung künftiger Störungen**. **654**

Laut Wortlaut muss eine „weitere Beeinträchtigung zu besorgen" sein. Danach muss mindestens eine Störung stattgefunden haben (**Wiederholungsgefahr**). Dem Eigentümer ist aber nicht zuzumuten, dies sehenden Auges abzuwarten. Es genügt daher die konkrete Gefahr der erstmaligen Beeinträchtigung (**Erstbegehungsgefahr**).

Ein Unterschied besteht **prozessual**: Die **Erstbegehungsgefahr** muss der **Anspruchsteller beweisen**. Hat eine Beeinträchtigung stattgefunden, so wird die **Wiederholungsgefahr vermutet**.[626] Ob die Vermutung durch Abgabe einer vollumfänglichen strafbewehrten Unterlassungserklärung entkräftet wird, ist unter Anwendung strenger Maßstäbe eine Frage des Einzelfalls.[627]

---

621 Palandt/Herrler § 1004 Rn. 51.

622 Vgl. BGH RÜ 2020, 86, 91 Rn. 6.

623 Nach BGH NJW 2004, 1035.

624 Schönfelder Ordnungsziffer 101.

625 So z.B. in NRW: § 10 I Nr. 1 GüSchlG NW, der in den genannten Fällen der §§ 903 ff. auch den korrespondierenden Anspruch aus § 1004 erfasst (Zöller/Heßler § 15a EGZPO Rn. 5).

626 BGH RÜ 2013, 17, 18; BGH RÜ 2016, 218, 220; Palandt/Herrler, § 1004 Rn. 32.

627 BGH NJW 2019, 1142.

Beseitigungs- und Unterlassungsanspruch gemäß § 1004

Eigentumsbeeinträchtigung beim Anspruchsteller

Fallgruppen:

- **Tatsächliche** Einwirkungen auf die Sache
- Unmittelbare Angriffe auf die **Rechtsposition** wie Bestreiten der Eigentümerstellung gegenüber Dritten oder Verfügung eines Nichtberechtigten
- **Be-** oder **Verhinderung** des Eigentümers an der Ausübung des ihm zustehenden Besitzes
- **Unbefugte Inanspruchnahme** des Eigentums ohne tatsächliche oder rechtliche Einwirkung – wie Fotografieren

Keine Eigentumsbeeinträchtigung nach h.M. bei nicht grenzübergreifenden Immissionen wie **sittlichen oder ästhetischen** Immissionen oder **negativen** Einwirkungen.

Andere Rechte werden **entsprechend** (gesetzlicher Verweis) oder **analog** (Recht aus § 823) geschützt.

Keine Duldungspflicht

- Rechtsgeschäft
- Privatrechtliche Vorschriften
  - z.B. §§ 906 ff.; § 242
  - nachbarschaftliches Gemeinschaftsverhältnis (§ 242)
- **Öffentlich-rechtliche** Vorschriften, z.B. § 14 BImSchG
- Widmung zum Gemeingebrauch
- Überwiegendes öffentliches Interessen

Anspruchsgegner = Störer

- **Handlungsstörer**: kausal-adäquate Verursachung durch Tun oder pflichtwidriges Unterlassen
- **Zustandsstörer**: Eigentümer oder Besitzer mit Willen zur Beeinträchtigung oder sonstigem Sachgrund für Verantwortlichkeit; nicht bei hoheitlichem Zwang zur Beeinträchtigung
- **Mehrheit von Störern**: jeder haftet auf seinen Teil; Gesamtschuld bei gemeinschaftlicher Beeinträchtigung
- Bei **umfassendem Übergang der Sachherrschaft** haftet der neue Inhaber; bei **Dereliktion** oder **Betriebsaufgabe** bleibt die Haftung bestehen.

Rechtsfolge

- **Beseitigungsanspruch** gemäß § 1004 Abs. 1 S. 1
  Wiederherstellung des ursprünglichen Zustands und „spurenlose" Störungsbeseitigung; ggf. Einschränkung nach § 254 und Grundsätzen über die Vorteilsanrechnung; Wahl der konkreten Beseitigungshandlung obliegt Störer (zu beachten bei Anträgen, § 253 Abs. 2 Nr. 2 ZPO)
- **Unterlassungsanspruch** gemäß § 1004 Abs. 1 S. 2
  Bei Wiederholungsgefahr (wird vermutet) oder Erstbegehungsgefahr (wird nicht vermutet)

8. Abschnitt: Finanzieller Ausgleich bei Eigentumsstörungen

*Soweit eine **Beeinträchtigung des Grundeigentums nicht** nach § 1004 **abgewendet werden kann bzw. darf**, kann eine Entschädigung geschuldet sein.* 655

A. Entschädigungsanspruch aus § 906 Abs. 2 S. 2

Wird das Grundeigentum durch Imponderabilien wesentlich und unverhinderbar beeinträchtigt und ist dies **nach § 906 Abs. 2 S. 1 zu dulden**, so steht dem Eigentümer nach § 906 Abs. 2 S. 2 eine **verschuldensunabhängige finanzielle Entschädigung** zu. Es wird kompensiert, dass die **Störung nicht abgewendet werden darf**. 656

Aufbauschema § 906 Abs. 2 S. 2
I. Anspruchsteller ist **Eigentümer** eines Grundstücks
II. Zwar bestimmte Beeinträchtigung (§ 906 Abs. 2 S. 2 „hiernach") ...
1. Einwirkung i.S.d. § 906 Abs. 1 S. 1 (Imponderabilien von anderem Grundstück)
2. Wesentliche Beeinträchtigung (§ 906 Abs. 2 S. 1)
3. Anspruchsgegner ist Störer
III. ... aber Duldungspflicht nach § 906 Abs. 2 S. 1 (ortsüblich, unverhinderbar)
IV. Beeinträchtigung der **ortsüblichen Benutzung** über das **zumutbare Maß** hinaus
V. Rechtsfolge: Angemessener Ausgleich in Geld

Beispiel:[628] E ist Eigentümer eines mit einem Einfamilienhaus bebauten Grundstücks. In der Nähe befindet sich eine Großbaustelle. Der davon ausgehende Schwerlastverkehr bringt für das Grundstück des E die für eine solche Baustelle üblichen, aber gleichwohl erheblichen Lärm-, Abgas- und Staubimmissionen mit sich. E verlangt von B, dem Betreiber der Baustelle, eine Entschädigung. – 657
I. E ist **Eigentümer** eines Grundstücks.
II. Die erforderliche **Beeinträchtigung** liegt vor:
1. Lärm-, Abgas- und Staubimmissionen sind **Einwirkungen i.S.d. § 906 Abs. 1 S. 1**. Diese gehen **von dem Grundstück** des B aus, weil sie zurechenbare Folge der dort eingerichteten Großbaustelle sind.
2. Es handelt sich um **wesentliche** Beeinträchtigungen.
3. Da B **Zustandsstörer** ist, liegen die Voraussetzungen des § 1004 Abs. 1 vor.
III. Es besteht aber eine **Duldungspflicht** gemäß § 906 Abs. 2 S. 1. Die Beeinträchtigungen sind für eine Großbaustelle **ortsüblich** und können durch zumutbare Maßnahmen **nicht verhindert** werden.
IV. Wesentliche Beeinträchtigungen sind **regelmäßig unzumutbar**.[629] Mangels atypischer Umstände verhält es sich so auch hier.
V. B ist somit gemäß § 906 Abs. 2 S. 2 verpflichtet, eine **angemessene Entschädigung** in Geld zu zahlen.

B. Weitläufige analoge Anwendung des § 906 Abs. 2 S. 2

§ 906 Abs. 2 S. 2 wird in vielerlei Hinsicht **analog** angewendet. Insbesondere muss bei **nicht zu duldenden, also rechtswidrigen Beeinträchtigungen** erst Recht[630] eine Entschädigung gezahlt werden, wenn sie schon bei zu duldenden Einwirkungen gewährt 658

628 Nach OLG München MDR 2009, 136.
629 BGH NJW-RR 2007, 168, Rn. 13.
630 So ausdrücklich BGH RÜ 2018, 156, 158 Rn. 12.

werden muss. Allerdings darf sie nicht nach § 1004 verhinderbar gewesen sein. Es wird kompensiert, dass die Störung **nicht abgewendet werden konnte**.

Hinweis: *Insofern entspricht § 906 Abs. 2 S. 2 direkt dem Anspruch aus* ***enteignendem Eingriff*** *und analog dem Anspruch aus* ***enteignungsgleichem Eingriff****.*[631] *Ebenso wie § 1004 sollte § 906 Abs. 2 S. 2 zusammen mit seinen Pendants im öffentlichen Recht gelernt werden.*

Aufbauschema § 906 Abs. 2 S. 2 analog
I. Anwendbarkeit: Kein vorrangiges Haftungssystem (insbesondere §§ 823 ff. nicht vorrangig)
II. Anspruchsteller und -gegner sind **Grundstücksnachbarn**
1. Anspruchsteller ist Eigentümer oder Besitzer eines Grundstücks
2. Anspruchsgegner ist Benutzer des Grundstücks
3. Eingriff „von außen", d.h. keine (Teil-)Identität der Eigentumsverhältnisse
III. Abwehranspruch aus § 1004, §§ 907–909 oder § 862, also Störung und **keine Duldungspflicht** ...
IV. ... aber Anspruchsteller **an der Abwehr** aus besonderem Grund **gehindert**
1. Faktischer Duldungszwang
2. Nachbarrechtlicher Ausschluss des Primäranspruchs
3. Duldungspflicht aus übergeordnetem öffentlich-rechtlichem Interesse
V. Konkreter Grundstücksbezug der Beeinträchtigung
VI. Zumutbares Maß einer entschädigungslosen Beeinträchtigung überschritten
VII. Rechtsfolge: Angemessener Ausgleich in Geld

I. Anwendbarkeit

659 Die Analogie erfordert eine **Regelungslücke**. Es dürfen also keine vorrangigen und abschließenden **Schadensersatz- oder Entschädigungsansprüche** eingreifen.

Ein unstreitig vorrangiges Haftungssystem enthält beispielsweise **§ 22 WHG**.[632]

660 Manche[633] halten den Anspruch aus **§ 2 Abs. 1 HaftpflichtG** für vorrangig. Eine analoge Anwendung des § 906 Abs. 2 S. 2 daneben würde insbesondere die Haftungsbegrenzung in § 10 HaftpflichtG aushebeln. Der BGH[634] wendet aber beide Ansprüche nebeneinander an. In dem für das private Nachbarrecht maßgeblichen **dreistufigen Haftungssystem** von Gefährdungshaftung, Verschuldenshaftung und verschuldensunabhängiger Störerhaftung könne das Bestehen einer Gesetzeslücke nicht damit verneint werden, dass ein Haftungstatbestand einer anderen Stufe eingreife.

631 Näher zu diesen beiden Ansprüchen AS-Skript Verwaltungsrecht AT 2 (2019), Rn. 791 ff. u. 811 ff.

632 BGH NJW 1999, 3633; Wenzel NJW 2005, 241, 244.

633 Bamberger/Roth § 906 Rn. 82.

634 BGH RÜ 2003, 450.

Folglich regeln auch die **§§ 823 ff.** den finanziellen Ausgleich zwischen Grundstücksnachbarn nicht abschließend. Die verschuldensunabhängige Haftung nach/analog §§ 1004 und § 906 Abs. 2 S. 2 steht neben der Gefährdungs- und Deliktshaftung.[635] **661**

Eine andere Frage ist, ob **Erstattungsansprüche wegen einer Selbstvornahme des Anspruchs aus § 1004** bestehen, insbesondere aus §§ 812 ff. Es geht hierbei nicht um die Entschädigung für die Störungsduldung, sondern um die Störungsbeseitigung durch den Gestörten und den anschließenden Regress beim Störer. Ein solcher Anspruch ergibt sich eh nicht aus § 906 Abs. 2 S. 2, sodass sich **kein Konkurrenzproblem** stellt. **662**

Beispiel:[636] Vom Grundstück des A hängen Äste auf das Grundstück des B. –
Aus § 910 ergibt sich, dass eine Störung vorliegt, die B nicht dulden muss.
I. B kann entweder A gemäß **§ 1004** auf Entfernung der Äste in Anspruch nehmen.
II. Oder B entfernt die Äste nach Fristsetzung selbst – was er gemäß § 910 Abs. 1 S. 2 darf – und verlangt dann von A den Ersatz der hierfür angefallenen Kosten aus **§§ 812 Abs. 1 S. 1 Var. 2, 818 Abs. 1.** A hat insbesondere in sonstiger Weise die Befreiung von seiner Verbindlichkeit aus § 1004 Abs. 1 erlangt.
III. Theoretisch könnte B analog § 906 Abs. 2 S. 2 einen Anspruch haben, wenn er den Überhang duldet. Allerdings ist B weder an der Abwehr gehindert, noch scheint die Zumutbarkeitsgrenze überschritten.

II. Grundstücksnachbarn

Der Gesetzgeber ging vom **klassischen Fall** aus: Vom im Alleineigentum des Beklagten stehenden und selbstgenutzten Grundstück geht eine Beeinträchtigung auf das ebenfalls im Alleineigentum des Klägers stehende und selbstgenutzte Grundstück aus. § 906 Abs. 2 S. 2 wird insofern aber extensiv analog angewendet: **663**

1. Anspruchsteller: Eigentümer oder Besitzer eines Grundstücks

Die Interessenlage ist vergleichbar, wenn der **Besitzer** (z. B. Mieter) **eines Grundstücks** an der Geltendmachung eines **Abwehranspruchs aus § 862** gehindert ist.[637] **664**

2. Anspruchsgegner: Benutzer des Grundstücks

Maßgeblich ist nach Sinn und Zweck, ob der Störer das Grundstück **benutzt**, sodass also auch der Anspruchsgegner etwa der Mieter sein kann. **665**

Hinweis: *Wenn der* ***Mieter*** *als Störer der Anspruchsgegner ist, dann ist der* ***Eigentümer grundsätzlich nicht*** *Anspruchsgegner, s. Rn. 628.*

3. Herrühren von außen

§ 906 Abs. 2 S. 2 gründet darauf, dass **das eine Eigentum von außen durch ein anderes Eigentum beeinträchtigt** wird. Interne Beeinträchtigungen sind daher nicht erfasst, auch wenn sie von Teilbereichen oder einem von mehreren Rechtsinhabern ausgehen. Denn dann **stört das Eigentum „sich selbst", es fehlt** am von der Norm vorausgesetzten **Widerstreit zweier Eigentumspositionen mit gegenläufigen Interessen.** **666**

---

635 BGH RÜ 2014, 8 unter Aufgabe früherer Rechtsprechung; BGH RÜ 2018, 359, 360, mit RÜ-Video unter t1p.de/mwcf.
636 Nach BGH RÜ 2004, 128.
637 BGH RÜ 2001, 257; BGH RÜ 2014, 8 Rn. 4; vgl. auch BGH RÜ 2015, 502, allerdings hinsichtlich des Anspruchs aus § 1004.

667 § 906 Abs. 2 S. 2 ist daher auf folgende Konstellationen **analog anwendbar**:

- Ein **Wohnungseigentümer stört das Sondereigentum des anderen Wohnungseigentümers** im selben Gebäude. Wohnungseigentum ist Eigentum i.S.v. § 903 (s. Rn. 537), sodass zwei Wohnungen wie zwei benachbarte Grundstücke gelten.
- Der **Mieter einer Wohnung stört das von einem anderen Mieter genutzte Sondereigentum eines anderen Eigentümers.**[638] Die Mieter leiten ihre Aktiv- und Passivlegitimation bezüglich § 906 Abs. 2 S. 2 von verschiedenen Eigentümern ab.

668 Hingegen greift § 906 Abs. 2 S. 2 in folgenden Fällen **nicht analog**:

- Ein **Bruchteilseigentümer** (§§ 1008 ff.) **stört das Sondernutzungsrecht eines anderen Bruchteilseigentümers** am selben Grundstück.[639]
- Der **Mieter einer Wohnung in einem nicht nach WEG geteilten Gebäude stört den Mieter einer anderen Wohnung** im selben Gebäude.[640]

  Hinweis: *Es macht also einen* ***Unterschied****, ob beide Mieter vom selben Eigentümer mieten, oder ob jeder Mieter von einem gesonderten WEG-Eigentümer mietet. Dieser Widerspruch ist Konsequenz der Überwindung der §§ 93, 94 durch das WEG, s. Rn. 533.*

- Das **Gemeinschaftseigentum einer Wohnungsgemeinschaft stört das Sondereigentum eines der Wohnungseigentümer** im selben Gebäude.[641]

  Beispiel: Rohrbruch auf dem gemeinschaftlichen Dachboden, sodass eine Wohnung feucht wird.

  Ein **Primäranspruch aus § 1004** kann hingegen **auch innerhalb der Gemeinschaft** bestehen. Der Inhalt des Sondereigentums wird durch die Teilungserklärung festgelegt (§§ 5 Abs. 6 S. 1, 10 Abs. 3 WEG), sodass er für alle Sondereigentümer (und ihre Mieter) dinglich verbindlich ist und Störungen dinglich nach § 1004 (durch jeden Sondereigentümer oder gekoren durch die Gemeinschaft nach § 10 Abs. 6 S. 3 Hs. 2 WEG ausgeübt, vgl. Rn. 542) abgewehrt werden können. **Z.B.** muss der (Eigentümer und daher auch sein) Mieter einer per Teilungserklärung als „Laden" definierten Teileigentumseinheit ihre Nutzung als Eisdiele nebst Bestuhlung des Gemeinschaftseigentums unterlassen.[642]

III. Voraussetzungen eines Abwehranspruchs

669 Es müssen die Voraussetzungen eines Abwehranspruchs des **Eigentümers aus § 1004, §§ 907–909** oder eines **Besitzers aus § 862** vorliegen.

Die **§§ 907–909** enthalten **selbstständige Abwehransprüche des Eigentümers**. Dies ergibt sich bei § 907 und § 908 schon aus dem Wortlaut. Obwohl § 909 dem Wortlaut nach nur ein Verbot der Vertiefung enthält, wird die Norm teilweise als selbstständige, von § 1004 unabhängige Anspruchsgrundlage angesehen.[643] Der Besitzer eines Grundstücks wird vor einer Vertiefung jedenfalls dadurch geschützt, dass ihm unter den Voraussetzungen des § 909 ein Abwehranspruch nach§ 862 zusteht.

---

638 BGH RÜ 2014, 8.
639 BGH NJW 2012, 2343.
640 BGH RÜ 2004, 125.
641 BGH NJW 2010, 2347.
642 BGH NJW 2020, 921.
643 Staudinger/Roth § 909 Rn. 1; a.A. BGH NJW-RR 2012, 1160, sowie MünchKomm/Brückner § 909 Rn. 18.

Unerheblich ist auch hier, ob es sich wie von § 906 Abs. 1 S. 1 gefordert um **unwägbare oder um wägbare Stoffe** handelt.[644] Auch ist **keine Ortsüblichkeit** i.S.d. § 906 Abs. 2 S. 1 **erforderlich**, denn ohne Ortsüblichkeit ist erst Recht zu entschädigen. **670**

IV. Hinderung der Abwehr aus besonderem Grund

Es gilt der **Grundsatz**, dass ein **Primäranspruch** zur Nachteilsabwendung **geltend gemacht werden muss**. Der Anspruchsinhaber darf den Nachteil nicht hinnehmen und auf Sekundärebene finanziellen Ausgleich verlangen (Rechtsgedanke des § 254 Abs. 1, vgl. auch § 839 Abs. 3: **Kein Dulden und Liquidieren**). **671**

Ausnahmsweise erhält der Betroffenen trotz des Primäranspruchs einen Ausgleich:

1. Faktischer Duldungszwang

Der Betroffene kann trotz seiner rechtlichen Abwehrmöglichkeit **faktisch gezwungen** sein, die Beeinträchtigung zu dulden, insbesondere wegen **unverschuldeter Unkenntnis** seines Primäranspruchs oder aus **zeitlichen Gründen**. **672**

Beispiel:[645] Beim linken Nachbarn des E brennt es und beim rechten Nachbarn kommt es zum Rohrbruch. Von einer Seite ziehen Rauch und Ruß in das Haus des E und von anderer Seite läuft sein Keller voller Wasser. Jurastudent Justus Neunmalklug fragt E, warum er sich denn nicht mit § 1004 gegen seine Nachbarn und „das bisschen Naturgewalt" gewährt habe. E entgegnet kopfschüttelnd, dass der Spuk vorbei war, bevor Theoretiker Justus überhaupt sein Gesetz aufgeschlagen hatte.

Beispiel:[646] Vom benachbarten Schützenverein fallen häufig kleine Bleipartikel auf das Grundstück des E. Erst nach Jahren erfährt E aufgrund eines behördlichen Gutachtens von der Kontamination.

2. Nachbarrechtlicher Ausschluss des Primäranspruchs

Auch wenn der Primäranspruch nach Landesnachbarrecht ausgeschlossen ist, besteht weiterhin eine Entschädigungspflicht. Gerade wenn **auf Primärebene Rechtsfriede** zu Lasten des Beeinträchtigten geschaffen wird, ist es billig, ihn zu entschädigen. **673**

Beispiel:[647] Auf dem Grundstück des Nachbarn N stehen Bäume, die den Mindestabstand nach Nachbarrecht unterschreiten und teilweise überhängen. Grundstück und Haus des E werden massiv durch Blätter, Baumharz usw. beeinträchtigt. Obgleich die Ausschlussfrist des damals geltenden[648] § 15 SächsNRG für den Abwehranspruch von 5 Jahren nach Anpflanzung der Bäume bereits abgelaufen ist, schuldet N dem E nach § 906 Abs. 2 S. 1 analog eine Entschädigung.

Hinweis: *Es lässt sich gewiss **vertreten**, anders als der BGH Fälle mit Anspruchsausschluss als **direkt von § 906 Abs. 2 S. 2 erfasst** anzusehen, denn dadurch erlischt der Abwehranspruch. Der Betroffene hat also nicht einen nicht mehr durchsetzbaren Abwehranspruch, sondern er hat keinerlei Abwehranspruch mehr. Für das Ergebnis spielt das keine Rolle.*

---

644 BGH RÜ 2014, 8 Rn. 7; s. Rn. 267 f.

645 Nach BGH RÜ 2014, 8 und BGH RÜ 2018, 359, mit RÜ-Video unter t1p.de/mwcf.

646 Nach BGH NJW 1990, 1910.

647 Nach BGH RÜ 2018, 156, 158 Rn. 12; anders BGH RÜ 2020, 86, 91 Rn. 30 bei Einhaltung des Mindestabstands.

648 § 15 SächsNRG aufgehoben seit 01.01.2009 und stattdessen Verjährung nach § 31 SächsNRG eingeführt. Eine Ausschlussfrist von sechs Jahren enthält weiterhin z.B. § 47 Abs. 1 S. 1 NachbG NRW. Allerdings ist bei diesen Ausschlussfristen stets zu prüfen, ob sie nach Wortlaut und Systematik nur die im jeweiligen Nachbargesetz geregelten Ansprüche betreffen oder auch den Anspruch aus § 1004; § 26 NRG BW [„nach diesem Gesetz"] erfasst z.B. nicht den Anspruch aus § 1004, BGH MDR 2019, 608.

3. Überwiegendes öffentliches Interesse

674 Ein Ausgleichsanspruch besteht, soweit der Eigentümer zwar nicht gegenüber dem Nachbarn, aber **gegenüber der Allgemeinheit aus überwiegendem öffentlichen Interesse zur Duldung gezwungen** ist.

Beispiel:[649] Betrieb eines Drogenhilfezentrums

Beispiel:[650] Im Rahmen einer Baugenehmigung wird S ausnahmsweise die Rodung einiger naturgeschützter Eichen gestattet. Nachbar E befürchtet, dass die verbliebenen Bäume nun – was zutrifft – ihren Windschutz und damit ihre Standfestigkeit verloren hätten. Für eine weitere Rodung erhält S jedoch keine Genehmigung. Während eines Sturmes fallen zwei Bäume auf die Garage des E. –
I. Ein Anspruch gemäß **§ 823 Abs.1 oder 2** scheidet aus, da S nicht schuldhaft gehandelt hat.
II. E hat aber einen Anspruch **analog § 906 Abs. 2 S. 2**:
1. Trotz des Naturschutzes bestand zunächst keine Duldungspflicht, solange die ausnahmsweise Erteilung einer Fällgenehmigung nicht endgültig ausgeschlossen war. Das Zivilgericht hätte S nach § 1004 zur **Beseitigung unter dem Vorbehalt der Genehmigung** verurteilen können (s. Rn. 617).
2. Als aber die Genehmigung **bestandskräftig versagt** wurde, war eine Verurteilung nach § 1004 nicht mehr möglich. Daher stand E auch kein Ausgleichsanspruch zu, so das frühere Ergebnis des BGH.[651]
3. Nun betont der BGH, es dürfe kein **„Naturschutz auf Kosten des Nachbarn"** betrieben werden.[652] Ob das bedeutet, dass stets ein Ausgleichsanspruch des gestörten Nachbarn besteht, der dann zu Lasten des – nur aus naturschutzrechtlichen Zwängen – störenden Nachbarn ginge, lässt er indes offen.
4. Hier wurde der Baumsturz aber **durch die vorherige Rodung mitverursacht**, die nur **im Interesse des S** (und nicht des Naturschutzes) stattfand. Jedenfalls wenn sich die störungsursächliche Nutzung als **übermäßige Inanspruchnahme** nachbarlicher Rechtsgüter erweist, wird Ausgleich geschuldet.

V. Sachlicher Grundstücksbezug

675 Die Beeinträchtigung muss einen **konkret-sachlichen Bezug zu beiden Grundstücken** oder zumindest zu ihrer Nutzung aufweisen.[653] Es genügt nicht, dass die Beeinträchtigung **zufällig** auf irgendeinem Grundstück stattfindet und auch an anderem Ort hätte stattfinden können, denn dann wäre nahezu jedes Handeln erfasst.

Beispiel fehlenden Grundstücksbezugs:[654] E zündet auf seinem Grundstück an Silvester privat eine Rakete, die in der Luft plötzlich scharf abdreht und die Scheune seines Nachbarn G entzündet.

Abwandlung, sodass Grundstücksbezugs vorliegt:[655] E betreibt einen Vergnügungspark und zündet dort regelmäßig Raketen, um die Attraktivität des Parks für seine Kunden zu erhöhen.

Trotz Grundstücksbezugs kann **der Zweck des § 906 den Anspruch ausschließen**.

Beispiel:[656] E recycelt Bauschutt auf seinem Grundstück. Eines Tages explodiert dabei eine Weltkriegsbombe, die unentdeckt in einem Schutthaufen lag. Das Grundstück des Nachbarn N wird beschädigt. –
I. Das Zerkleinern hat zwar **Grundstücksbezug**, denn es ist typisch für die gewerbliche Nutzung des Grundstücks durch E und E zerkleinert den Schutt ausschließlich dort.
II. § 906 verfolgt aber den **Zweck**, nur solche **Risiken und Störungen** zu begrenzen, denen **der Störer näher als sein Nachbar steht** und für die der Störer daher eine **gesteigerte Verantwortung** hat. Dies wäre etwa zu bejahen, wenn E auf seinem Grundstück bewusst Bomben entschärfen würde und das da-

---

649 Nach BGH RÜ 2000, 499, 505.

650 Nach BGH NJW 2004, 3701.

651 BGH NJW 1993, 925 (Froschlärm).

652 BGH NJW 2004, 3701.

653 BGH RÜ 2004, 125; BGH RÜ 2009, 759.

654 Nach BGH RÜ 2009, 759.

655 Nach obiter dictum aus BGH RÜ 2019, 691, 694 Rn. 32 (siehe Randbemerkung).

656 Nach BGH RÜ 2019, 691.

mit einhergehende Risiko daher kennen und kontrollieren müsste. Hier detonierte die Bombe aber nur bei Gelegenheit der Schuttzerkleinerung. Es hat sich das allgemeine Risiko der Spätfolgen des zweiten Weltkriegs verwirklicht, welches nicht von E, sondern gesamtgesellschaftlich getragen werden muss.

VI. Überschreitung einer hinzunehmenden Beeinträchtigung

Für den **Durchschnittsmenschen** darf die Beeinträchtigung unter Würdigung öffentlicher und privater Belange **nicht entschädigungslos zumutbar** sein. Wesentliche Beeinträchtigungen (906 Abs. 2 S. 1, Rn. 594 ff.) überschreiten i.d.R. diese Schwelle.[657] 676

VII. Rechtsfolge: angemessener Ausgleich in Geld

Auszugleichen ist die Beeinträchtigung des **Eigentums** bzw. des **Besitzes**, denn diese werden von den versäumten Primäransprüchen (§ 1004, §§ 906–909, § 862) geschützt. 677

Teilweise wird eine volle Schadloshaltung nach §§ 249 ff. befürwortet.[658] Unter Verweis auf den Wortlaut (nicht „Schaden(s)ersatz", sondern „angemessener Ausgleich") zieht die Rechtsprechung hingegen die **Grundsätze der Enteignungsentschädigung** heran.[659] Wie bei § 1004 Abs. 1 (s. Rn. 645 ff.) darf das Verschuldenserfordernis der §§ 823 ff. nicht unterlaufen werden. Es bedarf einer **wertenden Entscheidung im Einzelfall**. 678

Entgangener Gewinn kann hiernach zu ersetzen sein. Regelmäßig wird dabei allerdings eine Wertung ergeben, dass allenfalls das zu ersetzen ist, was **nach der bisherigen Ertragslage üblicherweise** angefallen ist (Betrachtung vom status quo ante aus). Ertragsprognosen in die Zukunft sind – anders als bei § 252 – in der Regel irrelevant. 679

Beispiel:[660] M hat von V eine Halle, die entlang der Grundstücksgrenze zu E liegt, gemietet. Als E Parkplätze errichten lässt, legen die Arbeiter der sorgfältig ausgewählten B das Fundament der Halle frei, die dadurch einstürzt. M führt den Betrieb in einer von ihm renovierten Ausweichhalle fort. –
I. Ein Anspruch des M gegen E aus **§ 823 Abs. 2 i.V.m. § 909** erfordert eine **schuldhafte rechtswidrige Vertiefung**. E hat aber B sorgfältig ausgewählt und im Übrigen keine relevante Handlung begangen.
II. Auch ein Schadensersatzanspruch aus anderen deliktischen Vorschriften wie **§ 823 Abs. 1**, oder **§ 823 Abs. 2 i.V.m. § 858** scheidet mangels schuldhafter Pflichtverletzung des E aus. Aus **§ 831** ergibt sich ebenfalls kein Anspruch, da die B-GmbH nicht weisungsabhängige Verrichtungsgehilfin des E war.
III. M hat gegen E aber einen Anspruch aus **§ 906 Abs. 2 S. 2 analog**:
1. M ist zwar nicht Eigentümer, aber **Besitzer** eines Grundstücks.
2. Wegen der Vertiefung stand M ein **Abwehranspruch** aus §§ 862, 909 zu.
3. M hatte keine Möglichkeit, die Einwirkungen auf die Standfestigkeit der Produktionshalle rechtzeitig zu unterbinden. Es bestand **faktischer Duldungszwang**.
4. Das Verhalten – die Vertiefung – hat einen **konkreten Grundstücksbezug** und kam **von außen**.
5. Das **zumutbare Maß** einer entschädigungslos hinzunehmenden Beeinträchtigung ist überschritten.
6. E schuldet M **angemessenen Ausgleich** in Geld. Dazu zählen der bisher üblicherweise angefallene, zeitanteilige Gewinn und die Aufwendungen für die Betriebsfortführung, also die Renovierungskosten.

Unstreitig sind **Schäden** an den **beweglichen Sachen** auf dem Grundstück zu ersetzen. 680

Beispiel:[661] Das Haus des E gerät infolge eines defekten Küchengeräts in Brand. Rauch und Hitze beschädigen die Gewerbeimmobilie des Nachbarn N einschließlich der gelagerten Waren.

---

657 BGH NJW-RR 2007, 168, Rn. 8 u. 13.
658 Palandt/Herrler § 906 Rn. 27.
659 BGH NJW 2009, 768, Rn. 32.
660 Nach BGH RÜ 2001, 257.
661 Nach BGH RÜ 2008, 216.

Stichwortverzeichnis

Die Zahlen verweisen auf die Randnummern.

Abstrakter Glaube ... 123
Abteilungen ... 220
Abtretungserklärung, gefälschte ... 294
Abtretungserklärung, öffentlich beglaubigte ... 290
Abtretungsverbot ... 463
Abwehr von Eigentumsbeeinträchtigungen ... 549 ff.
Akzessorietät ... 229, 264
Aneignung durch den Fiskus ... 149
Anfechtbarkeit ... 267 f.
Angriffe auf die Rechtsposition ... 573
Ankaufsrecht ... 176
Anlage ... 611
Anlassverbindlichkeiten ... 374
Anspruch aus § 894 ... 257, 414
Antrag auf Eigentumsumschreibung ... 60
Anwartschaft ... 64
Anwartschaftsrecht ... 58, 337
  Aufhebung ... 64
  Entstehen ... 60
  Ersterwerb ... 58
  Pfändung ... 69
  Verpfändung ... 68
  Zweiterwerb ... 65
Auflassung ... 28
  Bestimmtheitsgrundsatz ... 32
  Form ... 48
  Widerruf ... 54
Auflassungsvormerkung ... 150
Aufrechenbarkeit ... 314
Ausfallhypothek ... 247
Ausgleich bei Eigentumsstörungen ... 655 ff.
Ausübungsbefugnis ... 542

Baubeschränkungen ... 490
Bauverbote ... 490
Bedingung ... 53
Beeinträchtigung, ortsübliche ... 597
Beeinträchtigung, wesentliche ... 593
Behinderung des Besitzes ... 572
Behördliche Genehmigung ... 598
Berechtigung ... 56 f.
  Zeitpunkt ... 57
Bereicherungsanspruch,
  Sicherung durch Hypothek ... 245
Bergwerkseigentum ... 532
Berichtigung des Grundbuchs
  Bewilligung/Zustimmung zur ... 83
Berichtigungsanspruch ... 83
Beschränkt dingliche Rechte ... 228 ff.
Beseitigungsanspruch ... 640 ff.
Besondere Formen der Hypothek ... 356 ff.
Bestandsverzeichnis ... 2, 220
Bestandteile, einfache ... 18
Bestandteile, wesentliche ... 5 ff.
Bestimmbarkeit ... 30
Bestimmtheitsgrundsatz ... 32
Betriebsaufgabe ... 637
Bezugsvertrag ... 511
Bindungswirkung der Auflassung ... 54
Briefgrundschuld ... 399
Briefhypothek ... 238, 250
  Zweiterwerb vom Nichtberechtigten ... 288
Bruchteilseigentum ... 533
Buchersitzung ... 148
Buchgrundschuld ... 399
Buchhypothek ... 238
Buchposition ... 84
Bürgerlich-rechtlicher Aufopferungsanspruch ... 619
Bürgschaft ... 432

Datumsprinzip ... 530
Dauerwohnrecht ... 544
Dereliktion ... 637
Dienstbarkeiten ... 485 ff.
  beschränkt persönliche ... 499
Doppelmangel ... 295
Doppelstörer ... 629
Duldungspflicht ... 586 ff.
  aufgrund eines VA ... 618
  aus überwiegendem öffentlichen Interesse ... 619
  kraft öffentlichen Rechts ... 610
  kraft Rechtsgeschäfts ... 588 f.
  kraft zivilrechtlicher Vorschriften ... 590 ff.

Eigentümergrundschuld ... 242, 318, 479 ff.
Eigentümerhypothek ... 320
Eigentümerstellung, Bestreiten der ... 573
Eigentumsbeeinträchtigungen ... 549 ff.
Eigentumsübergang, kraft Gesetzes ... 148
Eigentumsübergang, kraft Hoheitsakts ... 149
Eigentumsvermutung ... 82
Eingriff
  in das Eigentum ... 571
  in die Rechtsposition ... 571 ff.
  von außen ... 666
Einrede der Gestaltbarkeit ... 314
Einrede nach § 821 ... 410
Eintragung ... 55
Einwirkung, auf den Sachkörper ... 561
Einwirkung, auf die Sache ... 560
Enthaftung ... 338 ff.
Entziehung ... 550
Erbbaurecht ... 545
Erbschein ... 105, 109
Erstbegehungsgefahr ... 654
Erwerb vom Nichtberechtigten ... 89 ff.
Erwerbsaussicht ... 173

Fälligkeit ... 408
Falsa demonstratio non nocet ... 36 ff.
Fischereirechte ... 532
Flurstück ... 2
Folgenbeseitigungsanspruch ... 651
Folgenentschädigungsanspruch ... 651

Folgenersatzanspruch 651
Forderungskreis 375
Fortbestehen der Störerhaftung 637
Fortdauernde Eigentumsbeeinträchtigung 580

Gebietsprägende Grundstücke 597
Gefährdende Maßnahmen 566
Gegenwärtige Beeinträchtigungen 640
Gemeingebrauch 618
Genehmigung 90
Geringstes Gebot 441,
Gesamteigentümergrundschuld 359
Gesamthypothek 359
Gewaltschutzgesetz 557
Gewerbeeinheit 534
Gewillkürte Prozessstandschaft 47
Gleichrangvermerk 530
Gleichzeitige Anwesentheit 32
Google Maps 614
Google Street View 581
Grenzüberbau 12
Grobimmissionen 568
Grundbuch
  negative Publizität 102
  rechtsändernde Eintragung 223
  Unrichtigkeit .... 95 ff.
  Unrichtigkeit nach Antragstellung .... 133 f.
  Zwischenverfügung 225
Grundbuchamt 218
Grundbuchrecht .... 218 ff.
Grundbuchberichtigung
  Anspruch auf Zustimmung zur 83
Grundbuchblatt 220
Grundbuchfähigkeit der GbR 117
Grunddienstbarkeit .... 486 ff.
Grundrechte, mittelbare Drittwirkung 613
Grundschuld
  Abtretungsverbot 380
  Einrede der Nichtvalutierung 462
  einredefreier Zweiterwerb 459
  Einreden .... 406 ff.
  Erwerb vom Nichtberechtigten .... 447 ff.
  isolierte 364
  Kündigung 384
  Revalutierung 375
  Sicherungsvertrag .... 365 ff.
  Zahlungen .... 418 ff.
Grundstück .... 2 f.
Grundstücksabschreibung 34
Grundstücksgleiche Rechte 532
Gutgläubiger Erwerb .... 121 ff.
Gutgläubigkeit, Zeitpunkt 128

Haftungsverband .... 336 ff.
  Anwartschaftsrecht 337
  der Hypothek 336
Handelsregister 123
Handlungsstörer 622
  mittelbarer 625
Höchstbetragshypothek 358, 364
Hypothek .... 229 ff.
  § 878 254
  Anspruchsinhalt 229
  Aufrechnung 280
  Ausfallhypothek 247
  dauerhafte Trennung von Forderung 300
  Doppelmangel 295
  Einreden .... 262 f., 311 f.
  fingierter Forderungserwerb 279
  forderungsentkleidete 275
  Gesamthypothek 359
  gutgläubiger Erwerb 344
  Haftungsverband .... 335 ff.
  Höchstbetragshypothek 358, 364
  Mehrfachsicherung .... 246 f.
  Sicherungshypothek 357
  Verjährung der Forderung 313
  Wertpapierhypothek 357
  Zahlung .... 315 ff.
  Zweiterwerb 270

Ideelle Einwirkung 568
Identitätserklärung .... 34, 39 f.
Identitätsgebot 177
Immission, nicht grenzüberschreitende 568
Imponderabilien 562
Insichgeschäft 50

Kenntnis 121
Kettenauflassung .... 70 f.
Konsensprinzip, formelles und materielles 224
Konvaleszenz 90
Kreditsicherungsrecht 150

Legitimationskette 293
Leitungsrechte 489

Mehrfachsicherung 246, 433
Mehrfachvertretung 50
Messungsanerkennung 34
Mitgebrauchsrecht 543

Nachbarschaftliches Gemeinschaftsverhältnis 607
Naturereignis 630
Natürliche Immissionen .... 630 ff.
Negative Einwirkungen 569
Neuvalutierung 375, 433
Nicht grenzüberschreitende Immission 568
Nichtstörer 620
Nießbrauch 514
Notleitungsrecht 604
Notwegrecht 604
Nutzungsberechtigter 19

Ortsübliche Beeinträchtigungen .... 597 f.

Panoramafreiheit 579
Planfeststellungsbeschluss 612
Positive Publizität 102
Prioritätsprinzip 328, 530

Rang ... 528 f.
Rangbestimmung ... 529
Ratenzahlungen ... 433
Reallast ... 516
Rechtshängigkeitsvermerk ... 141
Rechtslage, wirkliche ... 80
Rechtsschein der Berechtigung ... 103
Rechtsscheinträger ... 80
Regressanspruch ... 318
Relative Verfügungsbeschränkungen ... 99
Restbesitz ... 582
Revalutierung ... 433

Sachkörper ... 561
Scheinbestandteile ... 19 f.
Scheinerbe ... 105
Schuldnerschutz ... 334
Schuldübernahme ... 243
Schuldübernahme, synchronisierte ... 178
Selbstvornahme ... 662
Sicherungsabrede ... 365
Sicherungsfall ... 384
Sicherungsgrundschuld,
  Legaldefinition ... 461
Sicherungshypothek ... 357
Sicherungsvertrag ... 364, 365 ff.
  Außergeschäftsraumvertrag ... 394
  konkludenter Inhalt ... 372 ff.
  Parteien ... 368
Sondereigentum ... 534, 667
Sonderrechtsfähigkeit ... 8, 18
status quo ante ... 578, 640
Störer ... 620 ff.
Straßenbildfreiheit ... 579
Stundung ... 411
Subjektiv-dingliche Rechte ... 7
Sukzessivbeurkundung ... 51

Teileigentum ... 532 ff.
Tilgungsbestimmung ... 317
Trennung, vertikale ... 14, 16

Überbau ... 603
Übersicherung ... 400
Unterlassungsanspruch ... 654
Unwägbare Stoffe ... 562
Usurpation ... 646
Usurpationstheorie ... 646

Valutierung ... 241
Veränderungsnachweis ... 34
Verfügung ... 27
Verfügungsbeschränkung ... 99
Verfügungsverbot ... 99
Verkehrsgeschäft ... 93
Verkehrshypothek ... 356, 364
Versteigerungsvermerk ... 344 ff.
Vertragsübernahme ... 243
Verwaltungsakt ... 618
Vollendung des Rechtserwerbs ... 124
Vorenthaltung ... 550
Vorkaufsfall ... 524
Vorkaufsrecht ... 519 ff.
  subjektiv-dingliches ... 523
  subjektiv-persönliches ... 523
Vormerkung
  Akzessorietät ... 168, 180
  Anspruch auf Zustimmung des
    Voreingetragenen ... 164
  auflösend bedingte Ansprüche ... 175
  aufschiebend bedingte Ansprüche ... 176
  Bewilligung ... 183
  einstweilige Verfügung ... 183
  Entstehen ... 166
  Erlöschen ... 206 f.
  Ersterwerb nach §§ 893, 892 ... 192 ff.
  Erwerb vom Nichtberechtigten ... 189 ff.
  gesicherter Anspruch ... 167
  Identitätsgebot ... 177 f.
  künftige Ansprüche ... 171 ff.
  relative Unwirksamkeit ... 165
  Übertragung ... 197 f.
  Wiederaufladung ... 182
  Wiederverwendung ... 182
  Wirkung ... 152 f.
Vorteilsregel ... 493
Vorweggenommene Erbfolge ... 94

Wägbare Stoffe ... 565
Wegerecht ... 492
Wertpapierhypothek ... 357
Wettbewerbsbeschränkungen ... 510
Wettlauf der Sicherungsgeber ... 325
Widerspruch ... 137 ff.
Widmung ... 618
Wiederholungsgefahr ... 654
Wohnungseigentum ... 532 ff.
Wohnungsgrundbuch ... 538

Zahlung
  Ablösungsberechtigter ... 321
  ablösungsberechtigter Dritter ... 440
  auf die Forderung ... 467
  auf die Grundschuld ... 467
Zeitbestimmung ... 53
Zubehör ... 22 ff.
Zuführen unwägbarer Stoffe ... 562 f.
Zuführen wägbarer Stoffe ... 565
Zustandsstörer ... 629 ff.
Zwangsversteigerung ... 335 ff.
Zwangsvollstreckung ... 11, 335
  Unterwerfung unter die sofortige ... 396
Zweck, vorübergehender ... 19
Zweckänderung ... 21
Zweckerklärung ... 365
  enge ... 374
  weite ... 375
Zweckvereinbarung ... 386
Zwischenverfügung ... 225